## Zu diesem Buch

Leo Slezak ist einer der größten deutschen Tenöre gewesen, ein Mann mit einer Stimme, die der Carusos gewachsen war. 34 Jahre lang gehörte er dem Ensemble der Wiener Staatsoper an, die zur Heimat seiner Kunst wurde. Er wurde am 18. August 1873 als Sohn eines Müllers in Mährisch-Schönberg geboren. Er hätte Offizier werden sollen, entwickelte aber bald eine lausbübische Phantasie und heckte so übermütige Streiche aus, daß er strafweise von der Realschule entfernt wurde. Als Schlosserlehrling in Brünn sang er abends in einem Chor und arbeitete als Statist am Stadttheater. Hier entdeckte ihn der Bariton Adolf Robinson. Er war von der Stimme des jungen Mannes so entzückt, daß er ihn kostenlos ausbildete. Aber ehe Slezak als «Lohengrin» debütieren konnte, mußte er sich noch als Schreiber bei einem Advokaten und als Agent einer Pflaumenmusfabrik verdingen. Dann jedoch setzte sich die verschwenderisch mächtige Stimme schnell durch. Die Berliner Oper engagierte Slezak, doch er ging noch einmal nach Breslau, um sein Repertoire zu erweitern. Schließlich holte Gustav Mahler ihn an die Wiener Staatsoper. Triumphale Gastspielreisen führten ihn durch ganz Europa, nach Nord- und Südamerika. Auf der Höhe seines Ruhms entsagte der Mann, der nicht nur ein einzigartiger Sänger, sondern auch ein weiser und gewitzter Lebenskünstler war, der Bühne und begnügte sich mit komisch-liebenswürdigen Filmrollen.

1944 starb seine Frau, die Schauspielerin Elsa Wertheim, mit der er eine ideale Ehe geführt hatte. Er überlebte sie, die ihn überallhin begleitet hatte, nur um zwei Jahre und starb am 1. Juni 1946 in Rottach-Egern.

Der vorliegende Band vereinigt seine Bücher «Meine sämtlichen Werke», «Der Wortbruch» und «Rückfall».

# Leo Slezak

# Lachen mit Slezak

Rowohlt

Umschlagbild Hans Traxler
Umschlagtypographie Werner Rebhuhn
Illustrationen in «Meine sämtlichen Werke»
und «Der Wortbruch» von Walter Trier
Illustrationen in «Der Rückfall»
von Hans Kossatz

Veröffentlicht im Rowohlt Taschenbuch Verlag GmbH,
Reinbek bei Hamburg, Dezember 1986
Copyright © 1986 by Rowohlt Taschenbuch Verlag GmbH,
Reinbek bei Hamburg
«Meine sämtlichen Werke» © 1959 by Rowohlt Verlag GmbH, Hamburg
«Der Wortbruch» © 1959 by Rowohlt Verlag GmbH, Hamburg
«Der Rückfall» © 1962 by Rowohlt Verlag GmbH, Reinbek bei Hamburg
Gesamtherstellung Clausen & Bosse, Leck
Printed in Germany
980-ISBN 3 499 15835 3

# Inhalt

Meine sämtlichen Werke
7

Der Wortbruch
155

Rückfall
307

# Meine sämtlichen Werke

## Inhalt

VORWORT 9

### WERDEGANG
Kinderjahre 11
Jünglingsjahre 14
Militärzeit 16
Wie ich zum Theater kam 21

### AMERIKA
Auf hoher See 24
Das Reisen in Amerika 27
Press Work 30
Springtour 40
Warum ich nicht Guts-
besitzer in Canada wurde 47
Pleite 49

### THEATER
Glucks «Armida» 57
Die arabische Zeitung 58
Am Telephon 59
Das Flaschenbier 59
Die Remuneration 62
Das verhängnisvolle
Büchserl 62
Das Gehirn des Tenors 64
Das Telegramm 65
Die Nemesis 66

### ERINNERUNGEN
Mein erstes Gastspiel
in Prag 67
In Bayreuth 69
In Breslau 74
In London 82
Konzertarrangeure 86
In Budapest 89
Im Wunderland Italien 91
Mein erster Orden 98
Meine Kinder 99
Mein Garderobier 104
Meine Menagerie 108
Flucht aus Rußland 111
Kinoaufnahme 117
Die Hausgehilfin 121
Nordische Fahrt 126
Ferien 130
Reise nach
Rumänien 1920 133
Alexander Girardi 139
Adolf Robinson 141
Gustav Mahler 144

SCHLUSSWORT 151

ANHANG 153

# Vorwort

Man sagte mir: «Sie müssen ein Buch schreiben! Jetzt, da jeder Mensch seine Memoiren schreibt und irgend etwas enthüllt, dürfen Sie nicht zurückstehen!»

«Aber ich habe doch nichts zu enthüllen, und das, was ich erlebte, interessiert keinen Menschen.»

«Ja, meinen Sie denn, daß die Leute alles interessiert, was geschrieben wird? — Lächerlich! — Schreiben Sie nur ruhig ein Buch, erzählen Sie irgend etwas, auch wenn es noch so blödsinnig ist, ein Mensch in Ihrer Stellung muß einmal ein Buch geschrieben haben.»

So entschloß ich mich denn, dies Büchlein zu verfassen, und lasse es — wie viele vor mir so innig sagten — hinausflattern. Sollte es irgend jemandem gefallen, so bitte ich, mich davon freundlichst verständigen zu wollen, ich werde mich von Herzen freuen.

Zu sagen habe ich nicht viel. Nur von fröhlichen Dingen will ich erzählen, aus lieber alter Vorkriegszeit, da uns allen noch die Sonne schien und wir sorgenloser waren als heute.

Man riet mir, meinen Werdegang mit den Worten zu beginnen: «Ich war ein Wunderknabe, da schmierte man mich mit Salizyltalg ein — darauf wurde es besser!» —

Ich wies diesen Gedanken weit von mir.

Ich schmücke mich nie mit fremden Federn, ich habe selber Federn genug, und außerdem halte ich es nicht für schicklich.

Ich will auch, so gut es geht, vermeiden, von mir als Künstler zu sprechen.

Dies soll nur in den allerdringendsten Fällen geschehen. Nicht über Kunst oder das Singen will ich reden, nicht, wo der Ton sitzen oder das Gaumensegel stehen soll, nein, das weiß ich nämlich selber nicht.

Außerdem fände sich leicht jemand, der mich für einen Idioten erklärte, und ich könnte ihm nicht einmal das Gegenteil beweisen.

Nein, beileibe nicht. — Nur erinnern will ich mich, und das

wenige, was ich zu sagen habe, will auch nicht den Anspruch auf den Schillerpreis erheben.

Nun «flattre» hinaus, du erste und, wie der Titel sagt, auch letzte Frucht meines Geistes, und was ich dir wünsche, ist die Güte und Nachsicht des lieben Lesers.

*Der Verfasser*

«Do sa mal — Herrgott sakra!»

# Werdegang

### Kinderjahre

Sie waren traurig. — Not und Elend, soweit ich zurückdenken kann. Mutter Sorge stand an meiner Wiege, bis zu dem Augenblick, da mich ein gütiges Geschick meinem geliebten Lehrer Robinson zuführte, der meine Stimme erkannte.

Am 18. August bin ich geboren. — Am 18. August, mit Kaiser Franz Joseph zugleich.

Eine Königin hat mich zur Welt gebracht, die Hebamme hieß Frau König, und mit Papst Leo XIII. feierte ich meinen Namenstag. Also eine strahlende Vorbedeutung.

Ich bin in Mährisch-Schönberg, in der kleinen Mühle, zur Welt gekommen, infolgedessen Müllerssohn.

Durch das letzte Fenster im ersten Stock habe ich das Licht der Welt erblickt. Eine Gedenktafel ist noch nicht dort, aber man hat mir versprochen, sofort, sowie ich tot bin, kommt eine hin. —

Nun, das eilt nicht. —

Allerdings weiß ich mich an die Mühle und den rauschenden Bach nicht mehr zu erinnern. Meine Erinnerung beginnt erst in Brünn, wo mein Vater, nachdem er sein Vermögen verloren, in der Tuchfabrik Offermann einen Magazineurposten bekleidete.

Auch das Bild, das mich als Baby zeigt, ist sehr interessant, weil es dem lieben Leser respektive der reizenden Leserin vor Augen führt, wie sehr ich mich seither verändert habe. — Einige behaupten, zu meinem Vorteil, andere wieder meinen, ich sei damals schöner gewesen. — Ich selbst kann das nicht so beurteilen.

Ich absolvierte mit denkbar günstigstem Erfolg den Kindergarten. — Als ich dann in die richtige Schule kam, sollen mir diese Erfolge nicht mehr so treu geblieben sein. Allerdings möchte ich an dieser Stelle dem Gerüchte, ich sei elf Jahre in die erste Klasse gegangen, auf das bestimmteste entgegentreten und dieses als mindestens stark übertrieben bezeichnen.

Es herrschte nur eine Stimme: «Der Bengel ist unerträglich!»

Ich wuchs trotzdem heran und kam in die Realschule. Ich war zum Offizier bestimmt worden, sollte vier Realschulklassen absolvieren und dann in die Kadettenschule übertreten. Man erwog auch, ob ich nicht Staatsbeamter werden solle, von denen es damals im Volksmunde hieß: «Die haben zwar nichts, aber das haben sie sicher!»

Doch keines von beiden sollte sich erfüllen. Durch das Lesen von Indianerbüchern fühlte ich mich meist in der Prärie und sog all den von Edelmut triefenden Unsinn in mich auf. —

Wenn einmal zufällig ein Schulkollege etwas verbrochen hatte und ausnahmsweise nicht *ich* derjenige war, nahm ich's auf mich und büßte die Strafe mit dem Gefühl ab, ein Held zu sein. —

Diese eigenen und fremden Delikte summierten sich zu solch erdrückender Fülle, daß man mir eines Tages erklärte, auf meine weitere Mitwirkung in der vierten Realklasse verzichten zu müssen. — Ich sah mich plötzlich mit meinem Reißbrett und den Schulbüchern auf der Straße.

Ich hatte ausstudiert.

Meine Schulzeugnisse aus dieser Zeit geben einen recht traurigen Einblick in den Mangel an Wohlwollen und Verständnis, den man mir von seiten meiner Lehrer entgegenbrachte. Fast in jedem Zeugnis ist, neben einem — minderentsprechend — in sittlichem Betragen, auch noch ein liebloses «Ruhestörer» in der Rubrik für besondere Anmerkungen zu lesen.

Diese Bezeichnung ist mir allerdings bis auf den heutigen Tag, namentlich bei den Proben, treu geblieben.

Diese Lieblosigkeiten sollen ihren Grund in der unerschöpflichen Erfindungsgabe gefunden haben, mit welcher ich immer neue Abarten von Lausbübereien gebar. —

Hervorzuheben wäre das Einreiben der Bänke mit Knoblauch sowie das Streuen von Kirsch- und Zwetschgenkernen auf die Erde und hauptsächlich auf den resonanzreichen Katheder, mit dem scheinbar unabsichtlichen Drauftreten und den damit verbundenen kanonenschußartigen Detonationen.

Dies alles wurde mir von seiten meiner Professoren in ganz animoser Weise übel ausgelegt.

Ich möchte an dieser Stelle der herzlichen Hoffnung Ausdruck geben, daß mein Sohn Walter diese Zeilen nicht vorzeitig in die Hand bekommt, weil ich glaube, begründete Befürchtung hegen zu müssen, daß er sich speziell in dieser Hinsicht seinen Vater als Vorbild nimmt.

Der Offizier und der Staatsbeamte waren somit erledigt. —

Meine Eltern, sehr verzweifelt über dieses gewaltsame Durchkreuzen ihrer Pläne, berieten, was nun aus mir werden sollte. —

Weiterstudieren könne ich nicht, es bliebe also nur ein Handwerk. «Gärtner!» rief ich begeistert. — In Blumen wandeln, dem Gezwitscher der Vögel lauschen — herrlich! Gärtner!

Mein guter Vater suchte mir zwar diese etwas absurde Berufswahl auszureden, aber ich blieb dabei. — Man fand einen Lehrlingsposten für mich in Gmünden am Traunsee, in der Rosenvilla der Erzherzogin Elisabeth.

Der Abschied von den Eltern war schwer. Ich ging zum erstenmal in die Fremde. Meine engelsgute, geliebte Mutter gab mir all ihre Güte mit auf den Weg. Ich fühlte zum ersten Male die große Traurigkeit im Herzen.

Als Hofgärtnerlehrling wurde ich meist zum Ribisel- (Johannisbeer-) Austragen, Mistfahren und Gemüse-auf-den-Markt-Rudern verwendet.

Beim Ribiselaustragen lernte ich ganz besonders interessante Feinheiten kennen.

Man unterschied gerebelte und ungerebelte Ribisel. Die gerebelten waren schon von den Stielen abgeschürft, die ungerebelten waren dies noch nicht.

Das Mistfahren teilte sich auch in verschiedene Arten von Mist ein: Kuh-, Pferde- und Bockmist — zu welch letzterem ich diese meine bescheidene Schilderung nicht gerne hinzugezählt haben möchte.

Nach ungefähr drei bis vier Monaten verkaufte die Erzherzogin den Besitz, der Hofgärtner wurde versetzt, und ich mußte wieder heim. Meine Gärtneridylle war zu Ende.

Nun suchte mir mein Vater selbst einen Beruf aus. Maschinenschlosser sollte ich werden. — Ich wurde es, lernte drei Jahre bei Brandl & L'hullier in Brünn und besuchte die Werkmeisterschule.

In dieser Zeit packte mich der Theaterteufel.

Ich wollte Komiker werden und schnitt Grimassen, daß meine liebe Mutter oft der quälenden Sorge Ausdruck gab, daß mir das Gesicht einmal so stehenbleiben würde. — Besonders selig war ich, wenn mich die Leute auf der Straße für einen Schauspieler hielten. Zu diesem Behufe blieb ich oft unvermittelt, mit einem Reclambuch in der Hand, wie selbstvergessen stehen, rollte die Augen und schrie plötzlich: «Ha, Verruchter!»

Die Leute um mich herum erschraken.

Einige beurteilten dies ungewohnte Benehmen wohlwollend und lachten, andere schimpften, und wenn ich nicht irre, so habe ich auch einmal von einem Herrn, der wenig für Kunst übrig hatte, ein paar Ohrfeigen bekommen. —

Damit beschließe ich die Tage meiner Kindheit und reife bis zum nächsten Kapitel zum Jüngling heran.

## Jünglingsjahre

Freudlos wie meine Kindheit ließ sich auch das Jünglingsalter an.

Von sechs Uhr früh bis sechs Uhr abends am Schraubstock, in harter schwerer Arbeit. — Als Löhnung ein paar Kreuzer, daheim Not und Sorge, denn es fehlte das Nötigste. Meine arme liebe Mutter immer über die Stickerei gebeugt. Ich mußte, um noch ein weniges hinzuzuverdienen, die halben Nächte Laubsägearbeiten machen, Vogelbauer, Tintenzeuge und derlei mehr, das dann auf Lose ausgespielt und jedem, der es gewann, ein Born rastlosen Ärgers wurde.

Mit Schaudern denke ich an die Tintenzeuge zurück, die ich schnitzte. Sie waren sehr geschmacklos und als Tintenzeuge nicht zu verwenden. — Unbrauchbar auch die Vogelbauer. — Jeder Vogel war zu bedauern, der in meinen Käfig hinein mußte. — Er mußte rettungslos krepieren. Seit dieser Zeit rührt meine Abneigung gegen alles Geschnitzte und Laubgesägte her.

In all dem düstern Grau in Grau verklärten meine Theaterpläne unser trauriges Leben. Ich wußte meiner lieben Mutter die Zukunft so schön zu schildern, daß sie oft das Sticken vergaß und mir glückselig in das Land der Träume folgte.

Luftschlösser wurden gebaut, ich sah mich als Rivalen Girardis in Wien, alle Not hatte ein Ende, mitten in der Nacht strahlte uns beiden die hellste Sonne.

Zum Theaterbesuch langte es nicht, selbst nicht zu einem allerbescheidensten Platz. Da lernte ich einen Chorsänger kennen, durch dessen Vermittlung ich ins Stadttheater eingeführt wurde. — Ich durfte mitstatieren. Mit hier und da verabreichten zehn Kreuzern wußte ich mir das Wohlwollen und die Förderung des Statistenhäuptlings zu erwerben und war dort bald heimisch.

Man wies mir, kraft obiger Protektion, die am wenigsten zerrissenen Trikots und am besten erhaltenen Kostüme zu.

*Da* sein — *die* Luft atmen, in *der* Welt herumgehen dürfen — — — ich war wie betrunken vor Glück und starrte jeden Schauspieler als höheres Wesen an. — Ach und der Komiker war für mich einfach der Gipfel des Beneidenswerten.

Mein Vater sah mein Fernbleiben des Abends mit scheelen Blicken an und schnitt jeden Versuch, ihn von der ungeheuren Rentabilität des Bühnenberufes zu überzeugen, kurzweg ab, meist mit den Worten: «Auf dich warten sie beim Theater! — Willst du Wolkenschieber werden oder Möbelträger? — Bleib bei deinem Handwerk, verzettle dich nicht, sonst wird nie etwas aus dir!» —

Ich lernte humoristische Vorträge, kopierte alles, was ich sah, und lebte immer in einer anderen Welt.

Welch einen wohltuenden Einfluß dies auf meinen Schlosserberuf ausübte, läßt sich leicht erraten.

Nachdem ich drei Jahre die Schlosserei gelernt hatte, kam ich in die Werkmeisterschule. Außerdem war ich ein gewiegter Statist und Volksmurmler geworden und stellte in Verschwörungen derart meinen Mann, daß sich das Publikum höchst befremdet fragte, wer denn dieser aufdringliche Longinus sei, der da so mit Händen und Füßen um sich schlage.

Einzelne Chorstellen, die mir im Ohr geblieben waren, brüllte ich mit, daß mir fast die Halsadern platzten.

So geschah es auch eines Abends, in der Oper «Bajazzo». — Den Tonio sang Adolf Robinson. —

Ich schreie neben ihm wie ein Zahnbrecher, er dreht sich überrascht um, sieht mich an und flüstert mir zu: «Melden Sie sich nach der Vorstellung in meiner Garderobe, ich habe Ihnen etwas zu sagen.»

Hochklopfenden Herzens erwartete ich ihn.

Er sagte: «Mir scheint, Sie haben eine schöne Stimme. — Kommen Sie morgen vormittag zu mir, ich werde Sie prüfen.»

Daheim schilderte ich meiner lieben Mutter dieses ungewöhnliche Erlebnis in den glühendsten Farben. —

Der nächste Morgen kam, statt in die Schule ging ich zu Robinson.

Er empfing mich sehr freundlich und fragte, ob ich ihm etwas vorsingen könne.

Ich konnte nichts anderes als Couplets, und so sang ich denn: «A so a Kongoneger hat's halt guat!»

Robinson konstatierte einen Heldentenor! — — —

Wie ich heimkam, weiß ich nicht. — Lange Überredung hat es gekostet, meinen Vater zu bewegen, seine Erlaubnis zum Singenlernen zu geben. — Erst als ihm Robinson persönlich versicherte, daß man mir, wenn ich fleißig arbeite, eine günstige Zukunft prophezeien könne, willigte er ein.

So kam ich denn auf den Weg, den mir mein Lehrer gewiesen, und auf dem er mich mit zielbewußter Hand führte.

Gefühle innigster Dankbarkeit für ihn und seine verehrte, so herzensgute Frau verbinden mich bis zum heutigen Tag mit ihm.

Alles, was ich geworden bin, danke ich ihm und seiner väterlichen Güte!

Doch hinter all dem Glück stand das schreckliche Gespenst, die Not, die einmal nicht zu bannen war.

Alle Bemühungen, einen Gönner zu finden, der mir über die böse Zeit des Studiums hinweggeholfen hätte, schlugen fehl.

Die schwere Arbeit am Schraubstock und beim Schmiedefeuer vertrug sich nicht mit dem Singen, so fand ich den Ausweg, freiwillig zum Militär zu gehen, um dort die freie Zeit zum Singenlernen zu benützen. —

Ich wurde Soldat. —

## Militärzeit

Siebzehn Jahre war ich alt, hochaufgeschossen und unterernährt.

Im Mai wurde ich eingezogen und allein im Kasernenhof vom Unteroffizier abgerichtet.

Meine Einkleidung war schnell vollzogen.

Ich war in einem Samtrock, mit einer Lavallièrekrawatte und fliegenden Künstlerlocken in die Kaserne gekommen.

Auf dem Samtrock Schuppen. — Einen liegenden Kragen hatte ich auch.

Das erste war, daß man mir die Haare schnitt, bis auf die Haut. — Die Ohren lagen frei und standen weg.

Dann gab man mir eine Hose, die reichte mir bis ober die Knöchel. — Als ich schüchtern einwenden wollte, daß sie etwas zu kurz wäre, erstickte der Rechnungsunteroffizier mit einem energischen «Die Hosen passen!» mein Vorhaben.

Dann bekam ich eine Bluse. — Ehe ich sie noch am Leibe hatte, erfuhr ich, daß sie «paßt», und schon stülpte man mir eine Mütze auf, die mir über die Augen ging. — Auch sie «paßte»! —

So stand ich nun da als k. k. Jäger des 17. Jägerbataillons in Brünn.

Meine Kameraden heulten vor Vergnügen über meinen Anblick —— weil sie schon vergessen hatten, daß es ihnen bei ihrer Einkleidung ebenso ergangen.

Mir war sehr mies.

Nach einigen Tagen änderte sich das Bild. — Mit jedem Tage wurde ich mehr und mehr Soldat, ich hörte auf, mit den Händen zu reden, bei «Rechts oder Links schaut» flogen meine Augen nach Vorschrift mit hörbarem Ruck, die Gewehrgriffe klopfte ich mit Empfindung, und so kam denn nach und nach, in verhältnismäßig kurzer Zeit der Tag heran, da man mich in die Kompagnie einteilte und als ausgebildeten Soldaten anerkannte.

Auf dem Exerzierplatz ertönte das Kommando: «Entwickelte Linie!» —— Ich als der Längste am rechten Flügel im ersten Glied hatte einen Zugführer neben mir, der mir ungefähr bis zur Hüfte reichte.

Wenn «Rechts richt't euch!» kommandiert wurde, starrte ich ins Leere.

Wir marschierten also in entwickelter Linie. — — Plötzlich fühle ich mich so allein, wage nicht, rechts oder links zu blicken, da schreit mein Hauptmann: «Herr Oberleutnant! — der Opernsänger macht, was er will!» —

Ich hatte das Kommando «Halt!» überhört, weil ich meinen eigenen Gedanken nachgegangen war, und schlich beschämt in meine Einteilung, begleitet von dem «Habtacht-Grinsen» der Kameraden. — Dort machte man mich auf das Furchtbare aufmerksam, wohlwollend und nachsichtig, aber nicht ohne die liebevolle Bemerkung, daß man mich einsperren würde, bis ich schwarz werde, wenn dergleichen noch einmal vorkomme. —

Allmählich wurde aus dem Rekruten ein strammer Unteroffizier, ich bekam selbst Rekruten zur Abrichtung und wurde Zimmerkommandant.

Es gab Rekrutenexerzieren vor dem Bataillonschef.

Alles ging schief. — Bei den Doppelreihen sprangen die Leute einander ins Gesicht, und der Herr Bataillonskommandant suchte uns zu überzeugen, daß dies kein Militär, sondern ein Sauhaufen wäre, von dem jeder einzelne den Tod durch den Strang verdiene.

Als Belohnung für all die Schmach wurde von dem Bataillonskommandanten — Zimmervisite angesagt. —

Was eine Zimmervisite ist, kann nur der erfassen, der selbst Soldat war oder ist.

Zimmervisite ist furchtbar! —

Heute noch, nach so vielen Jahren, wenn ich schwere Träume habe, sehe ich mich als Zimmerkommandanten und warte auf die Zimmervisite.

Zimmervisite ist ... aber was brauche ich noch weiter zu sagen! — — Wer sie kennt, versteht mich, und wer sie nicht kennt, wird mich nie begreifen.

Grundbedingung bei der theoretischen Ausbildung des Soldaten ist, daß jeder einzelne Mann den Namen seiner Vorgesetzten kennt, und zwar von Seiner Majestät, dem obersten Kriegsherrn angefangen, bis zum letzten Patrouilleführer und Kameradschaftskommandanten.

Sehr schwere Namen gab es da zu behalten.

Wir hatten durchweg böhmische Rekruten, einzelne darunter von einer Beschränktheit, die zum Selbstmord reizte.

Zamazal hieß er. — Das Wort an sich ist schon niederschmetternd.

Es heißt zu deutsch: «der Schmutzigmachende».

Zamazal lächelte gewöhnlich still vor sich hin. — Als er einige Male liebevoll angehaucht wurde, wurde er verstört — und später, wenn man ihn nur ansprach, erschrak er heftig.

Zamazal war mein Damoklesschwert.

Sonntagmorgen. — Jeder steht vor seinem Bett, alles ist vorschriftsmäßig im Koffer — das Zahnbürstel, das zu allem benutzt wird, nur nicht zum Zähneputzen — die Kleider auf dem Brett. — Hochklopfenden Herzens noch ein schnelles: «Zamazal, wie heißt unser Herr Hauptmann?» —

«Ottokar Hauska Edler von Zbranikow», tönte es prompt zurück.

«Habt acht!» — ruft die Tagcharge.

Strammes Zusammenschlagen der Absätze, Hinaufreißen der rechten Hand an die Mütze und energische Meldung als Zimmerkommandant.

Hinter dem Herrn Oberstleutnant die Suite: Hauptmann, Oberleutnant, die Leutnants, der Kadett, der Oberjäger, der Rechnungsunteroffizier, die Tagcharge und die Inspektion.

Der Herr Oberstleutnant blickt scharf im Zimmer herum, alles wölbt die Schultern zurück, preßt die Hände an die Hosennaht und starrt dem hohen Vorgesetzten mit hervorquellenden Basedowaugen in die seinen.

Das muß man so machen.

Zamazal steht vor seinem Bett, die Blicke des Bataillonskommandanten fallen auf ihn.

Er hat den Kopf zur Seite geneigt — und lächelt.

Der Herr Oberstleutnant sieht ihn an — mir bleibt das Herz stehen — er tritt vor ihn hin und fragt: «Wie heiße ich?»

Zamazal erschrickt heftig. — Kurze Pause. — Ich fühle den Dunkelarrest in allen Gliedern.

«Sie haaßens... Sie haaßens...» Und mit einer großen Armbewegung stößt Zamazal aufgebracht hervor — in böhmischer Sprache: «Kruzifix, ich hab' gewußt, wie der Kerl heißt, und jetzt hab' ich's vergessen.» — —

Große Pause.

Ich sehe mich meine Tage im Arrest beschließen. —

«Unteroffizier!!»

«Zu Befehl, Herr Oberstleutnant!» —

«Das, was ich da gestern sah und heute hörte, ist kein Militär, das sind Lohengrine. — Lauter Lohengrine. —

Der Mann weiß nicht, wie ich heiße. — Der Mann macht dramatische Armbewegungen, wenn er mit mir redet.

Ich habe eine Versammlung von bewaffneten Opernsängern, aber keine Soldaten. Was haben Sie mir zu antworten?» —

Ich fasse mir ein Herz, schlage die Absätze zusammen, reiße die Hand an die Mütze und melde gehorsamst: «Herr Oberstleutnant, der Mann ist ein Trottel!» –

Der Oberstleutnant dreht sich auf dem Absatz herum und geht aus dem Zimmer. – Hinter ihm der Hauptmann, der Oberleutnant, die Leutnants, der Kadett, der Oberjäger, der Rechnungsunteroffizier, die Tagcharge und die Inspektion.

Ich war allein – allein mit meinen Lieben.

Alle standen noch «Habt acht» vor ihren Betten. –

Zamazal auch. Ich trat vor ihn hin, ich wollte ihn töten. Er blickte mich verstört an, er merkte offenbar die Absicht. Ich tötete ihn nicht, und da ich doch etwas sagen mußte, so sagte ich: «Rindviech!» – –

Ich wurde nicht eingesperrt. – Mein guter Hauptmann setzte mir nur auseinander, welche Folgen es haben könnte, wenn ein Heer von Lohengrinen, wie der Herr Oberstleutnant so richtig bemerkte, an den Feind käme, und stellte mir in Aussicht, daß ich eingesperrt werden würde, bis ich schwarz werde, wenn sich das nicht ändere.

Dann sagte er mir: «Sie haben Glück gehabt. – Die Meldung, daß der Mann ein Trottel ist, hat Sie gerettet.»

Zamazal wurde in die Küche kommandiert.

Sein Name wies ihn auf diesen Platz. –

Es wurde Dezember, man machte mich zur Aufsichtscharge in der Unteroffiziersbildungsschule. Man erkannte mein pädagogisches Talent und machte mich zum Lehrer.

Ich trug Trompetensignale vor.

Gewöhnlich werden die Signale vorgepfiffen, und die Mannschaft muß sie nachpfeifen. Da kommt es aber oft zu Komplikationen. Wenn ein Mann pfeifen soll, schneiden die andern Gesichter und bringen ihn so zum Lachen.

Ich war Sänger, also sang ich ihnen die Signale vor: «Tadaradatataratatadah!» – – usw.

Während ich vortrage, kritzelt der Jäger Krupitza immerfort in seinem Notizbuch. Ich bin empört, daß man den interessanten Ausführungen meines Vortrages so wenig Aufmerksamkeit schenkt, und schmettere: «Krupitza, was schreiben Sie da, wenn ich vortrage?»

«Herr Unterjäger, ich meld' g'horsamst, ich schreib' mir die Signale auf.»

«Ja, Krupitza, sind Sie denn ein Symphoniker, daß Sie die Töne zu Papier bringen können?» – –

Ich nehme sein Buch in die Hand und finde gewissenhaft eingetragen: «Tadarada-taaratatadah!» – –

Als ich ihn das Signal wiederholen ließ, sang er den Radetzky-marsch. ———

Im Juni nächsten Jahres stand ich im Garnisonspital vor der Superarbitrierungskommission.

Ich war frei vom Militär, versetzt zum Landsturm ohne Waffe. Es hieß des Kaisers Rock ausziehen und wieder in den Samtrock schlüpfen. Er war mir viel zu klein geworden.

Ich wußte mir keinen Rat; ganz mittellos stand ich da und mußte meinen Hauptmann bitten, einstweilen meine Uniform weitertragen zu dürfen, was er mir gerne gestattete.

Recht traurig ging ich den Krautmarkt hinab, verfolgt von dem quälenden Gedanken: Was jetzt anfangen? —

Da begegnete mir Herr V. von S. — ein Bekannter meines Hauptmanns, ein eifriger Weidmann, vor dem ich als Soldat öfter gesungen hatte, wenn der Jagdverein seine Unterhaltungsabende abhielt.

Er fragte mich, warum ich, der sonst so Frohe, so niedergeschlagen wäre?

Ich klagte ihm meine Not. Er stellte mir hundert Gulden zur Verfügung. Ich konnte es nicht glauben, es war wie ein Wunder — ich weigerte mich, das Geld anzunehmen, doch er drängte es mir auf.

Ich dankte tausendmal und versprach, ihm die Summe, sobald ich nur könne, bei Heller und Pfennig zurückzuzahlen.

Dann zog ich die Uniform aus, kaufte mir einen neuen Samt-rock, ließ mir lange Haare wachsen und ging zum Theater. —

So schloß meine Militärzeit.

Sie war kurz, aber mir unvergeßlich. Dankbaren Herzens gedenke ich ihrer, sie hat einen gesunden, tüchtigen Menschen aus mir gemacht und hat mir viel fürs Leben mitgegeben. Ich hatte warmherzige, liebenswürdige Vorgesetzte, denen ich das beste Andenken bewahre.

Das Gefühl der Zugehörigkeit zu meinem 17. Jägerbataillon habe ich nie verloren.

Und sogar die geliehenen hundert Gulden habe ich schon mit Dank zurückgegeben.

Meinem ehemaligen Regimentsarzt überreichte ich später ein Bild von mir als Othello mit der Widmung: «Herrn Oberstabs-arzt S. zur Erinnerung an den Rekruten des 17. Jägerbataillons, der zum Feldherrn der venezianischen Flotte avanciert ist.»

## Wie ich zum Theater kam

Mein Studium war noch nicht so weit gediehen, als daß ich gleich hätte zum Theater gehen können.

Ich nahm also, um mein Leben fristen zu können, eine Stelle als Schreiber in einer Advokaturkanzlei.

Diese Zeit bedeutete sowohl für mich als auch für den Herrn Advokaten eine Quelle von Leiden.

Meine Konzentration auf die diversen Rechtsfälle ließ so viel zu wünschen übrig, daß alles, was ich schrieb, meist unbrauchbar war. — — — Selbst wenn man es hätte lesen können.

Es kam oft vor, daß ich, um Auskunft befragt, was dieses oder jenes bedeutet, meine eigene Schrift nicht entziffern konnte.

Um neun Uhr früh saß ich in der Kanzlei, und um halb zehn war mein Bedarf an derselben bereits derart gedeckt, daß ich unter den kühnsten, an die Leichtgläubigkeit meines Brotherrn die exorbitantesten Ansprüche stellenden Ausreden mich zwei- bis dreimal in der Woche zu drücken versuchte und die Vormittage wegblieb.

Dieser Zustand konnte auf die Dauer nicht aufrechterhalten werden, das stand fest.

Eines Tages rief mich der Chef in sein Allerheiligstes und erklärte mir, sichtlich bewegt, daß wir voneinander scheiden müßten. — — — Seine Hochschätzung für mich als Sänger nehme, trotzdem er mich nie gehört habe, solch gewaltige Dimensionen an, daß dadurch der Schreiber — Mundant, wie es so richtig heißt — weit in den Schatten gestellt werde. —

Wir reichten einander die Hände, versicherten uns unseres gegenseitigen Wohlwollens und atmeten beide auf, als sich die Türe zwischen uns schloß.

Wenn ich dann später, als alles weit hinter mir lag, mit meinem ehemaligen Chef zusammenkam, sagte er oft: «Slezak, Sie ahnen nicht, was für ein schlechter Advokaturschreiber Sie waren. Sie als Mundanten zu verlieren, bedeutet für jeden Advokaten eine Erlösung!» — —

Es wäre unklug gewesen, ihm zu widersprechen.

Die Sorge um die Existenz stand nun wieder drohend vor mir. Man riet mir, da ich doch kein Sitzfleisch hätte, zu einem freieren Beruf. — Agent! — Großartig! — —

Ich bekam, durch Empfehlung, die Vertretung einer Firma für Powidel.

In Deutschland heißt es treffend: Pflaumenmus.

Ich rannte von einem Kaufmannsladen zum andern und offerierte meine Powidel in der intensivsten Form.

Ich erklärte es für ein Verbrechen, die Gelegenheit vorübergehen zu lassen und mir meine Powidel nicht aus den Händen zu reißen. —

Die Kaufleute fanden mich äußerst originell, amüsierten sich sichtlich, aber kauften nichts.

Entweder war die Powidel nichts wert, oder aber war meine Art und Weise nicht vertrauenerweckend. — Ich weiß es nicht.

Eines Tages fraß ich alle Muster auf und sah ein, daß ich auch hier fehl am Orte war. —

Mit krachendem Magen kam ich zu den Gesangsstunden.

Mein Lehrer meinte, daß das so nicht weiterginge.

Er besuchte Direktor Aman, der dem Brünner Stadttheater vorstand, und bewirkte, daß ich zum Probesingen zugelassen wurde.

So stand ich endlich auf der Bühne und sang die Bajazzo-Arie. Das Resultat war berauschend — man engagierte mich sofort.

Fürs erste Jahr bekam ich einen Vorschuß von vierzig Gulden monatlich, der mir im nächsten Jahre von meinen hundert Gulden Gage abgezogen werden sollte. Für jedes Auftreten ein Spielhonorar von zehn Gulden.

Im dritten Jahre dreihundert Gulden Gage! ——

Mir schwindelte! —— So viel Geld gibt es ja gar nicht! — Ich saß da mit klopfendem Herzen, nur daran denkend: «Was wird die Mutter dazu sagen?»

Dann nach Hause, um die Unterschrift des Vaters auf den Vertrag setzen zu lassen, denn ich war erst neunzehn Jahre alt.

Was sich daheim für ein Glücksgefühl auslöste, in welchen Formen es zum Ausdruck kam, kann ich nicht schildern — ich würde es damit profanieren.

Alle Not hatte ein Ende!

Nun war ich Mitglied des Theaters und durfte in die Künstlerloge gehen. — Ich wohnte in derselben. —

Jedes Erwachen des Morgens war ein Fest. —

Sämtliche Advokaturkanzleien und Powidelfabriken der Erde konnten mir den Buckel herunterrutschen.

Da es im Vertrage Bedingung war, daß ich im ersten Jahre mindestens drei Opernpartien bühnenreif studieren müsse, ich aber noch keine Note lesen konnte, spielte mir Mama Robinson am Klavier mit einem Finger jede Stelle so lange vor, bis ich sie nachsingen konnte. Auf diese mühsame Art erlernte ich den Freischütz, die Zauberflöte und den Lohengrin.

Beschäftigt wurde ich nicht, was mich mit Entrüstung erfüllte. Ich glaubte mich zurückgesetzt, gab auch dieser Empfindung im Kollegenkreise drastischen Ausdruck und erklärte meinen Direktor für einen Trottel.

Dies wurde ihm naturgemäß pünktlich zurückerzählt, was eine ziemlich bewegte Aussprache und ein noch intensiveres Kaltstellen zur Folge hatte.

Da kam das Benefiz des Bassisten Shukovsky.

Er wählte Lohengrin, mit der Bedingung, mein verewigter Jugendfreund und Studiengenosse Rudolf Berger solle den Telramund singen und ich den Lohengrin.

Rudolf Berger, der leider so früh Dahingeschiedene, eine sonnige Frohnatur und mir ein lieber, herzlicher Kamerad, gleichfalls ein Brünner Kind, besaß eine herrliche Baritonstimme, war musikalisch und gesanglich viel reifer als ich und wurde daher von Direktor Aman als Telramund sofort akzeptiert.

Bei mir wehrte er sich in dem berechtigten Angstgefühl, daß es eine Katastrophe werden könnte, mit Händen und Füßen.

Aber Robinson wußte ihn zu überreden — endlich willigte er ein, Kapellmeister Thieme, ein äußerst tüchtiger, gewissenhafter Norddeutscher, leitete die Vorstellung. —

Es kam zur Generalprobe — das Parkett voll Menschen.

Alles ging so weit ganz gut, bis auf einige Taktentgleisungen, die der Kapellmeister scharf rügte.

Nun kam aber eine Stelle, wo sich der Arme mit seinem Orchester wahrhaftig keinen Rat mehr wußte.

Er schrie: «Slezak, nehmen Sie doch die Noten zur Hand!»

Ich erwiderte bescheiden: «Lieber Herr, wenn ich Noten lesen könnte, so redete ich nicht mit Ihnen!»

Die gespannte Situation wich einer erlösenden Heiterkeit.

Dann kam der Abend. —

Zur Vorsorge stand der damalige Heldentenor als Lohengrin angekleidet in den Kulissen, um einzuspringen, wenn es nicht mehr weitergehen sollte. — Es ging weiter, bis zum Schluß, und brachte mir einen großen Erfolg.

In der Kulisse stand mein Direktor.

Ich trat zu ihm, nahm ihn um den Hals, gab ihm ein Bussi und bat ihn wegen des Trottels um Verzeihung.

Er verzieh und wurde mir ein warmer, fördernder Freund, dem ich viel zu danken habe.

Notenlesen habe ich inzwischen gelernt, bis auf die Baßnoten. Die kenne ich auch heute noch nicht.

Ich befürchte ernstlich, ich werde sie nie mehr erlernen. —

# Amerika

## *Auf hoher See*

Der Titel dieses Kapitels ist mir gelungen, das fühle ich. Er erinnert an die spannendsten Romane, erweckt gigantisch schaurige Vorstellungen schönster Art.

Dabei ahnt man nicht, wie elend einem auf hoher See zumute sein kann, wenn sich so im Menscheninnern alles von oberst zu unterst kehrt und man jede Bewegung des Schiffes als schwere Kränkung empfindet. —

Die herrliche Speisekarte. — Dazu die rührend gute Behandlung. — Der Obersteward kommt, um sich zu erkundigen, ob man nicht einen speziellen Wunsch habe, der Küchenchef wäre in Bremen bei einem Gastspiel gewesen und möchte nun gerne mit einem Lieblings- oder Heimatgericht aufwarten.

Einen Wunsch? — Ja, ich hatte einen, einen heißen, dringenden — Sterben! —

Und wenn das nicht zu machen ist — Aussteigen!

Da liegt man in seinem Liegestuhl auf Deck, in Pelze und Decken eingehüllt, das Gesicht gorgonzolagrün, wehrlos und lebensüberdrüssig. Bald hat man die Füße oben und den Kopf unten, bald den Kopf oben und die Füße unten.

Man sieht das Meer in seiner niederträchtigen Endlosigkeit vor sich und ebenso endlos die Reise selbst.

Nun kommt noch der Ärger dazu. — Es gibt nämlich Menschen, die diese gottverfluchte Fahrerei vertragen und quietschvergnügt auf dem Promenadendeck hin und her gehen, an mir vorüber, lachen, scherzen, die einander erzählen, was sie gegessen haben, schildern, wie es geschmeckt hat, ausführlich, mit allen Einzelheiten...

Da steigt ein Gefühl in mir auf, das mir sonst fremd war — der Haß!

Eine Ozeanreise im November und April ist für den Großteil der Menschen immer eine peinliche Angelegenheit.

Das Meer benimmt sich skandalös.

Und der Kapitän geht mit lächelndem Gesicht von Passagier zu Passagier, erkundigt sich mit offensichtlicher Schadenfreude nach deren Befinden, beantwortet Fragen, die seit den zwanzig oder dreißig Jahren, die er zur See fährt, immer die gleichen sind, nennt einen Sturm, bei welchem Sturzseen über Bord gehen, die alles mitnehmen, was nicht angenagelt ist, eine kleine Dünung und meint auf die Frage, wann wir in New York ankommen, treuherzig und humorvoll: «Wenn wir dort sind.»

Er saß oft bei mir und ließ sich meine devastierte Verfassung genau schildern. Er meinte, es unterhielte ihn, denn es wäre so drollig, wie ich das erzähle. — Der Gütige.

Schon beim Betreten des Schiffes, sowie man den Geruch der Öle — Teer und Lackfarben der Möbel und Gänge — in sich aufgenommen hat, beginnt die Katastrophe.

Diese undefinierbare Atmosphäre legt sich um die Sinne, und von der ersten Minute an ist man für die sieben bis acht Tage der Reise erledigt.

Sogar jetzt, beim Niederschreiben dieser herrlichen Erinnerungen, am Schreibtisch, erlebe ich alles so heftig wieder, daß ich eine längere Pause einschalten muß. —

Dabei heißt es allgemein, daß man sich daran gewöhnt und nur das erste Mal seekrank ist.

Welch ein Hohn!

Durch acht Jahre hindurch, bei sechzehn Überfahrten, hat sich an dem lieblichen Zustand bei mir und meiner Frau nichts geändert. — Immer dasselbe Elend.

Dann gibt es auch «unfehlbare» Mittel gegen die Seekrankheit. Wir haben sie alle angewendet. — Entsetzlich!

Alles, was man uns riet, haben wir probiert.

Man empfahl uns, einen Organtinsack mit gehackter Petersilie auf den Magen zu legen. — Schon die Tatsache, daß dieser Organtinsack so ohne weiteres nicht auf dem Magen liegenblieb, schuf Sorgen. — Das Gehirn arbeitete krampfhaft, und so kam man auf die Idee, den Sack an einem langen Band um den Hals zu hängen. — Ein idiotenhafter Zustand.

Wochen vorher wurde das geübt. — Zuerst ohne Petersilie. Dann hieß es wieder, daß man dieses Mittel nicht erst auf dem Schiff anwenden dürfe, sondern viel früher.

Also reisten wir schon von Wien ab mit den schweren Organtinpetersilienbeuteln um den Hals, was zur Folge hatte, daß wir bereits in Salzburg von dem Petersiliengeruch, der uns verfolgte, sehr verstimmt waren.

Vor München wurde mir so schlecht, daß ich aus dem fahrenden Zug springen wollte. – Nur der Gedanke an Weib und Kind hielt mich davon ab.

Erst als wir in Paris die Petersilie samt den Organtinsackeln einem Omnibuspferd zu fressen gaben, wurde uns leichter.

Ein zweites Mittel war ein Luftpolster – Marke Seefest! Es wurde aufgeblasen, um den Leib gelegt und hinten mit Schnallen zugezogen.

Ich war begeistert und kaufte gleich zehn Stück, falls eines oder das andere hin werden sollte.

Nach einer halben Stunde weigerten sich alle Mitglieder der Familie, das Polster zu behalten.

Bei den Neufundlandbänken haben wir sie ins Meer geschmissen, ein Walfisch hat sie gefressen und ist davon sofort seekrank geworden.

Vallidol! – Mothersill-Seasick! – und wie all das Zeug heißen mag, wir haben alles hinuntergewürgt – alles hat die Qualen nur verschärft.

Ich muß es aber auch immer besonders schlecht getroffen haben mit den Seereisen, und fast scheint es mir, daß der Meeresgott – ich glaube, Neptun heißt er – eine ganz besondere Aversion gegen mich hat.

Mein lieber Dachs – kein wirklicher Dachs – sondern mein Pianist Oskar Dachs und seine Frau, begleiteten uns auf einer Amerikareise.

Als echter Wiener, der an seine Bequemlichkeit gewöhnt ist, betrachtete er jede Welle als eine persönliche Beleidigung.

Nun war speziell diese Amerikareise, die «Puffi» (so nannten wir ihn im Freundeskreise) mitmachte, eine der unangenehmsten, wenn nicht die unangenehmste.

Dachs und Frau lagen in ihrer Kabine, ich oben auf Deck.

Die See ging hoch, daß wir nur halbe Kraft fahren konnten, Sturzseen rasten über das ganze Schiff; es war, als ob die Hölle los wäre.

Ein Matrose kam an dem gespannten Seil herangewankt. Ich bat ihn zu mir: «Gehen Sie bitte auf Nr. 320 zu Herrn Professor Dachs und sagen Sie, er möge sofort in den Klaviersalon kommen, Herr Slezak wolle studieren.»

Nach wenigen Minuten kam der Mann zurück und teilte mit, daß der Herr Professor bewegungslos auf dem Rücken läge und er aus unartikulierten Stöhngeräuschen entnehmen zu dürfen glaube, daß der Herr voraussichtlich nicht werde zum Studium in den Klaviersalon kommen können. –

Ich dankte.

Als eine Weile darauf der Decksteward an mir vorüberwackelte, sandte ich ihn mit der gleichen Botschaft auf Nr. 320.

Er kam mit einem verbundenen Auge wieder.

Der Herr Professor hätte ihm erst das Zahnputzglas und dann seine goldene Remontoiruhr samt Kette nachgeschmissen.

Gesagt hätte er nichts — also es sei unentschieden, ob er käme.

So sandte ich noch einige, die gerade vorbeikamen — ungefähr sechs bis acht mochten es gewesen sein — auf Nr. 320.

Einer kam nicht mehr wieder. — Es hieß, er sei seinen Verletzungen erlegen. —

Als Puffi nach zwei Tagen mit dem Gebaren einer bereits in Verwesung übergegangenen Wasserleiche auf Deck erschien, machte er mir Vorwürfe, wie ich damals so etwas von ihm verlangen konnte. — Mehrere Tage sprach er nur das Notwendigste mit mir.

Alles im Leben geht einmal zu Ende. Noch ein Tag, da kommt das Feuerschiff in Sicht, der Lotse geht an Bord, man ankert in der Quarantäne, der Doktor, die Zeitungsleute, der Märchenhafen von New York, endlich — Landung in Hoboken.

Noch die unangenehme Zollrevision. — Alles wird durchwühlt, und nachdem einzelne Sachen derart untersucht sind, daß sie weggeworfen werden können, steigt man in ein Auto und fährt heim in sein altes, liebgewordenes Hotel. —

Alles ist überstanden. — Sowie man festen Boden unter den Füßen hat, ist alles Leid zu Ende. — —


## Das Reisen in Amerika

Die Zeit, die ich in Amerika zugebracht habe, muß ich als vollständig aus meinem Leben gestrichen betrachten.

Von dem Augenblick an, da ich in Cherbourg an Bord ging, bis zu meiner Wiedereinschiffung in New York, um in die Heimat zurückzukehren, vegetierte ich nur.

Vom Schiff ins Hotel, vom Hotel ins Theater, vom Theater ins Hotel oder zur Bahn — so ging es sechs lange Monate hindurch. Immer achtgeben, immer aufpassen, daß man sich nicht erkältet, keinen andern Gedanken im Kopfe, als: Nur ja nicht krank werden.

Täglich in einer andern Stadt erwachen, oft nur jeden dritten oder vierten Tag in einem Bett — das nicht fährt. —

Da zählt man freilich die Tage und Stunden bis zu dem Zeitpunkt, da es wieder nach Europa geht.

Allerdings wird einem das Reisen in Amerika so bequem gemacht, wie man es sich in Europa überhaupt nicht vorstellen kann.

Da fast alle Bahnen Privatbesitz sind, und es nach allen Richtungen verschiedene Linien gibt, die sich gegenseitig Konkurrenz machen, trachten die Gesellschaften, was Komfort betrifft, sich zu überbieten, um den Passagieren das Reisen so angenehm als möglich zu machen.

Bei meinem Eintreffen in New York hatte der Manager bereits alle Fahrten zusammengestellt, auf Grund von Offerten, die uns von den Eisenbahnverwaltungen zugekommen waren. Mein Drawingroom hatte ich für alle Fahrten reserviert, — ein großes Abteil, das im Nu in einen Schlafraum verwandelt werden konnte und tagsüber ein behagliches Zimmer mit Fauteuils, Sofa und Tisch sehen ließ.

Nebenan ein eigenes Badezimmer.

In allen größeren Stationen kamen Beamte ins Coupé, erkundigten sich, ob man zufrieden sei, irgendwelche Wünsche habe, brachten Beschreibungen der Reiseroute mit Bildern und Ansichtskarten mit und überboten sich in Aufmerksamkeiten.

So wurde eine Reise nach dem Westen, — Kalifornien, Seattle oder Victoria — die sechs bis sieben Tage dauerte, zu einer Quelle von Anregungen, wo man nichts von jener Müdigkeit fühlt, die sich bei uns bereits nach zwei- bis dreistündiger Eisenbahnfahrt einstellt.

Im Zuge gibt es einen Friseur, ein Schreibzimmer mit einem Schreibmaschinenfräulein, dem die Geschäftsleute ihre ganze Korrespondenz diktieren, dann ein Telephon, das in jeder Stadt eingeschaltet werden kann. Am Ende des Zuges befindet sich ein Aussichtswagen mit Riesenglasscheiben und bequemen Klubsesseln, außerdem eine offene Terrasse, von der aus man, gegen Wind geschützt und in Liegestühlen ausgestreckt, die Landschaft an sich vorbeiziehen lassen kann.

Der Zug gleitet — trotz der rasendsten Schnelligkeit — so ruhig, daß man schreiben und sich mit allerhand beschäftigen kann, ohne Gefahr laufen zu müssen, sich beim Reden die Zunge abzubeißen. — Nur so ist es möglich, die ungeheuren Strapazen zu ertragen.

Allerdings muß man trotzdem von guten Eltern sein, um den ständigen Klimawechsel wie auch die atemlose Hast, mit der drüben gearbeitet wird, auszuhalten.

Oft hieß es nach dreitägiger Bahnfahrt geradenwegs aus dem Zuge ins Theater eilen, sich rasch kostümieren, um eine Stunde später als Othello oder Samson auf der Bühne zu stehen.

Der Reklame wegen mußte ich mir einmal für eine kurze Zeit eine «Privatcar» mieten.

Das ist ein ganzer Waggon, der eine komplette Wohnung enthält, mehrere Schlafräume, Salon, Speisezimmer, Küche und Bad.

Ich hatte nicht nur meine Familie bei mir — meine Frau und Kinder begleiten mich überallhin —, auch unsere Wiener Dienstboten, inklusive der Köchin aus Brünn, fuhren mit, obschon uns von der Eisenbahngesellschaft ein schwarzer Koch und ein Neger, dem die Wartung des Waggons oblag, beigegeben worden waren.

Sogar ein kleines Harmonium hatte mir meine Klavierfirma in den Salon stellen lassen. — Schlaraffenland! —

Sang ich beispielsweise in einer Stadt des Westens, wurde der Waggon abgekoppelt, auf ein Seitengeleise geschoben und war Hotel. Abends fuhr ich dann nach dem Konzert an die Bahn, und in meiner Car erwartete mich schon ein strahlendes Nachtmahl — greifen wir einmal, des Kontrastes mit dem wilden Westen wegen, ein märchenhaftes Kalbsgulasch mit wonneumwobenen Nockerln heraus. — Dazu echtes bayrisches Bier! — In Flaschen!

Meine Familie um mich, der Pianist, ein lustiger Venezianer, sorgte für Humor, so saßen wir bis spät in die Nacht, um schon am nächsten Morgen, inzwischen an einen fahrplanmäßigen Zug angehängt, wieder in einer andern Gegend zu erwachen.

Herrlich war's! — Leider währte der schöne Traum nur knappe drei Wochen. — Er war zu teuer.

Sooft eine Reise vorbei war, tat mir das Herz weh — so schön ist sie gewesen, namentlich im Süden.

Atlanta — Florida — Texas ——— lauter unvergeßliche Eindrücke.

Aber auch im Norden von Canada — im Schnee und Eis — gab es Überwältigendes zu sehen.

Quebeck! —

Der Blick von dem auf einem Hügel liegenden Hotel Frontenac — es ist als alte Ritterburg eingerichtet, und man kann vor lauter Altertümern nirgends sitzen — wird mir unvergeßlich bleiben.

Der ungeheure Sankt-Lorenz-Strom, den man in seiner Breite kaum übersieht — man wähnt das Meer vor sich zu haben, gefroren, eine starre, bewegungslose Eismasse.

Aber so herrlich, fesselnd und anregend das alles war — das Herrlichste und Schönste blieb doch die Heimfahrt.

Das Gefühl: Heute geht es nach Hause, will einem die Brust sprengen — jubelnd geht man aufs Schiff.

Es kommen Freunde an Bord, Blumen, Früchte und gute Reisewünsche bringen sie. — Um zehn Uhr ertönt das Zeichen: Alles von Bord! — Die Brücken werden aufgezogen, die Musik spielt den Radetzkymarsch, der Koloß von einem Ozeandampfer wird mit kleinen Schleppern vom Pier in den Hafen gezogen, dort gewendet, und sobald er seinen Kurs hat, geht er langsam vorwärts mit eigener Kraft.

Man steht oben am Sonnendeck, die winkenden Menschen werden immer kleiner, bis sie verschwinden. — Alle Wolkenkratzer ziehen vorbei, nun hat man die Freiheitsstatue passiert, in einigen Stunden ist das Feuerschiff in Sicht — der Lotse geht von Bord, das Schiff bekommt Vollkraft, und der große, unermeßliche Ozean liegt vor uns.

Mag es nun stürmen und wettern, soviel es will, mögen einem die Magenwände noch so sehr zum Munde heraushängen, die Glückseligkeit überwiegt jeglichen Jammer.

Portsmouth — erstes Anlegen — Europa.

Am nächsten Morgen Cherbourg, der Extrazug des Norddeutschen Lloyd steht bereit, in sechs Stunden Paris, — dort in den Orientexpreß und tags darauf — in Wien.

Großartig, fabelhaft ist es draußen in der Welt.

Aber schön — wirklich schön war es nur daheim. Wann wird das wohl wieder sein? — —


## Press Work

Pressearbeit! — Reklame! —

In Amerika ist es Grundregel, daß von allem, sei es was immer, gesprochen werden muß.

Gut oder schlecht, es ist gleichgültig, nur reden müssen die Leute davon.

Die ungeheure Größe dieses Landes und das, bis auf einige wenige Ausnahmen, wenig gepflegte Kunstinteresse zwingen den Künstler, eine Reklame zu entfalten, die ihm anfangs widerstrebt, die aber nicht zu umgehen ist.

Gar für einen, der an erster Stelle steht und der an erster Stelle verdienen will. —

Amerika ist ein schnellebiges Land, die größte Sensation von heute morgen ist am Abend schon vergessen. Alles spielt sich in solch gigantischen Formen ab, daß man, um überhaupt bemerkt zu werden, womöglich noch lauter schreien muß als alle andern.

Da heißt es nun, sich immer und immer wieder in Erinnerung bringen, von sich reden machen, ohne rigorose Wahl der Mittel. Man hält sich zu diesem Zweck einen Presseagenten.

Dieser ist ein bei allen Blättern eingeführter Reporter, der den ganzen Betrieb, vor allem aber den Geschmack seines Publikums kennt, und das Allerwichtigste ist, daß das, was er schreibt — auch gedruckt wird.

Seine Hauptaufgabe ist es, jede Woche irgendeine Geschichte zu erfinden, die, wenn sie auch noch so trottelhaft ist, durch die Blätter der Vereinigten Staaten geschleift werde soll.

Je nach der geistigen Beschaffenheit seines Presseagenten liest man in den Blättern Sachen über sich, die einem mehr oder weniger die Schamröte ins Gesicht treiben.

Allerdings, wenn man ein Jahr lang drüben gewesen ist, härtet man sich gegen so manches ab.

Bei diesen Geschichten muß man sein Augenmerk darauf richten, daß darin ja nichts von Kunst gesprochen wird.

Das liest nämlich kein Mensch.

Das Wichtigste ist die «Headline»! Die Überschrift!

Diese «Headline» muß nicht nur einen Extrakt des Inhalts bilden, sie muß auch neugierig machen, denn achtzig Prozent der Amerikaner lesen nur die Headlines. — Aus denselben erfahren sie alles Wissenswerte, und nur wenn sie einen Witz oder sonst etwas Interessantes erhoffen, lesen sie den Text.

Eine Amerikatournee muß schon Monate vorher vorbereitet werden.

Die in Aussicht genommenen Städte werden mit Berichten gefüttert. Amateurbilder! — im Sommerheim! — in Hemdärmeln! — in der Schwimmhose! — Da dies alles schon da war, ließ ich mich im Badeanzug mit sämtlichen Orden und dem Komturkreuz um den Hals, ein Notenblatt in der Hand, photographieren. — Überschrift: «Mister Slezak studiert in seinem Countryhouse — eine neue Rolle für Amerika.» —

Dem unglücklichen Bewohner wird bei jeder Gelegenheit, überall und zu jeder Zeit versichert, daß ich in der Äolianhalle der Stadt singen werde. — Die Preise sind von fünf Dollar bis fünfzig Cent. — Wenn er in irgendeinem Hotel ein Löschblatt in die Hand nimmt, grinst ihm mein Bild entgegen. — Als Othello. — Leo Slezak! — Der größte Tenor der Welt! — Der je gelebt hat — nein — der je leben wird! —

Wo er hinkommt — aus allen Läden — in der Elektrischen — von den Litfaßsäulen — lächeln ihm meine durchgeistigten Züge entgegen. — Zuerst ist er irritiert, allmählich gehe ich dem Bedauernswerten derart auf die Nerven, daß sich bei ihm ein Haßgefühl einstellt, das vor einem Mord nicht zurückschreckt. —

Da komme ich an, er kauft sich ein Billett, geht ins Konzert und ist das dankbarste Publikum.

Dankbar schon aus dem Grunde, weil er weiß, daß er nach dem Konzerte vor mir Ruhe haben wird. —

Besonders die Ankunft in Amerika muß richtig gemanaged werden.

Die Anker rasseln herunter, die Postbarkasse legt auf einer Seite an, auf der andern der Doktor, und schon flitzt das schnelle Dämpferchen des «New-York-Herald» heran mit allen Zeitungsreportern an Bord.

Man ruft einander zu — «Hallo my boy! How do you do?» — «Was machen Frau und Kinder?... Ist die Katze mit?... Die beiden Hunde?... Der große Schnauzi?»

Nun steigen sie an Bord, man begrüßt einander, und jetzt kommt der Clou: ich trete ihnen mit einer Ziege und einer Schildkröte — beide an einem Schnürl befestigt, entgegen. — «Was ist das?»

«Meine Mascotte! — Mein Porte-bonheur! — Ich bin außerstande, ohne diese Ziege zu singen, sie muß im Konzertsaal mit dabei sein, auch die Schildkröte liebt mich, wedelt mit dem Schwanz, wenn ich mit ihr rede — sie darf nicht fehlen.» —

Riesengelächter! — Aber es macht sichtlichen Eindruck.

Alles wird photographiert.

«Wie heißt die Ziege?»

«Dinorah!»

«Buchstabieren Sie das.»

«Di-ai-no-ar-eh-eitsch-!»

«Fine! — Was frißt sie?»

«Leberknödel.»

«Oh, very interesting — wie alt ist sie?»

«Dreiviertel Jahre.»

«Oh — ist das so?»

«Ja, das ist so!»

Auch die Schildkröte wird gewürdigt — nur will man nicht glauben, daß sie mit dem Schweif wedelt. — «Ich beschwöre es!» — Große Sensation. —

«Slezak ist crazy — ist verrückt geworden — er singt nur mit einer Ziege am Schnürl.» —

Bei der Ankunft in Hoboken — ist Mister Hensel, mein Impresario, am Pier — mit einem Kino-Operateur.

Wir lassen alles aussteigen, dann werden einige Aufnahmen — «auf hoher See» — gemacht — auf der Kommandobrücke.

Ich halte entweder ein Fernrohr in der Hand — oder starre auf den Kompaß. —

Dann am Promenadendeck, in den Liegestühlen, wo sich die ganze Familie um mich gruppiert — alle Viecher — und als Hauptattraktion — die Ziege. —

Ich nehme den sonnigverklärten Gesichtsausdruck des beglückten Familienoberhauptes an. –

Zum Schlusse gehen wir von Bord, begrüßen eine enthusiastische Menge, die uns zujubelt und die gar nicht da ist. –

Dieser Film ist für alle Kinos in Amerika und namentlich für die Städte, wo ich konzertiere, bestimmt.

Von nun an verfolgte mich die Ziege überall. –

«Oh, Mr. Slezak, where is your pet-goat?» –

«Wo ist Ihre Lieblingsziege?»

Wo ich die Ausreden alle hernahm, ich weiß es nicht – aber eines Tages erklärte ich mit vibrierender Stimme: «Dinorah is dead! – Sie ist an einem Stückchen Gulasch, das ich ihr unvernünftigerweise zu fressen gab, erkrankt, bekam Lampenfieber und – – vorbei!» – –

«Wo ist sie gestorben?»

«In Washington – Palacehotel im 21. Stock – Zimmer Nr. 2480.»

«Ist das so?»

«Ja, das ist so!» –

Bis auf einige Kondolenzen und Ermunterungen, daß ich auch ohne Ziege werde singen können – denn man soll nicht so abergläubisch sein – war ich dieses Phantom endlich los.

Sie war von einem polnischen Juden aus dem Zwischendeck ausgeliehen.

Eines Tages lese ich in den Zeitungen, daß ich nur deshalb so groß und stark geworden bin, weil ich in meiner Jugend immer barfuß ging. – Ich singe auch bloßfüßig. – Das sei gut für die Stimme.

In Wakefield war das Publikum sehr indigniert, weil ich Lackstiefel anhatte. –

In den Voranzeigen der verschiedenen Städte, wohin die Metropolitanoper gastieren ging, wurden die Künstler, die als Stars an erster Stelle stehen, dem Publikum vorgestellt, – von jedem wurde irgend etwas Besonderes erzählt. – Von mir sagte man, daß ich ein tschechischer Gigant, sechs Fuß, vier Zoll hoch bin und – dreihundert Pfund wiege. – Vom Kollegen Dhin Gilly, der ein Araber ist, erzählten die Spalten, daß er daheim nur in einem Hemd herumlaufe, mit einem Turban auf dem Kopf, und daß es ihm maßlose Pein verursache, wenn er beim Sitzen nicht die Beine kreuzen könne. –

Von jedem wurde etwas anderes Charakteristisches erzählt.

Nun hatten wir einen Kollegen namens Segurola, der ein Monokel trug – die Kameraden behaupteten, er schliefe damit. Mr. Gade, dem Preßmanager, fiel, obwohl Segurola ein großer Künstler war, nichts Markantes ein, so schrieb er:

«Mr. Segurola ist der einzige Mensch in der Company, dessen Vertrag ihm gestattet, eine Caramella, ein Monokel, zu tragen.»

Das amerikanische Publikum ist ungeheuer naiv und kindlich in puncto Zeitungsnotizen und frißt die unglaublichsten Trottelhaftigkeiten mit rührender Empfangsfreudigkeit.

Die Komödie, die ihm beim Bedanken vor dem Vorhang vorgemacht wird, würde sich kein anderes Publikum gefallen lassen.

Eine berühmte, reizende Kollegin, eine Amerikanerin, sang die Gänsemagd in Humperdincks Märchenoper «Die Königskinder». Eine kleine Schar Gänse wurde vorher durch Füttern dressiert, so daß sie ihr überall nachliefen — was natürlich großen Jubel auslöste.

Nach Aktschluß trat die Gänsemagd vor den Vorhang mit einer Gans unter dem Arm und zwickte dieselbe irgendwo hinein, daß das liebe Tierchen gellend aufschrie. — Das Publikum war beglückt und fand es — lovely.

Voll Neid ging ich auf die Bühne und erklärte meiner Kollegin, daß ich beim nächsten Lohengrin mit meinem Schwan unter der Achsel mich vor dem Vorhang bedanken würde.

Triumphierend sagte sie: «Das kannst du tun, aber schreien wird der nie, denn er ist ausgestopft.» —

Es war in Chicago. —

Im Zirkus Ringling, dem Nachfolger von Barnum und Bailey, wurde ein Kamel geboren. —

Meine Kollegin Emmy Destinn und ich wurden gebeten, dieses Kamel aus der Taufe zu heben. —

Wir fuhren in den Zirkus, es war an einem Vormittag, dort wurde im Beisein der Presse das Kamel getauft, indem man ihm einen Lorbeerkranz um den Hals hängte und meine liebe Emmy ihm, dem Kamel, den Namen «LEO» gab.

Daraufhin wurde auch mir ein Lorbeerkranz um den Hals gehängt. Großes Halloh, ich wurde mit meinem Namensvetter photographiert, die Destinn auf der andern Seite, und so hatten die Zeitungen wieder Stoff für kurze Zeit. —

Als wir den Zirkus verließen, erklärte ich feierlich:

«Liebe Emmy, das sage ich dir, das nächste Rhinozeros, das zur Welt kommt, bekommt von mir den Namen ‹Emmy›.»

In den Blättern von Chicago stand in Riesenlettern zu lesen:

«Miss Destinn and Mister Slezak christen baby camel.»

Ein andermal meldete sich ein Herr bei mir.

«Wer sind Sie?»

«Ringkämpfer.»

«Was wünschen Sie?»

«Ich habe in der Zeitung gelesen, Sie seien in Ihrer Heimat ein preisgekrönter Ringkämpfer, und will Sie einladen, mit mir ein Match auszutragen.»

Mehr fehlte mir nicht!

Mit Mühe und Not redete ich dem Manne sein Vorhaben aus, indem ich mich von vornherein als besiegt erklärte, mit der Motivierung, daß ich, wenn ich singe, nicht ringe.

Man erlebt viele solche Geschichten und muß sich, so gut es eben geht, aus der Affäre ziehen.

Dann die Interviews.

Alle nehmen fast den gleichen Verlauf.

Man wird vor allem gefragt, wie einem die Stadt gefällt, in der man soeben angekommen ist. — Die Versicherung — großartig — genügt.

Nun erzählt man etwas Drolliges — das wirkt.

Eines Tages — die Metropolitanoper war soeben in Cincinnati eingetroffen — erscheint bei mir ein Herr, klopft mir auf die Schulter und versichert, daß ich ein «fine fellow» wäre.

Ich danke und erzähle ihm ein paar jüdische Witze auf gut Englisch. Beim Weggehen fragt er noch: «Wer ist denn eigentlich Toscani?» (Toscanini, der berühmte Dirigent.) «Was ist das für ein Kerl?»

«Also, das ist der Bariton unserer Truppe» — antworte ich — «ein mäßiger Geselle, der nicht viel kann und sehr arrogant ist.»

«Thank you!» — Er begibt sich sofort zu Toscanini, der aber keine Interviewer empfängt. —

Tags darauf konnte man in der Zeitung lesen, Toscanini sei ein miserabler Bariton, der eigentlich infolge seiner Unzulänglichkeit in das illustre Ensemble der New Yorker Metropolitanoper gar nicht hineinpasse. —

An dieser Stelle kann ich nicht umhin, einige Worte über diesen genialen Dirigenten zu sagen.

Vier Jahre hatte ich Gelegenheit, unter seiner Leitung zu singen, und habe da eine Persönlichkeit von überragender, gigantischer Bedeutung kennengelernt, wie sie wohl sehr vereinzelt dasteht.

Im Privatleben war er einer der charmantesten, bezauberndsten Menschen, doch sowie er am Pult stand oder eine Probe leitete, war er ein anderer. Von geradezu grausamer Gewissenhaftigkeit und Genauigkeit — einer Autorität und Energie — die ihresgleichen suchten. Rücksichtslos — nicht rechts, nicht links blickend — verlangte er von jedem, wer es auch war, das Letzte. — In diesem Punkte ähnelte er Gustav Mahler. Wehe dem Künstler, der seine Rolle nicht genau so studiert hatte, wie sie geschrieben stand, und wehe dem, der sich seinen ziemlich kategorischen Wünschen nicht fügte.

Eine sehr verwöhnte, von der Gunst des New Yorker Publikums getragene Primadonna sang bei einer Orchesterprobe das erstemal unter Toscanini und erlaubte sich einige rhythmische Unebenheiten und Freiheiten in den Tempi. Toscanini drängte mit dem Orchester vorwärts und kommandierte: «Avanti — avanti, Signorina!»

Die Sängerin wurde ungehalten und sagte sehr energisch:«Maestro, Lei deve dirigere come io canto, io sono una stella.» («Meister, Sie müssen so dirigieren, wie ich singe, denn ich bin ein Star.»)

Er klopfte ab, wartete, bis alles mäuschenstill war, und erwiderte scharf: «Signorina! — Le stelle sono sul firmamento. — Qui siamo artisti, buoni e cattivi. — Lei siete una cattiva artista.» («Fräulein! — Die Sterne sind am Firmament. — Hier sind wir Künstler, gute und schlechte. — Sie sind ein schlechter Künstler.»)

Schlug mit dem Taktstock auf das Pult, und die Probe ging weiter.

Dadurch, daß seine Augen sehr schwach waren — man behauptete allgemein, daß er total erblindet wäre, was aber gottlob nicht der Fall ist, dirigierte er auswendig. Studierte daheim alles derart vor, daß er schon zur ersten Orchesterprobe eines neuen Werkes vollständig vorbereitet kam und alles mit seinem geradezu phänomenalen Gedächtnis verblüffte.

Ich wohnte einer Orchesterprobe zur «Götterdämmerung» bei, die er, wie alles, ohne eine Partitur vor sich zu haben, dirigierte. Plötzlich klopfte er ab: «Meine Herren, bitte zurück, und zwar von Buchstabe — K — sieben Takte.» Was das bedeutet, in so einer Riesenpartitur im Gedächtnis Bescheid zu wissen, kann man erst dann würdigen, wenn man sich die dicken, mit Hunderttausenden von Notenköpfen bedruckten Partituren vor Augen hält.

Oft waren die Musiker und Zuhörer von diesem Gedächtniswunder derart überwältigt, daß sie die Probe unterbrachen und dem Meister eine lange Ovation brachten, die er meist ärgerlich ablehnte, da er es nicht liebte, wenn ihm Weihrauch gestreut wurde.

Aber dies war nicht nur bei Werken von Wagner, die er besonders glänzend interpretierte, der Fall, sondern auch bei ganz Neuen, Modernen, wie zum Beispiel «Ariadne und Blaubart» von Dukas, wo er aus einem Chaos von Instrumenten und einem Wirrwarr von Dissonanzen heraushörte, wenn ein Geiger um einen halben Ton zu tief oder zu hoch gegriffen hatte, die Stelle in der Partitur aus dem Gedächtnis angab und diese noch einmal spielen ließ. Eine

Vorstellung, die Toscanini dirigierte, war immer eine Festvorstellung und ein Wunder an Präzision und Schönheit.

Jeder Fehler — der kleinste — wurde allerdings von ihm als Katastrophe empfunden, da konnte er in der exaltiertesten Weise seine Empörung zum Ausdruck bringen, und in Momenten, wo man etwas «verbrach», war es höchst ratsam, sich im Zwischenakt nicht sehr bemerkbar zu machen.

Der Souffleur — suggeritore — in der italienischen Oper eine viel wichtigere Persönlichkeit als bei uns, weil er den Sängern die Zeichen gibt und im Kasten mitdirigiert, war in New York ein dem Maestro ergebenes Faktotum, der oft nach einem Aktschluß leichenfahl in die Garderobe stürzte und mir verzweifelt Vorwürfe machte: «Ah, disgrazia — tenore, avete mangiato un quarto — Maestro e furibondo.» («Ah — welches Unheil — Tenor [in Italien wird man nie bei seinem Namen genannt, da ist man immer der ‹tenore›] — Sie haben eine Viertelnote gefressen, der Meister ist wütend.»)

Eines Abends, es war in den «Meistersingern», war ich zerstreut und machte einige kleinere Fehler. Toscanini kam im Zwischenakt herauf, verzweifelt schlug er mit dem Kopf an die Mauer und gurgelte unaufhörlich: «Questo tenore e una bestia.»

Ich ging ihm naturgemäß nicht in die Nähe — den ganzen Abend würdigte er mich vom Pult aus keines Blickes. Ich sang so hinreißend, als ich nur konnte — umsonst. Als ich nach der Oper in meinem Hotel, das auch das seine war, auf den Aufzug wartete, kam er, den Hut tief in die Stirne gedrückt, ohne mich anzusehen. Ich ging ihm entgegen, stammelte meine Entschuldigung, sagte, daß ich alles daran setzen werde, daß so etwas nicht wieder vorkomme.

Da beruhigte er sich, murmelte ein düsteres «caro, ero terribile», und alles war wieder gut.

Keiner von uns war da, der nicht sein Allerbestes gegeben und sich blind seinen Ratschlägen gefügt hätte, weil alles, was er wollte, Hand und Fuß hatte und uns zum Erfolge führte.

Toscanini ist eine der wenigen großen Persönlichkeiten, die jedes Publikum — sei es, wo es auch sei — sich zu Füßen zwingen und jubelnde Begeisterung auslösen.

Einen geradezu entzückenden Theaterzettel, in dem die amerikanische Reklame so recht zum Ausdruck kommt, möchte ich hier noch wiedergeben.

Auf jedem Programm folgt gewöhnlich dem Personenverzeichnis eine kurze Inhaltsangabe der betreffenden Oper.

In Houston in Texas sah das Programm folgendermaßen aus:

# OTHELLO

Oper in 4 Akten von G. Verdi
1. Akt
Hafen in Cypern

Alles Volk liegt auf den Knien, um für die Errettung Othellos, der in schwerer Seenot auf seinem Schiff gegen die Elemente kämpft, zu beten.

Die Gefahr ist gebannt: Othello erscheint und begrüßt das Volk mit den Worten:

*Koche nur mit dem berühmten Speisefett «Krusto!»*

«Freut euch alle! — Der Türke ist besiegt und ins Meer geworfen.» Das Volk jubelt Othello zu! —

*«Krusto» ist das einzig mögliche Speisefett!*

Jago, eifersüchtig auf Cassio, der die Gunst Othellos besitzt, macht ihn betrunken. Ein Trinklied

*Wer nicht mit «Krusto» kocht, ist wahnsinnig!*

ertönt, und Cassio, bereits ziemlich bezecht, dringt auf Montano mit der Waffe ein. Es entsteht großer Lärm — Othello erscheint und ruft mit fürchterlicher Stimme:

*«Krusto» ist ohne Konkurrenz!*

«Nieder mit den Schwertern!» Cassio wird seines Ranges als Hauptmann entsetzt, da erscheint Desdemona, die liebliche Frau Othellos, im Rahmen der Schloßpforte. — Othello geht ihr entgegen und singt mit ihr ein herrliches Duett,

*Wer einmal mit «Krusto» kochte,*
*will kein anderes Fett!*

das zu den Perlen der Opernliteratur gehört.

Hiermit schließt der erste Akt.

Und so zieht sich das Speisefett «Krusto» durch alle vier Akte der Oper, und als Schluß heißt es:

Nachdem Othello Desdemona erdrosselte, sticht er sich den Dolch in die Brust und singt sterbend noch die rührenden Worte:

*Man verlange nur*
*das einzig dastehende Speisefett «Krusto»*

«Küsse mich, küsse mich wieder» — und stirbt. —

Der berühmte Geiger Isaye war überall annonciert als «König der Violinisten.»

Mischa Elman hat ihn übertrumpft. — Er nannte sich «Kaiser der Geigenvirtuosen»!

Wie wenig die Leute in Amerika, namentlich in den Städten im Westen, über die berühmtesten Künstler orientiert sind, zeigt folgendes Geschichtchen.

Die Metropolitanoper wurde von einer Stadt im Staate Iowa ersucht, zwei der berühmtesten Sänger für einen Abend zur Verfügung zu stellen. — Kostenpunkt gleichgültig.

Die Oper offerierte Marcella Sembrich und Enrico Caruso.

Sie schrieben zurück: Die Sembrich wäre all right, aber statt dieses Herrn Caruso möchten sie doch lieber den Mann haben, der im New Yorker Affenhause die Unannehmlichkeit gehabt hat. —

Man darf sich natürlich nicht nur auf seinen Preßmanager allein verlassen, man muß auch selbst dafür sorgen, in der Leute Mund zu kommen.

Gerichtsverhandlungen sind sehr beliebt.

Man provoziert einen Streit mit irgendeinem Kameraden und bricht ihm im Laufe des Gesprächs das Nasenbein.

Wie ein Lauffeuer verbreitet sich die Kunde.

Als Rohling steht man in den Blättern von ganz Amerika.

Bilder erscheinen. — Erst der Rüpel, mit dem Gesichtsausdruck eines Schwerverbrechers. — Daneben der Kollege Y mit dem gebrochenen Nasenbein. — Ein Pfeil bei der Nase deutet die Stelle an, wo es gebrochen ist, — und damit kein Zweifel herrscht, steht daneben: «broken!» —

Einmal passierte mir folgendes:

Ich sang in der Academy of Music in Brooklyn den Othello.

Meine Desdemona, Madame Alda, klagte vor der Vorstellung über sehr starke Schmerzen im Blinddarm und bat mich, recht vorsichtig mit ihr umzugehen.

Im dritten Akt habe ich sie nämlich einige Male liebevoll auf die Erde zu hauen.

Ich markiere die Stellen so vorsichtig wie nur möglich und lasse sie sanft zur Erde gleiten.

Sie vermochte unter den schrecklichsten Schmerzen die Oper kaum zu Ende zu singen und mußte sich noch in der gleichen Nacht einer schweren Operation unterziehen.

Am nächsten Morgen brachten die Blätter unter großen Aufschriften mein Bild als Othello mit dem Titel: «Roher Russian Tenor bricht den Appendix von Madame Alda!»

Und ich lese in der Zeitung, wie sie mich bat, sie zu schonen, aber ich vergaß mich in der bestialischen Wiedergabe des eifersüchtigen Mohren so sehr, daß ich die Arme mit dem ganzen Aufwande meiner ungeheuren Kraft, die mir tschechischem Giganten innewohnt, mit solcher Gewalt auf den Boden schleuderte, daß man ihren Blinddarm bis in die hinterste Parkettreihe krachen hörte.

Ich war bestürzt. — Mein Press-Agent strahlte. —

«Mister Slezak, das ist ein Hauptreffer, das sind Sie ja nicht imstande zu bezahlen, wenn Sie sich das kaufen wollten.» —

Erst nach acht Tagen verstand ich ihn ganz.

Da kamen nämlich die Zeitungsausschnitte aus ganz Amerika in großen Mengen. — Wohlwollende Stimmen, — gehässige, — solche, die meine Kraft bewunderten, dann wieder welche, die meine tierische Roheit verdammten, — Abhandlungen über meine Körperstärke, Größe, Gewicht und so fort. — Das ging Wochen hindurch. —

Allmählich begann mir Madame Aldas Appendix zum Halse herauszuhängen.

Später dann, nach Absolvierung der Abende an der Metropolitanoper, als ich allein auf meine Konzerttournee ging, fühlte ich den Effekt.

Mit einer gewissen Hochachtung fragte man mich: «Also Sie sind der Fellow, der seinen Partnerinnen die Blindgedärme zerbricht?»

Meine Muskeln wurden befühlt, meine Bizeps einer eingehenden Prüfung unterzogen.

Als Headline stand über der Kritik: «The giant tschech Appendixbreaker wins Audience.»

Die Hauptsache ist: es muß viel von einem gesprochen werden — gut oder schlecht — ganz egal — nur immer wieder die Leute auf sich aufmerksam machen.

Es ist sehr unbequem — aber einträglich.


*Springtour*

Springtour! — Das ist nicht vielleicht etwas, wo man in einer Tour springt, sondern der englische Ausdruck für Frühlingstournee.

Spring — der Frühling, — Tour — zu deutsch — Tournee! — Angesichts dieser Erläuterungen fühle ich, welch einen belehrenden und erzieherischen Einfluß meine Schilderungen haben, und ich bin davon höchst befriedigt.

Wenn der März zur Neige ging, bereitete man sich allmählich

auf die Springtour vor. — Das Metropolitanopernhaus in New York machte sich mit seinem ganzen Riesenapparat, Orchester, Sängern, Ballett, Chor, Kostümen und Dekorationen, anfangs April auf die Reise von Stadt zu Stadt — um von der östlichen Kultur New Yorks auch etwas nach dem Westen, Süden und Norden zu tragen.

Was dazu gehört, einen solchen Apparat wie die Metropolitanoper auf die Räder zu setzen und mit Sack und Pack jeden zweiten oder dritten Tag wieder weiter zu befördern, ist nicht leicht zu ermessen.

Man hat eigene Departements errichtet, die zuerst auf dem Papier alles vorbereiten und dann praktisch durchführen.

Dabei darf man sich das Wort «Departement» nicht in unserem altösterreichischen Sinne vorstellen, wo in solch einem Departement ein Heer von Beamten herumsitzt.

Der Beamtenstab der Metropolitan ist ein für unsere Begriffe lächerlich kleiner.

Er besteht aus dem Direktor, dem Sekretär, zwei Maschinenschreibjungfrauen, Mr. Weil — einem Wiener —, der den genauen Reiseplan, Ankunfts- und Abfahrtszeiten festzulegen hat, dazu noch der Presse- respektive Reklamechef der Kompanie — und fertig.

Diese paar Menschen leiten das ganze Riesenunternehmen, und alles klappt aufs Haar. — Manchmal auch nicht.

Da die für die Springtour in Aussicht genommene Zeit, vom ersten bis fünfzehnten April, sehr kurz ist, wird die ganze Gesellschaft in mehrere Teile gerissen, um in drei bis vier Städten gleichzeitig Opernaufführungen zu ermöglichen.

Selbstverständlich sind für jedes Bruchstück der Kompanie mehrere Extrazüge vorgesehen, die alles mitführen, was gebraucht wird. — Wie lustig es da oft zugeht und welch ein internationales Kolorit das Ganze hat, läßt sich kaum beschreiben. — Man spricht oft fünf Sprachen zu gleicher Zeit: Englisch, Französisch, Italienisch, Deutsch — und Böhmisch!

Ein Durcheinander, ein Wirbel, der einem den Atem raubt — — und der doch so entzückend zu erleben ist.

Schon das Einwaggonieren bildet ein Theater für sich. — Die Primadonnen — männlichen und weiblichen Geschlechts — die mit einem Chaos von Handgepäck angestiegen kommen — alle maßlos aufgeregt — schießen von einem Ende des Zuges zum andern.

Da steht er, der arme Mr. Frank — der Baggagemaster! —

Zehn Personen reden gleichzeitig auf ihn ein, bestürmen ihn mit Fragen und Wünschen. — Aber der Gute ist nicht aus der

Fassung zu bringen. — Auf alles, was auch geschehen mag, sagt er: «All right!» —

Ich hatte, meiner Gewohnheit treu, schon zwei Stunden früher an der Bahn zu sein, so recht Muße, all den Trubel zu beobachten. —

Nach und nach löste sich der ganze Wirrwarr, jeder hatte seinen Platz gefunden, und ohne Signal, ohne Pfeifen, Fertig, Abfahrt, Vorwärts, und wie all der Radau heißt, der bei uns so einen Schneckerlzug in Bewegung setzt, gleitet man aus der Halle.

Ich selbst habe es oft vorgezogen, anstatt des Extrazuges der Gesellschaft den Fahrplanmäßigen zu benützen.

So fuhr ich auch einmal von Canada voraus, um mir die Niagarafälle anzusehen.

In Niagarafalls, im Hotel Kaltenbach, das mir als gutes deutsches Haus empfohlen worden war, angekommen, begrüßte uns ein Kellner mit den urwienerischen Worten: «Küß die Hand, Euer Gnaden!»

Ich, glücklich, einen Landsmann anzutreffen, unterhalte mich beim Essen lange Zeit mit ihm und erfahre, daß er schon dreißig Jahre in Amerika lebe — was man allerdings seinem Lerchenfelderisch wie auch seinem urwienerischen Englisch nicht angemerkt hätte.

Im Laufe des Gespräches stellte sich sogar heraus, daß er ein Neffe unseres großen Komponisten Anton Bruckner wäre und Karl Bruckner hieße.

Er erzählte, sein Vater hätte oft zu ihm gesagt: «Daß du mir nicht so ein armseliger Bettelmusikant wirst wie der Onkel Anton, sonst trete ich dir die Gedärme ein, du Lausbub!»

Bekanntlich werden einem Hotelgast in Amerika die Stiefel nicht geputzt; er muß dies entweder selbst tun oder einen von den vielen Stiefelputzern im Hotelsouterrain oder auf der Straße konsultieren.

Da setzt man sich auf ein hohes Gerüst, in einen Stuhl, wie beim Zahnarzt, und hat in einigen Minuten seine Stiefel spiegelblank. Diese Stiefelputzer, meist Italiener, sind wegen ihres Humors und ihrer Schlagfertigkeit bekannt.

Als einmal ein Mann mit sehr defektem Schuhwerk den Stuhl bestieg und mit stolzer Gebärde auf seine Füße deutete, fragte der Stiefelputzer untertänig: «Eccellenza, wollen Sie die Stiefel geputzt oder die Nägel an den Zehen geschnitten haben?»

Ich erkundigte mich bei Bruckner, wo der nächste Stiefelreinigungsbeamte wäre.

«Gnä Herr, der Hausknecht kummt glei!»

So lernte ich in Niagarafalls nicht allein den Neffen Anton

Bruckners, sondern auch den einzigen Hausknecht der Vereinigten Staaten kennen.

Wir kamen nachmittags in Cleveland an — für acht Uhr abends war Othello angesetzt.

Das Theater, das größte der Stadt, hieß Hippodrom.

Es machte seinem Namen Ehre.

Als ich eine Stunde vor Beginn der Vorstellung hinkam und mich auf der Bühne nach meinem Ankleideraum erkundigen wollte, schlug mir ein penetranter Stallgeruch entgegen — —

Elefantendüfte verrieten eine Menagerie in der Nähe, was auch die Anwesenheit einiger frierender Beduinen zu bestätigen schien.

Die Bühne leer — keine Kulissen — nichts als Wasserlachen — von der Nachmittags-Wasserpantomime herrührend — die gerade von ein paar alten Negerweibern aufgewischt wurden.

Kein Mensch von unserer Gesellschaft zu sehen. —

Ich muß wohl in ein falsches Theater gefahren sein, dachte ich mir, ging zum Kastellan und fragte, ob hier Othello ist.

«Nein, das ist nicht Othello — das ist das Hippodrom!»

«Schön — aber die Oper, die heute abend gesungen wird, heißt Othello.»

«Das weiß ich nicht — ich weiß nur, daß das Metropolitan-people aus New York heute und morgen eine Schau gibt.»

Nun wußte ich, daß ich in diesem Stinkzirkus den Othello zu singen habe. — Ich fragte, wo denn die Leute alle wären, es sei ja schon halb acht.

«Noch niemand hier!» war die lakonische Antwort.

Ich war ratlos, ging in meinen Ankleideraum hinauf, in dem alle möglichen Plakate und Bilder von Clowns, Trapezkünstlern und Tierbändigern an die Mauer geklebt waren, und wartete.

Um acht Uhr kam meine Frau, überrascht, mich noch ungeschminkt und unkostümiert vorzufinden. — Von ihr erfuhr ich, daß die Kulissen soeben abgeladen würden. — Um halb neun kamen die Kostümkoffer — meiner nicht darunter. — Der Extrazug habe sich um einige Stunden verspätet.

Nach und nach kamen die Kollegen, nun hatte man doch wenigstens jemand, mit dem man reden konnte. Da, endlich meine Kostüme.

Direktor Gatti und Maestro Toscanini bestürmten mich, mich so schnell als möglich fertig zu machen, damit man beginnen könne.

Ich schmiere mich eiligst schwarz an, vergesse am Hals einige Flecken, die bleiben weiß, — rasch die Kostüme, Perücke, Bart — und herunter auf die Bühne.

Die Dekorationen des ersten Aktes stehen schon.

Ohrenbetäubendes Hämmern — der zweite Akt wird zusammengeflickt.

«Meine Herr'n, wir können anfangen», sage ich.

«Das können wir nicht, denn wir haben noch keine Instrumente!» Die waren im zweiten Zug, der noch nicht eingetroffen war.

Das Publikum, seit acht Uhr vollzählig versammelt, verlangte, trotzdem man ihm den Grund der Verzögerung mitgeteilt hatte, energisch den Beginn der Vorstellung.

Endlich, einige Minuten vor zehn Uhr, nachdem ungefähr die Hälfte der Instrumente eingetroffen war, entschloß sich Maestro Toscanini, das Spiel zu beginnen. — Eine gewisse Leere und das Fehlen so mancher vertrauten Musikstelle gähnte aus dem Orchester entgegen. — Was tut's — nur weiter.

Im Laufe des Aktes schlich sich ein Musiker nach dem andern, mit seinem am Bahnhof eroberten Instrument zu seinem Pult, bis zuletzt der Klang allmählich voller und voller wurde.

Der erste Akt schließt mit einem zartgehauchten Pianissimo des Orchesters, Othello preßt Desdemona im Mondschein ekstatisch an seine Brust — dann fällt der Vorhang langsam über dieser poetischen Stimmung.

Kaum daß der Vorhang niedergegangen war, setzte sofort im Foyer eine Zigeunerkapelle ein, mit dem charmanten: «Halloh my baby — kiss me my honey!» — —

Empört stürzt Kapellmeister Hertz aus dem Zuschauerraum hinauf ins Foyer, schreit die Musiker an, wie sie denn mit diesem gemeinen Gassenhauer die Oper stören können.

«Kümmern Sie sich um Ihre Angelegenheiten», antwortet ihm ruhig der Leiter der kleinen Kapelle, «hier bin *ich* Herr, und das ist *mein* business!» —

Erst nachdem man dem Manager des Hippodroms plausibel gemacht, daß die Oper «Othello» dieser Zwischenaktsunterstützung gewiß entraten könne, entfernten sich die Zigeuner, tief beleidigt ob des Unverständnisses, das man ihren Darbietungen entgegenbrachte. —

Die Vorstellung schloß um halb zwei Uhr nachts. Wie sie zu Ende kam, wußte keiner von uns — müde und abgespannt vom Reisen und Warten schlichen wir umher und taten mechanisch unsre Pflicht.

Im letzten Akt — ich sollte Desdemona um die Taille fassen, sie auf meine Arme heben, ins Bett tragen, um sie dort, durch Entziehung der zum Leben nötigen Luft, ins Jenseits zu befördern — sagte ich zu Madame Rappold, der Desdemona dieses Abends: «Ich bitte dich, geh alleine sterben, ich kann nicht mehr!»

Sie ging auch wirklich die Stufen hinauf, legte sich ins Bett, machte einen Quietscher und starb ohne meine Mithilfe.

Alles im Leben hat einmal ein Ende, so auch dieser Abend, der mir unvergeßlich bleiben wird.

In einer kleinen Stadt in Britisch-Kolumbien, in der Nähe einer Indianerreservation, gab ich ein Konzert.

Eine Indianerin, mit einem kleinen Kinde auf dem Rücken, wohnte dem Abend im Stehparterre bei. Plötzlich fängt der roastbeeffarbne Bengel zu schreien an. Das war mir naturgemäß sehr unangenehm, nicht nur wegen der Konkurrenz, sondern auch wegen der Störung, die aber gottlob nicht lange dauerte.

Der Frau Indianerin gelang es nämlich, ihren Liebling bald zum Schweigen zu bringen, indem sie ihm drohte: «Wenn du nicht sofort still bist, frißt dich der Kerl, der da oben brüllt, auf der Stelle auf.»

Der Kerl, der da oben brüllte, das war ich, und was ich brüllte, war das Pianissimo der magischen Töne aus Goldmarks «Königin von Saba».

In Atlanta im Staate Georgia, im Gebiete der Baumwollpflanzungen, wo der Neger trotz seiner staatlich anerkannten Gleichberechtigung eine sehr klägliche Rolle spielt, waren wir vier Tage.

Die Weißen sondern sich streng ab. An der Bahn gibt es Wartesäle mit der Aufschrift: «White people» und «Coloured people».

Sogar auf der Elektrischen ist in den Südstaaten diese Separation strenge durchgeführt. Auch darf ein Neger nie in ein Theater gehen, und die Kinos haben ihre separierten Räume für farbiges Volk.

Der Haß gegen die Neger ist da unten besonders stark ausgeprägt und zeitigt zuweilen entsetzliche Ausbrüche.

Einige Monate vor meinem Eintreffen hatte es in Atlanta sogar eine richtige Jagd auf die Schwarzen gegeben, bei der sie zu Hunderten auf der Straße niedergeknallt wurden.

Da kam ich mit meinem «Othello».

Wie man mir nachträglich erzählte — man verheimlichte es mir, um mich nicht ängstlich zu machen —, stellte die Munizipalität, als der Spielplan in Atlanta eintraf, das Ersuchen, die Oper «Othello» wegzulassen oder aber den Darsteller der Titelrolle zu veranlassen, den Mohren weiß zu spielen, weil man sonst nicht für die Sicherheit dieses Künstlers einstehen könne. Auch wisse man aus Zeitungsberichten, daß Mr. Slezak den Othello besonders brutal auffasse und daß das hiesige Volk es absolut nicht vertragen könne, wenn ein Neger eine weiße Frau küßt oder gar tötet.

Die Metropolitanoper versprach, daß in dieser Hinsicht alles geschehen werde.

Doch ich erfuhr das in Atlanta erst, als ich bereits schwarz geschminkt hinter dem Vorhang stand.

Die Honoratioren der Stadt waren nämlich auf die Bühne gekommen und betrachteten mich ganz entsetzt. Man riet hin und her, ob ich mich nicht doch umschminken solle, bis man endlich zu dem Schlusse kam, ich möge es nur riskieren und so bleiben.

Ich trat mit etwas bänglichem Gefühl vor die siebentausend Menschen, die die riesige Army-Hall füllten.

Es geschah nichts. Die Leute folgten mit großem Interesse der Handlung, und die Vorstellung ging glatt zu Ende.

Mir fiel ein Stein vom Herzen, als ich endlich wieder weiß im Gesichte dastand.

Im Hotel bei meiner Tafelrunde angekommen, schrie man mir entgegen: «Here is no place for coloured people!»

In diesen südlichen Staaten ist so ein Opernabend ein sehr großes Ereignis.

Die reichen Pflanzer kommen aus der Umgebung in ihren Automobilen angefahren, alles ist auf die «Opera-Week» zugeschnitten.

Alle Hotels besetzt, in den Geschäften werden alle Waren in irgendeine Verbindung mit der Oper gebracht, — da gibt es Opera-Galoschen, Opera-Zahnbürsten, Opera-Unterwäsche, Abführmittel Marke «Holde Aïda» usf. —

Wir Künstler hatten es in diesem herrlichen tropischen Klima besonders gut, in allen Klubs wurden wir herzlich bewillkommt, und man überbot sich, uns den Aufenthalt so angenehm wie möglich zu machen.

Welche Vorstellung man sich von der «Opera» im Volke macht, zeigt die respektvolle Frage eines Negerkellners: «Sind Sie auch vom New Yorker Opera-Zirkus? — Oh, ich möchte gerne gehen, darf aber nicht hinein, wann beginnt die Schau?»

Er wollte es durchaus nicht glauben, daß ich nur singe, er hielt mich für einen Athleten, einen Schwergewichtsjongleur. Als ich trotzdem dabei blieb, daß ich nur singen könne, fühlte ich mich tief in seiner Achtung sinken.

Oft kamen wir in Städte, deren Theater zu klein waren, um die mitgebrachten Dekorationen und das ganze Personal zu fassen. Da mußte das halbe Personal unbeschäftigt bleiben.

In Baltimore, im Lyriktheater, war die Bühne besonders klein. — Nirgends war Raum, wo der Chor im dritten Akt des «Othello» auftreten konnte.

Da wurde einfach in den Hintergrund ein zwei Meter hoher Schnitt gemacht, und die Edlen von Cypern traten durch den azurblauen Himmel auf.

Am unangenehmsten war immer zum Schluß der Abbruch. Wenn man noch eine Arie zu singen hatte, wurden hinten alle Türen geöffnet und einem die Kulissen sozusagen vom Munde weggenommen.

Kaum war es aus — während wir uns noch vor dem Vorhange bedankten, fuhren schon die Kulissen, Waffen und Requisiten an die Bahn. Rasch umziehen — Kostüme verpacken — rasch — rasch, die Leute warten schon auf die Koffer — in den Wagen — in den Zug — weiter — weiter — — —

Wie im Traum rast man dahin, kommt kaum zum Bewußtsein — alles wirbelt durcheinander. Wenn man daheim ist, sortiert man alles in seinem Denken, erlebt es noch einmal und konstatiert mit feuchten Augen:

«Es war entzückend, schade, daß es vorbei ist.»

## Warum ich nicht Gutsbesitzer in Canada wurde

Es war in Montreal. — Ich kam von der Probe heim, da klingelt das Telephon.

«Halloh, wer dort?»

«Ouh hier Mister Flimmer — ein Uiener!»

«So? Freut mich, aber wenn Sie ein Wiener sind, warum radebrechen Sie denn das Deutsche?»

«Ouh — well, ich bin nämlich schon drei Monate in diesem Lande.»

«Also schön! — Womit kann ich dienen?»

«Mister Slezak, ich möchte Sie fragen, ob Sie ein Grundstück in Montreal geschenkt haben möchten?»

Ich glaube nicht recht gehört zu haben.

«Ja, warum wollen Sie mir denn ein Grundstück schenken, was mache ich mit einem Grundstück in Montreal?»

«Die Sache verhält sich so: Ich bin bei einer Gesellschaft für Grundstücksverkäufe. Außerhalb der Stadt wird ein neuer Stadtteil angelegt, der eine große Zukunft hat, und Sie als berühmter Sänger sind es uns wert, daß wir Ihnen umsonst einen Grund abgeben, damit wir Reklame damit machen können, indem wir annoncieren: Mr. Slezak, der Tenor, der sechs Fuß vier Zoll hoch ist, zweihundertneunzig Pfund wiegt, nie ohne Ziege singt, hat bei unserer Gesellschaft ein Grundstück erworben.»

Ich war zum Bersten voll Mißtrauen.

«Ja, aber Mister Flimmer, wie ist es denn mit den Steuern?»

«Dreißig Jahre steuerfrei!»

«Und die notariellen Kaufspesen?»

«Zahlen wir!»

Nun, einem geschenkten Grund sieht man nicht in den Mund, sagte ich mir und erklärte mich mit dem Handel einverstanden.

Nächsten Tag fuhr Mr. Flimmer mit einem Schlitten vor und holte mich und meine Frau ab, um uns den Grund zu zeigen.

«Elsa, zieh dich rasch an, wir fahren auf *unseren* Grund!»

Meine Frau, diese ewige Schwarzseherin, sagte: «Leo, ich weiß nicht, ich habe das Gefühl, daß da etwas furchtbar Dummes herauskommt!»

«Ausgeschlossen!»

Wir fuhren endlos aus der Stadt heraus, zum St. Lorenzstrom, der als Eismasse unbeweglich dalag, eine herrliche Fahrt, endloses Weiß — tiefer Schnee ringsum, märchenhaft.

Aber ich hatte nur Auge und Ohr für meinen Grund.

Endlich ließ Mr. Flimmer halten und zeigte stolz auf einen Fleck: «Da ist er! — Dieses Quadrat von hier bis dort und von dort bis hier gehört Ihnen! — Da wird einmal die Elektrische gehen, die Haltestelle wird voraussichtlich vor Ihrem Hause sein!»

Es war wundervoll. Und mit dem Bewußtsein, Grundbesitzer in Canada zu sein, fuhr ich befriedigt heim. In meiner Freude zahlte ich den Schlitten. 7 Dollar 75 Cents. Am nächsten Morgen stand in allen Blättern eine fulminante Notiz, daß ich Canadier werden wolle und mir schon ein Grundstück in dem neugeplanten Stadtteil durch die Vermittlung des Mr. Flimmer gekauft habe. Die nächsten Tage fehlte Flimmer bei keiner Mahlzeit — immer war er unser Gast. Erstens als Wiener, na und dann das Grundstück.

Nach einiger Zeit fragte ich so nebenbei, wann denn die notarielle Verbriefung meines Grundstückes erfolgen werde?

Flimmer sagte: «Sehr bald, der Notar ist jetzt nicht wohl!»

Auch Flimmer erkrankte und kam einige Tage nicht.

Da klingelte wieder das Telephon.

«Halloh, wer dort?»

«Hier Mister Holder, Manager der National-Canadian Grundstücks-Company!»

«Bitte?»

«Sagen Sie, Mister Slezak, ich wollte mich erkundigen, ob das stimmt, daß Sie die vierhundertfünfzig Dollar für das von Ihnen gekaufte Grundstück unserem Agenten Flimmer noch nicht bezahlt haben? — Ich war nämlich in der Canadian-Opera-Company und habe dort erfahren, daß Sie einen Wochenlohn von viertausendfünfhundert Dollar haben, da kann ich mir nicht erklären, warum Sie so lange mit dem Zahlen zögern!»

48

Ich mußte mich setzen.

«Mister Holder, bitte kommen Sie gleich zu mir.» Er kam.
«How do you do?»

«How do you do!» —

Pause. —

«Well, Mister Slezak, der Agent Flimmer hat sich von dem
Geschäft, das er mit Ihnen machte, schon eine Provision zahlen
lassen und nun noch einen weiteren Vorschuß verlangt.»

«So?» — — Und ich erzählte ihm alles.

Er hörte zu, stand auf, reichte mir die Hand und sagte: «Mister
Slezak, wenn Ihnen in Canada jemand etwas schenken will — rufen Sie die Polizei!!» —

So kam es, daß ich nicht Grundbesitzer in Canada wurde.

Mr. Flimmer sah ich niemals wieder.

## Pleite

Es gibt in Amerika seltsame Existenzen.

Einmal sind sie himmelhoch oben, gehen dann total zugrunde
und haben sich bald darauf wieder von neuem emporgearbeitet.

Ich kannte einen, der zu dieser Sorte Menschen gehörte, die
splitternackt ins Meer fallen und plötzlich im Frack, mit goldener
Uhr und mit Brillantringen an den Fingern aus dem Wasser
steigen.

Er kam als kleiner polnischer Judenjunge im Auswandererzwischendeck nach New York, wusch Geschirr in den kleinen Gasthäusern down town, hungerte in der Bowery, dem Judenviertel,
und war Zettelverkäufer vor den Theatern.

Dann, als junger Mann, kam er in eine Klavierfirma als Agent.
Kein Mittel schien ihm gering genug, um ein Klavier zu verkaufen.

Sein bester Trick war, sich in die Familie irgendeines kleinen
Geschäftsmannes einführen zu lassen, der eine heiratsfähige Tochter hatte.

Er war ein hübscher Mensch, mit großen schmachtenden Augen
und blickte jedem Mädchen tief in die Seele.

In wenigen Tagen war er mit der Tochter verlobt.

Nach achttägiger Brautzeit bewog er den Schwiegervater in
spe, ein Klavier zu kaufen, nach Lieferung des Klaviers und stattgehabter Bezahlung löste er die Verlobung auf und war drei
Wochen später wieder anderwärts verlobt.

So kam er zur Kunst.

Musikalisch war er nicht, er konnte einen Violinschlüssel von einem Haustorschlüssel nicht unterscheiden, aber, mit allen Hunden gehetzt, trat er je nach Bedarf als Ehrenmann und Kavalier auf, oder, wo es nötig schien, gab es nicht genügend Türen, durch die er sich nicht hätte hinauswerfen lassen, um durch die nächste wieder einzutreten.

Ein heller Kopf, der alles, was in Amerika wichtig ist, sofort erfaßte und in großzügigster Weise löste.

Eines Tages gründet er eine Schuhwichsefabrik, fängt mit einem italienischen Arbeiter an, Wichse zu machen, und nennt sich «Generalmanager der Stiefelcreme-Aktiengesellschaft». —

Nach einigen Monaten machen drei- bis vierhundert Menschen Schuhwichse für ihn. Er hat einen Stab von Beamten um sich, und es ist eine Kunst, bei ihm vorgelassen zu werden. Nach weiteren drei Monaten hat er die Aktiengesellschaft an irgend jemanden derart verkauft, daß er ein wohlhabender Mann wird und der andere mit apodiktischer Sicherheit zugrunde geht.

Dann sieht man ihn in Wallstreet spekulieren, binnen vierzehn Tagen ist er reich, nach weiteren vier Wochen steht er wieder bettelarm da und ist in irgendeinem Theater Billetteur oder reist mit einem Flohzirkus.

Eines Tages besuchte mich ein Herr, der sich als Generaldirektor vorstellte und mir binnen einer halben Stunde bewies, daß ich, wenn ich an seinem Theater eine Saison hindurch singen würde, mich als steinreicher Mann von meinem Beruf ins Privatleben zurückziehen könne. —

Er besaß Dokumente, die bewiesen, daß sämtliche Milliardäre, Stahlkönige, Eisenbahnfürsten und Ölmagnaten sich um die Ehre stritten, ihm ihr Geld zu seinem Unternehmen aufzudrängen, einem Unternehmen, das die Metropolitanoper in New York an die Wand drücken und das auf meinen Namen aufgebaut sein würde.

Nun wurde ein Honorar festgelegt, das mich vollkommen befriedigte, und da ich gern auf Numero Sicher gehe, verlangte ich selbstverständlich die Deponierung des Gesamtbetrages in meiner Münchener Bank.

Er war sehr beleidigt. Er fragte, ob mir denn nicht die Dokumente genügten, die seine untadelige Leistungsfähigkeit beweisen.

Ich verbarg meine Ehrfurcht vor den vielen Unterschriften nicht, bemerkte aber, daß das bare Geld, in meiner Bank auf meinem Konto hinterlegt, allerdings eine noch größere Beruhigung in mir erzeugen würde.

Er war tief verletzt. — Schweigsam schritt er neben mir her

und meinte, daß es einen sehr schlechten Eindruck auf die Eisen-
bahnmonarchen und Stahlherzoge machen würde, wenn ich ihnen
nicht das Vertrauen entgegenbrächte.

Ich erklärte, daß ich dieses betrübende Faktum mit schwerem
Herzen auf mich nehmen, aber dennoch auf dem Deponieren des
Reisegeldes und Honorars bestehen müsse.

Angesichts dieses meines verletzenden Mangels an Vertrauen
versuchte der Generaldirektor vor allem das Honorar zu ermäßi-
gen, stieß aber auf energischen Widerstand meinerseits.

Dann wollte er von den vierzig garantierten Vorstellungen nur
zehn hinterlegen, erst nach langwierigem Hin- und Herhandeln
wurde die Hinterlegung der Hälfte der Gesamtsumme und das
Reisegeld für vier Personen definitiv vereinbart.

Wir unterschrieben die Verträge und versicherten uns unseres
gegenseitigen, unbegrenzten Vertrauens.

Acht Tage später lag der Mammon in München, und alles war
in schönster Ordnung.

Knapp vor der Abreise erkrankte meine Tochter an einer Blind-
darmentzündung und mußte operiert werden. Ich verschob die
Abfahrt, bis das Kind vollkommen genesen war, und trat die
Reise, das erstemal ohne meine Kinder, nur mit meiner Frau und
der Zofe Frieda, erst Mitte Dezember an.

Die Gemütsverfassung beim Abschied war entsetzlich, die
Reise noch qualvoller als alle bisherigen.

Wir erhofften uns ein Glück: den Generaldirektor am Pier
stehen zu sehen und uns bei der Einfahrt des Schiffes zuzurufen:
«Nicht aussteigen — wir sind pleite!» —

Nichts dergleichen, wir landeten und fuhren gleich nach dem
Norden weiter — nach Canada. Erst als wir in Montreal ankamen,
erwartete uns ein kleiner Herr am Bahnhof und begrüßte uns
tatsächlich mit den Worten: «Mister Slezak, wir sind pleite! Wenn
Sie uns diese Woche nicht mit Samson und Dalila herausreißen,
ist alles zu Ende. — Sie sind unsere Rettung.»

Wie ich es doch ahnte!

Hätte ich nicht nach Wien eine Depesche bekommen können,
ich solle nicht wegfahren? — Ich wäre mit dem hinterlegten Depot zufrieden gewesen.

Nein, nach Canada mußte ich, um zu erfahren, daß — aber
egal — also ins Hotel.

Dort hörte ich, daß der Generaldirektor schon lange nicht mehr
da sei, daß sich zwei Herren gefunden hätten, die das Unternehmen von einem Tag zum anderen über Wasser hielten und nur
noch auf mich warteten, der ich ihnen die vollen Häuser bringen
solle.

Ich fühlte mich als Messias.

Das Geschäft setzte wirklich ein, es gab recht stattliche Einnahmen, ich bekam meinen Scheck im voraus, den ich selbstverständlich vorbehaltlich der Einlösung annahm, stürzte auf die Bank von Toronto, und erst als ich bares Geld in der Hand hatte, wich mein Mißtrauen.

So pünktlich ich meinen Macherlohn bekam, so gar nicht erhielte ihn die anderen Mitglieder, Chor und Orchester.

Endlich kam die Empörung zum Ausbruch.

Ins Theater tretend, finde ich eine große Versammlung vor.

«Wir singen nicht, wollen erst unsere Soldi!» Lauter aufgeregte Italiener.

Die beiden Direktoren stehen da, beschwören die Leute, das Geschäft würde sich bessern.

Zuletzt bekam jeder eine Zubuße, und gutmütig, wie ja die meisten Leute vom Theater sind, begaben sich alle wieder auf ihren Posten.

Allmählich kam der Karren so weit aus dem Mist, daß sich diese ewigen Aufregungen legten und wir auf die Reise gehen konnten.

Wir fuhren nach dem Süden, nach Texas, an den Golf von Mexiko.

Ich sandte jedesmal den Scheck, den ich erhielt, nach New York an meine Bank. Die Schecks, die ich bekam, waren alle auf eine Bank in Keokuk im Staate Jowa ausgestellt.

In Dalles — die Stadt heißt so — und hatte nichts mit unserem Zustande zu tun — erhielt ich eine Depesche, daß die letzten drei Schecks falsch, das heißt ohne Deckung, gewesen seien und daher nicht eingelöst werden könnten.

Wie eine angeschossene Löwin, der man ihre sämtlichen Jungen geraubt, schieße ich zu Mr. Buller, dem Direktor, und zeige ihm, vor Erregung nach Luft ringend, das Telegramm.

«I am very sorry — I know!» («Es tut mir leid, ich weiß, daß die letzten drei Schecks nicht all right sind!») sagte er ruhig.

«Ja, wie können Sie denn so etwas tun?» fragte ich.

«Well, was soll ich machen? Wenn ich Ihnen vorher sagen würde, daß sie falsch sind, die Schecks, würden Sie doch nicht singen.»

Ich war sprachlos und erklärte, nur mehr gegen Bargeld zu singen, sonst gäbe ich keinen Ton von mir.

Da zahlte er mir eineinhalb Honorare aus und sagte, er wolle mir die Schuld im Verlaufe der Abende auf diese Weise abtragen.

Wir kamen nach Houston. — Othello.

Die Stunde, um ins Theater zu fahren, kommt, mein Honorar nicht. Ich sitze in meiner Garderobe und erkläre, daß ich mich nicht eher schwarz anstreiche, bevor mein Geld da ist.

Ich erhalte einen Teil und entschließe mich, meinen Kameraden zuliebe zu singen.

Dreitägige Reise nach Kolorado.

Dort angelangt, hören wir von den im voraus ausverkauften Häusern, alles atmet erleichtert auf.

Wir verlangen die rückständigen Gagen und werden auf den nächsten Tag vertröstet.

Ich sang den Samson, und da ich erst in zwei Tagen wieder auftreten sollte, ließ ich alle meine Kostümkoffer im Theater, um das Hin- und Hertragen zu ersparen.

Am nächsten Abend war «Carmen», ich blieb daheim in meinem Hotel.

Um halb zehn klingelt das Telephon: «Denken Sie, Mister Slezak, im Theater ist ein Chorist vor den Vorhang getreten und hat dem Publikum gesagt, das Personal sei von den Direktoren geprellt worden, sie bekämen die längste Zeit schon keine Gagen mehr und auch jetzt, angesichts der großen Einnahmen, weigerten sie sich, diese zu zahlen. So hätten sie denn alle beschlossen, nicht eher zu singen, bevor sie ihr Geld bekämen.»

Großer Tumult war im Theater, die Direktoren wurden gesucht und waren nirgends zu finden. Das Publikum stürmte die Kassen, wollte das Eintrittsgeld zurückhaben, doch es war kein Kassier und kein Geld da, da belegte die Polizei alles mit Beschlag, Dekorationen, Kostüme, auch meine Koffer.

Ich stürzte wie ein Rasender mit Frieda, der Zofe, ins Theater.

Alle Eingänge geschlossen. Ich klopfte an eine Tür, da erschien ein Polizist: «Niemand dürfe herein.»

Ich erklärte, ich käme, mir meine Kostüme zu holen.

«Die sind mit Beschlag belegt.»

«Das ist aber mein Privateigentum», schrie ich, «ich muß hinein.»

Mit Energie schaffte ich mir und Frieda einen Weg in den Korridor.

Im Bureau erblickte ich einige Herren, zu denen wollte ich. Man versperrte mir den Weg, da machte ich kurzen Prozeß, nahm einen der baumlangen Polizisten nach dem andern, sechs Stück waren es, und stieß sie ziemlich kräftig zur Seite, riß die Türe auf und war im Bureau.

Die Herren waren sehr erstaunt, daß ein einzelner einen sechsfachen Kordon von Polizei durchbrechen konnte.

Nach langem Herumparlamentieren in Englisch, das in diesem

aufgeregten Zustande von meiner Seite besonders herrlich gewesen sein muß, ließ man mich zu Worte kommen.

Ich erklärte, daß ich, da ja die ganze Stagione nun doch zu Ende sei, mit dem nächsten Steamer nach Europa müsse, um Anschluß an ein Engagement nach Rußland zu bekommen, daß die Kostüme mein Eigentum seien und ich doch nicht mit diesen für aufgelegte Gaunereien meiner Herren Direktoren haftbar gemacht werden könne.

Meine bestrickende Art und die sichtliche Energie scheinen auf die Leute Eindruck gemacht zu haben — man gab mir meine Kostüme frei.

Die Polizeileute, die ich durch mein despektierliches und zugleich kraftvolles Benehmen zu einer gewissen Bewunderung hinriß, halfen mir beim Aufladen der Sachen, und als endlich alles auf dem Wagen war und ich von ihnen Abschied nahm, klopfte mir einer der Längsten der Gilde auf die Schulter und sagte: «You would be a very good policeman!» («Sie müßten ein ausgezeichneter Polizeimann sein.»)

Bei uns in Europa würde mir diese tätliche Renitenz sicher einige Jahre Zwangsarbeit in irgendeinem Bleibergwerk eingetragen haben.

Ich fuhr ins Hotel, die Koffer wurden sofort gepackt, in der Nacht hat mir der Direktor des Hotels, ein Wiener, noch Plätze für den Expreß nach Chicago besorgt, und ganz früh, ohne geschlafen zu haben, fuhren wir an die Bahn. Zeitungsjungen riefen die Morgenblätter aus:

«Giant tchech Tenor whips six Policemen!» («Der gigantische tschechische Tenor prügelt sechs Polizisten.») —

Ich kaufte mir die Zeitung.

Es stand wirklich auf der ersten Seite, an der Stelle, wo bei uns die wichtigsten politischen Ereignisse stehen, in Riesenlettern.

In der Mitte mein Bild als Athlet — rechts und links je drei Polizisten, die von mir zur Seite gestoßen werden.

Das Gepäck aufgeben, in den Zug hinein — und wir hatten beseligt all den Pleitejammer im Rücken.

Im Zuge, im Speisewagen, bemerkte ich einen Herrn, der sich krampfhaft das Gesicht mit einer Zeitung verdeckte.

Ich beobachtete ihn. — Wer ist's? Mr. Wilkins, einer von den Direktoren.

«Hallo, Mr. Wilkins, wie kommen Sie hierher?» frage ich ihn.

«Oh, well, ich will gehen, um für das arme Opera people Geld zu holen.»

«Ja», sage ich, «es war doch genügend Geld in der Kasse, wo ist das hingekommen?»

«Oh, das weiß ich nicht, es gibt ja so schlechte Menschen auf der Welt.»

Einige Stationen vor Chicago ist er unbemerkt ausgestiegen. Ich habe ihn nie wiedergesehen.

Von Chicago aus bestellte ich auf der «Kronprinzessin Cäcilie» meine Plätze.

Nach Hause! –

Daheim angelangt, schloß sich in kurzen Tagen gleich die Reise nach Rußland an. Da zeigte sich wieder so recht die Duplizität der Fälle.

Wir fuhren nach Petersburg.

Ich sollte im Maly-Theater den Othello singen. Das Unheil wollte es aber, daß ich erkrankte. Das tückische Sumpfklima, das besonders im März und April in Petersburg so viele Opfer fordert, hat auch mich zur Strecke gebracht.

Ich saß im Hotel Francia mit einem Luftröhrenkatarrh. Durch meine Krankheit kam der Impresario in Not.

Endlich kam es so weit, daß man die Mitglieder einfach nicht mehr bezahlte.

Wieder genesen, ersuchte man mich, zum Besten des notleidenden Chorpersonals den Othello unentgeltlich zu singen. – Ich sagte sofort zu.

Den Jago sollte ein italienischer Baritonist namens Rossi singen, der trat in meine Garderobe und sagte: «Denken Sie sich, Signor Slezak, die Primadonna will nicht singen, weil sie seit Wochen keine Gage erhielt. Selbstredend werden wir in die Zeitungen setzen, daß wir bereit waren zu singen, weil ja doch die Vorstellung für die ‹Poveri diavoli del coro› ist.»

Der Kapellmeister fuhr schnell zur Desdemona des Abends, die sich sofort bereit erklärte, zu singen, und gleich mit ins Theater fuhr. Sie erklärte, daß der Bariton Rossi sie überredet hätte, abzusagen.

Als Rossi seine Kollegin sieht, steckt er den Spieß um, stürzt abermals in meine Garderobe und sagt:

«Adesso io non canto!»

«Warum?» sage ich.

«Wir haben seit mehreren Tagen keine Gage erhalten.»

«Aber die Vorstellung ist doch für die Poveri diavoli del coro – wie Sie selbst sagten, also machen Sie keine Geschichten und singen Sie.»

«Also gut, ich singe.»

«Lieber Rossi, ich möchte Sie bitten, mir ganz dezidiert Ihren Entschluß zu sagen, denn wenn Sie nicht singen, schmiere ich mir nicht ein halbes Kilo schwarze Farbe ins Gesicht, sondern bleibe angezogen.»

«Nein, nein, parola d'onore in mano!» Reichte mir feierlich die Hand — «Ich singe!»

Ich schminke mich, und so wie ich fertig bin, stürzt der Inspizient zur Tür herein und schreit — «Rossi ist abgefahren!» — Er ist mit seiner Parola d'onore aus meiner Garderobe schnurstracks aus dem Theater fort und war nicht mehr zu finden.

Das Publikum wurde erst ungeduldig, als man ihm mitteilte, daß die Vorstellung überhaupt nicht stattfinden könne, ging aber gutmütig zur Kasse, wo es das Geld zurückerhielt.

Die Stagione war zu Ende.

Das Traurige an dem Ganzen ist immer nur der bedauernswerte Zustand der kleinen Existenzen, die bei derartigen auf ein bis zwei Künstler aufgebauten Unternehmungen am meisten leiden. Das Elend ist groß unter ihnen, aber sie sind das gewöhnt, und es bedeutet für sie nichts Neues — — eine Pleite.

# Theater

---

### Glucks «Armida»

In jedem Kameradenkreise gibt es einen, der sich zum Verulken
besonders eignet, weil er auf alle möglichen und unmöglichen
Scherze und Schnurren immer hereinfällt.

Ich war während der ersten Jahre meiner Künstlerlaufbahn so
voll von übermütigen Tollheiten, daß fast kein Tag verging, an
dem ich nicht irgend etwas ausheckte.

Das Opfer war fast immer mein Kollege — nennen wir ihn
«Balduin» — ein schrecklich lieber und harmloser Kerl.

Nichts war genügend unwahrscheinlich, als daß er es nicht geglaubt hätte.

Von ihm will ich nun erzählen. Da kein Mensch ahnt, wer er
ist, darf ich es ruhig tun.

Musikgeschichte war nicht sein Fall, und ihren bescheidensten
Anforderungen erlag er wehrlos.

Wir hatten «Armida» von Gluck neu einstudiert.

Eines Abends brachte ich einen alten Herrn mit einem langen
weißen Bart auf die Bühne, es war nach der großen Arie des
Rinaldo.

«Lieber Balduin, erlaube, daß ich bekannt mache: Herr Gluck
— der Komponist.»

Gluck dankte ihm in entzückenden Worten für die herrliche
Wiedergabe seines Werkes.

Balduin strahlte vor Freude und erzählte am nächsten Tage im
Kaffeehaus, daß gestern Gluck bei ihm gewesen wäre und ihm
seine Bewunderung ausgedrückt hätte.

Wieherndes Gelächter am Stammtisch.

So erfuhr endlich auch Balduin, daß Gluck schon seit zahllosen
Jahrhunderten tot sei. — — —

Da kam die Oper «Bajazzo» auf den Spielplan. Balduin sang
den Canio.

Meister Leoncavallo, der sich auf der Durchreise in unserer

Stadt aufhielt und in der Loge des Direktors der Vorstellung bei-
wohnte, verlangte auf die Bühne geführt zu werden, um Balduin
seine Zufriedenheit auszudrücken.

Eine Flut von italienischen Lobeshymnen ergießt sich über Balduin.

Der betrachtet ihn mißtrauisch und fragt endlich: «Wer sind
Sie denn eigentlich?» — —

Leoncavallo, sehr erstaunt, nicht erkannt zu sein: «Sono maestro
Leoncavallo!»

«Also wissen Sie, mit mir werden Sie keine solchen Scherze
machen», ruft Balduin empört, «wer weiß, wieviel hundert Jahre
Sie schon tot sind!»

Läßt den Meister stehn und begibt sich in seine Garderobe. —

## Die arabische Zeitung

Ich kaufte bei einem Althändler eine alte, in arabischen Lettern
gedruckte Zeitung, umrahmte eine Stelle mit Blaustift und sandte
sie per Post an Balduin.

Am nächsten Vormittag, beim üblichen Kollegenplauderstünd-
chen, übergibt mir Balduin mit triumphierender Gebärde die Zeitung mit dem Bemerken: «Sogar in Arabien spricht man von mir!»

«Woher weißt du das?» frage ich mißtrauisch.

«Ich habe diese Zeitung direkt aus Mekka zugeschickt bekommen, weiß aber noch nicht genau, was drinnen steht.»

Kollege Röschen machte sich sofort erbötig, den arabischen Artikel zu übersetzen.

«Ja, können Sie denn Arabisch?»

«Also, wenn Sie nicht wollen, aufdrängen werde ich mich nicht»,
antwortete Röschen verletzt.

«Aber seien Sie doch nicht gleich so empfindlich, es ist doch
gewiß nicht alltäglich, Arabisch zu sprechen.»

Röschen beruhigt sich allmählich und liest: «Die Oper hatte
ihren Festtag. Slezak als Raoul begeisterte das Auditorium zu
Beifallsstürmen, wie wohl noch kein anderer Tenor ähnliche zu
erwecken vermochte. Seine hohen C und Cis machten die Leute
von den Sitzen aufspringen und — — —»

Balduin reißt ihm das Blatt aus der Hand und verläßt mit einem
energischen: «Das verbitte ich mir!» den Kreis.

Heute, nach vielen Jahren, sucht der Gute noch immer einen
Araber, der ihm den Artikel übersetzen könnte.

## Am Telephon

Zwei Uhr nachts. Ich konnte nicht schlafen.

Balduin hatte sein Telephon auf dem Nachttisch, ich das meine. —

Also klingle ich an.

«Was ist denn los zum Teufel?»

«Hallo, hier Lord Mixpickel, Hotel Bristol, ich möchte gerne uissen, ob Mister Balduin on Sunday den Lohengrin singt?»

«Bitte sehr, ja, ja, ich singe am Sonntag den Lohengrin!»

«Well, oh, das ist aber schade, ich habe geglaubt, Mister Slezak singt, der soll so großartig sein!»

Mit einer Flut von Schimpfworten, aus denen ich mit Bestimmtheit meinen Namen herauszuhören glaubte, läutete er ab. Befriedigt schlief ich ein.

## Das Flaschenbier

Wir bekamen einen neuen Kollegen, namens Brunner, den Sohn eines Brauereibesitzers in Olmütz.

Ich stand mit einigen Kameraden im Korridor der Oper beisammen, da hörten wir die Stimme Balduins. Er sang Skalen: mi-mi, mo-mo, mu-mu.

Wir beschlossen, ihn anzuulken. Wie das geschehen werde, wußten wir noch nicht, für alle Fälle und um Zeit zu gewinnen, taten wir sehr empört und bemerkten, daß es eigentlich eine große Gemeinheit wäre, und wir nicht gesonnen seien, uns dies gefallen zu lassen.

Neugierig fragte Balduin sofort, was denn los sei und warum wir so aufgeregt wären.

Da ich keine Ahnung hatte, was ich antworten solle, schrie ich ihn an: «Du weißt es ohnehin, verstelle dich nicht so!»

Erst nachdem Balduin beim Leben seiner Frau, mit der er damals in Scheidung lebte, geschworen hatte, daß er keine Ahnung hätte, worum es sich handle, glaubten wir ihm.

Inzwischen schoß mir ein Gedanke durch den Kopf.

«Also mein lieber Balduin, nachdem wir alle, auf Grund deiner Bemerkungen und im Hinblick auf deinen Schwur, die Überzeugung gewonnen haben, daß du doch nichts weißt, so erfahre es denn: der junge, erst vor drei Wochen zu uns eingetretene Benjamin — der Brunner, hat den Franz-Josephs-Orden bekommen.»

Die Wirkung war verheerend.

Balduin wurde blaß wie Louise in «Kabale und Liebe». Er gurgelte fassungslos: «Nein!»

Ich: «Ja!»

Er: «Nein!»

So vergingen bange Sekunden.

In tiefverletztem Tone sagte ich, daß ich ja nicht für mich diese hohe Auszeichnung beanspruchen könne — aber er — der um so viel ältere — er, Balduin, müßte sie doch in erster Linie bekommen.

Nachdem ich noch einige Male meine große Jugend als Gegensatz zu seinem vorgeschrittenen Alter ins Treffen geführt hatte, bemerkte er sichtlich nervös, daß der Altersunterschied zwischen uns denn doch nicht so groß wäre, er aber im übrigen keinesfalls gesonnen sei, diesen Affront, den die Ordensverleihung bedeute, ruhig hinzunehmen.

«Ich gehe zum Direktor!»

«Wenn du zu *dem* gehst, erreichst du gar nichts; denn wenn der sieht, daß du dich ärgerst, freut er sich. —

Nein — zum Obersthofmeister mußt du gehn.»

«Großartig, ja, du hast recht! Ich gehe mir jetzt in der Direktionskanzlei die Bestätigung holen, daß das Unerhörte auch wirklich wahr ist — dann zum Fürsten.»

Der Sekretär des Direktors fragte, womit er dienen könne.

Hinter dem Rücken Balduins zwinkerte ich mit den Augen.

Dieser fragte erregt: «Ich bitte, mir zu sagen, ob das stimmt, daß Herr Brunner, der Kunsteleve, den Franz-Josephs-Orden bekommen hat.»

Der Sekretär verschwand sofort unter dem Schreibtisch — es dürfte ihm jedenfalls etwas heruntergefallen sein, das er längere Zeit nicht finden konnte.

Als er sich wieder aufrichtete, sagte er verbindlich: «Ich bitte, *amtlich* ist mir noch nichts bekannt.»

Balduin raunte mir leise zu: «Der Jesuit weiß alles!»

«Herr Sekretär, ich bitte mich zur Audienz bei seiner Durchlaucht vorzumerken.»

«Bitte sehr, sagen wir Samstag elf Uhr. — Nicht wahr — Gehrock!»

«Ich danke, ich weiß.» —

Nächster Morgen. —

Balduin erscheint vor dem Theater, ich trete zu ihm und sage: «Ich hab's.»

«Was hast du denn schon wieder?»

«Den Grund!»

«Was für einen Grund?»

«Den Grund, warum Brunner den Franz-Josephs-Orden bekommen hat!»

«Ah! — Erzähle.»

«Aber bitte — Diskretion, strengste Diskretion, ich habe es zwar aus zuverlässigster Quelle, aber man muß in solchen Sachen sehr vorsichtig sein!»

«Selbstverständlich — kein Sterbenswort. — Du kennst mich doch!»

«Ob ich dich kenne! — Also denke dir, der alte Brunner liefert seit Jahren dem Erzbischof von Olmütz das Flaschenbier, der ihm dieses jahrelang schuldig geblieben ist.

Nun, nachdem der alte Brunner den Erzbischof einige Male gemahnt hatte und dieser nicht zahlen konnte, hat er, der Erzbischof, dem jungen Brunner, als Äquivalent dafür, den Franz-Josephs-Orden verschafft!»

Entgeistert blickte er mich an und rang nach Worten.

«Und wenn ich den Orden jetzt bekomme, nehme ich ihn nicht!»

Nachdem er mich nochmals seiner unbedingten Verschwiegenheit versichert hatte, ging er in den Klub und erzählte sofort die ganze Sache, was ein allgemeines Wiehern auslöste.

Als er nun gar die Quelle nannte, da war des Gelächters kein Ende.

Samstag um zehn erschien Balduin im Gehrock und Zylinder in der Direktionskanzlei und erkundigte sich, ob die Audienz beim Fürsten stattfinde?

Der Beamte bekam es nun mit der Angst, seine — quasi — Mithilfe zu so einem Schabernack gegeben zu haben, der bis zum Obersthofmeister Seiner Majestät getragen werden sollte, nahm Balduin beiseite und sagte ihm vertraulich:

«Aber Herr Kammersänger, die ganze Ordensgeschichte mit dem Brunner ist ja ein Scherz, das ist ja gar nicht wahr. — Bedenken Sie doch — wenn jemandem ein Orden verliehen werden sollte, so wären doch *Sie* der einzige, der in Betracht käme!»

«So? — Ah! — Na ja! — Ich danke!»

Wie erlöst trat er auf mich zu. — «Du Leo, soeben erfahre ich, daß das mit dem Brunner nicht wahr ist — und auch die Sache mit dem Flaschenbier ist erlogen. Ich begreife nicht, wie ein vernünftiger Mensch auf so einen offensichtlichen Blödsinn hereinfallen kann. Da bist du, mein lieber Leo, einmal tüchtig aufgesessen.»

Mit glücklichem Gesichtsausdruck ging er heim — im Gehrock und Zylinder.

## Die Remuneration

Auf einen Briefbogen der Generalintendanz der Herzoglichen Schauspiele zu Ypsilon schrieb ich folgendes:

### Sehr geehrter Herr Balduin!

Infolge Ihrer geradezu hervorragenden Leistungen auf dem Gebiete der darstellerischen Kunst (vom Singen erwähnte ich wohlwollenderweise nichts) fühlt sich die Generalintendanz der Herzoglichen Schauspiele verpflichtet, Ihnen eine Remuneration von 5000 Kronen — (in Worten: Fünftausend) zu gewähren, die Sie sich gegen Vorweisung dieses Aktes bei der Herzoglichen Hoftheaterkasse freundlichst beheben wollen.

Ich unterschrieb den Generalintendanten, den Direktor, den Theaterdiener, den Portier und Garderobier. Links unten setzte ich ein großes Siegel, zu dem ich die Kopfseite eines Silberguldens als Petschaft benützte.

So ausgefertigt sandte ich den Brief eingeschrieben an Balduin.

Am nächsten Morgen reichte er mir wortlos den Brief.

Ich las ihn aufmerksam durch. «Da hast du sicher wieder herumgeschnorrt und intrigiert! — Ich komme nie zu so etwas!»

Er schwor, er hätte nichts dazu getan, dies bedeute eben eine spontane Anerkennung seiner künstlerischen Leistungen.

Ich schüttelte ungläubig das Haupt und gratulierte ihm süßsauer, während die Kollegen, einer nach dem andern, rasch verschwanden, damit ihr Lachen nichts verrate.

Inzwischen hatte man mir Angst gemacht, daß ich wegen der Unterschriften Unannehmlichkeiten haben könnte.

Ich stürzte zum Kassier, gestand ihm alles und bat ihn, das Schriftstück gleich zu vernichten.

Als später Balduin strahlend zur Hoftheaterkasse kam und das Schreiben mit Lobeserhebungen auf die so einsichtige Generalintendanz überreichte, meinte lächelnd der Kassier: «Aber Herr Balduin, da sind Sie ja einem Scherz aufgesessen», und zerriß den Brief.

Drei Wochen hindurch sprach Balduin kein Wort mit mir!


## Das verhängnisvolle Büchserl

Meine liebe Kollegin Grete F. pflegte stets zu den Proben eine sehr schöne Bonbonniere mitzubringen und uns allen Salmiakbonbons anzubieten.

Ich wieder machte es mir zur sympathischen Aufgabe, statt eines Bonbons gleich das ganze Büchserl einzustecken.

Großes Geschrei!

Her mit dem Büchserl, das ist mein Büchserl.

Ich erklärte es für konfisziert.

Auf diese Weise brachte ich im Laufe der Zeit eine Sammlung von ungefähr fünf solcher Dosen zustande.

Als ich nun eines Tages, aus Amerika wiedergekehrt, bei der Ensembleprobe zur «Jüdin» erschien, hatte mich die Zeit als Büchserldieb in Vergessenheit geraten lassen.

Ahnungslos legt meine liebe Grete wieder ein neues, schönes Golddoserl aufs Klavier.

Ich nehme es heiter lächelnd an mich.

Abermals ein großes Geschrei. —

Ich behalte das Doserl. —

Am nächsten Abend «Jüdin»-Vorstellung. Sie singt die Prinzessin Eudora — ich den Eleazar.

Nach dem ersten Akt in meine Garderobe zurückkommend, bemerke ich, daß mir meine goldene Uhr fehlt.

«Franz, wo ist die Uhr?» frage ich den Garderobier.

«Was für eine Uhr, bitte?»

«Meine goldene Uhr, die ich da immer liegen habe.»

«Also die hat der Herr von Preuß, bitte.»

Ich gehe zu Preuß: «Artur, meine Uhr!» —

«Nicht eher, bevor du nicht Gretels Büchserl hergibst!»

Während sie nun draußen Koloraturen und Staccati singt, gehe ich in ihre Garderobe, nehme ihr alle Kleider weg und sperre sie in meinen Kasten. Sodann trete ich mit dem Schmuckkästchen als Eleazar auf die Bühne und singe: «Dem Befehle gemäß empfangt, Erhabene, Ihr diesen kostbaren Schmuck» — flüsterte ihr zu: «alle Kleider hab' ich dir weggenommen.»

Schlagfertig erwidert sie: «Ich laß' mir andere holen» — und trillert weiter.

Und wirklich, im Nu waren andere Kleider da, und ich mußte ihr nolensvolens die ihren wiedergeben.

Die Uhr behielt sie.

Nach der Oper am Telephon: «Gretele, ich bin an die Uhr gewöhnt, schicke mir die Uhr — Kriegst dein Büchserl!»

«Erst müssen alle sechs Büchserln her, die du mir gestohlen hast — dann die Uhr!»

Was blieb übrig, Franz mußte noch in der Nacht zu ihr gehen. Schweren Herzens trennte ich mich von meiner so billigen Dosensammlung.

Als Verschärfung erfuhr ich noch, daß die Uhr in den Kleidern war, die ich ihr genommen und einen ganzen Akt lang in meinem Kasten hängen hatte.

Sie sandte mir die Uhr mit einem Blumensträußchen und folgendem Vers:

«Du stahlst mir armem Schicksele
So manches Silberbüchsele,
Doch schmiert der zarteste Sopran
Manchmal den größten Lackel an!»

Zur Milderung meines Schmerzes hat sie mir die schönste Dose zum Geschenk gemacht.

Die gestohlenen — sechs — waren mir lieber.


## Das Gehirn des Tenors

Eines Tages kam zu einem Gehirninternisten ein Mann und klagte über starken Druck im Hinterkopf.

Der Arzt untersuchte ihn und klopfte mit einem Hammer die Gehirnschale ab, um aus den Hohl- und Vollgeräuschen seine Diagnose stellen zu können. Der Patient mußte die ganze Skala der Untersuchungen über sich ergehen lassen, Tiefatmen, Husten, sagen Sie «A» usw.

Der Spezialist machte ein bedenkliches Gesicht.

Er konstatierte eine Verwicklung der Zentrifugalgewebe, die sich an den Weichteilen der Schädeldecke stoßen und somit eine gründliche Reparatur des Gehirns nötig machen, die mindestens acht bis zehn Tage in Anspruch nehmen dürfte.

«Wissen Sie was, mein Lieber, lassen Sie Ihr Gehirn da, heute ist Dienstag, nächsten Mittwoch können Sie es abholen.»

Der Arzt nahm das Gehirn heraus, legte es aufs Eis, und der Patient entfernte sich.

Der nächste Mittwoch kam, der Patient nicht.

Es verging abermals eine Woche, der Arzt wurde ratlos.

Nach vierzehn Tagen begegnete er endlich dem Manne, der ein Notenheft unter dem Arme trug und ins Hoftheater wollte.

«Ja, lieber Herr, was ist denn mit Ihnen? Warum kommen Sie denn nicht Ihr Hirn abholen? — Es fängt bereits an, übel zu riechen? — Unerhört!»

«Lieber Herr Doktor, ich danke sehr, ich brauche es nicht mehr — bei mir hat man einen Tenor entdeckt!»

Da es nicht ganz ausgeschlossen erscheint, daß irgendeiner meiner geneigten Leser diese reizende Geschichte für nicht mehr ganz neu halten dürfte, so gestatte ich mir, auf das bescheidenste zu bemerken, daß ich dies auch nicht behaupte.


## Das Telegramm

Kollegenkränzchen vor der Portierloge des Opernhauses. Ein Telegraphenbote trat — ausgerechnet — auf mich zu, lüftete die Kappe und fragte, ob Herr von Staupinsky anwesend sei.

Ich setzte eine tiefbekümmerte Miene auf, klopfte dem Manne konsterniert auf die Schulter, und mit einer Träne in der Stimme sagte ich: «Denken Sie nur, mein Lieber, Herr von Staupinsky ist tot! Der Mann ging an einem Kanal vorbei und fiel hinein. Als er herausgezogen wurde — roch er intensiv nach Kanal. Das kränkte ihn derart, daß er nicht überlebte. — Er starb! — Man labte ihn — umsonst! — Nun liegt er im Parkett aufgebahrt, und morgen ist das Leichenbegängnis vom jüdischen Tierspital aus. — Ich gebe der bestimmten Hoffnung Ausdruck, daß auch Sie sich daran beteiligen werden. Der Gute verdiente es!» — —

Von den Kameraden ist nach dieser Trauerrede keiner mehr zu sehen.

Der Telegraphenbote gibt seinem Schmerz in bewegten Worten Ausdruck, versichert, daß Herr von Staupinsky — so ein blühender Herr gewesen wäre und so gar keinen Stolz gekannt hätte und es doch schrecklich wäre, wie so schnell oft über den Menschen etwas kommen könne.

Er schloß mit dem Seufzer: «Heute tot — morgen rot!»

Ich machte ihn aufmerksam, daß es umgekehrt hieße, was er dankbar gelten ließ.

Nach einigen Minuten gemeinsamen, stummen Schmerzes fragte er mit sorgenverscheuchender Handbewegung. «Was mach' ich denn jetzt mit meinem Telegramm?»

«Also, mein Teurer, das müssen Sie Ihrer vorgesetzten Behörde melden.»

Er nimmt das Telegramm, schreibt darauf — «Adressat tot» — und will gehn.

Der Portier, dem sein Gewissen nicht erlaubte, den Mann fortzulassen, klärte ihn auf, sagte, daß dies nur ein G'spaß sei, daß Herr von Staupinsky lebe — und er möge nur hinaufgehen.

Entgeistert starrte mich der Postbote an, schüttelte den Kopf, bemerkte, daß ich ein schlimmer Herr wäre, und trug die Depesche hinauf.

So bekam Staupinsky sein Telegramm mit dem Vermerk: «Adressat tot!»

## Die Nemesis

Nach all den Schabernacken und Tollheiten, die ich verbrochen, lebte ich begreiflicherweise in ständiger Angst, auch ich könnte einmal das Opfer eines Kollegenscherzes werden und zur Freude aller gehörig aufsitzen.

So war ich denn auf meiner Hut.

Eines Tages gastierte ich in Graz.

Beim Mittagessen wird mir eine Depesche überreicht: «Freue mich, Ihnen mitteilen zu können, daß Sie Seine Majestät der Kaiser zum K. und K. Kammersänger ernannt hat. Gratuliere herzlich — Gustav Mahler.»

Ich war selig. — Doch nicht lange. —

Schon kam mir blitzartig der Gedanke: «Das ist ein Witz, von ihm — von Balduin!» — Und ich legte die Depesche beiseite. Erledigt. — Dem Lackel sitze ich nicht auf.

Doch wurden wir beide, meine Frau und ich, beim Essen recht still. Jeder von uns kämpfte einen schweren Kampf, bis meine Frau plötzlich erklärte, ich müsse mir am Telephon Gewißheit verschaffen.

Ich stand auf und rief die Wiener Hofoper an.

Die Schaltkammer meldete sich.

«Lieber Freund, Sie bekommen, sowie ich wieder zu Hause bin, zwanzig Kronen, wenn Sie reinen Mund halten, daß ich angerufen habe.»

Ehe ich weiterkam, rief er schon: «Gratuliere, Herr von Slezak, zum Kammersänger!»

Ich, etwas erstaunt und in so gleichgültigem Tone, als ob ich dreimal in der Woche zum Kammersänger ernannt würde: «So? — Seit wann denn?»

«Heute ist's herausgekommen vom Obersthofmeisteramt.»

Jetzt erst konnte ich mich von Herzen freuen.

Seine Rache aber hatte Balduin doch, ohne daß er es wußte, denn die erste und *schönste* Freude war mir verdorben. Mein Wahlspruch bleibt daher immer:

«Wer andern eine Grube gräbt — muß stets sehr vorsichtig sein!»

# Erinnerungen

## Mein erstes Gastspiel in Prag

Sooft ich in Prag am Königlichen Landestheater gastiere, erinnere ich mich jedesmal mit großer Freude an mein allererstes Auftreten in dieser Stadt, das sich unter ganz eigenartigen Umständen vollzogen hat.

Ich war damals noch Zögling an der Werkmeisterschule in Brünn, aber auch schon Gesangsschüler Robinsons.

In der Familie war man sehr stolz auf den Opernsänger in spe, und ein Verwandter, der in Prag lebte, entschloß sich sogar, mir zu einem ersten Erfolge daselbst zu verhelfen.

Er animierte einige Herren des Vereins der Deutschen in Prag-Weinberge, mich zu einem Unterhaltungsabend einzuladen.

Ich sagte hochbeglückt zu.

Mit dem Schubertalbum unter dem Arm und einem reinen, wenn auch etwas zerfransten Kragen in der Tasche, machte ich mich auf den Weg.

Aus dem Schubertalbum konnte ich nichts als das eine Lied «Am Meer» singen.

Ich fuhr dritter Klasse, weil es keine vierte gab.

Als ich nun in Prag so leicht beschwingt ankam, erwarteten mich auf dem Bahnhof einige Herren vom Komitee des Vereins, begrüßten mich auf das herzlichste und erbaten sich meinen Gepäckschein, um meine Bagage ins Hotel schaffen zu lassen.

Ich zeigte auf mein Schubertalbum und erklärte, daß dies mein ganzes Gepäck wäre.

Sie hielten es für einen Scherz, erst als ich versicherte, daß dem wirklich so sei, sahen sie sich etwas erstaunt an, lachten aber dann aus vollem Halse.

Da ich nun in einer weißblau karierten Pepitahose und einem Samtrock, der an den Rändern bereits ziemlich vorgeschrittene Zeichen von Schäbigkeit merken ließ, nicht gut auftreten konnte, führten mich die Herren, die es dabei auf das zartfühlendste vermieden, mich meine Mittellosigkeit fühlen zu lassen, in ein Kleideretablissement, um mir einen Frackanzug auszuleihen.

Aber meine etwas riesenhaft geratenen Körperdimensionen bildeten ein arges Hindernis.

Nichts Passendes ließ sich finden.

Ein Ausweg. — Dr. P., der ungefähr meine Figur hatte, mußte herhalten.

Er war auch gerne bereit, mir für die Zeit meiner Vorträge seine Kleider zu leihen, und wollte inzwischen im Künstlerzimmer, seine Unterwäsche mit einem Paletot verhüllend, warten. Ein Frackhemd und eine Krawatte waren bald gefunden, und am Abend stand ich zum ersten Male vor dem Prager Publikum.

Ich sang mein einziges Lied «Am Meer», dem einige humoristische Vorträge und Couplets folgten, und errang so, dank der gütigen Nachsicht des Auditoriums, einen großen Erfolg.

Nach den Vorträgen wurde ich von den Honoratioren des Vereines ins Gespräch gezogen, und von all den anerkennenden und liebenswürdigen Worten berauscht, vergaß ich ganz und gar meinen, im Künstlerzimmer harrenden, notdürftig bekleideten Gläubiger. — Vergaß derart den Armen, daß ich mich in einem andern Saal zum Souper setzte und mich sogar an der Tanzunterhaltung beteiligte.

Auch das Komitee schien Herrn Dr. P. vollständig vergessen zu haben, der, verzweifelt die Hände ringend, in seinen Unterkleidern auf und ab lief, sich die Zeit mit Fluchen und Schimpfen vertrieb und seine Güte verwünschte.

Bis endlich ein Diener zu mir kam und mir mitteilte, Herr Dr. P. ließe anfragen, wie lange ich eigentlich noch in seinen Kleidern herumzurennen beabsichtige, und ob ich glaube, daß er seine Tage in der Unterhose im Künstlerzimmer zu beschließen gedenke.

Tief bestürzt eilte ich zu ihm. Er empfing mich sehr kühl. — Es bedurfte des ganzen Zaubers meiner Persönlichkeit, ihn wieder gut zu machen.

Als wir sodann in gewechselten Kleidern wieder in der Gesellschaft erschienen, gab es große Heiterkeit, und erst am frühen Morgen trennten wir uns.

Im Nu war ich mit allen Herren des Vereins verbrüdert. Ich fühlte mich in Prag so maßlos wohl, daß aus meinem für drei Tage festgesetzten Aufenthalt — sieben wurden.

Zur Rückfahrt brachten mich alle an die Bahn.

Einige Stationen hinter Prag bemerkte ich erst, daß ich das Schubertalbum vergessen hatte.

## In Bayreuth

Im ersten Jahre meiner Künstlerlaufbahn in Brünn erwachte in mir die Sehnsucht, nach Bayreuth zu pilgern und dort an geweihter Stätte die Wunder Wagnerscher Werke zu hören und zu sehen.

Ein Gesuch an die Festspielleitung um ein Freibillett für den Zyklus — vier Abende «Ring des Nibelungen» und «Parsifal» — kam in günstigem Sinne erledigt zurück; es wurde nur die Bedingung gestellt, daß ich in Bayreuth Frau Cosima Wagner vorsingen müsse, eine Gepflogenheit, die Gelegenheit gab, alle jungen Talente kennenzulernen.

Beseligt bis ins Mark, machte ich diese meine erste Reise — denn bis dahin war ich, mit Ausnahme als Soldat, bei den Kaisermanövern, nach Napagedl und Proßnitz, nicht aus Brünn herausgekommen.

Bare 120 Gulden besaß ich, zum Teil erspart, zum größeren Teil gepumpt, und mit dieser Summe ausgestattet, ging ich auf vier Wochen in die Welt hinaus.

Mit wenig Ballast fuhr ich ab, ein kleines Kofferchen barg all meine Habseligkeiten, aber vollbeladen war ich mit Begeisterung, einer ans Pathologische grenzenden Fröhlichkeit und einem Glücksgefühl, das man nur noch in den Märchen findet.

Im Coupé saß ich mit meinem Samtrock, der fliegenden Lavallière-Krawatte, trug einen Umlegekragen, wodurch der an sich etwas lange Hals — besonders lang erschien, und in einem Zeitraum von einer halben Stunde hatte ich vor dem ganzen Waggon dritter Klasse kein Geheimnis mehr. Alles habe ich erzählt — Vergangenheit, Gegenwart und die Hoffnungen und Pläne für die Zukunft.

In weihevollster Stimmung traf ich nach langer, aus finanztechnischen Gründen meist in Bummelzügen zurückgelegter Reise in Bayreuth ein.

Gleich an der Bahn erzählte ich einem Dienstmann zuerst meine Lebensgeschichte, um auf die Frage hinüberzuleiten, ob er nicht ein besonders billiges Zimmer wüßte — mit dem Bemerken — daß ich auf Komfort keinen großen Wert lege.

Der Dienstmann verstand und führte mich in ein enges Gäßchen. Im ersten Stock tasteten wir uns durch einen finsteren Flur, und nachdem ich mir einige Male den Kopf derart angeschlagen hatte, daß mir das Feuer vor den Augen aufspritzte — was bei einem anderen, nicht mit so solider Schädelbildung Ausgestatteten bestimmt einige lebensgefährliche Gehirnerschütterungen ausgelöst hätte — standen wir im Zimmer.

Also «Zimmer» war wohl in diesem Falle etwas hochtrabend — es war ein kleiner Holzverschlag, in dem ein Bett stand — und sonst nichts. Um in dieses Bett zu gelangen, mußte ich mich damals schon mit Gewalt von der Seite hineinzwängen — heute wäre das ausgeschlossen und das Aufsuchen des Bettes nur mit gründlicher akrobatischer Vorbildung möglich.

Es kostete fünfzig Pfennig pro Tag. — Das war ausschlaggebend.

Sogar der Umstand, daß das Bett eigentlich mehr ein Kinderbett war und ich dreiviertel Meter die Füße heraushängen lassen mußte, wenn ich nicht wie ein Regenwurm zusammengerollt liegen wollte — fiel nicht ins Gewicht.

Als ich am nächsten Morgen, von der Nachtruhe erschöpft, der Hauswirtin schüchtern die gemachte Beobachtung mitteilte, daß das Bett ein wenig zu kurz sei, meinte sie erläuternd, daß ihr Haus nicht für «Giraffen» eingerichtet wäre — was ich schließlich einsah.

Mein Gott, das war ja alles so gleichgültig, was machte es mir damals aus, wohin ich die Füße beim Schlafen gab — ich war ja so unsagbar glücklich — all das Neue, so Wunderbare, die ganze Atmosphäre hielt mich in einem wonnigen Zauber, der nicht von mir weichen wollte.

Nun machte ich mich auf den Weg nach «Wahnfried» — um die Bedingung zu erfüllen und Frau Wagner vorzusingen.

Ich wurde nicht empfangen, man bestellte mich für den letzten Festspieltag.

Als erstes hörte ich Parsifal.

Zwei Stunden früher war ich schon am Festspielhügel und sah mir das Ankommen der Gäste an. Hinter einem Pfeiler versteckt, schaute ich sehnsuchtsvoll auf die Gruppen der Künstler und Fürstlichkeiten.

Wie beneidete ich Alois Burgstaller, der in seinem langen, bis auf die Schultern reichenden Siegfriedhaar mitten drunter stehen durfte.

Ach — auch einmal da sein können, als Jung-Siegfried oder sonst etwas!

Zum Schlusse kam Frau Wagner mit dem jungen Siegfried Wagner und Generalmusikdirektor Kniese im Wagen angefahren.

Wie eine Königin schritt sie durch ein Spalier ehrfurchtsvoller Menschen — sie, die Tochter Liszst — die Frau Richard Wagners — die Seele der ganzen Festspiele.

Der Gedanke, daß ich in einigen Tagen vor dieser Frau stehen werde, um ihr vorzusingen, machte mich ein wenig zittern.

Zwölf Fanfarenbläser erscheinen, und es ertönt ein Motiv aus

Parsifal, das Zeichen des Beginnes. — Alles strömt ins Festspiel-
haus — sucht seinen Platz — ich selbst sitze da wie gebannt.

Kein Orchester zu sehen — ein Riesenraum, angefüllt mit Menschen — ein Vorhang — sonst nichts. Es wird finster und stille, so
stille, daß man die Atemzüge der Nachbarn und das Klopfen ihrer
Herzen hören kann.

Von irgendwoher — aus einer anderen Welt, ertönen die ersten
Töne. —

Ein Würgen im Hals — ein Zusammenkrampfen des Herzens —
und die Tränen stürzen mir über die Wangen.

Was ich damals fühlte, was ich empfand, ich fühle es heute in
der Erinnerung wieder — nur sagen — schildern kann ich's nicht.

Wie es aus wurde — wie ich heimkam, ist mir wie im Nebel erinnerlich — ich weiß nur, daß ich weder Hunger noch Durst verspürte, mich in meine Kohlenkiste legte und mir fest vornahm, ein
anderer Mensch zu werden.

Wie erschüttert ich gewesen sein muß, geht daraus hervor, daß
ich mich an diesem Tage keinem Menschen vorstellte — und weder meinem Nachbar zur Rechten noch zur Linken meine Lebensgeschichte erzählte.

Am nächsten Tage lernte ich Hans Breuer — den Bayreuther
Mimen — kennen, der mich in die Künstlerkneipe «Eule» mit-
nahm. Da saß ich bescheiden an dem äußersten Eckchen des Tisches im Wagnereck, am Abend von sieben bis — bis — also noch
länger — bei einem einzigen Glase Bier und hörte andächtig den
Schnurren und Erzählungen der Glücklichen zu, die da mitsingen
durften. Der Tafelrunde präsidierte meist Kammersänger Heinrich
Vogl und erzählte lustige Geschichten, von denen ich «Das Gehirn des Tenors» wiedererzählt habe.

Auch der «Ring» machte einen großen Eindruck auf mich, die
Tage rasten wie ein Sturmwind dahin, und so kam der Termin,
an dem ich Frau Wagner vorsingen sollte. Mittags um zwölf Uhr
stand ich vor der Turnhalle, und mit hochklopfendem Herzen
sandte ich meine Visitenkarte hinein:

### LEO SLEZAK
*Königlich Preußischer Hofopernsänger*

Da ich einen Eventualvertrag an die Berliner Oper hatte, der
erst in zwei Jahren, nach erfolgtem Debut, in Kraft treten sollte,
nannte ich mich schon damals Königlich Preußischer Hofopernsänger, trotzdem ich noch nicht wußte, ob man mich überhaupt
engagieren werde.

Ich besaß noch zirka zehn Visitenkarten. Hundert hatte ich mir
von Brünn mitgenommen; dadurch, daß ich mich auf der Reise

jedem Menschen vorstellte und jedem meine Karte gab, schmolz der Vorrat auf zehn Stück zusammen, was in mir den Entschluß zum Reifen brachte, exklusiver zu werden.

Ich wurde hereingeführt — es war gerade Rheingoldprobe. Ein «Donner» stand auf einem kleinen Podium in Photographierstellung. — Frau Wagner rückte ihm gerade den rechten Fuß nach auswärts, dann ließ sie ihn stehen, nahm meine Karte, buchstabierte meinen Namen — der ihr nicht geläufig schien, was mich mit Befremden erfüllte — und fragte: «Also mein lieber Herr Sle — Sle — zak —, was werden Sie mir vorsingen?»

Ich, der ich mich von allen möglichen Seiten, auch als dramatischer Sing-Schauspieler zeigen wollte — sagte voll Zuversicht: «Die Bajazzo-Arie.» — — —

Allgemeines, lähmendes Entsetzen verbreitete sich im Turnsaal. Generalmusikdirektor Kniese rang nach Luft — der Donner auf dem Podium gab seine Pose auf und wankte. — Sogar der Diener, der mich anmeldete, suchte verstört nach einem Halt.

Frau Wagner war gleichfalls verblüfft, und nach einer längeren Pause sagte sie ziemlich reserviert, daß es erwünschter wäre — wenn ich etwas vom Meister sänge — ob ich denn nur Bajazzo könne — und was ich schon von Wagner gesungen hätte.

Eingeschüchtert und ahnend, daß ich da etwas vorbildlich Blödes angestellt habe, nannte ich Lohengrin, Holländer und den Froh im «Rheingold». Man entschied sich für den Froh.

Nachdem Herr Generalmusikdirektor Kniese mit einem Schluck kalten Wassers gelabt worden war, ging er zum Klavier. Ich sollte die Stelle: «Zur Burg führt die Brücke» singen — die sich nur in der Tiefe und tieferen Mittellage bewegt.

Heute, als reifer Sänger, bei dem sich das Organ schon gesetzt hat, läßt meine Tiefe bedeutend zu wünschen übrig — damals, als blutjunger Anfänger, bestand so ein tiefer Ton bloß in dem Öffnen des Mundes und einem gehauchten Luftstrom —, hören konnte man so gut wie gar nichts.

Man entließ mich mit dem Bemerken, daß meine stimmliche Begabung denn doch etwas zu dürftig wäre.

Als ich mich — vernichtet — verabschiedete, glaubte ich in den Augen aller das tiefste Bedauern zu lesen, daß die schönen fünf Freikarten an einen so Unwürdigen vergeudet wurden.

Wie ein Lauffeuer hatte sich die Geschichte mit dem Bajazzo verbreitet, beschämt schlich ich durch die Straßen, und in jedem Blicke der Vorübergehenden fühlte ich eine Riesenportion Hohn auf mir ruhen. Ja, als ich schon im Coupé saß und der Kondukteur die Karten abzwicken kam, wähnte ich aus seinem Zwicken etwas Liebloses herauszulesen.

Aber in dem Alter dauern solche Gemütsbewegungen nicht lange. — Schon in Nürnberg, im entzückenden Nürnberg, verflog der düstere Schatten, und es blieb nur das Herrliche, Wunderbare in mir zurück und die Aufnahmefreudigkeit für weitere Schönheiten.

Lange — lange Jahre hat man mir's nicht vergessen — und wenn mein Name genannt wurde — hieß es immer: «Aha — das ist der — der in Bayreuth die Bajazzo-Arie singen wollte.»

In Frankfurt am Main hatte ich das Glück, einen herrlichen, edlen Menschen kennenzulernen, der für meine seelische Entwicklung von großer Bedeutung wurde.

In einem kleinen Bierrestaurant saß, meinem Tische gegenüber, ein alter Herr mit einem schneeweißen Lockenkopf und unsagbar gütigem Ausdruck in den Augen. Wir sahen uns an, da erhob er sein Glas und trank mir freundlich zu. Im Nu nahm ich meinen Krug, setzte mich an seinen Tisch, zückte eine Visitenkarte und nannte meinen Namen, selbstverständlich nicht den «Königlich Preußischen Hofopernsänger» vergessend.

«Professor Doktor Hermann Cochius, Direktor einer Mädchenschule in Berlin.»

In einem kurzen Zeitraum wußte er alles. — Er erzählte von Japan — er war vor Jahren Professor und Rektor an der Universität in Tokio —, und später sagten wir uns gute Nacht. Zwei Jahre korrespondierten wir in einer für mich überaus wertvollen Form, und als ich an der Berliner Oper mein Engagement antrat, nahm er mich in sein Haus wie einen Sohn auf, und ich durfte mit ihm und seinen beiden Schwestern alle meine so reichliche freie Zeit verbringen. Dadurch, daß ich so wenig gelernt hatte und schon so frühzeitig schwer arbeiten mußte, wies meine allgemeine Bildung große Lücken auf.

Er war ein rührender Lehrer, gab mir in angenehmer, erzählender Form extraktweise alles ein, was ich notwendig brauchte, und weckte den Sinn und die Liebe für alles Schöne und Edle in mir.

Der Besuch eines Museums an seiner Seite war eine Herzensfreude. — Von jedem Bilde, jeder Gipsfigur wußte er etwas Interessantes zu erzählen; auf Spaziergängen, plaudernd erfuhr ich alles, was ich in der Schule versäumte.

Auf einmal war ich gebildet. —

Von geradezu vitaler Bedeutung, in meinem damaligen Alter, war diese Freundschaft im Kreise dieser drei prachtvollen Menschen, die mich mit so viel Liebe und Güte in ihren Kreis aufnahmen und meine Sorgen zu den ihren machten.

Ein zweiter Vater ist er mir geworden — mein ganzes Herz und all meine dankbare Liebe haben ihm gehört. ———

– – – – – Von Frankfurt aus besuchte ich Wiesbaden und machte dann eine Rheinreise von Mainz bis Koblenz mit dem Schiff.

Der Rhein. – – Welch eine Stimmung. – – Gerade nach Bayreuth.

Überall wähnte ich Rheintöchter aus den Fluten steigen zu sehen, die «Wigalaweia» sangen.

Aus den Büschen am Ufer lugten Brunhilde – Krachwelde und Prallgunde hervor und kreischten mir ein brünniges «Hojotoho-hua» entgegen.

Wotan, der kontraktbrüchige Einäugige, an der Spitze der ganzen Göttergesellschaft, lehnte sich auf seinen Speer und machte mir die bittersten Vorwürfe wegen der Bajazzo-Arie.

Den hatte man auch schon gegen mich aufgehetzt.

Die Lorelei kämmte sich die Schuppen aus dem goldenen Haar und sang ein Lied dabei. –

Es war märchenhaft.

Nie mehr im Leben habe ich wieder so genossen, wie damals, als ich jeden Kreuzer erst zehnmal umdrehen mußte, ehe ich ihn ausgab. Oft aß ich den ganzen Tag nur ein Stückchen Wurst mit Brot, um nur ja alles sehen zu können, was es Interessantes zu sehen gab.

Bei der Führung in einem Schloß, Museum oder Folterkammer klebte ich dem Erklärer an den Lippen, schmiegte mich an ihn an, damit ich nur nichts versäume oder überhöre. – Wenn es dann zum Schluß und zum Trinkgeldgeben kam – mischte ich mich unter die Menge.

Das Gerücht, daß ich bei dieser Gelegenheit mich in einen wildfremden Herrn – während er Trinkgeld gab – eingehängt und gesagt haben soll: «Ich gehöre dazu» – ist erfunden.


## In Breslau

Der Zufall spielt im Leben des Menschen eine große Rolle.

Ein Zufall war es, daß ich nach Breslau kam, nach Breslau, das in meinem Erdenfahren die schwerwiegendste und wichtigste Station werden sollte.

Nach meinem ersten Auftreten in Brünn wurde ich der sogenannte «Liebling» des Publikums, was sich darin äußerte, daß man sich auf der Straße nach mir umsah – meinen Namen flüsterte – und sich gegenseitig anstieß, mit einem Blick: «Das ist er.»

Ich gewöhnte mich so daran, daß, wenn einmal nicht geflüstert wurde, ich dies als persönliche Beleidigung empfand.

Dies ging nun zwei Jahre so fort — und die Brünner nannten mich «ihren» Slezak.

Nur der zielbewußten Führung meines geliebten Lehrers Robinson, die sich in der schärfsten, schonungslosesten Kritik meiner künstlerischen Leistungen äußerte, habe ich es zu danken, daß ich nicht zum verblödeten Provinzherrgott — zur aufgeblasenen Lokalgröße wurde, die vor lauter Begeisterung über sich selbst jedes Urteil verliert, was es noch zu lernen gibt.

Weh tat es freilich, wenn ich siegesgebläht nach einer Vorstellung erfuhr, daß eigentlich die ganze Sache — vom ernsten, künstlerischen Standpunkt aus betrachtet — eine recht klägliche Angelegenheit war und daß es da und dort noch größere Lücken gab, die ausgefüllt werden mußten.

Ich hatte einen Vertrag an das Königliche Opernhaus in Berlin, und es kam das Gastspiel auf Anstellung als Lohengrin.

Voll Zuversicht und in der bombensicheren Erwartung, daß ich die Sterne sämtlicher Berliner Tenöre erbleichen machen werde, fuhr ich ab.

Ich spielte den Lohengrin bartlos und war an allen, noch nicht ganz entwickelten Stellen meines Körpers auswattiert.

Das hat sich inzwischen leider wesentlich gebessert.

Der Erfolg war freundlich, ich durfte mich sogar nach jedem Aktschluß bedanken, und am Ende der Oper rief mich der Generalintendant Graf Hochberg, ein äußerst freundlicher und wohlwollender Herr, in seine Loge und erklärte meinen Vertrag — in Anbetracht meiner großen Jugend und Entwicklungsfähigkeit — für perfekt.

Beglückt telegraphierte ich noch am selben Abend nach Brünn etwas von Triumph, überwältigendem Beifall, kreischendem Jubel und infolgedessen sofort erfolgtem Engagement. Der Telegraphendraht errötete.

Am nächsten Morgen stürzte ich mich auf die Zeitungen und las als erste, in der «Vossischen Zeitung», folgende Kritik:

## Königliches Opernhaus.

Als Lohengrin versuchte sich gestern ein Herr Slezak aus Brünn. — Der Versuch mißlang. — Herr Slezak sieht aus wie ein junges Mädchen und singt wie ein alter Mann. — Es zittert und bebt alles. Seine Stimme scheint ursprünglich ein schwächlicher Bariton gewesen zu sein, der dann zum Tenor in die Höhe getrieben wurde. Die erstrebte Höhe hat sich nun zwar nicht erreichen lassen, hingegen ist die Mittellage dabei vollkommen verblaßt, und so befindet sich der Sänger in der bedauerlichen Lage, weder oben noch in der Mitte und Tiefe gesunde kräftige Töne zu besitzen.

Mit solchen Mitteln läßt sich kein Lohengrin singen, selbst wenn man rein intoniert, was der Gast meistens auch versäumte.

So ähnlich äußerten sich fast alle Blätter. – Ich war niedergeschmettert. – Aus allen Wolken gefallen, war mein erster Gedanke, daß der Kritiker ein aufgelegter, boshafter Kretin sein müsse, dann zog ich in Erwägung, ob nicht Kollegenneid und Angst vor meiner alles verheerenden künstlerischen Potenz Kabalen schuf – und ganz wenig später begann in mir die Erkenntnis zu dämmern, daß es vielleicht doch nicht so ganz unberechtigt sein könne und ich vielleicht doch noch nicht das sein dürfte – was ich mir einbildete.

Etwas bescheidener fuhr ich nach Brünn zurück und nannte mich bei jeder Gelegenheit – «königlicher Sänger».

Im Herbst trat ich mein Berliner Engagement an und wurde nicht beschäftigt. – Abend für Abend saß ich oben in der Künstlerloge und mußte mir meine Rollen von andern vorsingen lassen.

Ich litt.

Wurde ein Tenor krank, sandte man zum andern – zum dritten, und wollten alle nicht, so forschte man im Café Westmünster oder Größenwahn nach, ob nicht durch Zufall ein Heldentenor aus Kratzenbach an der Pleite da wäre, der einspringen könne. Wenn alles versagte – sandte man zu mir. Ich sang, und alles fragte erstaunt: «Wer ist das? – Der hat ja eine sehr schöne Stimme.» –

Wohlwollende Worte schwirrten um mich herum – man klopfte mir sogar auf die Schulter und behauptete, man werde mich im Auge behalten. Der Abend war vorüber – und wieder ging ich wochenlang mit einem tiefen Stachel im Herzen herum, ohne daß man von meiner Existenz Notiz nahm. Dann kam wieder eine Einspringgelegenheit mit dreistündigem Im-Auge-Behalten, Auf-die-Schulter-Klopfen und Erstaunen über meine Fähigkeiten. Eines Tages bekam ich's satt, ging zu Sr. Exzellenz dem Grafen Hochberg und bat in dringendster Form um meine Entlassung.

Ich schilderte meinen Tatendrang und charakterisierte meine künstlerische Stellung sehr temperamentvoll, drastisch und treffend.

Exzellenz sah ein, daß ich nicht das Zeug zum Gesangsbeamten, der auf den Tod seiner Vordermänner warten lernt, habe, und gab mich frei. So kam ich nach Breslau – in einen ganz reizenden Kollegenkreis und tüchtige, ehrliche Arbeit.

Bei meiner ersten Probe wurde ich – um mir recht Mut zu machen – von den Kameraden zu einem an der Türe des Probesaales angeschlagenen Theaterzettel geführt, der folgendermaßen lautete:

# DIE ZAUBERFLÖTE

Oper in 2 Akten von Em. Schikaneder. Musik von W. A. Mozart.
Regisseur: Max Grube (Berlin). Dirigent: W. A. Mozart (Wien).
Chorleiter: Richard Wagner (Bayreuth).

Personen:

| | | |
|---|---|---|
| Sarastro . . . . . . . . | | Scaria (Wien) |
| Tamino . . . . . . . . | | Francesco Tamagno (Mailand) |
| Sprecher . . . . . . . . | | Theodor Reichmann (Wien) |
| Erster | | Jean de Reszke (Paris) |
| Zweiter | Priester . . . . | Theodor Bertram (München) |
| Dritter | | Edouard de Reszke (Paris) |
| Königin der Nacht . . . . . . | | Adelina Patti (London) |
| Pamina, ihre Tochter . . . , . | | Jenny Lind (Stockholm) |
| Erste | | Christine Nilson (Kristiania) |
| Zweite | Dame . . . . . | Lilian Nordica (New York) |
| Dritte | | Lilly Lehmann (Berlin) |
| Erster | | Pauline Lucca (Wien) |
| Zweiter | Knabe . . . . . | Sigrid Arnoldson (Stockholm) |
| Dritter | | Rosa Sucher (Berlin) |
| Pagageno . . . . . . . . | | Francesco d'Andrade (Lissabon) |
| Papagena . . . . . . . . | | Nelly Melba (Australien) |
| Monostatos . . . . . . . | | Albert Niemann (Berlin) |

Preise der Plätze: 2 Mark, 1 Mark, 50 und 30 Pfennig.

Darunter standen Kritiken aus Breslauer Zeitungen, die es einfach
als geradezu beispiellosen Affront bezeichneten, daß man den
Breslauern eine derartige Besetzung zumuten könne, bemerkten
höchst indigniert, daß Herr Wolfgang Amadeus Mozart sich Will-
kürlichkeiten in den Tempi geleistet hätte, die die Kritik nicht
scharf genug zurückweisen könne. Besondere Empörung entfach-
ten die Mängel in der Vokalisation des Herrn Albert Niemann —
der — man kann es nicht fassen — statt erhellt — einmal erhöhlt,
ja sogar — erhe-hehlt — und statt *was* sie stillt — man erbleiche —
*wos* sie stillt — gesungen hätte.

Herr Albert Niemann ist infolgedessen kein Künstler.

Ach und alles andere — — — — — kläglich. —

Und die Preise schamlos. — —

Es ist infolgedessen kein Wunder, daß das Theater halb leer
war.

Damit wollte man mir einen Vorgeschmack geben, wie es mir
bei meinem Debüt ergehen werde. —

Also die Sache war stark übertrieben, ich wurde sehr warm aufgenommen und war in kurzer Zeit heimisch. All mein Übermut und
meine Schalknatur wucherten üppig — und so mancher Strafzet-

tel — wegen aller möglichen Delikte, begangen dadurch, daß ich
meine Kollegen in ernsten Szenen zum Lachen brachte, flatterte
mir ins Haus.

Da markierte ich den tiefgekränkten wilden Mann und stellte
die Sache so dar, daß man mir die Strafe erließ und mich ob des
Mißverständnisses noch um Entschuldigung bat.

Einer der entschiedensten Gegner meines Humors an unrechter
Stelle war Kapellmeister Hertz. Jeden Scherz während der Probe
rügte er strenge.

Bei einer «Tannhäuser»-Generalprobe kamen zum Schlusse des
ersten Aktes einige Pferde auf die Bühne und entledigten sich,
sowie sie ins grelle Licht traten, alles Überflüssigen. Ganze Pferde-
äpfelgebirge lagen auf der Erde herum.

Da sagte ich gekränkt zu Hertz: «Siehst du, wie ungerecht du
bist, den Pferden sagst du nichts, aber wenn ich das gemacht hätte,
hieß es gleich wieder: ‹Slezak stört die Probe!›»

In dieser Zeit lernte ich meine Frau kennen.

Es brauchte sehr lange, bis sie mich ernst nahm. — Da ich ihr
schon am zweiten Tage unserer Bekanntschaft einen Heiratsantrag
machte, hielt sie mich für nicht ganz normal, und es bedurfte vieler Versicherungen meinerseits, daß ich ein ernster Mensch sei
und kein Wurstel, für den sie mich in ihrem geradezu beschämen-
den Mangel an Menschenkenntnis hielt, bis sie endlich ja sagte.

Als ich meinem Direktor, Dr. Theodor Loewe, mitteilte, daß ich
mich mit seiner Sentimentalen zu verheiraten gedenke, gratulierte er mir und erklärte, daß ich von nun ab um 20 000 Mark jährlich
weniger wert wäre. — Das machte aus dem Grunde einen äußerst
peinlichen Eindruck auf mich, weil meine damalige Jahresgage
20 000 Mark betrug.

Er war aber sehr vornehm, zahlte mir weiter meine Gage und
kam uns Brautleuten äußerst freundschaftlich entgegen. — Da ich
es nicht für zweckmäßig hielt, eine Hausfrau zu haben, die am
Abend heroisch ist, weil man da in Bälde zu streiten anfängt, daß
die Fetzen fliegen, daheim vor lauter Theater keine Ordnung hat,
mit devastierten Kleidern, zerrissener Wäsche und einem Schlangenfraß kämpfen muß — mußte meine Frau vom Theater weg.

Am 9. Feber verabschiedete sie sich als Johanna d'Arc mit den
Worten: «Johanna geht und nimmer kehrt sie wieder» — worauf
die Leute «Hoch Slezak!» riefen. — Das ist der einzige Scherz,
den mir die Gute heute noch übelnimmt. — Am 15. Feber war
Hochzeit.

Da wir kurz darauf nach London fuhren, nahm ich mit meiner
jungen Frau eine möblierte Wohnung, wo wir viel unter den Schi-
kanen und Quälereien der Hauswirtin zu leiden hatten, die ich

mit viel Humor trug. Diese war eine böse Angelegenheit, schimpfte und räsonnierte den ganzen Tag.

Meine Vorstellungen, die sich zuerst in den Grenzen des gesellschaftlich Möglichen bewegten und dann allmählich zum schweren Geschütz, mit Fluchen und Donnerwettern übergingen, fruchteten nichts.

Da kam der Erste des Monats, und ich sollte mit der Dame abrechnen.

Ich legte meine Lohengrinrüstung an. — Den Helm auf dem Kopf, Schwert und Schild in der Linken, das Portemonnaie in der Rechten, trat ich in ihre Stube. — Sie erschrak zu Tode. Sie hielt mich für wahnsinnig.

«Ja, um Gottes willen, was soll das?» flüsterte sie mit bebender Stimme.

«Abrechnung halten mit Ihnen will ich» — schrie ich, mit weit aus den Höhlen tretenden Augen.

Sie starrte mich an, wollte um Hilfe rufen. «Was ist denn los, Herr Slezak, beruhigen Sie sich doch.»

«Nichts ist los, der Erste ist, und Sie kriegen Ihr Geld», sagte ich verbindlich.

«Ja, was soll denn dann die Maskerade?»

«Ja, meinen Sie denn, hochwohlgeborene Zimmerfrau, daß ich unbewehrt einem Drachen gegenübertrete? — Ich weiß ganz genau, von meinem Siegfried her, wie man mit solchen Fabeltieren umzugehen hat.»

Diese Scherze waren ja an sich für den Augenblick ganz unterhaltend, doch die Piesackereien nahmen allmählich derartige Dimensionen an, daß ich Koffer und Gemahlin zusammenpackte und ins Hotel zog.

Das Ende war eine äußerst humorvolle Gerichtsverhandlung, in der ich wegen gefährlicher Drohung zu fünfzehn Mark Geldstrafe verurteilt wurde.

Im Herbst hatte ich bereits meinen eigenen Hausstand, den uns die Mutter meiner Frau einrichtete. — Ich war wie im Schlaraffenland. — Auch unsern ersten Gast hatten wir da, einen lieben Jugendfreund aus Brünn. — Den hieß es nun bewirten.

Meine liebe Frau hatte als Hero, Julia, Gretchen und Johanna d'Arc wenig Gelegenheit gehabt, sich als Hausfrau auszuleben. — Sie war ahnungslos. — Auch ich wußte nicht recht, wie man das macht.

Eine Köchin hatten wir — das heißt Köchin ist etwas übertrieben — nennen wir sie Köchin für alles — sie konnte alles, nur nicht kochen.

Beim Menü entschieden wir uns für eine Gans — das Symbol

der Hausfrau. Vorspeise sollte Büchsenhummer mit Mayonnaise sein.

Der Büchsenhummer gelang uns vortrefflich — wenn man davon absieht, daß ich mir beim Öffnen der Büchse beinahe die Pulsader durchgeschnitten hätte — aber der Mayonnaise standen wir ratlos gegenüber.

Ich eröffnete mich meinem Freunde Otto und fragte ihn, ob er zufällig wüßte, wie man Mayonnaise macht. Er verneinte es.

Da gingen wir zu dritt zum Delikatessenhändler und fragten dort um Rat. — Wir bekamen Öl, Eier, eine Zitrone, etwas Senfpulver — und voll Mut kehrten wir heim.

Bei Tische wurde sehr wenig gegessen — es war nicht das Richtige. Die Gans schmirgelte. — Beim Tranchieren fanden wir einige Gedärme vor, die eigentlich nicht hätten mitgebraten werden dürfen — und die Mayonnaise schmeckte infolge Mangels an Erfahrung und eines Übermaßes von Senfpulver etwas befremdend.

Wir ersetzten dieses Manko durch besondere Liebenswürdigkeit unserem Gaste gegenüber — der leider taktlos genug ist, uns heute noch an dieses Mittagessen zu erinnern. —

Dann wurde ich in Breslau das erstemal Vater. — Ich kaufte alle für diesen Fall einschlägigen Bücher und kontrollierte die Amme. Da kam es zu den ersten Konflikten mit meiner Schwiegermutter.

Wundervoll.

In der Oper hatte ich sehr viel Anregung — zwei prachtvolle Dirigenten, Julius Prüwer und Alfred Hertz, wirkten äußerst befruchtend auf meine Entwicklung. Mit letzterem traf ich einige Jahre später in New York am Metropolitanopernhaus zusammen.

Alfred Hertz, der damals blutjunge Stürmer, war bei den Orchestermitgliedern wegen seines langen und intensiven Probierens nicht sonderlich beliebt. Im Laufe so einer Probe, als Hertz in ziemlich energischer Weise eine Stelle einige Male gespielt verlangte, lehnte sich ein Musiker dagegen auf und rief dem Dirigenten zu: «Ach was, Sie haben auch nicht das Pulver erfunden.»

Hertz klopfte ab, unterbrach die Probe, stürzte zu Dr. Loewe in die Direktionskanzlei und verlangte im Interesse seiner Autorität die sofortige Entlassung dieses Musikers.

Direktor Loewe, der infolge der ungeheuren Arbeit, die ihm die drei Theater machten, die er zu leiten hatte, öfters zerstreut war und bereits an andere Unannehmlichkeiten seines gigantischen Betriebes dachte, strich sich würdevoll den Knebelbart und bat, ihm den Hergang zu erzählen.

Der Kapellmeister, vor Aufregung am ganzen Leibe zitternd,

80

schilderte in bewegten Worten, wie einzelne Orchestermitglieder renitent wären und durch respektlose Zurufe seine Autorität zu untergraben suchten. Mit erhobener Stimme gipfelte seine Rede in dem Satz: «Soeben hat mir ein Holzbläser zugerufen: ‹Ach was, Sie haben auch nicht das Pulver erfunden!›» — —

Direktor Loewe beruhigte den Aufgeregten mit der Frage: «Ja — haben Sie es denn erfunden?»

Noch eines geradezu wundervollen Schiedsspruches meines verehrten Chefs weiß ich mich zu erinnern, der gewiß vorbildlich auf weitere Entscheidungen sein dürfte.

Der Oberregisseur des Schauspiels wurde während einer Vorstellung von einem betrunkenen Bühnenarbeiter maßlos angepöbelt und beschimpft. Der Oberregisseur verlangte die sofortige Entfernung dieses Arbeiters. Dieser wird zitiert, steht taumelnd vor dem Chef und lallt in seinem Dusel weitere Grobheiten herunter.

Der Direktor blickt äußerst ernst, und mit salomonischer Präzision entscheidet er: «Also vertragen Sie sich doch, meine Herren.»

Dadurch, daß drei Theater vereinigt waren, wurde ein derartiger Massenbetrieb daraus, daß sich oft die betrüblichsten Verwirrungen ergaben.

Bei den Regiesitzungen, welchen alle Vorstände der Oper und des Schauspiels anwohnten und in denen der Chef den Vorsitz führte, wurde das Repertoire gemacht. Wenn alles fixiert und zu Papier gebracht war, kam der Theaterdiener Poiser, erklärte das Resultat der Beratungen für Quatsch und machte darauf aufmerksam, daß diese oder jene Darstellerin nicht in zwei Theatern zu gleicher Zeit spielen könne, denn sie wäre doch kein Vogel. —

Oft kam es vor, daß Chargenspieler in allen drei Theatern am selben Abend zu mimen hatten. — Das war derart eingeteilt, daß der Betreffende eine beim Bühnenausgang wartende Droschke bestieg — während der Fahrt «Maske» machte, atemlos ankam, auf die Bühne stürzte und sofort, nachdem er fertig war, ins dritte Theater raste und dort eine dritte Rolle von sich gab. —

Böse Kollegen meinten sogar, daß seitens der Direktion die Absicht bestünde, im Falle des Ablebens eines Mitgliedes dessen Leiche in irgendeinem letzten Akt, wo es mehrere Tote gibt, noch wenigstens einmal als Requisit zu verwenden.

Meine Nachforschungen aber haben ergeben, daß dies eine grobe Entstellung war. — Im übrigen bin ich auch fest überzeugt, daß dies von der Breslauer Polizei sicher nicht gestattet worden wäre. Schon aus sanitären Gründen. —

So jagte ein Scherz den andern — es war eine sonnige, glückliche Zeit.

Nun kam der Abschied — nach Wien ging's — schweren Herzens verließen wir die schöne Stadt.

Bin ich jetzt — nach so vielen Jahren — einmal da, so kann ich eine weihevolle, gerührte Stimmung nicht los werden, besuche mit meiner Frau alle Plätze, wo wir so recht glücklich waren, und all das Liebe steht aufs neue vor uns, und immer, wenn bei der Abreise der Zug aus der Halle dampft, halten wir uns bei der Hand und flüstern unserem lieben — lieben Breslau — innigen Dank.

## In London

Es war im Mai 1900. — Season in London am Coventgarden-theater.

Zum ersten Male, daß ich in die große internationale Welt eingeführt werden und neben Künstlern von Weltruf wirken sollte.

Jean de Reszke, der berühmte Tenor, der größte, faszinierendste jedenfalls, den es seit Jahrzehnten gab, ein Grandseigneur in seiner Kunst wie im Leben. Eine ungeahnte Autorität, ein beispielloser Zauber ging von seiner Persönlichkeit aus.

Er wurde wie ein König behandelt, und heute noch, nach vielen Jahren, löst der Name Jean de Reszke überall begeisterte Erinnerungen aus. — Die Melba, gleichfalls ein Liebling des internationalen Publikums, sang die Lucia. Emma Calvé war eine faszinierende Carmen und Margarete im «Faust».

Nach unseren deutschen Begriffen allerdings war sie mehr — Marguerite, ein sehr schickes, fesches Margueriterl, die im Mittelalter, bevor sie noch mit dem Faust anbandelte, ganz bestimmt große Unannehmlichkeiten mit der Sittenpolizei gehabt hätte.

Sehr interessant, aber kein deutsches Gretchen.

Plançon, der gewaltige Mephisto, der italienische Bariton Scotti — beide auf höchster Höhe, Theodor Bertram, der unglückliche Wundersänger, Ernst Kraus, der junge Siegfried, Milka Ternina, die Gulbranson, Hans Breuer, der Bayreuther Mime, und ich als blutjunger Anfänger mitten drinnen.

Mir wurde bange in dieser Umgebung.

Mein erstes Auftreten war Lohengrin.

Einige Tage vorher bekam ich ein kleines Geschwür auf der Oberlippe, das geschnitten werden mußte.

Der Mund war geschwollen und schief.

Ich sah aus, als ob ich schon in einem Boxermatch unterlegen wäre. — So sang ich bartlos den Lohengrin.

In den Blättern war zu lesen: «Den Lohengrin sang ein junger

82

Mann mit einer sehr schönen Stimme, dem Publikum sichtlich zu
Dank. Schade, daß er von Mutter Natur so stiefmütterlich bedacht wurde. Der Jüngling hat ein «crooked face» – ein schiefes Gesicht.»

Auch sonst brachte mir der Abend noch etwas Außergewöhn-
liches.

Meine Partnerin war Milka Ternina. –

Da man in London den Proben so viel wie nur irgend möglich
aus dem Wege geht und auch diese «Lohengrin»-Vorstellung ganz
ohne Probe startete, lernte ich meine Elsa von Brabant erst auf
der Szene kennen.

Wie ein elektrischer Reflektor stand ich da in meiner Silber-
rüstung und warnte sie, mich ja nicht zu fragen, wer ich sei, weil
dies ungeahnte Komplikationen gebären könnte.

Nachdem sie mich versichert hatte, daß ich mich ruhig auf sie
verlassen könne, weil sie nicht neugierig sei, assekurierte ich sie
meinerseits mit einem gellenden: «Elsa, ich liebe dich!» meiner
Wertschätzung. Dann hob ich die auf den Knien vor mir Liegende
zu mir empor, legte laut Vorschrift ihren Kopf an meine blenden-
de Brust und flüsterte ihr zu: «Gestatten Sie, mein Name ist
Slezak.» – «Freut mich sehr, ich heiße Ternina.»

So lernten wir uns kennen.

Einige Tage später sang ich wieder den Lohengrin. Es war dies
zur Zeit des Burenkrieges.

Die Stadt Mafeking war durch viele Wochen von den Buren
umzingelt gehalten worden und ihre englische Besatzung in großer Gefahr, kapitulieren zu müssen.

Der erste Akt näherte sich seinem Ende, ich werfe dem Telramund einige Beleidigungen zu, bis er sich gezwungen sieht, mich
zu fordern, König Heinrich schreitet vom Thron herab, nimmt die
Krone vom Haupte, um vom Himmel zu erbitten, daß keine Protektion bei diesem Kampfe obwalte, da ruft jemand von der Galerie herunter: «Mafeking ist befreit!»

Der Prince of Wales, der spätere König Eduard, der König von
Schweden und noch eine große Anzahl von Fürstlichkeiten erhoben sich von den Sitzen in ihren Logen, das Orchester intonierte
die Hymne: «God save the Queen» – die stehend mitgesungen
wurde.

Kein Mensch dachte mehr an den «Lohengrin».

Wir standen da, die meisten stimmten mit ein, dann strömte
das Publikum zum Theater hinaus, und der Vorhang fiel.

Ich bekam meinen Macherlohn und ging heim, tief beleidigt,
daß man mich nicht hatte zu Ende singen lassen.

Das Nichtprobieren und Alles-dem-Zufall-Überlassen spielte

naturgemäß oft arge Streiche. Unliebsame Überraschungen waren an der Tagesordnung.

Als Inspizient fungierte ein Franzose, das heißt ein Mann, der grundsätzlich Französisch sprach. Da ich mich aber schon damals auf alle Dialekte ziemlich gut verstand und selber bereits in drei Sprachen jüdeln konnte, habe ich natürlich bald herausgebracht, daß unser stockfranzösischer Inspizient einen ziemlich heftigen Tarnopoler Einschlag hatte.

Dieser Inspizient hatte nun die Verpflichtung, in die Garderoben der Künstler zu gehen und ihnen mitzuteilen, daß die Vorstellung beginne.

Dieser Aufgabe entledigte er sich derart, daß er in den Gang der Garderoben «Ça commence» hineinschrie und verschwand.

Hatte man dieses «Ça commence» überhört, so war man erschossen. —

«Götterdämmerung!» Felix Mottl am Dirigentenpult. Der Vorhang hebt sich. Die Gibichungenhalle. Gudrun, Gunter und Hagen sollen auf der Szene um einen Tisch versammelt sein, und Gunter obliegt es, den beiden zu erklären, daß er hier am Rhein sitzt.

Wer aber nicht saß, waren Hagen und Gunter.

Frau Reuß-Belce, die Gudrun, saß allein da und zeigte Mottl ein verzweifeltes Gesicht. Die Musik ging weiter, der Einsatz Gunters kam — von den beiden war immer noch nichts zu sehen.

Mottl legt den Taktstock weg und brummt ziemlich laut in den Bart: «Sauwirtschaft, lausige.»

Die Pause dauert einige Minuten, endlos, nicht zu erleben in solcher Situation, da stürzt Gunter in wilden Sprüngen zur Türe herein, und atemlos vom Laufen singt er: «So sitz ich hier am Rhein.»

Nachdem auch Hagen mit schiefem Federbusch auf dem Helm, mit einigen Sätzen seinen Platz erreicht hatte, war wieder alles in Ordnung.

Das Londoner Publikum genierte das nicht allzu sehr, weil es noch nicht da war. Denn in London wie auch in Amerika erscheinen die Leute gewöhnlich erst im zweiten Akt und gehen vor dem letzten Akt wieder fort.

Es gibt wenige Abonnenten, die genau wissen, wie die Opern enden.

Einmal mußte man wegen plötzlich eingetretener Heiserkeit des Hans Sachs den ganzen zweiten Akt der «Meistersinger» streichen.

Die Logenabonnenten waren sehr erstaunt, daß Walter von Stolzing und das Evchen sich kriegen, die meisten waren der Meinung, daß sie in einem Kellergewölbe verhungern.

Sie verwechselten es offenbar mit «Aïda».

Doch zurück zur «Götterdämmerung».

Ich trat als Siegfried mit Grane, dem edlen Roß, auf.

Meine Frage: «Wo berg' ich mein Roß?» beantwortete Hagen prompt mit: «Ich biet' ihm Rast!», nahm mir das halbkrepierte Einspännerpferd ab und wollte es in den altgermanischen Stall führen.

Doch die Kulisse wies nur eine gemalte Stalltüre auf. In Wirklichkeit gab es keinen Eingang.

Wohin jetzt mit der Schindmähre?

Hinten floß der Rhein, dort ging's nicht, also blieb kein anderer Ausweg übrig, als daß Hagen das Pferd in Gudruns Schlafzimmer führte. —

Unser Direktor in London hieß Maurice Grau, auch ein «Franzose», aber nicht aus Tarnopol, sondern aus Brody.

Als Theaterfachmann ein Genie.

Er leitete das Metropolitanopernhaus in New York mit dem größten Erfolg und führte «nebenbei» die Saison am Coventgardentheater in London.

Einmal hörte ich im Foyer des Theaters folgendes hochkünstlerische Gespräch zwischen Monsieur Grau und Felix Mottl: «Heeren Se, Mottl, da soll ich e Tenor nemmen, er heißt N. N. Wie ist der?» — Mottl erwiderte: «Die Stimme ist bis zum G. sehr angenehm, in der Mittellage kräftig, aber As und A fällt ihm schwer. B hat er gar keins und von H will ich gar nicht reden!»

Ärgerlich sagte Grau: «Reden Se mir nix von H, reden Se mir nix von B und As, sagen Se mir, ob ech'n nemmen soll und wieviel Marken (Reichsmark) ech'n gebben kann!» —

Ich sang den Jung-Siegfried.

Maurice Grau saß in der ersten Parkettreihe zufällig, neben meiner Frau. Der Mann arbeitete an einem Tage, der vierundzwanzig Stunden hat — sechsundzwanzig Stunden.

Nun saß er in seinem Polstersessel und schlief, denn die Vorstellung war für den geplagten Mann die einzige Erholungszeit.

Durch den Applaus nach Schluß des ersten Aktes geweckt, ergriff er die Hand meiner Frau und erklärte ihr: «E betamten Mann haben Sie!»

Sollte der Tam, den ich hatte, darin bestanden haben, daß ich ihn so gut einzuschläfern wußte?

Er zog sich später vom Theater zurück und bewohnte in Paris ein herrliches Palais. Doch nicht lange, denn der Mangel an Arbeit hat bald darauf sein Ende herbeigeführt.

Er war einer von den ganz Großen unter den Theaterleitern und — was so selten ist — dabei ein braver und anständiger Mensch.

## Konzertarrangeure

Ich wurde mit einem sehr berühmten Dirigenten für einige Konzerte nach Holland engagiert.

Der Impresario, ein gewisser Alfred Z., deponierte das Honorar in unsern Banken, und wir reisten nach Holland.

Eine Woche früher bekam der Dirigent von seiner Gesandtschaft folgende Depesche:

«Impresario Alfred Z. ist ein gesuchter Verbrecher und Deserteur, bitten Konzerte unbedingt refüsieren.»

Der Dirigent telegraphierte zurück:

«Wenn ich Konzerte nur mit Leuten abschließen wollte, die keine Verbrecher sind, müßte ich meinen Beruf aufgeben!»

Diese einleitenden Worte sollen nicht etwa besagen, daß alle Konzertarrangeure Verbrecher sind. — Gott bewahre, es sind meist sehr brave Geschäftsleute, aber oft kommt es dennoch vor, daß wir Künstler, wenn wir nicht auf unserer Hut sind und durch das Lehrgeld, das wir zahlen mußten, nicht schon mit allen Salben geschmiert wären, furchtbar bemogelt würden.

Diese Mogeleien werden manchmal so plump ausgeführt, daß man ein notariell legalisierter Kretin sein müßte, um es nicht zu bemerken.

Zwei besonders krasse Fälle sind mir in Erinnerung geblieben.

Ein Liederabend in L...

Ich hatte mir, um ganz sicherzugehen, die Eintrittskarten und Programme schon in Wien drucken lassen.

Am Tage des Konzertes in L. angelangt, erfuhr ich vom Arrangeur, daß nur noch einige wenige Karten von den teueren Plätzen zu haben wären und er mit dem Vorverkauf recht zufrieden sei.

Am Abend, sowie ich das Podium betrat, schlug mir ein heißer Brodem aus dem Zuschauerraum entgegen, der Saal gedrängt voll, nicht ein Sitz leer. Die Abrechnung nach Schluß des Konzertes stimmte.

Ich war nur sehr erstaunt, für zirka drei- bis vierhundert Kronen unverkaufte Billette zurückbekommen zu haben. Meine Bemerkung, daß doch alle Sitze besetzt gewesen seien, ergab die Antwort, daß er aus ästhetischen Gründen, damit der Saal keine Lükken aufweise, die noch freien Sitze verschenkt habe. —

Ich respektierte den Schönheitssinn des Mannes.

Auch eine stattliche Anzahl Programme, die ich als unverkauft zurückerhielt, war recht zerknüllt und schmutzig.

Meine Vermutung, ob dies nicht etwa schon gebrauchte Programme wären, bewirkte einen eisigen Protest.

Später im Freundeskreis erzählte man mir erst, daß schon zwei

Tage nach Ankündigung des Liederabends der Saal ausverkauft gewesen wäre, so daß sich der Arrangeur gezwungen sah, aus seinen Visitenkarten noch A- und B-Karten anzufertigen, um so noch mindestens zweihundert Personen den Eintritt zu ermöglichen.

Da gab es neben Nr. 50 noch eine Nr. 50 A und Nr. 50 B.

Bei der Abrechnung hatte ich mein in Wien gedrucktes Billett Nr. 50 als unverkauft zurückerhalten...

Auch wollen einige Leute nach Schluß des Konzertes bemerkt haben, wie der Tüchtige alle im Saale liegengebliebenen Programme zusammenklaubte.

Am nächsten Morgen, vor der Abreise, nahm ich mir den Herrn vor und teilte ihm feierlich mit, daß er solche Sachen mit mir nicht machen dürfe, denn, wenn ich auf dem Podium stehe und die «Verschwiegene Liebe» oder «Wie eiskalt ist dies Händchen» singe, zähle ich die Leute und addiere die in ihren Händen befindlichen Programme.

Sichtlich erstaunt über mein vielseitiges Gedächtnis, gab er den «Irrtum» zu und bezahlte die Differenz.

Wir arbeiteten seither noch viele Jahre vertrauensvoll zusammen.

Ich schloß eine galizische Tournee mit einem gewissen Herrn Josef L. in Lemberg ab.

Bei Abschlüssen in Galizien ist es, mit sehr wenigen Ausnahmen, fast immer ratsam, sich das ganze Honorar mindestens vierzehn Tage vorher in einer Bank hinterlegen zu lassen.

Auch mit L. hatte ich ein ähnliches Abkommen getroffen.

Das für die beiden Städte Przemysl und Lemberg festgesetzte Honorar sollte drei Wochen vorher in Wien hinterlegt werden.

Die Frist für die Einzahlung kam, das Geld nicht. Ich telegraphierte, daß ich anderweitig abschließen würde, wenn das Depot nicht einliefe.

Er bat um Verschiebung auf weitere acht Tage. Die acht Tage verstrichen, auch der neue Termin brachte kein Depot.

Ich sagte endgültig ab. Nun kamen täglich Bittelegramme, ich solle ihm das nicht antun, solle bestimmt kommen, weil sonst seine Stellung als Konzertdirektor erschüttert würde, und — er sandte tausend Kronen.

Ich sah den guten Willen und reiste ab.

In Przemysl gab es ein volles Haus, doch L. war nirgends zu sehen. In Lemberg erwartete er mich an der Bahn und versicherte mit tränenverschleierter Stimme, daß es mit dem Verkauf elend stehe.

Ich war sehr erstaunt, da doch die Konzerte in Lemberg all die

Jahre hindurch immer ausverkauft gewesen waren. Wie groß wurde erst meine Verblüffung, als ich, aus dem Hotelfenster auf die Straße hinausschauend, sechs Männer erblickte, die auf Rücken und Brust Riesenplakate trugen mit der Aufschrift: «Slezak-Konzert-Preise erniedrigt!» und gravitätisch im Gänsemarsch hintereinander gingen.

Wütend schickte ich sofort nach dem Mann.

Er kam und sagte, er könne sich leider nicht anders helfen, er müsse trachten, die Billette um jeden Preis loszuschlagen, um noch zu retten, was zu retten sei, und bettelte so lange, bis ich ihm zweitausend Kronen nachließ, jedoch mit aller Entschiedenheit erklärte, das Hotel nicht eher zu verlassen, bevor der Rest nicht bezahlt wäre.

Eine Stunde später brachte er tausend Kronen.

Er hätte nicht mehr.

Dann ging er und brachte weitere fünfhundert Kronen.

Das wäre das Letzte.

Die Stunde des Konzerts rückte immer näher. — —

Er stürzte ins Zimmer und schwor beim Seelenheil seiner ganzen Verwandtschaft und dem Leben seiner Frau — er war unverheiratet —, ich bekäme den Rest im Konzertsaal auf Heller und Pfennig ausbezahlt, ich möge nur hinfahren.

Ich bleibe fest.

Weitere fünfzig Kronen sind das Resultat.

Nun kam er mit einem Bürgen und brachte mir einen Wechsel mit mehreren Unterschriften.

Der Advokat, den ich zu Rate zog, überredete mich, ins Konzert zu fahren.

Schluchzend legte L. noch fünfundvierzig Kronen auf den Tisch.

Ich stieg in den Wagen.

Im Konzertsaal eine erdrückende Fülle, alle Gänge der großen Philharmonie voll mit schimpfenden, aufgeregten Menschen, die ihre teuer bezahlten Sitze schon von anderen besetzt fanden, die diese ebenfalls teuer bezahlt hatten.

Ein wüstes Durcheinander.

Josef L. ist nicht zu finden.

Der Saalbesitzer erschien und klagte, er hätte die Saalmiete noch nicht bezahlt bekommen.

Endlich, es ist dreiviertel neun geworden, betrat ich das Podium.

Josef L. blieb verschwunden.

Am nächsten Tage erfuhr ich von meinem Anwalt, der inzwischen Nachforschungen hielt, daß der Saal schon vor meiner Ankunft nicht nur total ausverkauft war, sondern daß L. sogar einen großen Teil der Plätze doppelt verkauft hatte.

Die Sandwichmänner mit den Plakaten — «Slezak-Konzert-Preise erniedrigt» — ließ er nur vor meinen Fenstern herumgehen, um mein Herz zu rühren und mich zu einer Ermäßigung des Honorars zu bewegen.

Als nun die Sandwichmänner zu allem Überfluß auch noch erschienen, um sich von mir das Geld für ihre Mühewaltung einzukassieren, wollte ich ihnen Josefs Wechsel geben.

Sie lehnten ab! —

## In Budapest

Bei meinem ersten Konzert in Budapest wurde ich vom Arrangeur darauf aufmerksam gemacht, daß das ungarische Publikum es besonders liebt, wenn man bei irgendeiner Gelegenheit ein ungarisches Wort einfügt.

Es quittiere diese Artigkeit mit stürmischem Danke.

«Lieber Slezak», sagte er, «sie müssen am Ende des Konzertes, wenn der Beifall besonders stark ist und Sie schon mehrere Zugaben gegeben haben, vortreten, die Arme ausbreiten und dem Publikum ein warmes ‹A viszontlátásra!› (Auf Wiedersehn!) zurufen!»

«A viszontlátásra!» —

«Aber ich beschwöre Sie, das A zum Schluß nicht etwa als helles A, sondern als dunkles A, mehr als O, auszusprechen. Ferner möchte ich warnen, die erste Silbe von Viszont kurz — ebenso das ltás kurz auszusprechen, sondern es ist entschieden ratsam, diese beiden erwähnten Silben lang zu betonen.»

Mir schwindelte.

Ich schrieb mir das Wort «A viszontlátásra» auf meine Manschette, mit allen dynamischen Bezeichnungen versehen, und memorierte es unentwegt.

Auch das Händeausbreiten übte ich mit dem dazu passenden Gesicht.

«A viszontlátásra!» — «Nein! — Wärmer! — Beben Sie ein wenig bei ‹Viszont› mit der Stimme», korrigierte der Auspressario. —

Dieses «Viszontlátásra» zersplitterte meine Gedanken, machte mich zerstreut.

Diese Zerstreutheit übertrug sich auf das Publikum. Aus lauter Aufregung vor dem verfluchten «Viszontlátásra» verdarb ich mir mein ganzes Konzert und kam gar nicht dazu, es zu sagen.

Von diesem Tage an habe ich jede Zumutung, während des

Konzertes eine fremde Sprache zu erlernen, mit Entrüstung zurückgewiesen.

Dennoch ließ ich mich einige Jahre später dazu bewegen — ich war beim Budapester Publikum schon akkreditiert — ein kleines ungarisches Liedchen einzustudieren.

Ich wählte ein sehr trauriges Volkslied und bat meine liebe Kollegin, Frau Kammersängerin Laura Hilgermann, die mehrere Jahre der Königlich Ungarischen Oper in Budapest angehört hatte, mir den Text genau zu erläutern.

Nun ist, wie schon erwähnt, die ungarische Sprache sehr schwer.

Das verschiedenartige Betonen der einzelnen Silben wirkt auf einen Nichtungarn zermürbend.

Mit großer Sorge ging ich wochenlang vorher an die Arbeit.

Laura hatte ihre Mühe, sie versicherte mir häufig, daß ich ein dummes Luder wäre und ihr diese Paperlarbeit bereits zum Halse heraushinge.

Auf diese ermunternden Worte hin war ich schon nahe daran, den Herren in Budapest mitzuteilen, daß ich als Ungar einfach unmöglich sei.

Doch immer wieder siegte der Ehrgeiz.

Die Stunde des Konzertes kam und mit ihr das ungarische Lied, das schwermütig beginnt, in der Mitte sich zu unbeschreiblichem Liebeselend verdichtet, um zum Schlusse eine Orgie an Jammer mit gebrochenen Herzen zu feiern.

Die Gefühle, die ich vor diesem Liede empfand, gönne ich meinem erfolgreichsten Tenorkollegen nicht. Das Herz hämmerte krachend an die Rippen, die Knie drohten mir einzuknicken, ich sehnte einen Abgrund herbei, der sich plötzlich über mir schlösse, und hoffte mit Bestimmtheit, daß ein gütiges Geschick einen Kurzschluß in der elektrischen Beleuchtung herbeiführen werde.

Mein Gott, war mir miserabel! —

Ich beginne: «Miert is szeretlek oly nagyon!» — — —

Eljenrufe unterbrechen die ersten Worte.

Ich werde kühner, es scheint mir, als ob ich in der Puszta aufgewachsen wäre.

Die Leute hören andächtig zu, ich lege bei den Unannehmlichkeiten der beiden Liebenden den ganzen Schmerz, den ich auf Lager habe, in mein Singen und bemerke zu meinem Befremden, daß sich die Wirkung nicht mit meinen Absichten deckt.

Die Leute schmunzeln, lächeln, und wie es gegen Schluß geht und der Jammer sich seinem Gipfelpunkt nähert, bricht ein schallendes Gelächter los. — — Die Leute wiehern vor Vergnügen.

Ich war etwas konsterniert, faßte mich aber bald und lachte mit.

Ich glaube, der ungarische Nationalkomiker wäre mit diesem Lacherfolg auf Wochen hinaus versorgt gewesen.

Ich wollte schon dem Verdachte Raum geben, man habe mir den Text falsch übersetzt, und das Ganze sei ein Aufsitzer; das Lied sei gar nicht traurig, sondern ein Witz mit einer glänzenden Pointe.

Leider war dem nicht so.

Ich hatte mich in der Aussprache derart verhaspelt, daß ich, durch falsche Betonung, dem eigentlich todestraurigen Sinn eine andere, ungewollte Bedeutung gab, die mit meinem leidgequälten Gesichtsausdruck wohl nicht im Einklang stand.

Lachen erlöst! — Lachend verzeiht man. —

Ich stand oben auf dem Podium und bat mit einer trostlos vergnügten Geste um Verzeihung.

Das Publikum verzieh, lachte aber leider noch weiter, auch bei den deutschen Liedern, wo es eigentlich nichts mehr zu lachen gab.

Ungarische Lieder singe ich *nie* mehr, wenigstens keine traurigen, denn, wenn bei meiner Singerei schon gelacht wird, so soll das Lachen zumindest schon von vornherein vorgesehen sein und nicht als Überraschung wirken.

## Im Wunderland Italien

Freundlicher Leser, erschrick nicht. — Ich will keine Reisebeschreibung über das Wunderland Italien von mir geben — dem sei Gott vor. — Das haben schon einige vor mir getan, unter anderen auch Kollege Goethe — und zwar so gut, daß ich es schwer besser machen könnte. — Ich will nur ein wenig plaudern.

Es gibt kein Land der Erde, wo man so intensiv bemogelt wird wie dort, aber auch keins, wo es in solch erfrischender und herzgewinnender Form geschieht.

Besonders erfrischend und herzgewinnend, wenn es jemand andern betrifft.

Kam man früher, als die Welt noch nicht auf dem Kopf stand — und noch nicht jeder dritte Mensch ein Verbrecher war — nach Venedig, so meinte man, weiß Gott, wie man da übers Ohr gehauen werde; aber was ist das gegen den Süden — namentlich Neapel.

Ein Wickelkinderspiel.

Es gibt selten eine Gegend, wo es so viel falsches, außer Kurs gesetztes Geld gibt wie in Italien, und so sehr man auch aufpaßt, hat man, ehe man sich's versieht, die Tasche voll falscher Lirestücke und wird sie viel schwerer los, als man sie bekommen hat. Ja — mit Gewalt werden sie einem angehängt.

In Venedig mietete ich eine Gondel. Am Ziele angelangt, entlohnte ich den Gondelkapitän und ging meines Weges. Nach einigen Minuten hörte ich ein Geschrei hinter mir und wurde von Passanten aufmerksam gemacht, daß dies mich anginge. Ich drehte mich um und erblickte meinen Gondolier, der verzweifelt die Hände rang.

«Hei, signore, hei.» — Ich bleibe stehen — er hält ein Silberstück in der Hand und erklärt mit weithin schallender Stimme, daß das «denaro» nicht «buono» wäre — ich hätte ihm falsches Geld gegeben.

Um mich herum versammelte sich eine riesige Menschenmenge und betrachtete mich ungefähr so wie einen aus dem Bagno entsprungenen Galeerensträfling. Mit dem Gefühle eines überführten Falschmünzers gab ich, um nur schnell aus diesem Volksauflauf herauszukommen, dem Manne ein anderes Geldstück und ging bis in die Knochen beschämt von dannen. — Das ist ein Trick, der täglich einige Male bei jedem, der nicht nachweisbar Venezianer ist, versucht wird.

Auf der Piazza San Marco, in den Andenkenhandlungen, ist das Geschäftsgebaren ein ganz eigenartiges. — Ich fragte nach dem Preise einer kleinen Bronzegondel. «Signore, per Lei, perche siete tanto sympatico — trenta Lire.» (Herr, für Sie, weil Sie so sympathisch sind — 30 Lire.)

Da man mir sagte: «In Italien müssen Sie handeln, je schamloser, desto besser», erklärte ich: «Ich gebe 2 Lire.» — «Prego.» — (Nehmen Sie's.) — Natürlich ging ich mit dem unauslöschlichen Bewußtsein fort, daß ich bei diesen zwei Lire auch noch mindestens um eine Lira betackelt wurde.

Wir fuhren von Genua mit einem Norddeutschen Lloyd-Dampfer nach Neapel. Es war wundervoll. Des Morgens um sechs weckte man uns: Der Golf von Neapel wäre in Sicht. Ein Märchenmorgen, die Sonne vergoldete ein unbeschreiblich schönes Bild; wir standen am Sonnendeck — ein Riesensegler tänzelte an uns vorüber, im Hintergrund der rauchende Vesuv, rechts, halb im Nebel noch, Capri. — Überwältigt sagte ich zu meiner Frau: «Ist das nicht herrlich? — Schau, wie das daliegt.» —

Da ertönt hinter mir eine Stimme: «Das ganze Jahr liegt das da, von früh bis in die Nacht, im Sommer und im Winter.» —

Aus war's mit aller Poesie, ein Wiener Freund hat uns das Wunder verulkt. — Wie schade.

In Neapel, als das Schiff in den Hafen einfuhr, empfingen uns schon kleine Barken mit allen möglichen Händlern, die durcheinander schreiend ihre Waren feilboten, andere, die auf verschiedenen Instrumenten einen Höllenlärm machten, Männer schwammen im Meer herum und tauchten nach Geldstücken, die man ins Wasser warf, es war ein ohrenzerreißendes Durcheinander.

Das Ausbooten war durch das Hin- und Herstoßen der Konkurrenten, die sich gegenseitig aus dem Felde schlagen wollten, auch recht peinlich — und die Sorge und der Kampf um das Gepäck wuchs ins Ungeheure. — Dutzende von Menschen schrien auf einen los, priesen sich an, warnten dringend vor dem daneben gestikulierenden Kollegen, rissen dann schließlich weniger Energischen die Handbagage aus den Händen, verschwanden in der Menge, und wehe dem Vertrauensseligen, der nicht wie ein geölter Blitz nachstürzte und seine Habseligkeiten einholte.

Aber im Hotel angelangt und auf all den Trubel und die Diebereien vorbereitet, genossen wir Neapel in vollen Zügen.

Wir mieteten einen Einspänner, mit dem fuhren wir immer, weil er uns einen besonders biedern Eindruck machte. Er hieß Felice, das heißt der Glückliche. Er war sehr gesprächig, und in Bälde wußten wir alles aus seinem Familienleben. Er teilte uns vor allem mit, seine liebe Frau — una grande Canaillia — wäre eine entartete Gemahlin, die ihm und seinem Pferd das Leben verbittere. Auch erhielten wir durch Felice einen kleinen Einblick in all die Gaunereien, die an den Fremden verübt werden.

Auf der Piazza Massagniello umringten uns plötzlich einige junge Burschen und fingen mit dem Kutscher einen Streit an. Felice aber hieb mit der Peitsche auf sie ein und rief uns zu: «Achtung auf Ihre Sachen!» — Später erklärte er uns, daß andere Kutscher, die nicht so übertrieben ehrlich wären wie er, sich mit den Leuten scheinbar herumstritten, und während so die Aufmerksamkeit des Fahrgastes abgelenkt war, wurde dieser, so weit es nur möglich war, ausgeraubt. Tatsächlich war unter allen Bekannten, die wir trafen, nicht einer, der nicht irgend etwas — Uhr, Geldbörse usw. — zu beklagen hatte. Alles, was man zum Beispiel rückwärts in den Wagen legt, ist so gut wie verloren. Ohne daß man es merkt, pirscht sich ein Lazzaroni heran — und man ist im Handumdrehen — Opfer.

Felice führte uns über die Hundsgrotte, den Solfatara, einen ausgebrannten Krater, nach Baje und Capo Mysene.

Ziemlich häufig versicherte er uns in seinem breiten, dem Sächseln ähnlichen neapolitanischen Dialekt: «Tutta la gente a Naboli sono briganti, solo io sono un uomo onesto.»

(Alle Leute in Neapel sind Briganten, nur ich allein bin ein anständiger Mensch.)

Bevor wir zur Hundsgrotte kamen — eine kleine Grotte, die mit

Stickstoff angefüllt ist, in der alles Lebende abstirbt — was mittels einer Fackel demonstriert wird, die, hineinversenkt, verlischt — bevor wir zu dieser Grotte kamen, hielt uns Felice folgenden Vortrag: «Signore, jetzt kommt die Hundsgrotte, sehr interessant, es ist zu zahlen pro Person: eine Lira Entree, eine Lira für die Fackel, e qualche cosa per il guida — ein bisserl was für den Führer. Aber daß Sie mir ja nicht mehr bezahlen, das sage ich Ihnen.»

Ich beruhigte ihn diesbezüglich.

Bei der Ankunft rief er schon von weitem: «Dieser Herr spricht Italienisch, du kannst ihm alles italienisch erklären.» Darauf folgten einige Zeichen mit den Fingern, ein Hinaufziehen des Mundes nach links — und der Mann war informiert.

Er bekam eine Lira Entrata, eine Lira für die Fackel und qualche cosa per il guida — wie es Felice vorschrieb.

Später erfuhren wir, daß weder eine Entrata noch etwas für die Fackel zu zahlen sei, sondern lediglich einige Centesimi für den Mann, der einem die Sache zeigt.

Am Solfatara ist ein kleines Kloster, wo das Blut des heiligen Januarius (San Gennaro) zu bestimmten Zeiten flüssig und der Menge als Wunder gezeigt wird. Ein alter Mönch, der Bruder Pförtner, stand da, ehrwürdig anzusehen, mit seinem weißen Umhängebart, und grüßte uns freundlich. Ich fragte, ob es gestattet sei, das Kloster zu besichtigen. Er meinte, ich für meine Person könne eintreten, doch es wäre «leider» Klausur und für die Signora «leider» nicht erlaubt. — Dabei sah er meine Frau schelmisch von der Seite an und flüsterte ein bedauerndes «peccato». (Schade.)

Dann kamen wir zur «Grotta della sibylla».

Was uns dort für Bären aufgebunden wurden und als was für Idioten man uns da einschätzte, geht auf keine Kuhhaut.

Man erzählte uns, daß dies in alten Zeiten die Unterwelt gewesen wäre, zeigte beim Eingang auf einen Fleck und behauptete kühn, daß da der Cerberus angehängt gewesen war, er selbst sei zwar schon eingegangen, aber die Kette sei noch da —, gab uns eine schwere eiserne Kette in die Hand, und ich las auf einem Gliede derselben in großen Lettern: «Fratelli Formaggio — Napoli.»

Plötzlich nahm der Führer meine Frau auf die Schulter, trug sie, durch einen Tümpel watend, um die Ecke und ließ mich im Finstern stehen, was mich mit einigem Unbehagen erfüllte. Er kam gleich wieder, nahm auch mich auf die Achseln und schleppte mich durch das schmutzige Wasser — nicht ohne daß ich die Füße bis zu den halben Waden in dem schwarzen Brei einhergezogen hätte.

Als ich wieder mit meiner Frau vereint war, erfuhren wir, daß wir soeben den «Styx» passiert hätten.

Die Führung ging weiter; und nachdem uns der «Guida» noch eine Unmenge vorgelogen hatte, kamen wir wieder ans Tageslicht. Als es zur Entlohnung kam, entspann sich ein Wortgefecht, weil die ausbedungene Summe um ein Vierfaches erhöht verlangt wurde mit der Begründung, daß der «Signore», das war ich, «troppo grosso» wäre und er, der Guida, sich beim Hindurchtragen durch den Styx beinahe einen Leistenbruch geholt hätte, der doch honoriert werden müsse.

Im Nu standen einige «harmlose» Gestalten da, die mich auf mein Gewicht hin prüften und dem Guida in solch apodiktischer Form beipflichteten, daß ich wieder schnell berappte und froh war, meinen Felice besteigen und fortfahren zu dürfen. So herrlich diese altertümlichen Stätten auch sind, so wird einem jeder Genuß getrübt durch die zahllosen Bettler, die sich wie die Kletten an die Fremden anheften, und durch ihr Geschrei — Purzelbäume und, wenn sie sich getäuscht sehen, durch Verwünschungen und Drohungen lästig machen. Ist man in den Anblick eines Jahrtausende alten Tempels versunken, fühlt sich als alter Römer, so sind sofort einige Leute da, die auf ein Tambourin schlagen, sich zu drehen beginnen und behaupten, daß dies die Tarantella wäre, natürlich nicht ohne ein Spielhonorar dafür zu verlangen.

Nun habe ich, da ich selbst nie tanze, absolut keinen Sinn für diese Kunst, was meine Leiden noch verschärfte.

Und doch, wenn ich alle die stereoskopischen Aufnahmen, die ich damals machte, wiedersehe, ergreift mich eine heiße Sehnsucht, ein unstillbares Verlangen, wieder dahin zu gehen in dieses begnadete Wunderland und gerne all die kleinen Widerwärtigkeiten in den Kauf zu nehmen. Ein Ausflug auf die Insel Capri, mit der unumgänglichen Besichtigung der Blauen Grotte, wird mir infolge eines köstlichen Erlebnisses unvergeßlich bleiben.

Die Blaue Grotte machte aus dem Grunde keinen erheblichen Eindruck auf mich, weil die See sehr hoch ging und dadurch meine Aufnahmefähigkeit für alles Blaue sichtlich getrübt war.

Aber in Capri selbst war es herrlich. Wir mieteten Esel, um auf den Salto di Tiberio hinaufzureiten, ein Felsengipfel, von dem die Sage erzählt, daß Kaiser Tiberius, ein ungewöhnlich grausamer Herr, sich damit unterhielt, daß er Sklaven von dem steilen Felsen hinunterwerfen ließ und sich an der breiartigen Form, in welcher diese unten ankamen, ergötzte. Auch ein Vergnügen.

Mit heimlichem Gruseln bestiegen wir unsere Esel, die Eseltreiberin trabte neben uns her, indem sie alle Augenblicke ein gellendes «Ai!» von sich gab, und dieses «Ai» mit einem Stock unterstützte, den sie in eine offene Wunde der armen Esel hineinstach. Mir drehte es den Magen um, und ich wurde allmählich so nervös, daß ich der Eseldame prognostizierte, sie, wenn sie mit dem Herumbohren mit dem Stock in der Wunde meines Esels nicht innehalte, zu töten.

Sie versprach es, hatte aber im Verlaufe von fünf Minuten sieben Rückfälle. —

Mein Esel war eigentlich nicht für mich gebaut — er war klein und schwächlich — und wenn ich oben saß, so konnte ich mit Leichtigkeit die Füße auf die Erde setzen und mitgehen.

Ich äußerte meine Bedenken gleich bei Abschluß des Mietvertrages, die jedoch mit der über jeden Zweifel erhabenen Bemerkung zerstreut wurden, daß der Esel «molto forte» wäre und erst gestern einen Herrn auf den Salto di Tiberio hinaufgetragen hätte, der zwar nicht so schön, aber wenigstens um zwanzig Kilo schwerer gewesen wäre als ich. Ich konnte aus Mangel an Erfahrung nicht widersprechen, aber sowie wir das Weichbild der Stadt verlassen hatten, zeigte es sich, daß meine Befürchtungen nicht unbegründet waren. Der Esel wurde renitent. — Er blieb stehen. — Alle Kosenamen, die ich erfinden konnte, verschwendete ich an diese Bestie, alles Nachhelfen mit dem Stock, das schrillste «Ai» nützte nichts, er rührte sich nicht von der Stelle.

Was blieb mir übrig, ich mußte herunter von dem sympathischen Säugetier und im Sonnenbrand zu Fuß hinaufkeuchen.

Ich verwünschte den Kaiser Tiberius, seine zerschmetterten Sklaven, die Eseltreiberin und war sehr übel gelaunt. Mit heraushängender Zunge kamen wir oben an, das heißt nur ich, meine Frau ritt ja wie eine Walküre, und auf die Eselfrau machte der Weg keinerlei Eindruck — aber in kurzer Zeit wurde ich wieder empfänglich für die Reize der schönen Aussicht, mein auf den Gefrierpunkt angelegtes Interesse an «Gegend» erwachte. Wir standen oben, vor uns eine kleine Kirche.

An der Pforte empfing uns ein Mönch in brauner Kutte, den Blick zu Boden gesenkt, murmelte er seinen Willkommgruß.

Ehrfurchtsvoll lüftete ich meine Kappe, er zeigte uns die Kirche, erging sich in frommen Redewendungen, und zum Schlusse führte er uns in seinen Schlafraum. — Nichts war drinnen als ein bescheidenes Lager und an den Wänden kleine Ölbilder von verschiedenen Heiligen, als deren Autor er sich selbst bezeichnete. Er gab auch zu verstehen, daß er sich ausnahmsweise entschließen könnte, sich von dem einen oder andern oder auch von mehreren dieser Kinder seiner Muse zu trennen.

Die Bilder waren nicht schön. Die Proportionen der diversen Gesichter hielten sich nicht in den Grenzen des Gewohnten, so daß man angesichts dieser eigenartigen Anatomie ein wenig verwirrt wurde.

Ich bewunderte die Bilder herzlich und respektvoll, als jedoch seine Versicherung, daß er mir das Opfer bringen und mir etwas davon zulassen wolle, immer dringender wurde, verstand ich plötzlich schlecht Italienisch und gab ganz verkehrte Antworten.

Beim Weggehen bat ich den hochwürdigen Herrn, sich mit meiner Frau und der Eseltreiberin mit dem Stereoskopapparat von mir knipsen zu lassen, was er tieferschrocken ablehnte, mit der Begründung: «Mai colle donne.» («Nie mit Frauen.»)

Ich respektierte seine Askese und photographierte ihn heimlich von hinten.

Ich drückte ihm zehn Lire in die Hand, die er — zwar widerstrebend, aber nahm — und mit einem «Gelobt sei Jesus Christus!» gingen wir.

Etwas tiefer unten, am Rückwege, ist eine kleine Osteria — «Zur Tarantella» — die ein Geschwisterpaar leitete, die Gäste bediente und in den Zwischenpausen planlos in ein Tamburin hineinpuffte und mit bei den Haaren herbeigezogener Fröhlichkeit die Tarantella tanzte.

Mein Bedarf an Tarantella war eigentlich schon bis zum Erbrechen gedeckt, aber die Geschwister waren sehr nett, und als sie sahen, daß wir auf Tarantella kein besonderes Gewicht legten, unterbrachen sie diese und unterhielten sich mit uns.

In leutseliger Weise wurde auch die Eselfrau in die Konversation verwickelt. Wir schilderten unsere Eindrücke, die wir von dem einsamen Einsiedler da oben empfangen hatten, und stießen damit auf ein schallendes, illusionraubendes Gelächter.

Man erzählte uns, daß der einsame Einsiedler alles, nur kein einsamer Einsiedler wäre, daß er den ganzen Kitt da oben gepachtet hätte, abends, nach «Geschäftsschluß», die Kirche und sein asketisches Schlafgemach mit den Heiligenbildern, die er sich in Neapel von irgendeinem Zimmermaler malen läßt, zusperrt, seine härene Kutte gegen einen feschen Zivilanzug vertauscht und nach Capri geht, wo er einer der gefürchtetsten möblierten Zimmerherren und gefährlichsten Herzensbrecher der caprischen Weiblichkeit ist. Erst in der letzten Woche wäre er von einem jungen Ehemann verprügelt worden, weil er seiner hübschen Frau nachstellte.

Ich war aus allen Wolken gefallen, und wenn es nicht bergauf gegangen wäre, so wäre ich am liebsten umgekehrt, hätte dem Manne ein empörtes «Pfui, Hochwürden!» zugerufen und meine zehn Lire zurückverlangt.

Am nächsten Tage fuhren wir wieder nach Neapel zurück.

Delphine umspielten das Schiff. — «Porco di mare» — heißen sie dort. — Meerschweine. — Eigentlich falsch — bei uns versteht man unter einem Meerschwein etwas anderes, etwas, das weder mit dem Meer noch mit einem Schwein irgendeine Ähnlichkeit hat.

Wie ich so dem Spiele der Delphine zusehe, höre ich plötzlich in unverkennbarem Brünner Dialekt jemand rufen: «Herr von Slezak!»

Mich umwendend, erblicke ich vor mir einen Gemeinderat aus Brünn, der mich herzlich begrüßt. — «Jesusmarja, was machen Sie da, Herr von Slezak, so weit weg von Brünn?»

Das Gespräch verdichtete sich allmählich zur Unterhaltung, wir tauschten unsere Eindrücke aus, und auf die Frage, ob wir uns morgen nicht treffen könnten, sage ich, daß wir die Absicht hätten, uns Pompeji anzusehen. — Herr Gemeinderat Vobratil wehrt entsetzt ab und warnt: «Aber Herr von Slezak, machen Sie das nicht, das ist das Dümmste, was Sie tun können.

Stellen Sie sich vor, Sie schlürfen da in einem Stanerhaufen herum, schleppen die Füße nach, die Sonne brennt Ihnen aufs Genack, die Eidachseln rennen über den Weg — und ob Sie jetzt das Haus des Majus — Cajus oder Schmajus sehen, es ist alles dasselbe. Das dauert stundenlang — und halbkrepiert verlassen Sie diese öde Stätte und brauchen wenigstens drei Tage, bis Sie die Müdigkeit aus den Knochen kriegen.

Ach, und überhaupt, wissen Sie, lieber Herr von Slezak, dieses ganze Italien ist ein großer Schwindel. — Alles für die Fremden hergerichtet. — Zwei Sachen sind da, die einem noch imponieren können — ala bonär — das ist erstens die Osteria in dem Durchhaus beim Monument von dem alten General Vittorio Emmanuele — und zweitens der Ponte transpiro — in Venedig.» —

Und jetzt sind wir fertig.


### Mein erster Orden

Eines Tages erhielt ich einen sehr großen Brief aus Rom, in dem mir mitgeteilt wurde, ich sei zum Cavaliere der Krone von Italien ernannt worden.

Also ein Ritter.

Meine ganze Verwandtschaft hielt es für den erblichen Adel und sagte «von» zu mir.

Ich war selig.

Der Umstand, daß es in die Zeitungen käme, erfüllte mich mit Wonne, und der Gedanke, daß einige Kollegen sich vor Neid in ihre chemischen Bestandteile auflösen könnten, löste ein Gefühlsgefühl in mir aus, das mich erschauern machte.

Nun kam der Tag, an dem ich mich bei dem damaligen italienischen Botschafter, dem Herzog von Avarna, bedanken sollte.

Ich kam vor das Palais am Josephsplatz in Gehrock und Zylinder.

Zwischen der Toreinfahrt stand ein in italienische Tressen gekleideter Mann, mit einem Riesenstock in der Hand, einem Zweispitz auf dem Haupt und unheimlicher Würde.

Der erste Blick verriet: Süditalien — Sizilien — mindestens Rom. — Vom Scheitel bis zur Sohle Vollblutitaliener.

Hochklopfenden Herzens nähere ich mich dem Würdeumwobenen, grüße artig und sage in meinem geradezu vorbildlichen Italienisch:

«Scusi prego, signor l'ambassadore a casa?» —

Er musterte mich von oben bis unten und antwortet in unleugbarem böhmischem Dialekt, quasi zurechtweisend: «Mit mir missen Sie Daitsch reden, ich bin nämlich ein Hiesige!» —

Bestürzt wiederhole ich deutsch, ob der Herr Botschafter empfängt.

«Also nämlich, Egselenz ise jetzt ban Fruhstuck, in eine halbe Stunde ise zum Sprechen!»

Um sein Wohlwollen zu entfachen, meine ich vertraulich: «Wir sind ja Landsleute!»

Er, noch ziemlich reserviert: «So? Woher sind Sie?»

«Aus Brünn», antwortete ich devot.

Er, als Steigerung betonend: «Und ich bin aus Butschowitz!» (Ein kleiner Ort in der Nähe von Brünn.)

Ich: «Ich habe Sie für einen Süditaliener gehalten.»

Er (vertraulich): «Keine Spur, wir sind hier lauter Böhm, nur der Herzog spricht ein wenig Italienisch.»


*Meine Kinder*

Am 9. Jänner wurde ich das erste Mal Vater.

Das Jahr sage ich nicht, weil es nicht nötig ist, daß jeder Mensch später einmal meiner Tochter nachrechnen kann, wie alt sie ist.

Gebläht von Vaterstolz schob ich in Breslau in der belebtesten Straße selbst den Kinderwagen, belästigte wildfremde Menschen mit dem Ersuchen, sich doch einmal *dieses Kind* anzusehen und mir ehrlich und offen zu sagen, ob sie schon je im Leben so etwas Fabelhaftes von einem Kind erlebt hätten.

Jeden, der nicht mit mir tief begeistert war, betrachtete ich als meinen persönlichen Feind und sprach ihm jede Urteilsbefähigung über Kinder ab. Vom ersten Tage seines jungen Lebens an wurde der Wurm täglich photographiert, von mir selbst mit meinem Kodak, damit ich das Bild zeigen kann, wenn ich zufällig das Kind nicht bei mir habe.

Zuerst zeigte ich irgendein anderes Bild her, um dann dreißig Aufnahmen meiner Tochter in den unmöglichsten Stellungen dem Ahnungslosen vorzusetzen.

Jetzt kann ich mir auch erklären, warum damals alle meine Bekannten und Kameraden in weitem Bogen um mich herumgingen und bei dem bloßen Hingreifen nach der Brusttasche unter irgendeinem Vorwand panikartig die Flucht ergriffen.

Meinem Kollegen Demut, dem ich bei meinem Wiener Gastspiel auf Engagement auch die Bilder zeigte — meine Tochter war damals genau zehn Tage alt —, habe ich viele Jahre nicht vergessen können, daß er *mein* Kind eine Kaulquappe nannte und behauptete, es sehe aus, wie eben ein neugeborenes Kind aussieht.

Erst später, nach Jahren, wenn ich in meinem Kinderalbum die Bilder wieder ansah, kam ich zur Erkenntnis, daß das holde Mädchen damals nicht schön war. Ja, ich kam zur betrübenden Einsicht, daß sie aussah, als ob auf dem Gesichte längere Zeit irgend jemand recht Schwerer gesessen hätte.

Aber stolz war ich doch, und wie mein Junge zur Welt kam, wurde ich pathologisch.

Die Pflege der Kinder beaufsichtigte ich persönlich und lag in ewigem Kampfe mit den Ammen, Kinderfrauen und meiner Schwiegermutter, die, gestützt auf ihre langjährige Erfahrung, sich ungebührlich in die Sache hineinmengte, indem sie mir bei jeder Gelegenheit vorrieb, sie hätte sechs Kinder aufgezogen und müsse das besser wissen.

Es vereinigten sich alle Weiber des Hauses gegen mich, und ich wurde stets überstimmt.

Man wollte mir die Kinder nie anvertrauen, behauptete, ich wäre nicht genügend verläßlich; aber sooft es nur ging, nahm ich sie mit mir, und sie waren selig.

Unser Hauptziel war der Wurstelprater.

Dort schleppte ich sie in alle Schaubuden, und das Generalvergnügen war der Watschenaffe, eine Figur mit einem Roßhaarpolster als Gesicht.

Für einen entsprechenden Betrag konnte man dieser Puppe eine Ohrfeige, respektive Maulschelle (der Wiener sagt Watschen) herunterhauen und seine Kraft dabei messen. Ein Zeiger auf einer Uhr drückte das Gewicht dieser Ohrfeige in Kilogrammen aus, und ein stärkeres oder schwächeres Brummen in der Figur machte den Grad des Schmerzes kund.

Das Erhabenste dabei ist, daß man sich bei jeder Ohrfeige irgend jemand denken kann, der einem besonders sympathisch ist. Die Kinder waren begeistert.

Um ihnen daheim das Fehlen dieses Watschenaffen ein wenig zu ersetzen, blies ich die Backen auf, eines der Kinder gab mir mit seinem Patschhändchen einen Backenstreich, und ich knurrte dazu.

Dieses Spiel vollzog sich bis zur Erschlaffung, die beiden Kleinen wollten nicht müde werden.

Eines Tages, die Kinder wurden uns täglich des Morgens ins Bett gebracht, erwache ich, räkle mich schlaftrunken und mag wohl dabei die Backen aufgeblasen haben, da bekomme ich eine furchtbare Ohrfeige von meiner damals fünf Jahre alten Tochter.

Ärgerlich schreie ich: «Na, was ist denn das?» — Das Kind erschrickt, beginnt zu weinen und schluchzt: «Ich habe geglaubt, der Papa spielt Watschenaff!»

Bei einer dieser Praterbudenexkursionen kamen wir auch in ein Panoptikum.

Gleich am Eingang hing auf einem Brett die Dame ohne Unterleib und erregte das grenzenlose Erstaunen der Kinder.

In dem Panoptikum war eine Abteilung «Nur für Erwachsene».

Es war ein Wochentag und kein Mensch in der Nähe zu sehen, einzig die Dame schwebte, nur mit einem Oberkörper ausgestattet, in der Luft.

Ich bat sie, mir inzwischen auf die Kinder aufzupassen, und ging in das Kabinett «Nur für Erwachsene».

Als ich wiederkam, unterhielt sie sich glänzend mit den Kindern, weihte sie in ihre Geheimnisse ein und übergab sie mir ordnungsgemäß.

Daheim erzählten dann die Kleinen, wie schön es gewesen wäre. «Der Papa ist auch in ein anderes Zimmer gegangen, wohin wir nicht mitdurften, aber habe keine Angst, Mami, Papa hat uns der Dame ohne Unterleib zum Aufheben gegeben.»

Gewöhnlich kamen sie von solchen Ausflügen mit dem Papa mit einem verdorbenen Magen oder total beschmutzten Kleidern nach Hause, was meine Schwiegermutter triumphierend ausschrotete und mir dann jede Begabung zur Kinderfrau lieblos absprach.

Wenn die Kinder brav waren, durften sie als Belohnung mit ihren Gitterbetten bei uns im Schlafzimmer schlafen.

Der Junge schlief fest, aber das Mädel lag oft noch wach, wenn wir spät am Abend aus dem Theater oder einer Gesellschaft heimkamen.

Wir erklärten ihr, wenn sie bei unserem Nachhausekommen nicht schlafe, dürfe sie nie mehr im Zimmer bei Papa und Mama sein, weil ein Kind bald einschlafen muß, wenn es ein anständiges Kind sein will.

Was war nun die Folge? — Das Kind preßte fest die Augerln zusammen und stellte sich schlafend.

Ich ging zum Bettchen: «Greterle, schläfst du?» fragte ich leise. «Ja, Papa!» war die Antwort.

Großes Strafgericht.

Mit der Zeit wurde sie aber klüger.

«Schläfst du, mein Kind?»

Keine Antwort.

«Kindi, willst du eine Schokolade?» Und ich halte ihr ein Plätzchen unter die Nase. Sie reißt die Guckerln auf und hat schon das Plätzchen in den Mund gesteckt. Die Versuchung war doch zu groß.

Um uns zu überzeugen, ob die Kinder die Wahrheit sagen, hatten wir ein unfehlbares Mittel erfunden.

Wir sagten, wir würden den Engel fragen, und der Engel sagt uns dann alles.

Die Sache mit dem Engel zog eine Zeitlang, bis auch der schnöde versagte.

Es war in Paris. — Wir wohnten in einer Pension in Auteuil; die Hausfrau hatte einen Hund, namens Portos. Walter, der Wunderknabe, aß miserabel.

Er mantschte das Fleisch lange herum, schob immer wieder einen Bissen dazu, ohne den vorhergehenden zu schlucken, bis er einen Riesenknödel im Munde hatte, den er nicht mehr loswerden konnte.

Ich schrie ihn an — vergebens! Der Junge kaute und kaute und wurde nie fertig.

Böse gemacht, jagte ich ihn aus dem Zimmer, mit dem Befehle, nicht eher hereinzukommen, bevor er nicht heruntergegessen hat. —

Heulend, mit vollem Munde, zog er ab.

Eine Minute später kam er strahlend herein.

«Schon gegessen!»

Empört schreie ich: «Du lügst!»

Er bleibt dabei. Ich gehe hinaus, suche überall, wohin er den Bissen gegeben haben könnte, finde aber nichts.

Der letzte Ausweg — der Engel!

Ich donnere drohend, er solle die Wahrheit sagen, sonst frage ich den Engel.

«Frage ihn nur, Papa!» —

Was bleibt mir übrig, ich muß die Engelprobe vornehmen.

Die Kinder sagten gute Nacht, ich nehme mir den Buben noch einmal her, rede ihm ins Gewissen, schildere ihm in den glühendsten Farben, wie herrlich es sei, die Wahrheit zu reden, und male ihm aus, was für Nachteile das Lügen bringt, er solle mir lieber selbst sagen, was er mit dem Fleischkloß gemacht habe, bevor ich den Engel frage, denn wenn ich ihn einmal frage, und er sagt mir, daß Walter gelogen hat, bekommt er fürchterliche Hiebe.

Er überläßt die Angelegenheit dem Engel.

Am nächsten Morgen fragt der Frechling gleich bei der Türe: «Na, Papa, was hat der Engel gesagt?»

Empört schreie ich: «Der Engel hat gesagt, daß du den Bissen dem Portos, dem Hund, zugeworfen hast!»

Verdutzt steht er da und stammelt: «So, woher weiß das der Engel?»

Nach erfolgter Exekution war der Engel auf eine gewisse Zeit wieder wirkungsvoll. —

Befanden wir uns auf kürzeren Reisen, wo die Kinder nicht mit uns waren, so bildeten ihre Berichte immer das Reizendste an der ganzen Post.

Greterl schrieb uns nach Washington:

«Denke Dir, geliebte Mami, mein Goldfischglas ist mir im Badezimmer beim Wasserwechseln zerschlagen, der Goldfisch fiel heraus, ich konnte ihn nicht fangen, da habe ich das Badezimmer unter Wasser gesetzt.

Das Fräulein war zwar sehr bös, aber mein Goldfisch lebt.» —

Wenn die Weihnachtszeit kam, waren die Kinder schon Wochen vorher in fieberhafter Aufregung. Das Christkind kommt!

Das Christkind spielte eine große Rolle; wenn sie schlimm waren, wies man auf das Ausbleiben hin und alles war sofort in Ordnung.

Es wurden Wunschzettel geschrieben, was das Christkind bringen soll, vorausgesetzt, daß das Greterl oder der Walter brav sind, der Zettel wurde sorgfältig auf das Fensterbrett gelegt, damit ihn das Christkind mitnehmen kann, wenn es vorbeifliegt.

Die unglaublichsten Wünsche wurden geäußert und die entzückendsten Fragen gestellt.

Walter schrieb: «Liebes Christkind, bitte bringe mir entweder einen Radiergummi oder ein wirkliches Klavier.»

Das Greterl wünschte sich folgendes: «Bitte, liebes Christkind, bringe mir für die Puppe einen Schwamm, ein Zahnbürstel, ein blaues Pferd und noch was und noch was und noch was.» —

Das ging so einige Jahre.

Es war in New York. Walter war acht Jahre alt und schrieb mit großer Genauigkeit seinen Brief an das Christkind, redete intensiv von ihm und war eitel Erwartung und Hoffnung auf das liebe Christkind.

Da sagte uns seine Erzieherin, daß Walter nicht mehr an das Christkind glaubt.

Ich nehme mir den Jungen her und frage:

«Walter, warum hast du deinen Wunschzettel geschrieben?»

«Na, damit das Christkind ihn beim Vorbeifliegen mitnimmt und mir das bringt, was ich mir wünsche.»

Ich sehe ihn scharf an: «Walter, glaubst du denn an das Christkind?»

Der Bub wird feuerrot und stottert: «Nein, Papa!»

«Warum glaubst du nicht mehr daran?»

«Der William hat mir im Zentralpark gesagt, das Christkind ist Mumpitz, und alles kaufen die Eltern!»

«Also wozu führst du denn dann die Komödie mit dem Wunschzettel auf und verstellst dich so garstig?»

Schluchzend birgt er den Kopf an meiner Brust: «Ich habe euch die Freude nicht verderben wollen.»

So könnte ich noch lange erzählen aus dieser unwahrscheinlich glücklichen Zeit. Jeder Tag, jede Stunde brachte irgend etwas Reizendes, mit Wehmut denke ich an diese Epoche zurück.

Schade um jeden Augenblick, den ich von meinen Kindern getrennt sein mußte.

Man hat mich verlacht, mir Vorwürfe gemacht, daß ich sie in die Welt, nach überseeischen Ländern mitgeschleppt habe.

Wie recht habe ich daran getan. Ich habe die Zeit genossen, die nie mehr im Leben wiederkehrt und die die größte, reinste Freude im menschlichen Dasein bildet.

Ins Kinderzimmer, ans Gitterbettchen der geliebten Kleinen, da kann der Schmutz der Welt nicht heran.

Da ist ungetrübtes, heiligstes Glück.


### Mein Garderobier

Franz heißt er, ist aus Kwassitz in Mähren und seit fünfundvierzig Jahren in Wien.

Das Tschechische hat er verlernt, das Deutsche noch nicht erlernt, und so redet er infolgedessen ein Idiom, daß man wähnt, er scherzt.

Seit fünfunddreißig Jahren kleidet er im Wiener Hofoperntheater alle Tenoristen an, seit achtzehn Jahren ist er mein Faktotum, immer mit freundlichem, gutmütigem Gesicht auf seinem Posten.

Er hat ein sicheres Gefühl für die Stimmung seines jeweiligen Herrn. Jeder Laune, jeder traurigen, freudigen, ängstlichen

Stimmung trägt er Rechnung und richtet sein Benehmen danach ein.

Stehe ich vor einer neuen Aufgabe, die mich aufregt, besorgt um das Gelingen macht, ist er ruhig, redet kein Wort und verrichtet lautlos seinen Dienst.

Bin ich fröhlich und guter Dinge, wird er gesprächig, erzählt von allem, was ihn beschäftigt, in einer wichtig-ernsten Art, die ungeheuer drollig wirkt, verdreht alle Namen, nimmt von ihnen etwas weg oder fügt etwas hinzu, so daß oft ein beängstigendes Kauderwelsch herauskommt.

Durch ein eingeworfenes Wort, eine Frage, ermutigt, quillt es aus ihm heraus, er überpurzelt sich im Reden und entrollt einen Schatz von Drolerien, die, gesammelt, Bände füllen könnten.

Einige dieser Geschichten will ich nun zu erzählen versuchen, allerdings wird ihnen viel von ihrer Komik genommen, wenn man ihn nicht selbst reden hört, denn seine Sprache ist so reich an unmöglichsten Betonungen, daß sie sich schwer zu Papier bringen läßt.

Nach meinem großen zweiten Akt «Othello» komme ich schweißgebadet in meine Garderobe.

Es ist eisig kalt.

Ängstlich sage ich: «Franz, es ist kalt hier, ich friere, Franz. — Warum?!»

«Bitt, gnä Herr, gegen die Alimente kann man gar nichts machen!»

Vor dem Arnold im «Tell».

Beim Schminken steht er da und erzählt:

«Also nämlich, gnä Herr — vor einige Jahre — war ja nämlich der Herr von Buffl-Gissi (Buff-Gießen) da, also der war sehr ausgezeichnet in Ihre Rolle, natürlich sagt man das dem Herrn nicht, der diese Rolle singt, man will ja doch den Kinstla nicht gränken. — Aber an Rolle hat er g'habt, da war er großartig, nämlich den Polwira von Sebilla!» (Barbier von Sevilla.)

Es war in «Manon».

«Kruzifix, gnä Herr, jetzt waß ich nit, kummte de Be im zweite Akt, oder kummte de Be im dritte Akt?»

Ich verstehe nicht und lasse ihn seine Frage wiederholen.

«Kummte de Be im zweite Akt, oder kummte de Be im dritte Akt?» ertönt es wieder.

Ich werde kribbelig, nervös und frage ungeduldig, was er will.

«Na, der schwarze Pfaff, bitte!»

(Der Abbé des Grieux, dessen Kostüm ich anzuziehen hatte.)

Eines Abends bringe ich eine große Flasche Eau de Cologne, Marke vis-à-vis dem Jülichsplatz, in die Garderobe und übergebe sie ihm, indem ich scherzhaft sage: «Franz, daß du mir nicht die Hälfte stiehlst und Wasser nachfüllst.»

Prompt antwortet er: «Das geht nit, bitte — ich hab' das schon nämlich probiert beim Herrn van Dyk, aber da is es weiß geworden so wie Millich!»

Anschließend erzählt er, wie lieb van Dyk mit ihm gewesen sei: «Jedesmal, wenn ich etwas gut gemacht hab', hat er g'sagt: ‹Sessel› — was er damit g'mant hat, weiß ich nit. Also der Herr von van Dyk war nämlich ein französischer Ausländer, ein sehr feine Herr — ein Kabalür, bitte.»

Lange kam ich nicht darauf, was er wohl gemeint haben mag, endlich fand ich's.

Van Dyk sagte: «C'est ça!»

Ich kam sehr zeitig in die Garderobe, um mir eine recht erbarmungswürdige Maske als Florestan zu schminken und recht verhungert auszusehen.

Ich sah mich im Spiegel als Bild des Jammers.

Stolz fragte ich: «Franz, wie sehe ich aus?»

«Ausg-fressen, Herr Kammersänger, bitte!»

Die Stimmung für den Fidelio war beim Teufel.

Franz hatte sich vor zwölf Jahren auf seine alten Tage verheiratet und bekam einen Sohn.

Die Gemahlin eines Kollegen hob das Kind aus der Taufe.

Er wurde gefragt, was er sich für das Kind als Patengeschenk wünsche.

«A Kinderwagerle!»

«Also suche dir eines aus, Franz.»

Er wählte den teuersten, der da war, um fünfhundert Kronen.

Den Kollegen traf der Schlag vor Schreck.

Franz wartete daheim auf den Kinderwagen und schilderte ihn seinem Sohn in den lebhaftesten Farben.

Da kommt statt des Kinderwagens ein Eßbesteck.

Nach Ostern war's.

Beim Anziehen merke ich, daß Franz verstimmt ist, ich frage nach dem Grund.

«Also, gnä Herr, ich bin das Opfer von eine sehr besartige Entteischung.»

«Erzähle, Franz!»

«Also bei die heilige Taufe von meinem Klanen krieg ich, bitte, ein Eßbesteck. Leffel, bitte, Gobel, bitte, und Messer.

Vor die Osterfeiertage steigern sich die menschlichen Bedürfnisse, ich nehm den Besteck, trag ihm ins Versatzamt — Dorotheum.

Der Beamte sagt ‹Talmi› und gibt mir den Besteck samt das Etui zurück.

Ich war gebrochen.

Und jetzt heißt das Kind ‹Erik› und ich hab' an Dreck davon.»

Am Neujahrstage.

«Also nämlich, Herr Kammersänger, der liebe Gott soll Ihnen lange Gesundheit geben; Sie sollen noch viele Jahre in diese liebliche Art und Weise bei uns an der Wiener Hofoper singen; die Stimme soll klingen wie eine scheene Bahnhofglocke, und kein anderer Tenorist soll neben Ihnen aufkommen.

Glick soll Ihnen bliehn und Geld sollen Sie haben wie Mist — bitte!»

«Danke dir, lieber Franz, danke, auch dir denselben Haufen.»

Ich reiche ihm die Hand und gehe.

Am nächsten Tag wiederholt er dieselbe Litanei in noch eindrucksvollerer Weise.

Ich danke wieder und gehe.

Bei der fünften Wiederholung wurde ich bereits nervös und fauchte ihn an: «Was ist? Willst du mich zum Narren halten, du Pferd, du blechernes? — Wie oft wirst du mich denn noch anstrudeln?»

Er antwortete pfiffig: «Haben Sie mir vielleicht schon mein Neujahr 'geben?»

Ich begriff, gab ihm zwanzig Kronen und hatte meine Ruhe.

Ein junger Anfänger aus der Provinz sprang für mich als Raoul in den Hugenotten ein und wurde vom Publikum angeblasen (ausgepfiffen).

Am nächsten Morgen erscheint Franz bei mir als Krankenbesuch.

«Franz, wie war die Konkurrenz?»

«Also sehr ausgezeichnet, bitte.»

«So? Hat es den Leuten gefallen?»

«Also das glaube ich nit, bitte, sie haben gezischt und auf Hausschlüssel gepfiffen.»

«Also was sagst du denn dann, daß er sehr ausgezeichnet war?»

«Er hat mir fünf Gulden g'schenkt!»

«Herr Kammersänger, die Krone?»

«Was für eine Krone?»

«Also nämlich die Krone vom Propheten – bitte.»

«Sie ist nicht in dem Prophetenkupfer hineingegangen, sie ist in Zeitungspapier eingewickelt, ich hab' kein anderes gehabt, mit Spagat zusammengebunden; also da ist sie.»

So reichte mir Franz atemlos in letzter Minute vor Abgang des Orientexpreß ein Paket in den Waggon, zog den Hut und ging.

Elsa, mein Gemahl, war entsetzt.

Die schöne neue Krone mit den vielen Steinen und dem Hermelinbesatz.

Wie leicht kann da etwas verbogen und aus der Fasson gebracht werden.

Sofort war eine von den vielen ärgerniserregenden Hutschachteln, die nach Aussage meiner Frau alle unentbehrlich sind, entleert und die Krone hineingelegt.

Nachts, Grenze, Zollrevision.

«Nichts zu verzollen.»

«Nein, gar nichts, bitte!»

«Den Karton aufmachen.»

Innerlich fluchend, äußerlich freundlich, knüpfe ich das Zeitungspaket auf, verwünsche Franz – so viele Knoten hat er gemacht, der Beamte verfolgt aufmerksam jede meiner Bewegungen.

Wie die hermelinbesetzte Krone zum Vorschein kommt, erschrickt er sichtlich und sagt devot:

«Danke gehorsamst, Hoheit; 'tschuldigen schon die Störung.»


Wir sprachen vom Krieg.

Franz war mit den Leistungen der österreichisch-ungarischen Armee nicht zufrieden. Er fand, daß die Deutschen immer siegten und wir nicht.

Er sagte: «Ja, die Deutschen können leicht lachen, denn sie haben den Hütteldorf und den Lundenburg.»

Er meinte Hindenburg und Ludendorff.


### Meine Menagerie

Seit ich die Menschen kenne, liebe ich die Tiere.

Ein paar Worte nur den treuen Freunden, die mir so viel Freude im Leben bereitet haben, die Hunde, Katzen, Papageien, Kanarienvögel, und wie sie alle heißen, und welcher Abteilung der Zoologie sie auch angehören mögen.

Sie alle, die Regenwürmer, Klapperschlangen und Schildkröten mit eingeschlossen, können, was Anständigkeit betrifft, den Vergleich mit einem Großteil der Menschen ruhig aushalten.

Was war doch mein Wotan für ein Aristokrat an Gesinnung gewesen, wie anhänglich und ergeben war er mir. Keiner von jenen Freunden, die um irgendeines Vorteils willen uns ihre Liebe schenken.

Der Hund hält aus bei seinem Herrn, einerlei, ob es ihm nun gut oder schlecht geht, mit jeder Faser hängt er an ihm und geht nur, wenn er stirbt oder man ihn davonjagt.

Besonders während des Krieges wie auch jetzt nach dem Umsturz, wo sich die Menschen zum Teil ihrer Maske entkleidet haben und wo es so vielfach zweckmäßig erscheint, alles das, vor dem man einmal in Verehrung und Ehrfurcht zerflossen ist, mit Kot und Mist zu bewerfen, flüchte ich gerne zu meinen Tieren.

Mein Wotan, ein herrlicher Leonberger, war mir stets zur Seite, nicht rechts, nicht links blickend, aufgehend in seiner Sendung, den Herrn zu schützen.

Wehe dem, der es hätte wagen wollen, mich anzufassen. Auch eine etwas erregtere Konversation, aus der er Feindseligkeit gegen mich vermutete, fand ihn schon drohend auf seinem Posten.

Eines Tages wurde er im Menschengewühl der Kärntner Straße von mir abgedrängt, und in der Hast, mich zu finden, kam er unter die Räder eines Omnibusses. — Er war der bravste von den vielen Hunden, die ich besessen habe.

Auch der Pudel Benno starb als Opfer seiner rührenden Anhänglichkeit. Er wurde in Paris überfahren, als er meiner Frau aus dem Wagen sprang, um mir nachzueilen.

Geblieben sind uns bis heute die beiden Malteser Kolly und Bobby. Kleine Viecher, die den ganzen Tag über zittern: liebkost man sie, gebärden sie sich, als ob man ihnen soeben ihr Todesurteil vorgelesen hätte. Sie sind sehr schön und sind da. Eine andere Mission haben sie nicht zu erfüllen. Meine Frau liebt sie und schleppt sie, im Vereine mit Nina, der Angorakatze, das heißt, sie soll nur eine Halbangora sein — ich halte sie für eine Sechzehntelangora —, in der Welt herum.

Was nun für Kolly, Bobby und Nina recht ist, muß für Schnauzi billig sein. So reist denn auch er im Weltall umher.

Schnauzi. — Ihn habe ich noch nicht gewürdigt.

Schnauzi ist ein großer, seidenhaariger Stallpintsch und ein Kalfakter.

Bei ihm muß ich, was ich eingangs sagte, daß der Hund nichts irgendeines Vorteils willen tut, zurücknehmen.

Schnauzi ist ein berechnender Lebenskünstler, der weiß mit seinen Menschenaugen und seinem gegen jedermann äußerst konzilianten Wesen derart einzunehmen, daß man sich gerne von einem Bissen trennt, den man unter anderen Umständen nicht hergegeben hätte...

Wenn in Egern die Mittagsglocke läutet, ist Schnauzi nie da. Er weilt nebenan im Gasthof, geht von Tisch zu Tisch, wartet auf, macht Manderl und blickt dem Essenden so lange treuherzig in den Mund, bis jenem, wenn er keinen Stein in der Brust trägt, sein Essen nicht mehr schmeckt und er es brüderlich mit Schnauzi teilt.

Böse Mäuler, deren es auch in den Bergen viele gibt, behaupten: Slezak schickt seinen Hund schnorren, damit er das Fressen für ihn spart.

In solch ein Gerede bringt mich Schnauzi.

Trotzdem ist er sehr eifersüchtig, wenn man den Namen eines anderen, ihm bekannten Hundes nur nennt. Er seufzt erst tief und bellt dann wütend. Auch er weicht mit Ausnahme der oben erwähnten Mittagsstunde nicht von meiner Seite.

Wo ich bin, will auch er sein. Eines Tages gab ich in Egern ein Konzert. Schnauzi wurde eingesperrt.

Wie ich nun Liszts «Es muß ein Wunderbares sein» ansetze, tönt Lachen durch den Saal.

Ich wende den Kopf, neben mir sitzt Schnauzi auf dem Podium und blickt mich beseligt an.

Er war sehr erstaunt, als er fortgeschafft wurde.

Nun haben wir noch Luxi, den Haushund, der an der Kette sich bei Tage wie toll gebärdet und jedes Mitglied der Familie zu verschlingen droht, des Nachts jedoch schläft, und wenn ein Einbrecher kommt, ihm das Pfoterl gibt.

Zum Schluß noch eine neue Errungenschaft. Ein junger, zehn Wochen alter Dackel, aus der berühmten Zucht meiner Wiener Freunde, «Tschammi» mit Namen.

Er ist der Komiker der Gesellschaft und zugleich der Allerweltsliebling. Auch besorgt er die Funktionen des Zimmermalers.

Fünfzigmal im Tage wird er wegen jedes Mangels an Lebensart ermahnt und gerügt. Hundertfünfzigmal von jedem Bestandteil der Familie geknutscht und liebkost.

Er weiß vorläufig noch nichts vom Ernst des Lebens, und ein entrüstetes: «Ah, was hat der Tschammi da wieder getan?!!» — macht fast gar keinen Eindruck auf ihn.

Er stürzt sich über alles Eßbare mit einer berserkerischen Vehemenz und frißt alles wahllos in sich hinein, ob es nun Gurkensalat, Kompott, Hausschuhe, Sofapolster, Sägespäne oder irgend etwas anderes ist.

Tschammi ist noch nicht diskutabel.

Wenn man die Tiere so recht kennenlernt und sich mit ihnen viel beschäftigt hat, findet man es unbegreiflich, daß sich die Menschen, wenn sie einander beschimpfen wollen, mit Tiernamen traktieren.

Sollte mich jemand einen Hund heißen, so danke ich ihm herzlich für diese Auszeichnung.

## Flucht aus Rußland

Im Jahre 1914 hatte ich zum ersten Male meiner Gepflogenheit entsagt, im Sommer vollständig auszuruhen und in Egern bei meinen Blumen zu bleiben, was mir beinahe recht übel bekommen wäre.

Ich ließ mich an das Theater in Kislowodsk engagieren, einem sehr mondänen Kurort im Kaukasus.

Die Stagione bestand meist aus Mitgliedern der Kaiserlichen Theater in Petersburg und Moskau, der Oberregisseur dieser Theater, Bagaluboff, leitete die Vorstellungen.

Ich nahm dieses Engagement für zehn Abende gerne an, um meine nächstjährige russische Tournee besser vorbereiten zu können und auch die maßgebenden Leute kennenzulernen, die da aus allen Teilen Rußlands im Kaukasus zusammenströmen.

Diese Zeit gehört zu meinen schönsten Erinnerungen.

Die Herzlichkeit des Publikums, das seine Künstler zu feiern weiß wie in keinem zweiten Lande dieser Erde, der herzliche und wirklich neidlose Verkehr mit den russischen Kameraden machten einen geradezu überwältigenden Eindruck auf mich.

Von den Dingen, die sich damals in Deutschland und Österreich vorbereiteten, hörte und sah man nichts.

Meine Wiener Zeitung, die ich mir nachsenden ließ, erschien von der Zensur derart verstümmelt, daß fast das ganze Blatt mit Druckerschwärze überstrichen war.

Ich erfuhr, daß sich das Fräulein Block mit Herrn Mandelbaum verlobt hat, und der Gemeinderat Hrdlitschka seinen dreiwöchigen Urlaub antreten wird.

Ich kümmerte mich auch den blauen Teufel um die Zeitung, der anregende Aufenthalt in diesem interessanten Lande, all das Neue, Fremde, stürmte auf uns ein, und die Politik war uns höchst gleichgültig.

Oberregisseur Bagaluboff, der in den Kaiserlichen Theatern die Stelle des eigentlichen Intendanten bekleidete, besuchte mich am

28. Juli früh in meinem Hotel und erklärte mir in allerhöchstem Auftrage, ich müsse noch heute abend nach Moskau, von dort über Alexandrowo nach Berlin reisen und so schnell wie möglich aus Rußland herauszukommen trachten, da es voraussichtlich Krieg mit Österreich geben werde.

Er begleitete mich in die Schlafwagendirektion, zwei Abteile wurden anderen Leuten weggenommen, und um sechs Uhr abends standen alle Kameraden am Bahnhof und winkten mir zum Abschied.

Sie waren mir alle lieb und wert geworden. — Was mag wohl aus ihnen in den letzten sieben schweren Jahren geworden sein.

Selten bin ich einer Gemeinschaft so herzlicher, inniger Menschen begegnet, und schweren Herzens fuhren wir aus der Halle.

Unterwegs überall mit Erregung geladene Atmosphäre, besonders im Dongebiet, das wir passieren mußten, wimmelte es von mobilisierten Kosaken.

Überall Züge mit Militär, besonders Offiziere, die Hals über Kopf aus den Sommerfrischen in ihre Garnisonen einberufen wurden.

In Moskau angelangt, fuhren wir ins Hotel.

Kaum war das Gepäck untergebracht, stürzte ich in das Reisebureau.

Nach Alexandrowo!

Kein Verkehr mehr. — Für Zivil gesperrt.

Was soll jetzt geschehen? — Wie aus diesem Lande herauskommen? —

Der Portier, der unsere österreichischen Pässe gesehen hatte, sprach nur noch von den österreichischen Schweinehunden, die Belgrad bombardieren und die man alle aufhängen sollte.

Wir zogen uns auf unser Zimmer zurück, plötzlich scharfes Klopfen. — Herein!

Ein höherer Polizeioffizier tritt ein.

«Passeports, s'il vous plaît!»

Ich übergebe ihm die Pässe, er nimmt die Kappe ab, stellt sich vor und erklärt, er habe den Auftrag, uns nach Petersburg zu bringen. Alexandrowo sei bereits gesperrt und nur der Seeweg, Petersburg-Stockholm, möglich. Um acht Uhr abends gehe ein Offizierszug dahin ab, und zwei Schlafwagenabteile seien für mich reserviert, ich möge um sieben am Nikolaibahnhof warten.

Man hatte also von Kislowodsk aus für mich gesorgt.

Dies war um zehn Uhr vormittags. Wir nahmen einen Wagen, um uns die Stadt anzusehen, und fuhren auf den Kreml, wo ich ahnungslos photographierte, wie sie die Feldküchen und Munition aus den Depots nahmen.

In welch enorme Gefahr ich mich damit begab, wußte ich damals nicht.

Der Kreml machte, trotz der gedrückten Stimmung, in der wir uns befanden, einen erhebenden Eindruck auf uns, besonders die herrliche Krönungskirche.

Endlich kam der Abend. Wir wurden am Bahnhof von Polizeibeamten erwartet und zum Zuge gebracht.

Die Offiziere, die mit uns fuhren, überhäuften uns mit Liebenswürdigkeiten.

Am nächsten Morgen waren wir in Petersburg und ließen uns in unser altes liebes Hotel de France in der Morskaja bringen.

Unterwegs begegneten wir einrückenden Trupps — Familienväter mit Kindern auf dem Arm und weinenden Frauen als Begleitung.

Unsagbar traurige Bilder.

Ich brachte meine Frau ins Hotel und fuhr sofort an die Newa, zur Finnlandlinie, um einen Dampfer aufzusuchen, der uns nach Stockholm bringen könnte.

Der Kapitän zuckte die Achseln und bedauerte, uns nicht aufnehmen zu können, da soeben von der Regierung das Verbot zum Ausfahren eingelangt wäre, die Finnischen Schären bereits alle mit Minen verseucht und für die Schiffahrt gesperrt seien.

Zurück ins Hotel. Auf der österreichischen Gesandtschaft erklärte man mir, es gebe keinen Krieg mit Österreich, ich solle ruhig in Petersburg bleiben, wo ich ja als Künstler bekannt wäre.

Am Nachmittag ein Gottesdienst für die russischen Waffen in der Isaakskathedrale.

Herrliche Knabenchöre und Baßstimmen — all der mystische Prunk der orientalischen Kirche — die Luft mit Unheil geladen.

Am Abend, kaum hatten wir uns in unser Zimmer zurückgezogen, hörten wir draußen in der Morskaja ein heulendes Getöse. Verwünschungen auf Deutschland und Österreich durchgellten die Luft.

Deutschland hat Rußland den Krieg erklärt, es war elf Uhr nachts, am 1. August 1914! — — —

Unser Entschluß war schnell gefaßt, so rasch als nur irgend möglich fort. Die einzige bange Sorge, ob die Möglichkeit noch dazu sein wird. Wagen wurden noch in der Nacht bestellt, und um fünf Uhr früh fuhren wir über die Newa zum Finnischen Bahnhof.

Dort trafen wir alle Mitglieder der deutschen Gesandtschaft mit dem Botschafter Grafen Pourtalès an der Spitze.

Exzellenz Graf Dubsky, ein vornehmer, alter Herr von achtzig Jahren, der seinerzeit auch österreichischer Botschafter in Petersburg war, bat den deutschen Gesandten, uns mitzunehmen, der leider ablehnen mußte, weil er, wie er sagte, strenge Order hätte, nur Mitglieder der Botschaft mit seinem Separatzuge nach Abö mitnehmen zu dürfen.

Abö sei auch für den allgemeinen Verkehr gesperrt, wir müßten über Helsingfors nach Tornea-Haparanda, ganz oben im Norden die Grenze passieren.

Um acht Uhr früh fuhren wir aus der Halle.

Mit einer Geschwindigkeit von zehn Kilometern in der Stunde ging es im Schneckentempo nach Helsingfors. Statt um zwei Uhr nachmittags, kamen wir um drei Uhr früh daselbst an.

Eine trostlose, erfolglose Jagd nach einem Hotelzimmer setzte ein; endlich, nach stundenlanger Wagenfahrt, führte uns der Kutscher in ein Privatlogis.

Ins Zimmer tretend, will ich das elektrische Licht aufdrehen. Da fällt mir die Hausfrau in den Arm: «Um Gottes willen, kein Licht machen! — Die Deutschen stehen vor Helsingfors und bombardieren die Stadt!»

Ich will das Fenster öffnen.

«Um Himmels willen nicht öffnen — die Deutschen stehen vor Helsingfors und bombardieren die Stadt!» ruft die gute Frau.

Nachdem ich sie überzeugt hatte, daß eine deutsche Kanonenkugel das geschlossene Fenster gewiß nicht respektieren würde, erwirkte ich, daß wenigstens durch einen Spalt frische Luft hereinkam.

Von der Hausfrau erfuhren wir auch, daß alle Deutschen und Österreicher Ausweisungsbefehle erhielten und binnen zwölf Stunden die Stadt verlassen müßten.

Trotz lähmender Müdigkeit war an ein Schlafen nicht zu denken. Ruhelos war ich um sechs Uhr morgens schon wieder auf der Straße.

Aus dem Haustor tretend, höre ich einen Zeitungsjungen ein Extrablatt ausrufen: «Kaiser Franz Josef — tot!»

Welch einen vernichtenden Eindruck diese Nachricht gerade in dieser Zeit auf uns machte, läßt sich nicht schildern.

Ich kaufte mir das Extrablatt und las, daß Kaiser Franz Josef aus der Zeitung erfahren habe, Deutschland hätte an Rußland den Krieg erklärt; dies habe ihn derart aufgeregt, daß er einem Schlaganfall erlegen sei.

Zwei Stunden später wurde es widerrufen.

Wir versammelten uns alle am Bahnhof, um die Abfahrtszeit zu erfahren. Dort spielten sich herzzerreißende Szenen ab; ganze Familien mußten, all ihr Hab und Gut im Stiche lassend, über Hals und Kopf das Land verlassen. Menschen, die seit Jahrzehnten dort ihre Heimat hatten.

Es wurde den Armen keine Zeit mehr gelassen, ihre Angelegenheiten nur notdürftig zu ordnen — tiefe Niedergeschlagenheit, Tränen und Wehklagen, wohin man blickte.

Unser österreichischer Konsul machte uns die Mitteilung, daß jeder Flüchtling nur einen Koffer großes Gepäck mit sich nehmen dürfe. Mit meinen elf Koffern, allen Kostümen, saß ich da und wußte mir keinen Rat. — Da entschlossen wir uns, unsere Privatgarderobe mitzunehmen, die Kostümkoffer bei einem Spediteur zu hinterlassen; denn — so war die allgemeine Meinung — in zwei, höchstens drei Monaten müsse der Krieg zu Ende sein, und dann könnten wir uns alles nachsenden lassen.

Unsere Frieda riet aber, die Kostüme mitzunehmen, da sie unersetzlich sind. Zum Glück befolgten wir ihren Rat, nahmen kleinere Gepäckstücke als Handgepäck mit und ließen acht Koffer beim Spediteur in Helsingfors.

Nach vier Jahren, im September 1918, bekam ich sie wie durch ein Wunder unversehrt wieder.

An der Bahn leitete ein General die Abreise der deutschen und österreichischen Flüchtlinge.

Es ging alles sehr glatt vonstatten, man hat uns in entgegenkommender, freundlicher Weise behandelt und niemandem von uns etwas in den Weg gelegt.

Die Reise war recht langwierig, dauerte drei Tage und drei Nächte, während wir wie die Ölsardinen zusammengepfercht waren. Trotzdem waren wir verhältnismäßig recht vergnügt, um so mehr, als wir sehr liebe Gesellschaft hatten und uns sonst weiter nichts abging.

Die herrlichen Büfetts an den Bahnhöfen ließen keinen Mangel aufkommen, und auch sonst richteten wir uns recht häuslich ein.

In jedem Wagen reiste ein russischer Offizier mit, der sich aber nicht weiter um uns kümmerte.

Auch der Humor war nicht ausgeschaltet. Ein Berliner hatte eine maßlos drollige Schnauze und sorgte für Fröhlichkeit.

Wir kamen vor die Feste Wyborg.

Ein Offizier und zwei Soldaten mit aufgepflanztem Bajonett erschienen im Wagen, postierten sich an jeden Ausgang, und der Offizier hielt folgende Ansprache: «Die Fenster und Vorhänge sind zu schließen! Wer beim Fenster hinaussieht, wird erschossen!»

Mit welcher Beharrlichkeit jeder von uns nach dem Wageninnern und auf seine Stiefel stierte, läßt sich leicht ausmalen...

In einer halben Stunde erschien der Offizier wieder und gab die Erlaubnis, die Fenster zu öffnen.

Kaum verließ er den Wagen, sagte unser Berliner: «Wissen Sie, warum wir bei Wyborg nicht hinaussehen durften? — Damit wir nicht sehen, daß sie gar nicht befestigt sind!»

Wir rieten dem Jüngling, doch etwas vorsichtiger zu sein, und prognostizierten ihm große Unannehmlichkeiten. Er lächelte jedoch nur überlegen und wehrte alle Ratschläge mit kühner Gebärde ab.

In einer Station wurden deutsche Seeleute gefesselt in den letzten Waggon, der als Gefängnis eingerichtet war, geführt.

Unser Berliner stürzte herein und schrie: «Die Russen haben Hangö angezündet!»

Kaum sagte er das, legten sich zwei schwere Hände auf seine Schultern, mit einem Ruck war er aus dem Wagen draußen und schwupps flog er in den Gefangenenwagen hinein, wo er den Rest der Reise zubrachte.

Schade, wir vermißten ihn und sein lustiges Gequatsche sehr.

Endlich am fünften August, nachmittags um halb sechs, kamen wir in Tornea an.

Mit Blitzesschnelle hatte ich einen Karren, mit einem Esel bespannt, engagiert, trug mir selbst meine Koffer aus dem Packwagen, und im Nu waren wir auf der Fähre, die uns nach der schwedischen Grenze, über das Wasser bringen sollte.

Ahnungslos photographierte ich wie im tiefsten Frieden.

Auf der Fähre kam ein junger Mann zu mir und rief: «Mensch, schmeißen Se de Photokiste weg, sonst lehnen Ihnen die Brieder an de Mauer und knallen Ihnen eine Kugel durch 'n Kopp!»

Ich bekam es mit der Angst, hatte aber das Herz nicht, meine Platten und meinen lieben Freund und steten Reisebegleiter, den reizenden Stereoskopapparat, wegzuwerfen. Ich steckte die Platten in die rückwärtigen Hosentaschen und warf nur das Lederetui weg.

Mit welchem Gefühle von Todesangst, man könne bei mir den Photographenapparat finden, ich an die Grenzwache kam, läßt sich leicht denken. Aber gottlob, es wurden keine weiteren Geschichten gemacht, die Pässe wurden uns abgenommen, mit einem Stempel versehen, sofort zurückgegeben, und wir waren frei.

Über einen langen Holzsteg ging es nach Schweden — in die Sicherheit.

Die Regierung hatte für die Flüchtlinge Zollkutter bereitgestellt, die uns nach Salmös brachten, wo uns wieder große Dampfer aufnahmen, die uns nach Lulea transportierten. Als wir bei den Dampfern ankamen, fanden wir sie schon vollbesetzt mit Flüchtlingen.

Da brauste uns ein tausendstimmiger Chor entgegen: «Deutschland, Deutschland über alles» abwechselnd mit unserm «Gott erhalte!»

Der Eindruck war überwältigend.

Ein Aufschrei von Tausenden von Menschen, die schwerer Gefahr entronnen waren.

Wie berechtigt dieses Glücksgefühl war, bewies der Umstand, daß man am nächsten Morgen, den 6. August, alle Männer von 17 bis 45 Jahren zurückbehalten und nach dem Innern von Rußland abgeschoben hat — getrennt von ihren Familien — einem entsetzlichen Schicksal zugeführt.

Es war halb ein Uhr nachts, als sich die beiden Dampfer in Bewegung setzten.

Hellichter Sonnenschein strahlte auf uns hernieder. — Mitternachtssonne. —

Ich photographierte nach Herzenslust und war selig, daß ich meinen Apparat nicht weggeworfen hatte.

In Lulea trennten wir uns von der Masse der Flüchtlinge.

Da wir eine volle Woche lang nicht aus den Kleidern kamen und auch keine Möglichkeit hatten, uns in dieser langen Zeit hinzulegen, so wollten wir einige Tage in Stockholm bleiben, um uns auszuruhen.

Man riet uns dringend ab. Die Engländer, so sagte man, könnten in die Ostsee eindringen und die Fähre eingestellt werden, die die Verbindung zwischen Deutschland und Schweden vermittelt.

Also wieder weiter.

Saßnitz! Die ersten deutschen Soldaten. Gottlob, endlich daheim.

Von Saßnitz nach München dauerte es noch fünf Tage, eine Geduldsprobe, weil man in Orten, von deren Existenz man sonst keine Ahnung hatte, stundenlang warten mußte, um wieder einen Zug für die nächste Etappe zu erreichen.

In München nahmen wir ein Automobil, und zwei Stunden später waren wir in Tegernsee vor unserem Blumenhaus und drückten unsere Kinder an die Brust.

Ein Traum! — —

### Kinoaufnahme

Eines Tages besuchte mich der Regisseur einer Filmgesellschaft. Er bat mich, ihm zu gestatten, einen Film von mir und meiner Familie herstellen zu dürfen, wozu ich gern meine Einwilligung gab.

«Slezak auf seinem Gut in Tegernsee!» sollte der Film heißen.
Der Schmeichler!

Er nannte meine Holzhütte mit zehn Hühnern, einigen Kiniglhasen und einer einzigen Ente ein Gut.

Ich war sehr stolz.

Zuerst wurde alles durchgesprochen und vorbereitet, damit man
nicht planlos herumwimmelt, minutenlang verlegen lächelt, Biederkeit markiert, Zigarren anzündet und ein saudummes Gesicht
dazu macht.

Ganze Szenen wurden entworfen, alles, was mir so recht lieb
und wert ist, sollte darauf sein, denn der Film soll ja eine Erinnerung für mich und meine Kinder bleiben.

An einem strahlenden Sommermorgen, um neun Uhr früh, kamen endlich die Filmleute mit einem Wagen angefahren. Wir
standen schon gestiefelt und gespornt im Stadtgewand da, und
die Sonne brannte uns aufs Haupt.

Ich war auf Befehl meiner Frau derart eingeschnürt, daß ich
nicht atmen konnte.

Sie behauptete nämlich, im Film sehe man noch dicker aus als
im Leben.

Das fehlte mir gerade noch! —

Wir fuhren einige hundert Meter mit allen Koffern, Viechern
und sämtlichem Schachtelwerk vom Hause fort.

Zuerst wurden die Kinder und Dienstboten auf den Balkon
und in den Vorgarten gestellt.

Sie winkten lebhaft gegen die Seite, wo wir waren, und von wo
aus man nie im Leben von der Bahn kommen kann.

Die Hausgehilfinnen konnten das Glück nicht fassen, daß die
liebe Herrschaft wieder daheim sei, und es malte sich sichtlich
freudige Erregung in ihren Zügen, unterstützt durch aufmuntern-
des Brüllen des Herrn Regisseurs: «Lustiger, bitte!»

Auf der Straße hatten sich Passanten eingefunden, die sich auf
Ersuchen ebenfalls an dem Glücksgefühl über unser Kommen be-
teiligten.

Mütter mit Säuglingen auf dem Arm wurden veranlaßt, mit
diesen zu winken.

Auf einmal hieß es: «Vorwärts!»

Der Wagen fährt vor, im langsamen Schritt (auf der Leinwand
wird es ein Galopp) — ich kegle mir alle Glieder aus und winke
glückstrahlend mit dem Hut, einem Überzieher, zwei Handtaschen
und einem Hund.

Ich hänge derart aus dem Wagen, daß ich herauszufallen
drohe.

Meine Frau Elisabeth — bekannt unter dem Namen «Liesi die

Gründliche» — sagt sich den Text vor, murmelt etwas von «Wiederdaheimsein» und «Oh, sieh doch, Leo, die Kinder» — damit sie ja kein Gesicht macht, das mit der wonnigen Situation in irgendeinem Widerspruche steht.

Die Arme war befangen, aber maßvoll im Spiel.

Nun hält der Wagen.

Alles stürzt auf die Straße, die Mäntel und Käfige werden uns aus den Händen gerissen, ein Begrüßen hebt an, das meines Erachtens selbst bei Wahnsinnigen nicht üblich sein kann.

Der Regisseur schreit dazwischen: «Fröhlicher! Lachen! Hunde vor! Die Katzen zeigen! So — so ist's recht!»

Die Kinder fliegen uns an den Hals und verbiegen uns das ganze Gesicht mit ihren Küssen.

Liesis Mama — ich will das anrüchige Wort «meine Schwiegermutter» nicht anwenden — fliegt mir an den Hals und gebärdet sich unheimlich zärtlich.

Sie will demonstrieren, welch eine Ausnahme sie unter den gewissen Müttern bildet.

Luxi und Schnauzi, die beiden Haushunde, springen an mir herauf und bellen wie toll, sie meinen, es geschähe mir etwas!

Die klugen Tiere! — —

Dann geht es langsam ins Haus.

Die beiden Malteserhündchen am Arme meiner Frau halten uns für blödsinnig.

Nachdem alle leeren Koffer und ebenso leeren Vogelkäfige abgeladen und beiseite gestellt sind, treten wir ein.

Das ist das erste Bild.

Umzug. — Das Stadtgewand herunter.

Ich trete allein aus dem Hause, in der Lederhose, als Stimmritzenprotzenbauer, wie ich hier genannt werde, weil ich, wie die treuherzigen Älpler behaupten, mit den Stimmritzen protze.

Selige Gebärde. Strahlendes Lächeln, soviel die Gesichtsmuskeln hergeben. — Endlich daheim! — Ferien! — Weltumfassendes Händeausbreiten.

Dann geht es zu Tisch.

Elsa, mein Gemahl, hat eine sehr dekorative Torte backen lassen und mir und den Kindern eingeschärft, daß sie zum Mittagessen gehöre und die Stücke, die sie uns auf den Teller legt, wieder zurückgegeben werden müssen.

Beim Servieren fehlt ein Stubenmädchen.

Sie kommt nicht, sie ist beleidigt, weil ich der anderen beim Begrüßen die Hand gereicht habe und ihr nicht.

Sie sitzt in der Küche und weint bitterlich.

Also gut, nur ein Mädel da. Wir sitzen um den Tisch herum,

markieren Gefräßigkeit, und sowie gekurbelt wird, meine Frau sich nicht wehren kann und die sonnige Hausfrau darstellen muß, fressen wir die ganze Torte auf.

Dieses Bild wird am natürlichsten.

Dann gehen wir in die Küche, nach dem schwerbeleidigten Mädchen sehen, und entschuldigen uns, daß wir auf der Welt sind.

Dort weint auch die Köchin herzzerbrechend. Sie sagt, sie wäre nicht aufgefordert worden, erst im letzten Moment, und wenn sie gewußt hätte, daß Kino gemacht wird, hätte sie sich frisieren lassen und das neue semmelfarbene Kleid mit den grünen Tupfen angezogen. — Außerdem wäre ihr übel, und sie müsse sich ins Bett legen.

Während ich die Gute im Geiste verstümmelte, redete ich ihr ihren Kummer liebevoll aus.

Das Bild geht weiter.

Nun nehme ich Gartenrequisiten zur Hand, die eigens schon zum Photographieren für mich hergerichtet waren, und schneide an den Rosenbäumchen herum.

Dieses Bild wird namentlich Gartenfachleute mit Erstaunen erfüllen.

Alle Lieblingsbeschäftigungen werden bis zur Gehirnerweichung vorgeführt.

Lieblingsbeschäftigungen wie: Umgraben, Ausjäten, wo man sich bücken muß, daß einem das Rückenmark wie eine verrostete Türe knarrt, dann begieße ich ohne jeden Grund irgend etwas, füttere die Kiniglhasen, und so geht es von einem geliebten Fleck zum andern.

Am Fischteich sitzen wir behaglich in Strohsesseln und hören sichtlich befriedigt dem Geigenspiel meiner Tochter zu.

Gottlob sieht man nicht, daß ihr humorvoller Bruder ihr den Fiedelbogen mit Schweineschmalz eingeschmiert hat.

Ich versprach dem sympathischen Knaben ein paar Ohrfeigen. —

Es kommt der Gärtner, erstattet Rapport, zeigt mir im Treibhaus eigens zu diesem Zwecke angebundene, beim Greißler gekaufte Riesengurken.

Hocherfreut klopfe ich ihm auf die Schulter.

Dann wird zum Kartoffelfeld gegangen. Ich grabe eine Kartoffel aus, die lange vorher schon hingelegt war, ein winziges Exemplar, das den humorvollen Titel ergibt: «Er hat nicht die größten Kartoffeln.»

Dann zum Seeplatz herunter in den Kahn.

Beim Fischen.

Eine ganz neue Nuance, auch von unverwüstlichem Humor durchtränkt, kommt zum Ausdruck.

Ich ziehe plötzlich schwer an der Angel.

Mein Sohn Walter, der mit dem Schweineschmalzfiedelbogen, stürzt mit dem Kübel herbei, um den offenbar ergiebigen Fang zu bergen. Da, o welche Pein, ziehe ich einen, mit Mühe selbst an den Angelhaken gebundenen alten Filzpotschen aus dem Wasser.

Ein wundervoller Scherz.

Als Kind sah ich ihn oft in den Fliegenden Blättern mit Empörung abgebildet.

Aufschrift: «Seltener Fang.» —

Nun kommt Besuch. Liebe Nachbarn.

Die Dichter Ludwig Ganghofer und Ludwig Thoma kommen zum Skat.

Dabei kenne ich nicht einmal die Karten.

Dann erscheinen meine beiden musikalischen Berater, Professor Stückgold und Dr. Götz, mit großen Klavierauszügen.

Wir stieren alle drei hinein, machen mit dem Bleistift Bemerkungen, schlagen Takt dazu und sehen nach dem Kurbeln mit Entsetzen, daß wir den Klavierauszug verkehrt gehalten haben.

Ich offeriere den beiden Herren Zigarren, die sie zu meinem lähmenden Befremden wirklich annehmen.

Die Nemesis für die Torte.

Als Schlußapotheose wird gegen die strahlende Sonne in der Glasveranda eine Abendstimmung gemacht.

Elsa und ich sitzen Hand in Hand da, blicken auf den See und sagen dem schönen, lieben, ersten Ferientag gute Nacht! —

*Die Hausgehilfin*

Ein gellender Schrei aus gepreßter Brust

Jeden Menschen hindert irgend etwas im Leben daran, vor Seligkeit aus der Haut zu fahren und sich daneben zu setzen. Irgend etwas, das jede Freude verwässert, einen nicht restlos glücklich sein läßt. — Das Leben könnte eine Kette von Freudenräuschen sein, ein elysäisches Feld, ein sonniges Gefilde mit duftenden Blumen, in denen man schreitet — Flöte blasend und jubilierend. In diese Glückesmöglichkeit greift ein Faktor mit rauher, alles zerbrechender Hand — sagen wir ruhig Pratzen — ein, die Hausgehilfin. —

Mit Wehmut gedenkt man der sagenhaften Zeit, da so eine Hausgehilfin, damals hieß sie noch Dienstmädchen, ganze Generationen lang im Hause war, einen Teil der Familie bildend, Freud und Leid mit ihrer Herrschaft teilte.

Ich habe in meiner längeren Ehe Versuche gemacht, durch Geldgeschenke — nennen wir es Prämien — diese Anhänglichkeit künstlich zu erzeugen. Vergebens. Sobald die Prämie eingesteckt war, warf man mir die Anhänglichkeit vor die Füße und ging, oder reizte mich und meine Frau derart, daß man flog.

Ganze Heere von Hausgehilfinnen sind an mir vorübergezogen, nicht *ein* Name existiert im Kalender — katholischer, protestantischer und jüdischer Abteilung — der noch nicht vertreten gewesen wäre, und möge man sich auch die kühnsten denken. Eine Medea und Kriemhilde hatten wir — wenn auch nur einen Tag lang, aber sie waren da — sogar eine «Hero» gab es. An die erinnere ich mich besonders, weil sie so schmierig war, daß alles pickte, was sie hereinbrachte, und außerdem war sie eine Lauferin. Das heißt, sie blieb stundenlang aus, wenn man sie wohin sandte, und kam immer unverrichteter Dinge zurück. — Ursache: Cherchez le Leander — — —

Meine arme Frau ist in ihrer Herzensgüte von einem unverbesserlichen Optimismus. Immer wenn so eine «Perle» geht, trägt sie sich mit der bestimmten Hoffnung herum, die nächste wird die Rechte sein. — Mit rührender Geduld führt sie, beim Aufmarsch der bezahlten Feinde, alle in ihre Obliegenheiten gründlich ein — auch selbst, wenn sie den Entschluß gefaßt hat, diese oder jene wegen ihres offensichtlich streitbaren, drachenartigen Gesichtsausdruckes oder ihres Verbrecheralbumexterieurs nicht zu nehmen. Bloß um sie nicht zu verletzen, erklärt sie ihr in belehrendem Ton, daß sie selbstredend nur bei offenem Fenster kehren dürfe und der Mist aus dem Ofen unter keinen Umständen unter das Billard geleert werden darf, es existiert zu diesem Behufe ein Gefäß, eine Butten respektive ein blechernes Schaffl, die Butten habe bei der letzten Holzlieferung einen Liebhaber bekommen und sei nicht mehr da, erklärt ihr an Hand von Beispielen, daß zum Beispiel eine ihrer Vorgängerinnen den ganzen Mist von sieben Öfen in die Wasserleitung geleert hatte, diese sei vier Wochen verstopft gewesen und ihr Mann — das bin ich — mußte ein Vermögen für die Reparatur bezahlen. Nun folgen noch ausführliche Details, wann sie und wie oft sie Ausgang hat, um ihr dann schonend zu gestehen, daß sie sie nicht engagiert.

Die Typen, die da aufmarschieren, würden eine Quelle des Vergnügens bilden, wenn die Sache nicht so zermürbend wäre. —

Bevor die Guten sich vorstellen kommen, wird zuerst zum Greißler gegangen, um sich Informationen zu holen. Dort erfahren sie, daß ich ein Wechselhaus bin. — Sie hören, daß meine Frau sehr eigen sei und sekkant — die Großmama eine Spionin, die alles sieht, was der Frau entgeht, und daß — hört, hört! — sogar aus der Speisekammer vorgegeben wird. Der Herr wäre harmlos, nur wenn gereizt — gefährlich.

Fünfunddreißig Prozent ergreifen vom Greißler aus die Flucht. Die übrigen werden schon bei der Türe von ihren zukünftigen Vorgängerinnen gebührend empfangen — sei es nur durch ein Herunterziehen der Mundwinkel, mit einem Verdrehen der Augen nach oben, einem Gesicht, das besagt: «Unglückliche! — *Hierher* wollen Sie? — — — Entsetzlich! — —»

Vergißt eine von den Damen vorher zum Greißler zu gehen, nimmt die Stelle an und geht *nachher* zum Greißler, so erscheint sie bald mit der plausiblen Ausrede, daß ihre Familie ausgerottet worden wäre — auf einige oder mehrere Todesfälle kommt es der lieben Hausgehilfin nicht an —, und verlangt ihr Buch zurück mit der juristischen Begründung, es seien noch keine vierundzwanzig Stunden verflossen, seit sie aufgenommen wurde.

Nun hat man bereits aufatmend alle anderen weggeschickt, muß die Annonce noch einmal in die Zeitung setzen, und die ganze widerliche Prozedur beginnt von neuem. —

Seit ich verheiratet bin und Dienstboten annonciere, hat sich die finanzielle Lage der «Neuen Freien Presse» wesentlich gebessert.

In der Zeit, da sich jeder Mensch unter allen Umständen und für alle Fälle einer strafbaren Handlung schuldig machte, da der Besitz einer Dose Kondensmilch eine Orgie von anonymen Anzeigen auslöste und man dadurch in den Geruch eines Kapitalisten kam, war man diesen treuen Dienerinnen besonders ausgeliefert. — Mit bangem Herzen betrat ich oft mit einem unter der Hand — quasi als Mezie — erhandelten, mit Gold aufgewogenen Stück Emmentaler Käse meine Wohnung, das Paket unter dem Winterrock versteckend und in die Kasse zu den Lebensversicherungspolicen sperrend. Ein ganzes Waffenarsenal von Damoklesschwertern schwebte ununterbrochen über unseren Häuptern in der Zeit, wo alles verboten war. — Die Lieblichen: wenn sie ihr Fleisch und das strafbare Essen nicht bekamen, gingen sie fort —; bekamen sie es — aßen sie es mit großem Appetit und erstatteten die Anzeige. —

Des Morgens schnellt man schreckensbleich aus dem Schlafe in die Höhe und wähnt sich in Messina bei Ausbruch eines Erdbebens. Beglückt sieht man, daß es nur die Hausgehilfin ist, die Feuer machen kommt.

Zerbrechen sie etwas recht Liebgewordenes, Wertvolles, Unersetzliches, und ist man traurig und verstimmt darüber, sind sie tief beleidigt und kündigen.

Stehlen sie einem das Weiße aus den Augen, rauben einen

buchstäblich aus, und zieht man sie dann zur Verantwortung, bekommt man zur Antwort: «Wir lesen auch die Zeitung und wissen, daß einem armen Mädchen nichts geschieht, wenn es sich etwas ‹nimmt›, weil die Versuchung für uns arme Dienstmädchen zu groß ist und wir armen Mädchen unter einem unwiderstehlichen Zwange handeln.»

Man jagt sie davon und schweigt.

Wenn ich an all die Exemplare denke, die uns das Leben verekelten, so drücke ich damit auf meine Grausamkeitsdrüse! — Man frißt die Galle waggonweise in sich hinein, lächelt immer freundlich, damit man die liebe Hausgehilfin nicht beleidigt und sie sich nicht über schlechte Behandlung beklagen kann. Lächelt, lächelt so lange, bis man nicht mehr lächeln kann und all die aufgespeicherte Wut wie ein feuerspeiender Vulkan alle Schranken durchbricht und sich mit elementarer Gewalt über der geliebten Hausgehilfin entladet.

Ich weiß, daß ich mir mit diesem meinem gellenden Schrei aus gepreßter Brust ungeheuer schade. Die treue Dienerin hat jetzt nicht einmal mehr nötig, zum Greißler zu gehen, und hört gleich aus meinem Munde, daß ich ein Wechselhaus bin.

Aber was tut's? Wenn mich etwas drückt, so habe ich das Bedürfnis, mich mitzuteilen. —

Ich weiß, es werden sich Leidensgefährtinnen und -gefährten finden, die mir schreiben werden, daß auch sie..., das wird mir wohl tun, ich werde mein Leid in soundso viele Teile teilen, als ich Briefe erhalte, und auf diese Weise wird nur ein kleiner Bruchteil auf mich kommen. —

Geteiltes Leid — ist halbes Leid!


Nachschrift

Meine Vermutung, daß ich mir mit diesem gellenden Schrei aus gepreßter Brust ungeheuer schaden werde, hat sich in geradezu katastrophaler Form bestätigt.

Alles in dieser Beziehung Befürchtete ist zu einem dürftigen Schatten zusammengeschrumpft gegen das — was kam.

In erster Linie kündigten mir alle Dienstboten, und ich war allein mit meinen Lieben.

Eine Meute von Bedienerinnen, die mit großen — leeren — Taschen des Morgens kamen und des Abends mit — gefüllten — fortgingen, bildete Hausgehilfinnenersatz.

In den Dienstvermittlungsstellen zuckte man die Achseln und klagte: «Ach, Herr Kammersänger, hätten Sie doch nur nicht in der Presse Ihren Schrei gellen lassen!» — Es hat sich ein — Anti-Slezak-Dienstannahme-Konzern unter den Dienstboten gebildet, der es sich zur Aufgabe stellte, mein Haus zu boykottieren und für den Fall, daß sich vielleicht durch Zufall doch eine Hausgehilfin zu mir verirren könnte, diese zu verstümmeln. — Auch das regelmäßige Absenden von anonymen Briefen an meine Adresse mit allen möglichen guten Wünschen, Ratschlägen und wohlgemeinten Drohungen bildet einen wesentlichen Bestandteil der Statuten dieser sympathischen Vereinigung.

Die Briefe, die ich bekam? —

Nicht die, die ich erwartete, trostspendende, von Leidensgefährtinnen — die ebenfalls, wie ich — — nein — anonyme. — —

Wenn nur die Hälfte von dem wahr ist, was mir in den Briefen gesagt wird, gibt es ja keine Todesart — die genügend grausam für mich wäre. Als größter Fehler meines Wechselhauses wurde festgestellt, daß ich drei Frauen habe. — Schwiegermutter, Gattin und Tochter. —

Man verlangte energisch, daß mindestens zwei davon vernichtet werden müßten. — — Also, das darf ich doch nicht, da setze ich mich ja mit den Gesetzen der Republik in Widerspruch.

Man fand es direkt aufreizend, daß ich sagte, der Mistkübel dürfe nicht unter das Billard geleert werden. — Jedes Mädchen weiß doch schließlich, wohin der Mist gehört —, und ich hätte mir ruhig solche idiotenhafte Bemerkungen ersparen können. —

Ich bin ratlos, trotz der vielen Ratschläge, die man mir gab.

Unter anderm empfahl man mir aufs wärmste — mich an meinen eigenen Stimmbändern aufzuhängen. —

Die Betreffende scheint keine Ahnung vom Bau des Kehlkopfes zu haben, sonst müßte sie doch wissen, daß dies undurchführbar ist.

Außerdem riet man mir, den Mist selbst unter das Billard zu leeren und mir meine Öfen selbst zu heizen, damit ich nicht durch das laute Mädchen geweckt werde.

Die vielen Ratschläge waren ungeheuer mannigfaltig — daher verwirrend.

Auch die «Neue Freie Presse» in Wien, die diesen Aufsatz brachte, bekam vorwurfsvolle Briefe, wie sich ein so bedeutendes Blatt dazu hergeben könne, solchen Schund abzudrucken. —

Was braucht die «Neue Freie Presse» zu wissen, daß meine Feuilletons Schund sind?

Habe ich das notwendig gehabt? — — *Nein.* Ich bin konsterniert.

Jetzt habe ich nur noch den einen Wunsch: — — Ehrenmitglied des Anti-Slezak-Dienstannahme-Konzerns zu werden und dann zu — sterben.

## Nordische Fahrt

Die Hinreise dauerte einen vollen Monat.

In Preßburg, wo meine Gastspiele beginnen sollten, erkrankte ich.

Von dem Tage an führte ich meinen Bronchialkatarrh von einem Ort zum anderen spazieren, und es wurde eine Absagereise.

Überall dieselben Unannehmlichkeiten, das Lauern auf das Gesundwerden und die eindringlichsten Schilderungen der Unternehmer, wie hoch sich ihr Schaden beläuft.

Ganz mürbe und schon von weitem erkennbar an meinem bellenden Husten, kam ich nach Berlin. Nachdem auch dort der Sturm über das abgesagte Konzert abgeflaut war, suchte ich in Saßnitz, an der See, Luftveränderung.

Überhaupt, wenn ich schon das Wort «Luftveränderung» höre! In jedem Orte wurde ich auf den anderen vertröstet mit «Luftveränderung».

Gleich bei der Ankunft blies mir der nicht einen Augenblick aussetzende, stürmische Wind — die Leute dort nennen ihn eine Brise — den Hut vom Kopfe, und es begann eine Jagd wie im Kino.

Zuerst rannte ich eine Weile hinterher, bis mir das Wasser aus allen Poren trat und ich nicht mehr japsen konnte, dann gab ich's auf.

Eine Viertelstunde später brachte man mir einen schwarzgrauen Knödel mit der Versicherung, daß dies mein Hut sei.

Ich gab dem Manne eine Mark und warf den Hut ins Meer.

Als ich meiner Hotelwirtin sagte, daß ich einige Tage dazubleiben gedenke, um meinen Katarrh loszuwerden, sah sie mich erstaunt an und bemerkte schüchtern, daß dies wohl nicht das Richtige wäre, denn hier *bekäme* man ja erst einen Katarrh. — Dem war auch so.

Mein Husten, der sich seit ungefähr drei Wochen in kläffender Form äußerte, wurde zum kreischenden Geheul.

Ich benützte nach zwei Tagen die nächste Fähre, die nach Schweden ging. — Es waren 680 Wiener Kinder drauf.

Mir krampfte sich das Herz zusammen, daß wir unsere Kinder betteln schicken müssen, weil wir sie selbst nicht ernähren können.

Und doch, welch ein Glück, daß sich in dieser Zeit, wo die ganze Welt ein einziger Hexenkessel von Haß, Mißgunst und Niedertracht geworden ist, Menschen, gute Menschen finden, die für das Elend ihrer Mitmenschen Empfinden haben und sich ihrer annehmen!

Was sind doch die Skandinavier für herzensgute Leute! —

Wenn man drüben in Schweden ankommt, fühlt man schon eine ganz andere Atmosphäre.

Wie befreit atmet man auf, endlich wieder Mensch zu sein, normale, behagliche Zustände genießen zu dürfen, wie man sie früher als selbstverständlich hinnahm und jetzt als unwahrscheinlich empfindet.

Ein Schlafwagen! — Ein Zug, der nicht unter Lebensgefahr erstürmt werden muß. Keine Menschen, die sich gegenseitig die Kleider vom Leibe reißen und sich verstümmeln, um einen Platz zu erobern. Wundervoll!

Doch zurück nach Saßnitz. Die Kinder wurden von den Damen der Begleitung auf das Schiff geführt. Den Oberbefehl führte eine nach Schweden verheiratete Wienerin, Frau Professor Quensel, die sich für die Wiener Kinderfürsorge aufopfert und in Stockholm einige Aktionen zur Linderung der Not in unserer Heimat leitet.

Die Überfahrt, die bei wundervoller See vor sich ging, wurde sehr kurzweilig durch die Gespräche mit den Kindern, die sich in herzlicher Form mir und meiner Frau anvertrauten.

Viele saßen still und traurig in einem Winkel und weinten. Sie wollten heim zur Mutter.

Trotzdem man ihnen sagte, wie gut sie es haben würden, wollten sie nach Hause. Heimweh! —

Ich kenne es.

Ein Sturzel von acht Jahren fragte ununterbrochen irgend etwas. Zuerst wollte er wissen, was er für eine österreichische Krone kaufen könnte. Ich wirkte valutarisch-erzieherisch auf ihn und sagte: «Gar nichts, mein Kind, hebe sie dir auf, bis du wieder heimkommst.» — Dann fragte er, ob der vordere Rauchfang größer sei als der hintere, erklärte sodann, er sei müde, er hätte seit vier Nächten nicht geschlafen, weil er daheim ein Bad nehmen und reine Wäsche anziehen mußte.

Das ging so fort.

Gegen Abend bekamen die Kinder weiße Schafpelzmäntel und tollten, einen unerträglichen Naphthalingeruch um sich verbreitend, so lange herum, bis sie müde wurden.

In Trelleborg trennten wir uns, ich fuhr nach Christiania.

Nächsten Mittag kam ich an und wurde von allen Solisten der Oper, unter Führung des Oberregisseurs Varnay, eines Ungarn, an der Bahn erwartet und mußte — absagen.

Ich ging auf den Holmenkollen, einen Berg in nächster Nähe von Christiania, den dortigen Semmering. Herrliche Luft und Sonnenschein — mit einem Blick auf Christiania und den ganzen Fjord, berauschend schön. In einigen Tagen war ich gesund.

Die Zeit in Christiania war entzückend.

Ein Publikum, so warm und enthusiastisch, wie man sich's wärmer nicht vorstellen kann.

Dann gab es im Hotel Norge einen Quick-Lunch, das heißt ein Schnellfrühstück.

Da steht ein Büfett mit den märchenhaftesten Delikatessen: Hummer, Lachs, Kuchen, Kompott, Käse und Schlagsahne, wie man es nur noch in alten Bilderbüchern findet.

Auch einen warmen Speisengang mit allen erdenklichen Gemüsen bekommt man dazu.

Für fünf norwegische Kronen (bitte nicht umrechnen) kann man essen, bis man explodiert.

Diese ganze Institution ist auf das Schamgefühl der Gäste aufgebaut.

Meine Frau behauptet, ich hätte jedes Mindestmaß dieses Schamgefühls vermissen lassen.

Welch ätzende Kritik!

Mein Gott, wie gerne hätte ich einige Mayonnaiseeier in die Tasche gesteckt oder einige Lachsscheiben, in Papier gewickelt, mitgenommen.

Sie war dagegen, drohte mir, nie wieder mit mir quick zu lunchen. —

Nach den vielen Jahren unserer Ehe fühle ich, diese Frau war ein Fehlgriff.

Sie ist zu vornehm.

Der Quick-Lunch war wundervoll.

Er war mein stärkster Eindruck.

Künstlerisch fühlte ich mich sehr wohl, Direktor Singer, auch ein Österreicher, und Varnay brachten ausgezeichnete Vorstellungen heraus.

Am meisten imponierte mir der Hafen.

Norwegen hat die zweitgrößte Handelsflotte der Welt, und es war mir eine Quelle der anregendsten Unterhaltung, stundenlang am Hafen herumzuschlendern und dem Ein- und Ausladen der überseeischen Riesendampfer zuzusehen.

Ein offenes Tor der Welt.

Alles brachten die Schiffe in ungeheuren Mengen, Kran neben Kran schnellte mit spielender Leichtigkeit Riesenlasten aus dem Innern der Schiffe empor und ließ sie auf bereitstehende Eisenbahnwaggons oder Lastautos niedersausen.

Ein wundervolles Schauspiel.

In Stockholm sang ich im Königlichen Opernhause, der König wohnte der Vorstellung bei.

Ich war von der Herrlichkeit der Stadt fasziniert, sie heißt das nordische Venedig.

Alles andere steht im Baedeker.

Das Leben in Schweden ist märchenhaft, die Menschen sehr musikbegeistert und warmherzig.

In Stockholm fehlt der Quick-Lunch. Es gibt zwar dafür Smör-bröd, eine Hors-d'œuvre, das aber mit Quick-Lunch im Hotel Norge keinen Vergleich aushalten kann, weil man nicht so viel essen darf, wie man will.

Ein grober Fehler.

Kopenhagen. Eine wundervolle, alte Stadt, viel gemütlicher als Stockholm, weil kleiner. Dort ist das Thorwaldsen-Museum. — Herrlich! Ich gehe nie mehr herein.

Ferner wäre noch das Fischrestaurant Krogh und die Glypto-thek zu erwähnen. Beides mit Stern. — Auch ist mein Kollege Erik Schmedes dort geboren.

Ich sang in der Königlichen Oper Aida und Bajazzo; beiden Abenden wohnte die Königliche Familie bei.

Ich war großartig...

In einer Stadt, wo man die Zeitungen nicht lesen kann, die den nächsten Tag die Kritik bringen, hat man immer das Gefühl, daß man fabelhaft ist.

Leider finden sich aber immer Leute, die einem durch die Blume sagen, daß dem nicht so ist.

Wenn ein lieber Kollege kommt und sagt: «Ich weiß nicht, was die Leute wollen — mir gefällst du!» — so hat man eigentlich schon gefressen.

Auch die Kopenhagener Tage waren sehr schön und werden mir, wie der ganze skandinavische Aufenthalt, eine liebe Erinne-rung bleiben.

Welch ein Glück für jeden Menschen, in einem Lande leben zu dürfen, das nicht von diesem entsetzlichen Kriege berührt ist. Wenn auch die Teuerung überall enorme Dimensionen angenom-men hat, so bewegt sie sich doch in erträglichen Bahnen, und die Menschen sind nicht so angefressen von all dem Haß wie bei uns.

Ich war höchst erstaunt, daß man seinen Überrock im Gange des Schlafwagens aufhängen durfte, ohne Gefahr zu laufen, daß er einem gestohlen wird.

Mit großem Herzweh empfand ich das gänzliche Fehlen einer Vertretung unseres Landes, und mit Wehmut mußte ich mich an die herrlichen Gesandtschaftspaläste zurückerinnern in all den fremden Ländern, wo ich bei dem jeweiligen Gesandten zu Gaste war.

Welch ein Glanz, welche Macht und Vornehmheit dokumen-tierte sich in den wundervollen Räumen!

Unser liebes Wien ist nur durch die hungernden Kinder und

unser Elend in aller Leute Mund und genießt das grenzenlose Mitleid aller.

Auf der Rückreise holte ich mein abgesagtes Konzert in Berlin nach und war entsetzt, wie maßlos teuer und miserabel das Leben da geworden ist. Jede Mahlzeit, ein Schlangenfraß, kann nur eingenommen werden, wenn man vorher eine Hypothek auf seine Besitzungen aufnimmt.

Mit dem Essen kann an Schauderhaftigkeit und Teuerung nur noch die Heimreise konkurrieren.

Doch alles geht einmal zu Ende, so auch diese. Um elf Uhr nachts sollte der Zug in Wien eintreffen, um halb sechs früh kamen wir an: man versicherte uns, welch ein Glücksfall es wäre, daß wir überhaupt angekommen seien.

Elend sind wir, die Ärmsten der Armen in der Welt sind wir geworden — und doch — wenn ich von meinem Fenster im Heinrichshof den Extrakt von Wien, die Oper, die Kärntner Straße und vor mir den Stefansturm erblicke, weitet sich mir das Herz, und ein dankbares Glücksgefühl überkommt mich, daß ich hierher gehöre, hier zu Hause bin.

Der Stefansdom hat zu seinen Füßen schon viel Elend über unsere Stadt hereinbrechen gesehen im Laufe der Jahrhunderte; immer wieder ist alles gut und schön geworden, und so wollen wir hoffen, daß auch jetzt die Lebensfreude, das Glück und die Zufriedenheit zu uns zurückfinden werden.


### Ferien

In Egern am Tegernsee, im bayrischen Hochgebirge, habe ich mir ein Sommerheim geschaffen.

Ein kleines, liebes, altes Bauernhaus mit einem selbstangelegten Garten, den ich mir aus einer Wiese, durch Pflanzen von großen Bäumen, in einen herrlichen Park verwandelte.

Jeder Baum, jeder Strauch ist mein eigenes Werk, und so konzentrieren sich während des ganzen Jahres meine Gedanken auf dieses Fleckchen Erde, das ich so grenzenlos liebe.

Für mich ist die Spielzeit eine unangenehme Unterbrechung der Ferien.

Wenn es mir im Winter noch so miserabel geht, wenn mir bei den dreimal wöchentlichen Todeskämpfen, die ich kontraktlich zu absolvieren habe, noch so sehr die Zunge zum Halse heraushängt und ich in all den traurigen Konflikten, denen ich in meinen Opernrollen ausgesetzt bin, so recht elend werde und die Nerven aus den Fugen zu gehen drohen, ist mein Trost und meine Stärkung immer: «Noch soundso lange, und du bist am Tegernsee, daheim auf deiner hölzernen Ritterburg, bei deinen Blumen, Hunden, Katzen und Kiniglhasen.»

Ich ziehe im Geiste meine kurze Lederhose an, umgürte mich mit den gestickten Hosenträgern und sterbe vergnügt wieder weiter, wie es der Komponist vorschreibt.

Bin ich draußen in fremden Ländern, habe ich meine Gartenbücher und Blumenkataloge bei mir, und wenn ich von meiner Geliebten mich treulos verlassen wähne und, rasend vor lauter Seelenzornes, in meinen Rollen am Theater hin und her fahre, nehme ich mir vor, meine Obstbäume mit Kuhmist zu düngen.

Im letzten Akt sterbe ich befriedigt. Wieder ein Tag näher dem geliebten Ziel.

Selbstverständlich gibt es kein vollkommenes Glück auf dieser Welt.

Trotzdem mich Elsa, mein strenges Gemahl, im Winter bei jedem Bissen daran erinnert, daß meine Figur katastrophale Formen annimmt, mir prophezeit, daß mich meine diversen Opernbräute in Bälde nicht mehr werden umfassen können und daß ich ein Kolatschengesicht bekommen werde, das zu den Helden, die ich darzustellen habe, wie die Faust aufs Auge paßt — (sie ist so) —, lasse ich mich nicht beirren und pampfe darauflos, so daß sie am Ende der Saison recht behält.

Am ersten Ferientage muß ich auf die Waage.

Dieses Biest zeigt jedes Gramm genau an, und mit Entsetzen sehe ich ein: Leo, es *muß* etwas geschehen!

Da steht mittags schon das Gespenst, die Gärtnerwaage, auf dem Tisch, die der liebliche Professor Gärtner in einer teuflischen Stunde erfunden hat. Jeder Bissen wird mir vorgewogen.

Hungrig erwache ich, hungrig lege ich mich zu Bett.

Die ersten Jahre habe ich diesen Zustand heimlich gemildert.

Ich stahl!

In der Küche verschwanden die besten Bissen.

Ich schob es auf die Hunde und Katzen.

Dann kam man mir drauf, die Köchin gab mich preis.

Da setzte ich mich aufs Rad und fuhr an die Peripherie des Ortes, nach Raitrain, wo ich in einem kleinen Gasthause zu essen bekam.

Aus diesem Umstande, daß ich bei Tisch nicht wild um jeden Bissen kämpfte und willig und ohne zu streiten meine Portionen, die die Unterernährung eines Kanarienvogels herbeiführen könnten, hinnahm, entdeckte man es.

Ich wurde bewacht.

Bewacht von meinem eigenen Fleisch und Blut — meinen Kindern.

Sie radelten mir nach und verrieten mich.

Jetzt muß ich vor jeder Mahlzeit schwören.

Ich wollte nicht. — Wegen solcher Kleinigkeiten schwöre ich nicht.

Elsa ließ nicht nach. — Ich schwor! —

Was bleibt mir übrig, als gewissenhaft weiterzuhungern.

Ich komme nach Wien zurück, als — Linie!

Eine komische Figur bin ich geworden in der ganzen Gegend. Man nennt mich den Hungerhofbauer, mein Haus den — Hungerhof.

Aber am 18. August, da ist mein Geburtstag, da habe ich Freßfreiheit, da esse ich, bis ich zerspringe.

Sonst genieße ich in vollen Zügen.

Morgens um fünf Uhr hüpfe ich in den See, was man sofort merkt, weil er austritt.

«Aha», sagen die Leute am anderen Ufer, «der Kammersänger badet.»

Dann habe ich einen Außenbordmotor, hinten ans Ruderboot zum Anschrauben, der ist herrlich.

Zehn Minuten kann man mit ihm fahren, dann muß man ihn einen halben Tag reparieren. Auf eine Wegstunde hin hört man ihn, er macht so einen Radau, daß man außerstande ist, sich während der Fahrt verständlich zu machen.

Ferner machte ich die Bemerkung, daß sich alle Leute am See, auf große Entfernungen hin, die Nase zuhielten. Sie behaupteten: er stinkt.

Aber meist wird gerudert und repariert.

Das Fischen ist auch sehr unterhaltend.

Stundenlang steht man da, stiert auf das Schwimmerl, wechselt den Platz, rennt zum Gaudium der Zusehenden mit seinem leeren Kübel von einer Stelle zur anderen und fängt nichts.

Dessenungeachtet geht man immer wieder mit von kühnen Hoffnungen geschwellter Brust hinaus, um der Teuerung ein Paroli zu bieten.

Dann arbeite ich im Garten. Beseligt mache ich immer neue Pläne, um mein kleines Paradies bis zur Unerträglichkeit zu verschönern.

Vom hiesigen Publikum höre und sehe ich nicht viel. Ich fühle es nur am Abend, wenn es von Booten wimmelt, und jeder der Insassen meint, weil er am See ist, müsse er «Hollodrioh!» brüllen.

Da wird in allen Mundarten gejodelt und gepfiffen, daß man

sich manchmal aus Verzweiflung am liebsten in sein Schwert stürzen möchte.

Viele Theaterleute gibt es da, die aber die Sommerfrische meistens nur als Skatgegend ansehen und stundenlang in einem kleinen Kaffeehause die Karten mischen.

Gesungen wird sehr viel.

Jeder, der fünf Minuten im Kahne sitzt, grölt und heult, daß die Berge sich weigern, das Echo zurückzugeben, so mies ist es ihnen vor dieser Plärrerei.

Ich selbst singe nicht.

Wenn mir jemand nur davon spricht, behandle ich ihn so eisig, daß ihm jede weitere Bemerkung diesbezüglich im Halse erfriert.

Erst Mitte August fange ich an zu arbeiten, die Stimme zu schmieren für den Winter.

Da gröle ich mit den anderen um die Wette.

Doch davon wollen wir noch nicht reden, ich will mich nicht traurig machen, die Zeit wird schnell genug da sein; schneller, als mir lieb ist, muß ich wieder fort von hier, hinaus in die Welt — auf die Landstraße.

Da heißt es wieder singen, reisen und drei- bis viermal wöchentlich auf offener Szene in Verwesung übergehen.

Aber eines nehme ich mit mir:

Die Sehnsucht und die Freude auf den nächsten Sommer.


### *Reise nach Rumänien 1920*

Wie ich mir die Berechtigung erwarb, nach Rumänien reisen zu dürfen, welche Pfade ich zu wandeln hatte, überspringe ich, das wurde schon oft gesagt.

Ich beginne dort, wo mir der Gepäckträger, als ich ihn fragte, was er bekäme, lächelnd antwortete: «Gnä Herr, wissen ja eh!» ...

Als ich ihm dann eine Summe in die Hand drückte, die früher einem Honorar für ein Gastspiel auf Engagement gleichkam, machte er mich höflich, aber ziemlich energisch darauf aufmerksam, daß ein Gulasch fünfzig Kronen koste.

Als ich erklärte, daß mich das nicht interessiere, weil ich Gulasch, wegen seines hochgradigen Paprikagehaltes, nicht essen dürfe, verließ er mich grollend, ohne Gruß! Er war bös. —

Wir installierten uns in einem Wagen zweiter Klasse, der als Erste-Klasse-Expreßzug deklariert war, und der Zug fuhr aus der Halle.

Bis Wiener-Neustadt ging's herrlich, der Kondukteur durchzwickte uns unsere Fahrkarten, und ich legte den Kopf in die Ecke, um ein wenig zu schlummern.

«Fahrkarten bitte!! —» — «Aber ich hab' doch eben...» — «Ich bin der Revisor!» — «Aha... bitte sehr.»

Hinter dem Semmering reißt ein Mann, bis an die Zähne bewaffnet und mit allen Errungenschaften der modernen Kriegstechnik ausgerüstet, die Coupétüre auf und schreit: «Zollrevision!»

Ich wende bescheiden ein, daß wir doch noch in Österreich wären... wieso dann Zollrevision?

«Koffer aufmachen!... Steiermark!...»

Also schön! Der Mann wühlt die Koffer durch und entfernt sich...

Die Koffer werden frisch gepackt und verschlossen.

Einige Minuten später erscheint abermals ein junger Krieger in besorgniserregendem Schützengrabenornat und kreischt: «Zollrevision!»

«Aber wir haben doch soeben...»

«Egal, Koffer aufmachen!...» Wieder dasselbe Revidieren... Der Mann schreibt längere Zeit in ein Buch und geht dann befriedigt.

Kaum ist er draußen, erscheinen zwei Herren in Zivil, mit ehemaligen Offizierskappen bedeckt, im Rahmen der Coupétüre, zeigen uns einen Adler und verlangen die Reisepässe.

Diese werden geprüft, mit Bemerkungen versehen, dann muß ich die Brieftasche zeigen... auch das geht vorüber... Da erscheint ein zweiter Revisor, der wieder die Fahrkarten untersucht, ob der frühere Kondukteur auch richtige Löcher hineingezwickt hat.

Kaum ist er fort, brüllt ein Herr in einer sehr imponierenden Uniform zur Tür herein: «Dreißig Kronen bitte!» — «Wofür?» — «Manipulationsgebühr!» — «Was manipulieren Sie bitte?» — «Für die Revision!»

Trotz meiner Einsprache, daß ich die Revision nicht verlangt habe, muß ich dreißig Kronen bezahlen.

Ich bekam einen Zettel. Beglückt stecke ich ihn ein, denn es ist immer ein befriedigendes Gefühl, wenn man für etwas Bezahltes etwas in der Hand hat.

Kaum habe ich die Quittung geborgen, gellt die Stimme eines Herrn mit drei unexplodierten Handgranaten im Gürtel, zum Coupé herein: «Den Revisionszettel!» —

Nun mußte ich ihn wieder hergeben, den Zettel; dafür klebte man mir ein grünes Wapperl in meinen Paß, auf dem zehn Kronen stand. Wenigstens etwas.

Meine Pässe wurden mir von all den bewaffneten Herrn vollgeschmiert — jeder machte irgendeine Bemerkung, die der andere als vollständig unrichtig erklärte. —

Ich hütete mich, ihm rechtzugeben oder zu widersprechen — denn ich war ja unbewehrt.

Vor Graz nahm man mir die Pässe ganz weg, man sagte, man hätte vergessen, mir Verschiedenes einzutragen... Ich stürzte von einem Ende des Zuges zum andern, meinen Paß zu suchen, und bildete infolge meiner Aufregung einen Lichtblick für meine Mitreisenden. — Sie lachten!

Endlich kam die Grenze — Jugoslawien — Maribor!

Dort habe ich, als es noch Marburg hieß, einmal gesungen und erinnere mich noch mit Wehmut an die liebe, schöne Stadt.

Es erschienen abermals Krieger — ganz anders kostümiert — auf der Bildfläche und visitierten wieder. Sie waren aber nicht mehr so stark bewaffnet wie in meiner Heimat und auch viel milder.

Überhaupt, sowie ich die Grenzen meines Vaterlandes hinter mir hatte, gestaltete sich unser Leben im Coupé erheblich angenehmer.

Bis Laibach zählte ich achtzehn Revisoren.

In Laibach mußten wir in den Simplon-Orient-Expreß umsteigen.

Ein Hauch von Internationalität umwehte uns, man sprach alle Sprachen und mußte in Francs bezahlen. Alle Valuten wurden angenommen, sogar die Negermuscheln, die Kauris, hatten ihren Wert — nur unsere Tausendkronennote wies·man mitleidig lächelnd zurück. — Wie traurig!

Endlich, nach zwei Tagen — Bukarest. Eine Stadt voll Leben und unheimlichem Getriebe nimmt uns auf. «Klein Paris» heißt es.

In der Calea Victoriei staut sich die Menschenmenge — wunderschöne Frauen, nach der neuesten Pariser Mode gekleidet, rasen in Luxuswagen auf Gummirädern, mit den herrlichsten russischen Pferden bespannt, durch die Stadt. Schade nur, daß sich die von Natur aus so schönen Frauen mit Brachialgewalt verunstalten und die Gesichter bis zur Unkenntlichkeit bemalen!

Im Hotel «Continental» werden wir auf unsere Zimmer geführt, es ist elf Uhr nachts und ein Radau wie im Wurstelprater in der Hochsaison.

Ausrufer von allen möglichen Waren und Zeitungen brüllen, die Autos töffen, pfeifen, lassen Sirenen heulen, überfahrene Hunde quietschen, die Musik im Restaurationsgarten des Hotels vermählt sich mit den Klängen einer Zigeunerkapelle im Restaurant nebenan zu einer Höllen-Symphonie.

Man wird ganz benommen von dem Lärm. Die Fenster kann

man nicht schließen, denn eine Gluthitze versengt die ganze Stadt wie im Hochsommer.

Ungeheurer Reichtum überall, ein Land, das aus dem Vollen schöpft, das alles, aber auch alles zu seiner Verfügung hat, das durch den Krieg so riesenhaft groß geworden ist.

Die Geschäfte biegen sich von Kostbarkeiten, die mit Gold aufgewogen werden müssen, so teuer ist alles, und wenn etwas recht schön, recht elegant und herrlich gearbeitet ist, kommt es aus Wien, aus unserem lieben, armen Wien.

Ich wollte einige Kleinigkeiten kaufen, man nannte mir einen Preis, der mich — in unsere Währung umgerechnet — erbeben machte. Da sagte mir der Geschäftsinhaber, der mich erkannte, vertraulich: «Kaufen Sie das lieber in Wien, dort bekommen Sie es billiger. Ich beziehe ja alles von Wien.»

Was von uns kommt, wird sehr geschätzt, nur unser Geld wollen sie nicht.

Das Publikum ist sehr warm und aufnahmefähig und geht bei den subtilsten deutschen Liedern mit, bezeichnend dafür ist, daß trotz aller italienischen und französischen Bravourarien Schuberts «Du bist die Ruh» den allergrößten Anklang fand und einen Sturm von Begeisterung auslöste.

Die Studenten spielen in Bukarest eine große Rolle. Sie stellten sich zu Hunderten vor den Konzertsaal, der mit fünfzig Mann Militär abgesperrt war, und wollten hinein, ohne zu bezahlen.

Sie kämpften mit den Soldaten, die unterlagen, und als dann das Konzert dreiviertel Stunden später als angesagt begann, füllten sie jeden Winkel des Saales und jubelten den ganzen Abend.

Die Studenten sollen aber auch schon vieles — was ihnen nicht gefiel — in Grund und Boden protestiert haben. Sie sind die Herren und werden respektiert. Es wird keinem Impresario oder Direktor einfallen, sich gegen die Studenten zu stellen.

Sehr belehrend ist die Einladung in eine echt rumänische Familie zum Mittagessen.

Eine Anzahl von Schüsselchen mit den schmackhaftesten Leckerbissen bedeckt den Tisch.

Zuerst kommt die Pastrama, am Rost gebratene Schaffleischstücke, mit Zuika, einem Schnaps, unserem Slibowitz ähnlich; diese Pastrama schmeckt märchenhaft, nur kann man sie, wenn man ungeübt ist, nicht herunterschlucken. Man kaut und kaut, wirft den Knödel von einer Backe in die andere und kann ihn nicht loswerden.

Ein lähmender Zustand, weil man bei der Pastrama im Salon steht und Konversation machen muß.

Ich habe sie, in einem unbeobachteten Moment, einem reizenden Mädchen in den Pompadour gesteckt.

Dann wird zu Tisch gegangen, und ein Gang löst den anderen ab. Man ißt, weil man's noch nicht kennt, der Wissenschaft halber und dann, weil es einem schmeckt, drei bis vier Stunden lang.

Zum Schluß kommt die Hausfrau und bittet um Entschuldigung, daß das Mahl so einfach ausgefallen wäre, es wäre eben nur ein ganz schlichtes, bescheidenes Essen, das hauptsächlich den Zweck verfolge, ein Stündchen gemütlich mit dem Künstler zu verbringen.

Auch eine junge Oper haben sie und sind alle mit der größten Begeisterung und hohem künstlerischem Ernste bei der Sache.

Interessant ist, daß jeder Schauspieler des Nationaltheaters zugleich Mitbesitzer desselben ist. Der Staat stellt das Theater, die Gemeinde das Licht, und eine hohe Subvention wird geleistet. Von jedem Konzert, das in Bukarest gegeben wird, müssen fünfzehn bis zwanzig Prozent an das Nationaltheater abgeliefert werden.

Es stehen also den Kameraden große Einnahmequellen zur Verfügung.

Auch ein Operettentheater besuchten wir und fanden eine sehr gute Vorstellung, die mir aber gründlich verdorben wurde.

Ich saß in der Loge des Direktors, da sah ich auf der Bühne Figuranten und Chorherren in Uniformen, die mir sehr bekannt vorkamen. Da beugte sich schon der Direktor zu mir und erzählte mir stolz, das seien die Uniformen der ehemaligen kaiserlichen Leibgarde, wundervolle Pantherfelle mit schweren Silberbeschlägen, die er in Wien von einem sehr spekulativen Operettendirektor gekauft habe.

Mir drehte sich der Magen um, ich empfahl mich bald unter einem Vorwande und ging traurig zu Bett.

Das Reisen in der Provinz war wieder weniger erhebend. Die Züge sind genauso überfüllt wie bei uns, und die Leute sitzen sogar zu Hunderten auf den Dächern der Waggons. Die Züge haben unwahrscheinliche Verspätungen — ganz wie bei uns. — Kohlenmangel, Maschinendefekte, überall fehlt es — die Welt ist ruiniert. Sieger und Besiegte bluten aus tausend Wunden.

Von den rumänischen Provinzstädten machte Galatz den interessantesten Eindruck.

Schon halb orientalisch, ohne Licht und durch Bombardements sehr in Mitleidenschaft gezogen, liegt es auf einer Anhöhe, zu Füßen die Donau, unsere Donau, die hier nur zehnmal so breit ist wie daheim. Eine braune, breiige Masse wälzt sie sich her — nicht die Spur von «blauer» Donau.

Kunststück — in Galatz!

Galatz ist der Haupthandelsplatz des großen Rumänien, und alle Kaufleute müssen ihre Waren von dort beziehen.

Das Leben und Treiben ist ungeheuer, die Hotelverhältnisse auf geradezu vorsintflutlicher Stufe.

Wer nicht ein geübter Weidmann ist, ist verloren, der wird von seinen Mitbewohnern gefressen.

Kein Licht — nur Kerzen. — Trostlos!

Die Sehnsucht nach der guten alten Zeit erhält in Galatz einen herben Stoß.

Hunderte von herrenlosen Hunden durchstreifen die Stadt, Abfälle suchend, in kläglichem Zustand, räudig und klappernd vor Hunger, von jedermann mit den Füßen weggestoßen.

Qualvolle Bilder für einen Tierfreund.

Der Gedanke, daß ich vielleicht nie mehr im Leben nach Galatz kommen könnte, wäre mir peinlich, aber nicht unerträglich.

Auch Braila ist eine sehr sympathische Stadt.

Von der Bahn fährt man dreiviertel Stunden durch langgezogene Gassen, rechts und links gleichaussehende, ebenerdige Häuschen, bis man zu dem Hotel «Splendid» kommt, das uns aufnimmt. Der Name des Hotels hat mit seinen Eigenschaften nichts zu tun, da von «splendid» gar keine Rede sein kann.

Das Konzert war — als das einzige in Rumänien — ganz leer, was der Arrangeur damit begründete, daß der Brailaianer nur ins Kino geht.

Ich gähnte mit den leeren Sesselreihen um die Wette.

Daß Braila an der Donau liegt, betrachte ich als geographischen Mißgriff. —

Sollte ich durch Zufall einmal in Braila sterben, so gebe ich jetzt schon, als Hauptbestandteil meines letzten Willens, kund, daß man mich wenigstens nach Galatz überführt.

Dann ging's über Bukarest nach Transsylvanien — nach Klausenburg —, wo uns ein Generalstreik überraschte, der aber vom Militäroberkommando derart eingedämmt wurde, daß er sich in einen Kellnerstreik verlor.

Im Hotel mußte sich jeder Gast persönlich mit dem Teller sein Essen in der Küche holen.

Wasser, Licht und Eisenbahn wurden militärisch versorgt. Die Eisenbahn allerdings nur in beschränktem Maßstabe. Das Reisen war nur mit Bewilligung des Kommandierenden Generals gestattet und die Züge militärisch bewacht.

Von Großwardein nach Arad existiert eine herrliche Autoverbindung mittels Autoomnibussen. Alte, ausrangierte Schubwagen, die, frisch gestrichen, als Luxusautomobile fungieren.

Wir waren sechs. So mietete ich einen solchen Luxusschubkasten und mußte dreitausend Lei, gleich einundzwanzigtausend Kronen, bezahlen.

Wir knatterten, in eine Staub- und Benzinwolke gehüllt, vier Stunden über die wundervoll gewellte, teils mit weniger tiefen und teils mit tieferen Löchern versehene Landstraße.

Mein Manager hat sich die Zunge abgebissen, mein Pianist wurde derart in die Höhe geschnellt, daß er sich an der Autodecke die Gehirnschale verbog, meine Frau und Tochter mußten bei der Ankunft mit Essig gewaschen und gelabt werden.

Dies alles war im Preise mit inbegriffen.

In Arad lernte ich im Kulturpalast einen der herrlichsten Säle kennen, in denen ich je gesungen habe.

Das Gebäude, der Saal, das Künstlerzimmer, wundervoll und vornehm — ein wirklicher Kulturpalast.

Von Arad nach Temesvar wiederholte sich dieselbe Autofahrt, nur im Hotel daselbst kamen uns unsere in Galatz gesammelten, jagdlichen Erfahrungen sehr zustatten.

Dann bestiegen wir wieder den Simplon-Orient-Expreß und dampften heim.

An der Grenze unserer Heimat trafen wir es diesmal besser — man war gut zu uns.

Und wenn das auch nicht gewesen wäre: So untersuchen, so revidieren, so visitieren und so verhören kann man mich gar nicht, als daß man imstande wäre, mir die Freude am Nachhausekommen, am Daheimsein zu trüben.

Als mich der Träger am Wagenschlag in Wien, nach Verabreichung der Gebühr, eindringlichst aufmerksam machte, daß ein Gulasch jetzt achtzig Kronen koste, rechnete ich dies rasch in Lei um und sagte: «Gott, wie billig!»

### Alexander Girardi

War das ein sonniger Mensch, der große, geniale Künstler Alexander Girardi.

Sooft ich mit ihm zusammentraf, war es eine herzerquickende Unterhaltung, in der wir uns an gegenseitigem Anblödeln überboten.

Jedes Wort aus seinem Munde war ein ins Schwarze treffender, unwiderstehlich drolliger Schlager.

Bei einem Gastspiel in Graz (ich sang am Abend den Rhadames, Girardi spielte am Nachmittag seinen berühmten Valentin im

«Verschwender») trafen wir uns vormittags im Theater und gingen zusammen in unsere gemeinsame Garderobe.

Mein Prunkgewand des Rhadames, ganz steif von Edelsteinen und Goldblech, hing am Ständer.

Girardi betrachtete es interessiert und meinte: «Alsdann da kann man leicht wirken, wenn man einen goldenen Sparherd anziehen kann. Da lachen die Leut' schon, wannst herauskommst, bevorst noch das Maul aufmachst!»

Nahm dann seinen Handwerksburschen-Zylinder vom Nagel und sagte:

«Sigstes, Stimmtragöde, *das* aufsetzen und damit die Leute haranguieren — *das* ist eine Kunst.»

Jeden freien Abend — er hatte nur sehr wenige zur Verfügung — benutzte er, um in die Oper zu gehen.

Als ich nach meinem Othello mit einigen Kameraden, unter ihnen auch ein damals sehr in Mode stehender Komiker, in den Arkaden des Opernhauses stand, trat Girardi auf mich zu und sagte:

«Also, Leo, erstklassiger Stimmkünstler, du bist die einzige Konkurrenz, die ich scheue, die andern Komiker haben alle keinen Humor.»

In Ischl spielte ich im Kaffeehaus mit Girardi Karambol. Da zupft mich ein Jüngling beim Rockärmel und bittet mich, ihn Herrn von Girardi vorzustellen: «Ich verehre ihn so!» sagte er. —

«Wie heißen Sie denn?» fragte ich.

«Karpeles, bitte.»

«Xandi, gestatte, Herr Karpeles!»

Girardi blickt auf: «Da kann man nix machen!» sagt er und spielt ruhig weiter.

Ein Kollege bittet Girardi: «Lieber Meister, seien Sie so gut und leihen Sie mir zehn Gulden.»

Girardi: «Wissens was, verehrter Herr, seien wir lieber gleich bös!»

Unser ehemaliger Generalintendant, Freiherr von Plappart, war bei einer offiziellen Gelegenheit in vollem Ordensschmuck erschienen, die Brust besät mit Sternen, Komturkreuze um den Hals, und hielt eine Rede.

Girardi, neben ihm stehend, lauschte mit feierlichem Gesichtsausdruck.

Plötzlich stupst er mich: «Du, Leo, ich hab 'so eine Angst.»

«Warum denn, Xandi?»

«Daß der Baron das Übergewicht kriegt von derer vielen Speng-
lerarbeit!»

Girardi war wie ich Schlosserlehrling gewesen und pflegte dies
gerne zu betonen.

Ich schenkte ihm mein Bild und schrieb darauf:

>     «Am Schraubstock und am Feuer
>     Da standen wir einst beide,
>     Jetzt singen wir zur Leier,
>     Den Schmerz ich — du die Freude!»

Er sandte umgehend das seine mit folgendem Vers:

>     «Mein lieber Stimmtragöde,
>     Dein Verserl — das blöde
>     Und Bild hab' ich erhalten,
>     Wir blei'm trotzdem die Alten!
>                                     Dein Xandi.»


### Adolf Robinson

Am Samstag, dem 28. August 1920, erhielt ich die telegraphische
Nachricht nach Tegernsee, daß mein geliebter Lehrer Adolf Ro-
binson gestorben sei und am Montag, dem 30., nachmittags das
Leichenbegängnis stattfinde.

Es war mir wegen Paßschwierigkeiten jede Möglichkeit genommen, dem Manne, dem ich so viel — ich kann ruhig sagen:
alles — verdanke, die letzte Ehre zu erweisen.

In Wien angelangt, durchsuchte ich alle Blätter, um zu sehen,
welch einen Nachruf man dem großen Künstler und herrlichen
Menschen brachte, und fand zu meinem großen Herzeleid —
nichts.

Nicht einmal eine Todesanzeige soll in den Zeitungen eingerückt
gewesen sein.

Sang- und klanglos begrub man den Mann, der so viele Hun-
derttausende zweier Erdteile in hellstes Entzücken versetzt hat,
der einer der grandiosesten, faszinierendsten Sänger und Darsteller der deutschen Opernbühne war und im Vereine mit seiner
Gemahlin Leonore Robinson, die ihrem Gatten vor zwei Jahren
im Tode voranging, in allen Städten Deutschlands, Hollands und
Amerikas Aufsehen erregte.

Niemand hat sich gefunden, der dem Mann ein Dankeswort ins
Grab mitgegeben hätte.

«Die Nachwelt flicht dem Mimen keine Kränze!»

Das Sprichwort ist alt und wahr; aber so kraß hätte es sich nicht an ihm erfüllen müssen. Gerade an ihm.

Adolf Robinson war ein Schüler des berühmten Altmeisters Lamperti in Mailand und als Baritonist in der ersten Wagnerzeit einer der bahnbrechenden Wagnersänger.

Ich lernte ihn leider erst am Abend seiner Künstlerlaufbahn in Brünn kennen, wohin er als Gast kam, und trotz meiner damaligen Jugend sind mir seine prachtvollen Bühnengestalten lebendig in Erinnerung.

Sein Vampir, Hans Heiling, Holländer, erfüllt von unheimlicher Dämonie, sein Rigoletto, alle Wagnerfiguren, namentlich sein Wolfram und Kurvenal, waren unvergeßliche Erlebnisse und strahlten eine Seelenwärme und ein verzehrendes Temperament aus, das jeden einzelnen in seinen Bann schlug.

Abende, an denen Adolf Robinson auf dem Theaterzettel stand, waren Feste für jedermann.

Er betrat die Bühne, und von dem Augenblicke an war niemand mehr neben ihm. Man sah nur ihn. Mit seinem lodernden Feuer, seiner bildhaften Erscheinung, seinem wunderbaren Gesang haranguierte er das Publikum, man jubelte, und wie betrunken, wie aus einer anderen Welt, ging man aus dem Theater.

In Amerika hatte ich oft Gelegenheit, mit älteren Opernbesuchern über Adolf Robinson zu sprechen. Die Begeisterung drückte sich in höchsten Superlativen aus, man erinnerte sich seiner mit leuchtenden Augen, wie er als König Salomon in Goldmarks «Königin von Saba», trotz der verhältnismäßig kleinen Rolle, alles Interesse auf sich zu konzentrieren verstand und unzählige ausverkaufte Häuser machte.

Mit Adolf Robinson, Albert Niemann, der Lilly Lehmann und dem Bassisten Fischer waren Wagner-Aufführungen in den Vereinigten Staaten, von denen man heute noch — nach Jahrzehnten — mit Wehmut über entschwundenen Glanz redet, und er — er war der Liebling aller.

In Brünn zog er sich nach all dem Wandern zurück und wurde Gesanglehrer.

Gleich am Beginn seiner Lehrtätigkeit entdeckte er meine Stimme und hat mich in der selbstlosesten Weise ausgebildet, nahm mich in die Familie wie seinen Sohn auf, und so bin ich denn seit meinem siebzehnten Lebensjahre mit dem herzinnigsten Bande unauslöschlichster Dankbarkeit mit ihm und den Seinen verbunden gewesen.

Diese Dankbarkeit mag es wohl in den Augen des Publikums entschuldbar erscheinen lassen, daß ich die Feder zur Hand nehme und eine kleine Würdigung seiner so überragenden Person zu geben versuche. Gerne hätte ich es einem Würdigeren überlassen. Als Lehrer war er einfach wundervoll.

Rudolf Berger, mein verewigter Jugendfreund, und Josef Schwarz waren auch seine Schüler und haben seine Lehre in die Welt hinausgetragen. So viele — viele sind reich beschenkt von ihm gegangen. Manche allerdings haben dieses Geschenk nicht zu hüten gewußt.

Er war von einer Herzensgüte, die einfach jeder Beschreibung spottete, gepaart mit einer Vornehmheit, einem Seelenadel, einem rührenden Vertrauen jedermann gegenüber, das naturgemäß sehr oft mißbraucht wurde, und es kam vor, daß er nicht nur die Leute umsonst unterrichtete, sondern sich auch noch große Summen herauslocken ließ, die er sich später aus Noblesse einzumahnen scheute.

Wenn er bei uns im Unterricht etwas vorsang, so saßen wir recht entmutigt da, weil wir Schüler ja doch nicht imstande waren, diesem Vorbild auch nur nahezukommen.

Die Inbrunst, mit der er alles empfand, ging einem durch und durch, und ich weiß mich noch wie heute zu erinnern — es war in Brünn — er sang uns die Apfelschußszene aus «Wilhelm Tell» vor, da rannen ihm die dicken Tränen über die Wangen, und am ganzen Körper zitternd, erlebten wir alles mit ihm, tief ergriffen — und wie er zu Ende war, konnte keiner von uns ein Wort sprechen.

Ein Vollblutkünstler der seltensten Rasse, der sich sein heiliges Feuer bis in die letzten Tage seines hohen Greisenalters bewahrt hat.

Wie ein Jüngling stand er noch heuer im Juni vor meiner Abreise in die Ferien vor mir und sprach, alle Not und Sorge des heutigen schäbigen Alltags um sich vergessend, begeistert über diese oder jene künstlerische Frage, sang mir mit seinen sechsundachtzig Jahren die Bajazzoarie in meiner Tenorlage vor, fast ohne Stimme, aber tief in die Seele schneidend, wie ich sie noch nie von irgend jemandem ähnlich empfunden hörte.

Wenn ich mit mir über irgend etwas nicht ganz im klaren war und künstlerische Sorgen hatte, wie sie jeder von uns hat, wenn er es ernst mit sich meint, ging ich zu ihm — immer wußte er Rat.

Er war vornehm über alle Grenzen hinaus; nie irgendeine Reklame, nie irgend etwas für seinen Vorteil tuend, unterrichtete er still die, die zu ihm kamen.

In die letzte Zeit konnte sich der hochbetagte Mann nicht hineinfinden. Ratlos ging er herum und konnte es nicht fassen, daß er in seinem hohen Alter *das* noch erleben mußte.

Der Heimgang seiner Lebensgefährtin, seiner engelsguten Frau, gab ihm den Rest — er sehnte sich zu ihr, fühlte sich so allein, so grenzenlos verlassen.

Nun ist er ihr gefolgt, seiner teuren Lori, und seinen Kindern, die der hartgeprüfte Mann alle zu Grabe hat geleiten müssen.

Dank dir tausendmal, mein geliebter Lehrer und väterlicher Freund.

Die Erde sei dir leicht.

## Gustav Mahler

Wie danke ich meinem Schicksal, daß es mir vergönnt war, sieben volle Jahre hindurch, in der Sturm- und Drangperiode meines künstlerischen Schaffens, unter der Leitung dieses Mannes arbeiten zu dürfen.

Freilich, als Direktor war er unbequem, mehr als das, oft sogar unerträglich; aber wenn er im Probesaal oder auf der Bühne mit uns arbeitete, zerstob jeglicher Groll in alle Winde, alle kleinlichen Plackereien des Alltags waren im Nu vergessen, und man war stolz darauf, mit diesem Genie durch dick und dünn gehen zu dürfen.

Er selbst verzehrte sich in heiligstem Arbeitsfeuer, verlangte aber dasselbe auch von uns.

Die Sorge des einzelnen um seine eigene Person, sein Wohl, betrachtete er als Verbrechen am künstlerischen Werk. Restlos, ohne Gedanken an sich und seine Familie, sollte man in der Kunst aufgehen.

Das Ersuchen um eine Bewilligung zu einem Gastspiel außerhalb Wiens war ihm ein besonderer Dorn im Auge.

Nur in den dringendsten Fällen entschloß ich mich zu einem Bittgang um Urlaub.

Zuerst wurde bei Hassinger, dem langjährigen Direktionsdiener, die Stimmung erforscht, und oft kam es vor, daß man umkehrte und die Angelegenheit auf einen anderen Tag verschob, wenn Hassinger abriet.

Aber einmal mußte es doch geschehen.

Hochklopfenden Herzens trat ich ein.

Der Direktor fühlte den Grund des Besuches und gab sich von vornherein reserviert.

«Womit kann ich dienen?»

«Herr Direktor, ich möchte an zwei Abenden in Graz singen und bitte um vier Tage Urlaub.»

«Ja, sind Sie toll? — Sie waren doch erst fort!?»

«Aber nein, Sie irren, seit Wochen war ich nicht mehr weg.»

Auf seinem Schreibtisch befand sich ein Brett mit ungefähr fünf-undzwanzig bis dreißig Knöpfen. Unter ihnen Täfelchen mit den Namen der einzelnen Funktionäre des Hauses, die er sich jederzeit herbeiklingeln konnte.

Mahler stürzt wütend hin und drückt mit der flachen Hand auf zirka zwölf bis fünfzehn Knöpfe auf einmal; er will Professor Wondra haben, der alle Urlaube eingetragen hat, um mich ad absurdum zu führen.

Die Türen öffnen sich auf allen Seiten.

Lenerl Sgalitzer stürzt atemlos mit dem Stenographieblock herein: «Herr Direktor?»

«Nein, nicht Sie! — Raus!»

Linerl Ranninger kommt leichenblaß mit dem Schlüsselbund zu sämtlichen Notenkästen des Opernhauses.

Auch sie ist im Nu wieder draußen.

Sekretär Schlader, Inspizienten, Requisiteure stürzen herbei, sogar der Feuerwehrmann hat ein Signal bekommen und erscheint im vollen Ornat, um schon zu spritzen.

Nur Wondras Knopf war nicht dabei! —

Ein Wort gibt das andere, die Situation spitzt sich zu, meine Geduld reißt.

Wütend verlasse ich die Kampfstätte, trete Hassinger auf die Füße, alle Kollegen, die draußen in ähnlichen Angelegenheiten auf den Direktor warten, lösen sich in ihre chemischen Bestandteile auf und ergreifen die Flucht.

Ich gehe rasend heim, wo ich Elsa bei allen Heiligen schwöre, daß ich das nicht länger aushalte.

Nach einigen Stunden beginnen sich die Gemüter allmählich zu beruhigen, man steht auf dem Theater, er sitzt am Pult und dirigiert, und all die Galle und Empörung schmilzt dahin wie Märzenschnee in warmer Frühlingssonne.

Dieses Spiel wiederholt sich einige Male im Jahr, im Monat, in der Woche.

Also angenehm war es gerade nicht, aber wenn ich an all das Herrliche denke, was mir der Mann auf den Weg mitgegeben hat, und wenn die alles verklärende Erinnerung mithilft, so sind all die Widerwärtigkeiten nur eine Bagatelle gewesen im Vergleiche zu den Gaben, die ich davontragen durfte.

Diese Mozart-Zyklen, «Entführung aus dem Serail», «Così fan tutte», «Zauberflöte», «Fidelio», «Hugenotten», «Jüdin», all die Neueinstudierungen, war das eine Quelle von Anregungen bei den Proben.

Jede Bemerkung war ein Geschenk fürs Leben.

Da wäre es keinem von uns eingefallen, das Probezimmer zu verlassen, wenn Mahler ein paar Szenen probierte, in denen man unbeschäftigt war.

Seine Art zu arbeiten holte aus dem Sänger alles heraus, was er zu geben hatte.

So fidel und lustig es sonst zuging, wenn Hesch, Demuth und ich auf der Bühne standen, bei Mozart, mit Mahler am Pult, ging jeder schweigend herum, voll Sorge, daß nicht alles voll und ganz gelingen könnte.

Gelang es, war Mahler kaum wiederzuerkennen, kam zu uns auf die Bühne, lobte uns und verteilte Zwanzighellerstücke.

Und *das* waren dann die Augenblicke, die ich benutzte, um irgendeinen Urlaub herauszuschinden.

Ich schilderte dann dem Direktor in tief empfundenen Worten den weit vorgeschrittenen Grad meiner Verelendung, die nur durch ein Gastspiel in Brünn oder Prag gemildert werden könne.

Er lachte: «Also gut, fahren Sie in Gottes Namen, aber wenn Sie dann wieder zurück sind, geben Sie eine Zeitlang Ruhe.»

Ich beeidete dies, und in synkopierten Sprüngen, die man schon von weitem hörte, eilte er ins Orchester, um das Werk zu Ende zu zelebrieren.

Ich erinnere mich meiner allerersten Begegnung mit Mahler.

Ich war damals noch in Brünn, aber schon nach Berlin an die Königliche Oper engagiert, da bekam ich von der Direktion der Wiener Hofoper eine Einladung zum Probesingen.

Also eilte ich freudigst nach Wien.

Ein Probesingen ist etwas Furchtbares.

Wenn ich heute Probe singen müßte, ich bin überzeugt, daß ich als gänzlich talentlos davongejagt werden würde.

Das Probesingen geschieht meistens in Herden.

Es sammeln sich ungefähr fünfzehn bis zwanzig stimmbehaftete Damen und Herren im Gang der Direktionskanzlei und werden zu einem gegebenen Zeitpunkt vom Theaterdiener auf die Bühne getrieben.

Im schwarzen, stockfinsteren Zuschauerraum sitzt der Direktor mit seinem Stab von musikalischen Beratern und oben einer der Herren Korrepetitoren vom Dienst am Klavier.

Es geht los, der Hilfsregisseur annonciert:

«Fräulein X, die Hallenarie!» —

«Dich, teure Halle, grüß' ich wieder, froh grüß'...»

«Ich danke sehr, Fräulein, die nächste bitte.»

«Fräulein Y, die Hallenarie.»

«Dich, teure Halle, grü...»

«Ich danke, weiter, die Dritte!»

«Fräulein Z, die Hallenarie!»

«Dich, teure Ha...»

«Ich danke! — Schluß.»

Dann kommen die Tenöre.

Hinten räuspert sich alles.

Einer inhaliert und fährt sich mit einem Pinsel in die Nase.

Ein dritter gurgelt und erklärt den ihn bewundernd Umringenden: «Damit gurgelt auch Schmedes!»

Herr Soundso: «Heil, König Heinrich, segenvoll mög' Gott bei deinem Schwerte stehen.»

«Ich danke, weiter.»

Ein Bariton blökt umher in diesem edlen Kreise, so geht es fort, bis alle dran sind.

Die letzten fünf bis sechs singen nur mehr für sich, weil der Direktor und seine Berater schon lange nicht mehr im Zuschauerraum sind.

Die singen am längsten.

Das Ergebnis ist ein Brief, den das Fräulein Sgalitzer in einigen hundert Exemplaren schon vorbereitet hat, folgenden Inhalts:

Sehr geehrter Herr (Fräulein)!

Anläßlich des am soundsovielten stattgehabten Probesingens ist die Direktion des k. k. Hofoperntheaters zur Erkenntnis gekommen, daß Ihre höchst achtbaren stimmlichen Qualitäten derzeit als noch nicht gehörig reif für das k. k. Hofoperntheater befunden werden können.

Die gefertigte Direktion wird nicht ermangeln, Sie im Auge zu behalten.

Das ist das Probesingen.

Auch ich war so ein Probesänger, nur mit dem Unterschiede, daß ich allein singen durfte anschließend an eine Orchesterprobe, die Hans Richter leitete.

Die Großen des Hauses, Reichmann, Winkelmann, Grengg, standen in den Kulissen.

Ich, aus Brünn, mit schlotternden Knien auf der Bühne, Hans Richter am Pult.

Lohengrin: Heil, König Heinrich...

Ehe ich beginne, schreit eine Stimme aus dem finsteren Parkett: «Sie, ich mache Sie darauf aufmerksam, wenn Sie mir schleppen, jage ich Sie zum Teufel!»

Es war Direktor Mahler, der mich so liebevoll ermunterte.

Mir wurde schwarz vor den Augen.

Wie ich sang, ich weiß es nicht, alles drehte sich mit mir.

Später fand ich mich in der Kanzlei Mahler gegenüber, der sehr nett zu mir war und bedauerte, daß ich bereits nach Berlin engagiert sei.

Oben geschilderten Brief habe ich nicht bekommen.

Bei dem bloßen Gedanken an das Probesingen perlt mir der kalte Schweiß von der Stirne.

Von überall perlt er.

Das war mein erstes Zusammentreffen mit Gustav Mahler.


Es war uns Mitgliedern der Oper verboten, eigene Konzerte zu veranstalten.

Da alle Gesetze dazu da sind, umgangen zu werden, fand sich auch für mich ein Ausweg.

Oskar Dachs, mein Pianist, der als ganz junger Künstler zu mir kam und mit dem ich meine Konzerte vorbereitete, mußte herhalten.

Auf den Plakaten hieß es:

«Konzert Dachs, unter Mitwirkung von Leo Slezak.»

Nun hatte der Arrangeur den Namen Oskar Dachs ganz klein gedruckt, während die Worte Konzert und Leo Slezak in großen Lettern zu lesen waren.

Mahler ließ mich rufen und sagte empört: «Wissen Sie, was das ist? Das ist ein Rebus mit der Überschrift:

‹Wo ist Dachs?›!»


«Zauberflöte». Ich sang den Tamino.

In der großen Flötenszene gab es eine Stelle, die ich nicht richtig machte, wo ich regelmäßig patzte.

Mahler ärgerte sich jedesmal darüber, aber es war wie verhext — so oft die Stelle kam, ging es immer, schon aus Nervosität, schief.

Als nun an diesem Abend die gewisse Szene kam, merkte ich in der Kulisse eine große Aufregung, die Feuerwehrmänner schossen hin und her, und ein Ballettmädchen lief mit entsetztem Gesichtsausdruck über die offene Bühne. —

Der Wolkenwagen, der mit den drei Knaben durch die Luft flog, hatte sich infolge Kurzschlusses entzündet und brannte lichterloh.

Mir schießt durch den Kopf: Nur keine Panik!

Und ich singe krampfhaft weiter, bis zum Ende der Szene.

Da plötzlich rief jemand im Publikum: «Feuer!»

Im Nu schnellten die Menschen von den Sitzen auf und stürzten wie besessen, einer über den andern steigend, dem Ausgang zu.

Ich schreie aus Leibeskräften: «Sitzen bleiben! Es ist alles schon vorbei!»

Auch Mahler wendet sich um: «Sitzen bleiben!» ruft er und dirigiert weiter.

Das Publikum beruhigt sich, das Unheil ist abgewendet.

Nachher kam Mahler zu mir und sagte:

«Wissen Sie, Slezak, daß Sie zum erstenmal die Szene richtig gesungen haben?»

Und sich zu den andern wendend:

«Wenn Slezak richtig singen soll, muß das Theater brennen!»

«Meistersinger» 1. Akt.

Mahler in seiner Loge, Franz Schalk am Pult.

Bei meinem Werbelied bleibe ich hängen.

Max Blau im Kasten, der sonst Hilfreiche und Gute, schneuzte sich gerade.

Ich zische: «Hilf Samiel!»

Er heißt nämlich Samiel, weil er ein Jude ist.

Vergebens! — Bange Sekunden vergehen, ich erlebe einen großen Teil meines Werbeliedes nur innerlich.

Endlich finde ich durch stimmbandlähmendes Hinaufschreien Maxens den Faden wieder, und der Akt endet märchenhaft.

Mahler stürzt in großen Sprüngen auf die Bühne und schreit: «Was ist Ihnen?» —

Gereizt schreie ich in demselben Ton zurück: «Warum?»

Er: «Sind Sie krank?»

Ich: «Nein!»

Er: «Ich habe geglaubt, es geht nicht mehr weiter.»

Ich: «So?» — — —

Mahler stutzt, sieht mich entgeistert an, und weil ich in demselben erregten Ton mit ihm gesprochen hatte wie er mit mir, wendet er sich zu Professor Wondra hin und konstatiert tiefernst: «Slezak ist verrückt!»

Einige Tage später begegnete ich ihm, meinen kleinen Buben, der damals drei Jahre alt war, an der Hand, im Stadtpark.

Als ich Mahler kommen sah, ließ ich den Arm des Jungen los, um zu grüßen.

Der Bub fiel mit seinem weißen Mantel in den Schmutz.

«Keine Aufregung», ruft mir Mahler zu, «ein Umschmiß geniert einen Slezak nicht.»

Nach Jahren traf ich ihn wieder in New York.

Ein müder, kranker Mann.

Wir hatten «Pique Dame» — Uraufführung für Amerika, am Metropolitanopernhaus.

Bei den Proben meist er und ich allein.

Die anderen kamen gar nicht.

Selten bekam er sein Ensemble zusammen.

Resigniert saß er da mit mir, ein anderer.

Mit Wehmut suchte ich den Feuergeist von einst. — Er war milde und traurig geworden.

Er bat mich des öfteren, ihn im Savoyhotel zu besuchen; ich hielt es für eine Artigkeit und scheute mich, ihn zu stören.

Einmal war ich dort, er konnte mich nicht empfangen.

Angina, sagte man mir — und er läge zu Bett.

Wochen darauf begegnete ich ihm im Zentralpark.

Er sah erschreckend aus.

Lange unterhielten wir uns, es war das letzte Mal.

Wie ein Schatten ging er dahin, mir krampfte es das Herz zusammen.

Im Mai, als ich von Amerika kam, besuchte ich ihn im Sanatorium Löw in Wien.

Es war zu spät, ich durfte ihn nicht mehr sehen. In derselben Nacht ist er gestorben.

Herzlich bitte ich ihn um Verzeihung, wenn ich ungerecht gegen ihn war: heute, in der Erinnerung, bleibt nur das eine Gefühl — innigste Dankbarkeit.

# Schlußwort

Ich habe zwar in meinem ganzen Leben nicht gehört, daß ein Buch ein Schlußwort haben muß, aber man erklärte mir, *mein* Buch *müsse* eines haben, weil man sonst nicht weiß, daß es zu Ende ist.

Ich erkläre also hiermit feierlich, daß dies der Schluß ist, daß ich fertig bin und nichts mehr zu sagen habe.

Es sind meine sämtlichen Werke!

Es hat Blut gekostet, bis ich das alles zusammengeschrieben habe.

Schon der Titel allein verschlang schlaflose Nächte.

Hatte ich einmal des Nachts einen glänzenden Titel gefunden und schlief beseligt ein, konnte ich mich des Morgens nicht mehr an ihn erinnern.

Ja, der Titel! — so hörte ich meine Kollegen von der Feder sagen — das ist das Schwerste. Mit dem Titel steht und fällt der Erfolg des Buches.

Er muß originell, einfach, nicht gesucht, vielversprechend und dennoch vornehm sein.

Ach, und alles andere.

Schon das kilometerlange Reden in der Mitvergangenheit, das Ausknobeln der Satzzusammenstellungen, die Reihenfolge der Kapitel, das alles schuf Qualen.

Dann die Sorge, ob ich auch genügend Stumpfsinn zusammenbringe, damit der geneigte Leser auf seine Rechnung kommt. Fürchterlich!

Das Schreiben selbst war oft recht hart; es gab Zeiten, da mich die Muse nicht ums Verrecken küssen wollte.

Noch ein Moment, das schwer ins Gewicht fiel.

Ich las, um die Wirkung zu erproben, jedem Menschen die ganze Angelegenheit vor und schuf mir dadurch zahllose Feinde.

Wenn man mich sah, floh man mich. Man wich mir aus.

Nichts als Unannehmlichkeiten hatte ich mit diesem Buch.

Jetzt fehlt nur noch, daß die Kritik dieses Werk als literarisch minderwertig bezeichnet, oder, was noch schlimmer ist, daß es kein Mensch kauft!

Nicht auszudenken! —

Nach all diesen Unsummen von Leiden habe ich mich zu dem Entschluß durchgerungen, mich wieder voll und ganz nur noch dem Singen zuzuwenden.

Ich pfeife auf die Küsse sämtlicher Musen, mit Ausnahme der Muse der Musik, und bin des lieben Lesers und der reizenden Leserin ganz ergebener

*Slezak*

Egern, am Tegernsee, 17. März 1921.

# Anhang

---

*Gedrängter Lebenslauf*
*für das Konversations-Lexikon*

Ich bin am 18. August geboren.

Das Jahr sage ich nicht, weil man es mir ja doch nicht glaubt und mir in der Annahme, daß ich nicht die Wahrheit sage, noch wenigstens drei bis vier Jahre mehr zulegt.

Ich bin ein Flaschenkind.

Damals ging das noch, weil genügend Milch da war.

Ich besuchte den Kindergarten, die Volksschule und vier Klassen Realschule. Den größten Erfolg hatte ich im Kindergarten.

Das war alles in Brünn. — Dort lernte ich die Schlosserei, war am Abend Statist im Stadttheater und erregte durch mein besonders lebhaftes Anteilnehmen an den Vorgängen der betreffenden Stücke beim Publikum Anstoß.

Langjährige Abonnenten mieden das Theater. —

Mein geliebter Lehrer Robinson entdeckte mich und bildete mich zum Sänger aus. — Der bin ich nun schon seit — leider — einigen Jahren.

Meine Bescheidenheit verbietet mir zu sagen, daß ich phänomenal bin und ein Gestirn am Künstlerhimmel.

Ich bin fünfmaliger Kammersänger und Ehrenmitglied des Gebirgs- und Volkstrachtenvereins «D'Hirschbergler» in Egern am Tegernsee. — Auch bin ich beitragendes Mitglied der Freiwilligen Feuerwehr daselbst und sammle Briefmarken. — Das Sammeln von österreichischen Tausendkronenscheinen habe ich aufgegeben, weil sie nichts wert sind.

Seit einigen Jahren bin ich verheiratet und besitze einen Sohn und eine Tochter. — Die ganze Familie nörgelt an mir herum, und ich werde strenge bewacht, damit ich nicht zu viel esse, weil ich sonst zu dick werde und als Liebessänger unmöglich.

Ich bin ein weißer Sklave. —

Indem ich der bestimmten Hoffnung Ausdruck gebe, meinen

Lebenslauf zwar kurz, aber dennoch erschöpfend dem geliebten Konversationslexikon zu Füßen gelegt zu haben, bin ich zu weiteren Auskünften stets bereit und zeichne mich als des lieben Konversationslexikons herzlich ergebener

LEO SLEZAK
Dichter und Sänger

# Der Wortbruch

## Inhalt

VORWORT 157

AUS DER WERKSTATT
Tournee 161
Das Künstlerzimmer 174
Unerfreuliches 177
Luftröhrenkatarrh 182
Mein Ausflug ins Varieté 188
Interview 196

INTIMES
Meine Empfindungen als Schwiegervater 200
Das Briefmarkensammeln 205
Mein Freund Maxi 211
Im Auto durch die Welt 214
Zwetschgerl 220

BELEHRENDES
Der gute Ton in allen Lebenslagen 227
Der Opernführer 236

ERINNERUNGEN
In Paris 260
Tegernsee 265
Mein geliebtes Wien 287

SCHLUSSWORT 304

# Vorwort

O Leser!

Ich wage es gar nicht «Freundlicher Leser» zu sagen, denn ich habe das Recht auf die Freundlichkeit des Lesers verwirkt.

Was ich jetzt tue, ist eine große Gemeinheit.

Ich habe im Schlußwort und, wenn ich nicht irre, auch im Vorwort meiner «sämtlichen Werke», an Eides Statt versichert, daß dies meine *sämtlichen* Werke seien, ich nie mehr etwas schreiben werde, und daß mir nie wieder etwas einfallen wird.

Also, eingefallen ist mir ja nichts, aber geschrieben habe ich!

Ich habe einen Meineid begangen — ich bin ein Verbrecher!

Durch die Güte eines angeheirateten Rechtsanwalts erfahre ich, daß dies nach Paragraph 199 des Strafgesetzbuches, selbst unter Anwendung der allermilderndsten Umstände, sechzehn bis zwanzig Jahre schweren Kerkers, respektive Zuchthaus bedeutet.

Es ist eigentlich unklug von mir, daß ich das so öffentlich sage und mich selbst ans Messer liefere, aber ich bin zerknirscht, bin reuig und hoffe, es wird mich niemand dem Staatsanwalt übergeben.

Entrüsteter Leser! Selbst auf die Gefahr hin, daß dies geschieht, kann ich nicht anders. — Ich bin machtlos.

Die Muse ist unberechenbar — sie ist wie die Liebe, die fällt oft auf einen Kuhfladen. Die Muse war aggressiv zu mir, ich konnte mich ihrer Küsse nicht erwehren.

Man *kann* dem Genie nicht gebieten: «Du darfst nicht!» — Das Genie ist wie ein aus den Ufern tretender Strom, der alle Dämme bricht. Ich habe gekämpft, ich bin unterlegen!

Und wenn ich bedenke, daß unter den vielen Zuschriften, die ich nach Erscheinen meines ersten Buches bekam, auch *eine* war, die mich aufforderte, ein zweites Buch zu schreiben, so *kann* man mich nicht so verdammen. —

Ich wollte zuerst einen Roman schreiben, machte mir mit Schlagworten einen Stoff zurecht und kombinierte die spannendsten Verwicklungen.

Da erklärte man mir, daß all meine Ideen schon dagewesen wären, und wenn ich sie ausführe, könnten mich Sudermann, Wassermann, Kehlmann, Kellermann, Thomas Mann oder irgendein anderer Mann als Plagiator den Gerichten übergeben.

Wohin ich blicke, nichts als Kriminal! — —

Meine Kameraden — die Sänger, nicht die Dichter — behaupten, daß die Rollen, in denen ich im Kriminal bin, wie etwa «Florestan», «Dabilor», «Troubadour» usw., meine besten wären, weil ich mich in diesem Milieu so zu Hause fühle.

Eigentlich niederträchtig, schon weil man ganz verwirrt wird und es zuletzt selber glaubt. —

Ferner schoß mir durch den Kopf, ein Theaterstück zu schreiben, dieses in der Schweiz aufführen zu lassen, wo es vier bis fünf Monate hindurch täglich vor ausverkauften Häusern über die Bretter gehen würde.

Ich legte dort die übliche Frankenwährung als Hauptbasis meiner Schöpfung zugrunde. —

Aber es ging mir genau wie mit dem Roman, alles, was mir einfiel, hat schon ein anderer gesagt. Man kann sich das Hirn zermartern soviel man will, alles hat man entweder schon im Theater gesehen oder irgendwo gelesen.

Mit Recht empörter Leser — und dennoch — und trotzdem — wirst du fragen? —

Ja! «Hier stehe ich, ich kann nicht anders», darf ich ruhig mit Luther sagen. — Der konnte auch nicht anders.

Aus allen Poren drängt's, das Herz pocht, die Schläfe hämmert — es zieht mich hin zum Schreibtisch! — —

Mein Verleger sagt, das wäre die *Unsterblichkeit*, die so in mir tobt! — Er versprach auf das bestimmteste, mir in Walhall einen Polstersessel reservieren zu lassen, auf dem ich neben Goethe, Schiller und den anderen Dichtern sitzen werde, als einer der Ihren.

Schiller und Goethe haben ja schließlich auch nichts anderes getan, als ihre sämtlichen Werke geschrieben.

Und trotzdem kann ich ein gewisses blamables Gefühl nicht loswerden.

Stirnrunzelnder Leser, verächtlich blickende Leserin, was werdet ihr von mir denken? — —

Ich habe das Empfinden eines Wortbrüchigen. — Darum und aus dieser Erkenntnis heraus, quasi um mich selbst zu strafen, nenne ich das Buch «Der Wortbruch»!

An die Güte und Nachsicht des lieben Lesers zu appellieren, getraue ich mich erst gar nicht. —

Ich lasse dieses Buch nicht, wie das vorige, fröhlich «hinausflattern», — sondern beschämt «hinaus*schleichen*»! —

*«Er versprach mir in Walhall einen Polstersessel.»*

Für alle Fälle lasse ich mir von meinem lieben Verleger einen so großen Vorschuß geben als nur irgend möglich, denn, *wenn* einer von uns beiden Pleite machen soll, so soll er es sein — der Gute.

Schlimmstenfalls wird er mir keinen Polstersessel in Walhall vorbereiten, werde ich nicht neben Goethe sitzen.

Es ist ja sehr ehrenvoll, neben Goethe zu sitzen, aber weiß ich, ob der Mann nicht recht arrogant zu mir sein, mich als Tenor nicht für voll nehmen, oder sich darüber ärgern wird, daß die erste Auflage meiner sämtlichen Werke in einer Woche vergriffen war und seine nicht? — Habe ich es notwendig, nach meinem Tode, in Walhall, das Gefühl des «Überdieachselangesehenwerdens» zu haben?

Dann wäre es mir noch außergewöhnlich peinlich, wenn ich da oben Richard Wagner, Beethoven, Karl Maria von Weber oder den alten Verdi träfe. — Die sind imstande und machen mir Vorwürfe, wegen der vielen Fehler, die ich in ihren Opern gemacht habe.

Jeder einzelne Komponist würde mir vorrechnen, wie oft er sich im Grabe umdrehen mußte, wenn ich seine Rollen gesungen habe.

Die Dichter werden sagen, ich sei ein großer Sänger, und die Komponisten werden behaupten — der Slezak dichtet fabelhaft.

Von allen Seiten werde ich gefrozzelt werden. — Ich werde mich in Walhall bestimmt halbtot ärgern.

Richard Strauß wird auch da oben sein, der weiß alles von mir, er war doch mein Kapellmeister.

Ich werde den ganzen Tag, statt mit den andern auf den Wolken zu sitzen, zu jubilieren und Hosiannah zu kreischen, beschämt auf irgendeinem schäbigen, womöglich nassen Wölkele hocken und mich fortwährend heraussehnen aus dieser olympischen Gesellschaft.

Allerdings *eines* würde mich freuen.

Wenn meine Kollegen, namentlich die Tenorkonkurrenten, durch das Wolkengitter nach Walhall hineinblickten und mich neben Goethe sitzen sähen.

Die würden zerspringen!

Aber immer schauen sie ja nicht herein und die übrige Zeit müßte ich... Nein, ich mag gar nicht nach Walhall! — —

Ich wünsche nur eines, daß du, o Leser, mich nicht allzusehr mit Unrat bewirfst und nicht schlechter von mir denkst, als ich ohnehin bin. —

Das genügt nämlich schon.

Also schleiche denn in Gottes Namen hinaus, du zweite Frucht meines Genies, und versuche, dem Leser die Empörungsfalten von der Stirne wegzuschwatzen, — vielleicht gelingt es dir.

*Der Verfasser*

# Aus der Werkstatt

### Tournee

Wie oft habe ich meinen verewigten Freund, Ludwig Thoma, darum beneidet, daß er seinen Beruf in seinen entzückenden vier Wänden ausüben konnte.

Ein Stück Papier, ein Bleistift, schlimmstenfalls ein Füllfederhalter, und er war bereit. — Die Muse hatte er immer um sich, sie verließ ihn nie oder höchst selten auf kurze Zeit.

Wie anders ist das bei mir.

Ich kann meinem Berufe nie nachgehen, ohne daß ich eine große Menschenmenge, die mir zuhört, um mich versammle.

Ja, es ist sogar von Wichtigkeit, daß die Zuhörerschaft eine große ist, da man mir sonst in Bälde auf meine Singerei pfeifen und ich die Schwingen des Pleitegeiers über meinem Haupte rauschen hören würde.

Wenn sich das Singen auf Wien beschränkt, und man längere Zeit in seinem eigenen Heim bleiben kann, nur jede Woche dreimal hinüber in die geliebte Oper geht, so ist das herrlich. — Wenn man aber jeden zweiten Tag irgendeine andere Stadt zu entflammen hat — so nennt man dies eine Tournee. —

Es klingt ja ganz nett: Ich gehe auf Reisen — eine Tournee durch Südslawien, Serbien, Tschechoslowakei — die auf acht bis zehn Wochen berechnet ist.

Aber wenn man einen Einblick in die Vorbereitungen und die Tournee selbst tut, so glaube ich, wird mancher erbeben und sich schnell einen anderen Beruf wünschen.

Für mich ist solch eine Tournee der Extrakt alles Unangenehmen — trotzdem das eigentlich Widerwärtige, das Packen und Herrichten der diversen Kleidungsstücke und Kostüme, das Ressort meiner über alles Lob erhabenen Gemahlin ist. Aber schon das Zusehen, wie sie sich abrackert, macht mich krank.

Bei Konzerten schafft das Programm immer Meinungsverschiedenheiten, die in einer guten Ehe nicht vorkommen sollten.

Sie macht die Programme.

Fast immer — ich übertreibe nicht, meint die Gute, daß ich endlich einmal etwas Neues lernen müsse, weil man sich sonst in Pohrlitz sicher den Mund zerreißen würde, wenn ich dort wieder und immer wieder und jedesmal sachte die Hand auf die Klinke lege und den Leuten sage, daß im November der Lenz da ist.

Meine Versicherung, daß es ja doch schon wieder ein Jahr her sei und die Pohrlitzer bestimmt andere Sorgen haben würden, als sich zu merken, daß ich im Vorjahre die funkelnde Schale zum Mund emporgehoben habe, wird nicht anerkannt.

Es wird gestritten und gebohrt — bis sie endlich kategorisch erklärt, daß sie außerstande sei, nochmals ein solch allbekanntes Programm zu machen.

Fünf bis sechs neue Lieder werden aufs Repertoire gesetzt. — Herrlich! —

Was tut Gott? Die Zeit der Abreise kommt, die Lieder sind nicht studiert, die funkelnde Schale und die Hand auf der Klinke stehen wieder in der «Reihenfolge der Gesänge» — und ich bin selig.

Mein Wiener Konzertbrotgeber, Hugo Knepler, macht infolgedessen meine Programme selber. —

Er ruft an: «Also, lieber Leo, du mußt mir dein Programm sagen.»

«Gemacht. Aber weißt du, das ist nicht mein Ressort — rufe Elsa an.»

«Gnädige Frau, bitte, was singt Leo, mit Gottes Hilfe, im nächsten Konzert, außer dem ‹Lenz›?» —

Ein strahlendes Programm wird Hugo zuteil, das er mit einem begeisterten Bravo quittiert.

Vor dem Abläuten sagt er: «Aber nicht wahr, das, was er wirklich singt, muß er wenigstens zwei Tage vor dem Konzert sagen. S'tiant, gnädigste Frau, grüßen Sie mir den Leo.»

Von jetzt ab trübt das Programm unser Dasein.

Auftakt zur Tournee: «Leo, was meinst du, werden wir Einladungen annehmen? — Soll ich den Smoking einpacken?»

«Pack ihn ein, mein Kind.»

«Aber er ist dir zu eng, du ziehst ihn ja doch nie an.»

«Also packe ihn nicht ein.»

Dasselbe wiederholt sich beim Jackettanzug, der schon zehn Jahre in der Welt herumgeschleppt wird und seit elf Jahren unzuknöpfelbar ist.

Die Abfahrt.

Fünfundsechzig Handgepäckstücke und einige Hunde. Seit Beginn unserer Ehe nehmen wir uns vor, wenigstens drei Hunde und eine Katze zu Hause zu lassen — und wenn die Stunde des Ab-

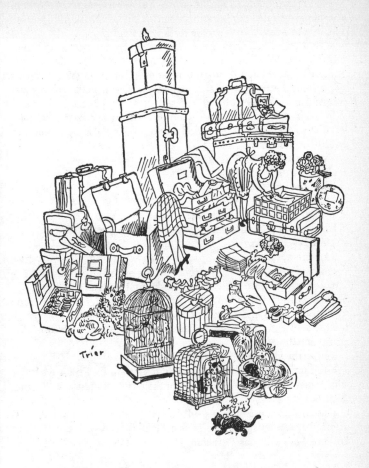

*Fünfundsechzig Handgepäckstücke und einige Hunde — — —*

schieds kommt, so sind die lieben Tierchen vollzählig um uns versammelt und komplizieren unser Leben.

Der Aufbruch gestaltet sich infolge der vielen Gepäckstücke sehr abwechslungsreich und mannigfaltig.

Auf zwei Wagen werden die Koffer verstaut.

Man zählt ununterbrochen. Oft verzählt man sich und bringt um elf, manchmal um neun Stücke mehr heraus, als man mitgenommen hat. Dann ist man zufrieden. Nur weniger dürfen es nicht sein, dann wird sofort nachgeforscht. Am Ende solch einer Reise kann man sich ruhig den Titel eines «Forschers» beilegen.

Ist alles auf die Wagen geladen, fährt man zur Bahn. Da wiederholt es sich ausnahmslos, daß während der Fahrt einer von uns beiden erbleicht.

«Mein Gott!»

«Was ist denn los?»

«Die Kofferschlüssel!!»

«Vergessen?»

«Nein! Gott sei Dank, da sind sie.»

Ich schlage plötzlich konvulsivisch auf die Brusttasche.

«Jesus — die Pässe!» — — —

«Ach nein, da sind sie.»

Unter diesem etwas aufregenden, für einen unbeteiligten Zuschauer sicherlich erheiternden Spiel kommt man an die Bahn.

Eine größere Abteilung Träger wird mobilisiert. Die Wagen werden entleert, und beim Entlohnen wird gestritten.

Mit treuherzigem Augenaufschlag verlangt der Taximann eine phantastische Summe.

Man sieht nach dem Taxameter. —

«Aba, gnä Herr, Sö wern do net um viere in da Fruah nach der Tax fahrn wolln? — Wo a Kalbspörkelt fuffzehntausend Kronen kost'?»

Unter Verwünschungen und nachhallenden Flüchen eilt man zur Fahrkartenausgabe, stellt sich an und wartet, bis man dran kommt. Man sagt das Reiseziel.

«Vis-à-vis bei Kasse sieben!»

Man zerspringt! — Geht zur Kasse sieben. — Man sagt das Reiseziel.

«Eine Million siebenmalhundertachtundneunzigtausendvierhundertdreiundzwanzig Kronen 35 Heller.»

Man zahlt, bekommt seine Karte und geht.

«Um Gottes willen!»

«Was ist denn?»

«Mein Portefeuille habe ich an der Kasse liegen lassen.»

«Zurück — aber schnell.»

«Nein, Gott sei Dank — da ist es. Im Pelz hab' ich's stecken. Bin *ich* jetzt erschrocken.»

«Ich *nicht*, ich bin das bei dir gewöhnt», — beißt es zurück.

«Du rede was — denk an die Schlüssel im Wagen.»

Eine Spannung — ein Stachel.

Zur Waage. — «Gepäck nach X sechzehn Kilo, achthundattfuffzehn Kilo, numera hundartanazwanzig!

Vier Millionen dreimalhundertachtunddreißigtausendzweihunderteinundvierzig Kronen. — Versichern, bitte?»

«Nein.»

Man zahlt.

Die Gepäckträger lauern. — Man zahlt auch diesen die vielfache Taxe.

Die Gepäckträger verfluchen uns bis ins zehnte Glied. — Ein Viertel Wein kostet zwanzigtausend Kronen. — Was man eigentlich glaube. —

Man passiert die Sperre, steigt ein, und — nachdem uns der Handgepäckträger noch die roten Ostern an den Hals gewunschen und uns mitgeteilt hat, was ein Beuschel mit Knödeln kostet — sitzt man.

«Um Gottes willen!»

«Was ist denn schon wieder?»

«Die Fahrkarten habe ich verloren!»

«Aber das ist ja nicht möglich, du hast sie ja...»

«Ach, Gott sei Dank, da sind sie.»

«Ich habe einen Narren zum Mann!»

Ich lehne mich verletzt in eine Ecke.

«Es ist zu heiß! — Elsa, dreh die Heizung ab.»

«Jetzt ist es zu kalt. — Elsa, dreh die Heizung auf.»

«Es riecht nach Bahn. — Elsa, rasch die Perrolinspritze.»

Man spritzt. —

«Alles ist überschwemmt. — Du hast zuviel Perrolin hineingegeben. — Elsa, mach das Fenster auf.»

Der Zug setzt sich in Bewegung.

Wir fahren.

Unbegreiflicherweise gehen alle wichtigen Züge immer um sechs Uhr morgens ab. Das hat für uns ein Aufstehen um halb vier und einen Aufbruch um fünf zu bedeuten, weil ich immer rechtzeitig an der Bahn sein will, um ein ganzes Coupé zu bekommen.

Dieses wird mit allem Handgepäck belegt. Kommt jemand und will sich hineinsetzen, knallt ihm ein energisches: «Alles besetzt!» entgegen.

Wenn sich dann der Zug in Bewegung setzt und der Konduk-

165

teur die Karten durchlochen kommt, wird ihm mit einer Träne in der Stimme mitgeteilt, daß die vier Personen, die fehlen, soeben im Wartesaal der Schlag getroffen habe.

Wenn man ihm ein gutes Wort gibt, glaubt er es.

Kommt während der Fahrt jemand und will herein, schreie ich abermals — «Besetzt!»

Wieso besetzt?

Die leeren Sitze sind im Speisewagen! — — Selbst auf die Gefahr hin, daß überhaupt kein Speisewagen im Zuge ist.

Nur bei der elektrischen Trambahn darf man das nicht machen, weil man da sofort als Lügner entlarvt würde. —

Nachdem wir uns gegenseitig wegen der Heftigkeit von vorhin um Verzeihung gebeten haben, sind wir wieder eine glückliche Ehe.

Die Handgepäckstücke werden von mehreren Beamten, als für sechs Personen zu viel, beanstandet und hierauf verstaut.

Nun wird ausgepackt. Das Allernötigste. — Die Decke, Reisemütze, ein Polster, der Sweater, drei Thermosflaschen mit Kaffee, Tee und kaltem Wiener Hochquellwasser werden ins Netz gelegt, und nun das getan ist, beschleicht uns beide eine Behaglichkeit, die bis zur Ankunft dauert.

An der Bahn steht der Impresario. — Entweder er strahlt oder er blickt düster. — Je nach dem Vorverkauf für das Konzert.

In Iglau lernte ich einen Arrangeur kennen, der blickte düster, trotzdem der Saal bis zum Rande voll war. — Er glaubte, wenn er sich glücklich zeige, würde ich das Honorar steigern.

Man findet den bereitgehaltenen Wagen, selbstverständlich geschlossen — mit Fenstern. — Ich setze mich hinein und warte. —

Sowie alle Handgepäckstücke im Wagen sind, stürzt Elsa, fahl bis an die Lippen, zum Wagenschlag und lallt verstört: «Den Gepäckschein!!» —

«Aber den hast du doch in Wien zu dir genommen.» —

«Mein Gott . . . Ah, Gott sei Dank, da ist er.»

Gereizt sitzen wir nebeneinander.

Ankunft im Hotel.

Ich schreie — «Die Seife!»

Sie behauptet, sie könne nicht zaubern.

Ich meine, ich verlange auch nicht, daß sie zaubern soll, ich wolle ja nur meine Seife.

Endlich ist die Seife da, und nachdem das Zimmer wohlig und behaglich gemacht wurde, was Elsa wunderbar versteht, bitten wir uns gegenseitig um Verzeihung, schimpfen auf die verfluchte Fahrerei, die uns beide so nervös macht, und beschließen den Tag in vollkommener Harmonie.

Das ist ein Tag im Leben eines Sängers.

Er wiederholt sich immer wieder, genau wie ich es geschildert habe.

In manchen Gegenden geht es auch mit den Hotels nicht so glatt, wie man es wünschte. Da gibt es oft Zimmer, bei denen man auf jedes Mindestmaß von erträglichem Zustand verzichten muß.

Ich bin nicht nachtragerisch. — Blutrache ist mir fremd. — Ich bin weich wie Wachs und meine Herzensgüte grenzt an Kretinismus.

Wenn ich über diese meine Herzensgüte nachdenke, so kommen mir Tränen der Rührung, über mich selbst, in die Augen. — Ich verzeihe meinen Feinden, sogar wenn sie ein noch höheres C singen als ich es vermag.

Aber die fünf Tage Martyrium im Hotel X in Y haben mich umgewandelt.

Ich muß mitteilen, sonst platze ich. — All der in mir aufgehäufte Groll muß heraus. —

Die Tage in dem so schönen Y hätten herrlich sein können. — Verwöhnt von meinen Freunden und vom Publikum, das sich zu meinen beiden Konzerten drängte, die Säle bis ins äußerste Winkelchen füllend — daheim aber, im Gasthaus, der Kampf bis aufs Messer.

Schon die Ankunft war trostlos. — Ein trüber Abend, der an sich schon nicht heiter stimmte — kein Mensch kam uns entgegen.

Ich frage nach meinem Zimmer. — Nr. 6. — Ich gehe hinauf. Ein Gemach mit zwei Betten. Zerdrückte Blutlachen von hingemordeten Wanzengenerationen an den Wänden, eine kleine, fünfkerzige, mit einer dicken Staubschicht bedeckte Glühbirne, deren schwaches Licht alles noch erbärmlicher erscheinen läßt, keine Nachttischlampen — kurz: ein jammervoller Aufenthalt!

Ich stürze zum Portier und verlange ein anderes Zimmer. Achselzuckend meint er: das ginge nicht, die Polizei weise die Zimmer an und man müsse nehmen, was man bekommt.

Ich beklagte mich über den betrübenden Mangel an Reinlichkeit, schilderte in bewegten Worten die zerquetschten Wanzenleichen an den Wänden, die ein sicheres Zeugnis von nachtdurchwachten Schlachten, mit den Stiefelsohlen als Waffe, ablegten.

Ja — meinte der Mann — sein Chef lege keinen Wert darauf, daß sich die Gäste wohlfühlten, weil er nicht Herr über sein Hotel sei, und es könne ihm herzlich egal bleiben, wie man über dieses denke.

Zerknirscht bat ich wenigstens um eine zweite Lampe. — Es gibt keine. — Eine Kerze. — Es gibt keine. —

Ich lasse mir den Direktor, einen jungen Mann, rufen. Der schreit mich an, als ob ich etwas gestohlen hätte.

Vernichtet gehe ich auf mein Zimmer, läute dem Hausdiener und dem Mädchen. Entsetzt, aber doch mit einer leisen Hoffnung im Busen, frage ich, ob in dem Bette Wanzen wären.

«Wo *denn* sollen sie sein?» meinte der Diener.

Als er jedoch den herannahenden Wahnsinn verratenden Zug in meinem Antlitz sah, meinte er mitleidig, ich solle ruhig sein, solle nicht verzagen, die Saison für die Wanzen sei erst in einem Monat.

Als ich auf die erschütternden Flecke an der Mauer wies, sagte er beruhigend, die wären vom vorigen und vorvorigen Jahr. — Ich schenkte ihm einen Dinar. —

Milka, das Stubenkätzchen, zeichnete sich durch ganz besonders hochentwickelte Unfreundlichkeit aus; bei allem, was man von ihr begehrte, frug sie, ob man von der Tarantel gestochen sei.

Als sich unser Dialog immer aussichtsloser gestaltete, packte mich eine namenlose Wut. Ich bekam einen Schreikrampf und prophezeite dem Mädchen, daß sie, falls sie den Ton nicht ändere, von mir mit schweren Körperverletzungen bedacht werden würde und daß sie es nur ihrer Zugehörigkeit zum schwachen Geschlecht und meiner angeborenen Ritterlichkeit zu danken habe, wenn sie nicht schon seit einer Stunde einen interessanten Fall in der Chirurgischen Klinik bilde.

Das Mädchen erschrak, lachte silberhell auf und ging aus dem Saal.

Nachdem sie auf fünfundsiebzigmaliges Läuten nicht wiederkam, und sich auch andere Funktionäre des Hotels nicht blicken ließen, rief ich zärtlich ihren Namen. — Milka. — Milkuschka!!

Da erschien sie und gab mir zu verstehen, daß bei ihr alles nur in Güte zu erreichen sei.

Ich verlangte Handtücher.

— Ha — Ha — Handtücher. — Sie scheinen wohl nicht ganz normal zu sein. — Sie haben ja ein Handtuch, das muß bis morgen abend für euch beide — sie meinte mich und mein beklagenswertes Weib — aushalten.

Kochend streichle ich ihr die Wangen und verspreche ihr die Ehe.

Da brachte sie ein Handtuch. — Das heißt — Handtuch wäre etwas kraß — es war eine Serviette.

An der Wand stand groß angeschrieben: «Bäder im Hause!» — Milkerle, mein Liebling — ein Bad möchte ich.

Ha — Ha! — Im Badezimmer werden die Stiefel geputzt. Alles, Mistkistel, Schaufel, Fetzen, Kübel — ist dort aufgehoben. — Hier badet kein Mensch. — Wegen Ihrem lumpigen Bad werden wir alles ausräumen. Ha — Ha —!

Milkinkerl, mein Knorpel — schmeichle ich, vor Galle berstend — also dann ein warmes Wasser.

Ha — Ha! — In der Kuchel schimpfen sie, geben keines her und behaupten, nur Dirnen wüschen sich mit warmem Wasser.

Darauf erklärte ich Milkinkerl in sanftem Ton, daß ich in meinem langen und erfahrungsreichen Leben noch nie einem so hundsmiserablen Beisel begegnet wäre, wie dieses Hotel eines darstelle.

Achselzuckend meinte sie, es wäre ja nicht ihr Hotel.

Jeden Tag glaubten wir, daß Milkas Eröffnungen heute den Gipfel erreicht hatten. Aber immer kamen neue Ursprünglichkeiten und eigenartige Auffassungen bezüglich ihrer Stellung zu den Hotelgästen zutage.

Der Hotelier war nicht daheim, der erholte sich in den dalmatinischen Gefilden, und als ich drohte, bei seiner Frau Beschwerde zu führen, lachte man so herzlich, daß ich mitlachen mußte und mich in all den Unrat und die Ungastlichkeit fügte. —

Man pries mir die Abwesenheit des Hoteliers sogar als Glücksfall, denn er habe einmal einen Geigenvirtuosen, der in Y konzertierte und mit dem ungewohnten Zustande in seinem Zimmer nicht ganz einverstanden war, persönlich hinausgeworfen.

Nichts dauert ewig, auch dieser Kelch war eines Tages zur Neige geleert. Dafür gestaltete sich die Abreise zu einem Wonnedelirium und es durchströmte uns ein Glücksgefühl, als ob das Christkind käme.

Wenn du, o Pilger, einmal nach Y kommst, und die Polizei gibt dir ein Zimmer im Hotel X, — dann nimm ein scharfgeschliffenes Schwert und stürze dich in dieses.

Von Y aus führte uns der Weg nach Jugoslawien und Altserbien, nach Belgrad.

Diese Reise gestaltete sich zu einer sehr interessanten, abwechslungs- und lehrreichen.

Mein Impresario, ein Altserbe, war ein Original, umgeben von zwei weiteren Originalen.

Einer, ein junger Rechtshörer, hatte die Funktionen des Finanzministers und war in der Geldgebarung von einer geradezu pompösen Nonchalance. Die großen Summen trug er, in ein Zeitungspapier eingeschlagen, unter dem Arm, und zwar so, daß er solcher Pakete immer mehrere hatte. — Wie leicht hätte man ihm, im Gedränge der Bahn oder auf der elektrischen Straßenbahn, mit einem Griff die ganze Reisekasse stehlen können, ohne daß er es gleich gemerkt hätte.

Der zweite war der Kriegsminister. Ein Komitatschi, der Sommer und Winter eine hohe spitzige Pelzkappe trug, den Rang eines

Majors bekleidete, mutig wie ein Löwe und ebenso unzuverlässig war.

Er hatte nie einen Heller in der Tasche. Alles, was er bekam, legte er umgehend in Sliwowitz an, von dem er ganz märchenhafte Quantitäten konsumierte; infolgedessen befand er sich immer in illuminiertem Zustand, den man als einen die ganze Umgebung betäubenden Dunstkreis empfand.

Jedes Glas, das er zu sich nahm, nannte er eine «Okrepa», so heißt auf serbisch «Stärkung». – Infolge der vielen ununterbrochenen Stärkungen nannten wir ihn «Okrepa».

Auf der Eisenbahn fuhr er prinzipiell ohne Fahrkarte. Immer wußte er es so einzurichten, daß er im Speisewagen blieb und den Schaffner in ein interessantes Gespräch verwickelte, wobei er soviel Sliwowitz trank, daß er von dem hierfür verausgabten Betrage die Reise leicht hätte bezahlen können. –

Er war Schiffskapitän und ein begabter, hochgewachsener bildhübscher Mensch. – Leider nur durch den vielen Alkohol ganz ohne Halt, ein Spielball des Augenblicks – eine zerfahrene, jeder geringsten Basis entbehrende Existenz.

Das Konzertieren in dem jetzigen Serbien ist eine sehr schwierige Sache, weil die politischen Strömungen in den verschiedenen Gegenden verschieden sind.

Die Frage der Programme ist infolgedessen eine äußerst komplizierte.

In gewissen Orten ist Deutsch verpönt, ist Italienisch verhaßt, soll man nicht französisch singen. – Wie man es auch macht, ist es falsch.

All diese Schwierigkeiten zu überbrücken, die eventuell aufgeregten Gemüter zu beruhigen, dazu war mir «Okrepa» mitgegeben.

Ich sang überall deutsch, ahnungslos, was sich eigentlich hinter den Kulissen abspielte. – Nur einmal in einer ehemals ungarischen Stadt hatte ich ein eigenartiges Gefühl der Abwehr, die sich mir als Fluidum, von der Masse ausgehend, mitteilte, trotzdem kein Protest oder auch nur ein unfreundlicher Zuruf erklungen wäre.

Als der Abend vorüber war und ich meine Empfindungen schilderte, gab man mir recht.

Es gibt für einen Künstler nichts Fürchterlicheres, als den Mittelpunkt einer politischen Kontroverse zu bilden, oder zumindest den Anlaß dazu zu geben.

Aber ich kann sagen, daß ich nach dem entsetzlichen völkerentzweienden Krieg der Erste war, der in diesen Ländern wieder in deutscher Sprache sang und in der herzlichsten Weise aufgenommen wurde.

Ich habe in den Serben wirklich prachtvolle, charakterstarke und biederehrliche Menschen kennengelernt.

Was diese Nation im Kriege gelitten hat, ist ungeheuer, und doch habe ich bei niemandem ein Haßgefühl, eine ernstzunehmende, tiefgehende Abneigung gegen den ehemaligen Gegner beobachten können. — Der Krieg ist aus, all der Jammer ist vergessen. —

Jeder Serbe politisiert, das ist sein Lebenselement, und es ist interessant zu beobachten, wie sich die Leute über nationale Probleme ereifern. Belgrad, diese verhältnismäßig kleine Stadt, verfügt über ein ganzes Heer von Zeitungen, von denen jede einen anderen Standpunkt vertritt.

Speziell in Altserbien sind die Menschen wie die Kinder.

Einen Urtyp dieser Serben bildet mein Impresario Kosta Hadzi-Lazic, ein Mann von seltener Begabung, nebenbei Journalist, höchst musikalisch, ein Schüler des Wiener Konservatoriums, geschätzt und geachtet von allen, die ihn kennen, aber vollständig unbeschwert in rechnerischer Beziehung. — Er war von einer geradezu olympischen Sorglosigkeit. —

Hatte er Geld, freuten sich alle seine Freunde und lebten mit ihm in dulci jubilo — hatte er keines, so drückte ihn dies nicht weiter.

Obgleich ein kleiner, ja winziger Mann, stellte er sich gegen jeden zum Streite, schaffte seiner Meinung den kräftigsten Nachdruck und fürchtete weder Tod noch Teufel. So kam es, daß man mir eines Abends nach dem Konzerte mitteilte, man habe ihn verhaftet, weil er in der Hitze seiner Meinungsäußerungen den Polizeichef der Stadt beschimpft hatte.

Okrepa, der Kriegsminister, bis zum Rande mit Okrepa gefüllt, wollte ihn befreien, und zu diesem Behufe alle Polizeiorgane des Ortes töten.

Da ich in Sorge war, daß man mir auch diesen Mann einsperren würde, beschwor ich ihn, bei mir zu bleiben. — Es nützte aber nichts, er meinte, zu seinem Kosta halten zu müssen, und benahm sich auf der Polizeiwache derart, daß man ihn zwar nicht gleich dort behielt, aber ihm acht Tage Arrest zudiktierte, die er später abzusitzen hatte.

Mit diesen drei Menschen waren wir drei Wochen zusammen und kamen aus dem Lachen nicht heraus.

Am belehrendsten, aufklärendsten waren *Lazic* und *Okrepa* in der Schilderung der Gegend, die der Zug durchfuhr. —

Oh — dort drüben — oh, dort ist der beste Sliwowitz von ganz Serbien. — Oh, da rechts — wunderbar — ein Sliwowitz, einfach zum Niederknien. — Jetzt kommen zwei Klöster, in einem ist der Sliwowitz besser, in dem anderen schlechter.

Es war ganz unmöglich, etwas anderes zu erfahren, als wo der Sliwowitz gut, besser oder am besten sei.

Die Konzerte waren trotzdem glänzend vorbereitet. Überall fand ich sehr großes Interesse, und der Gipfelpunkt war Belgrad.

Eine herrlich gelegene Stadt, die nur unter der Wucht des Krieges noch zum Teil zusammengebrochen daliegt, aber die sich schon streckt und dehnt, und deren ungezählte Neubauten ein Zeichen sind, daß sie in Bälde in strahlender Schönheit wieder erstehen wird.

Ein sehr bewegtes Leben in den Straßen, schon mit etwas orientalischem Einschlag.

Ich sah dort die erste Moschee, die einen tiefen Eindruck auf mich machte, trotz ihrer fast ärmlichen Beschaffenheit.

Von der Hingabe und dem Allesumsichvergessen der Beter macht man sich keine Vorstellung. In der Zeit, die ich in der Moschee verbrachte, fiel ein Mann wenigstens dreißigmal auf die Erde, stand auf, beugte sich tief nach vorne und fiel wieder nieder, um die Erde mit der Stirne zu berühren. — Dies alles mit einem verzückten Gesicht — völlig weltentrückt.

Sehr schöne Stunden verbrachten wir in Belgrad auf unserer österreichischen Gesandtschaft, wo wir schon beim Überschreiten der Schwelle ein warmes Heimatgefühl empfanden.

Ich sang in der Universität, einem ganz neuen, imposanten Gebäude, dessen Aula nur in den seltensten Fällen zu Konzertzwecken zur Verfügung gestellt wird.

Der Rektor und einige Professoren begrüßten mich in der freundlichsten Weise, und die Stimmung im Saale war eine derart herzliche, daß ich mich kaum jemals wohler gefühlt habe als in diesem edlen, wundervoll akustischen Saale. —

Vier Abende sang ich in einer Woche, und an jedem dieser Abende war das Haus bis zum letzten Platz mit denselben Menschen gefüllt, ein Zeichen für die große Musikliebe der Bevölkerung.

Von Seiner Majestät dem König Alexander wurde ich zu einem Hofkonzert eingeladen, das mir eine sehr liebe Erinnerung bleiben wird.

Hofkapellmeister Pokorny, ein engerer Landsmann, ein Mährer, aber schon dreißig Jahre in Belgrad und ganz mit Serbien verwachsen, leitete das überaus glänzende Gardeorchester, dessen Mitglieder sich meist aus Tschechen zusammensetzen und ausgezeichnete Musik machen.

Das Hofkonzert war nur für einen kleinen Kreis, Diplomatie, Hochwürdenträger und Generalität arrangiert und verlief sehr schön und ziemlich ungezwungen.

Die junge Königin Maria erweckte in mir eine liebe Erinnerung an Bukarest, wo ich im Jahre 1914 bei der engelsguten Königin Elisabeth von Rumänien mit meiner Frau und Tochter zu Gaste war.

Während wir damals musizierten, trat die bildhaft schöne Kronprinzessin, jetzt Königin Maria, mit ihrem Töchterchen in den Salon.

Die reizende Prinzessin nahm sich gastfreundlichst meines Kindes an und es war entzückend anzusehen, wie die beiden gleichaltrigen Mädchen, beide mit offenem, langem, goldblondem Haar, sich miteinander unterhielten.

Nun stand die eine als Königin vor mir, mein «Mäderl» ist schon Mutter, und die junge Königin sollte es damals in einigen Wochen werden.

Von Belgrad ging es in die Tschechoslowakei, wo wir weitere drei Wochen zubringen wollten.

Manchmal tritt der unselige Umstand ein, daß man das Publikum durch eine Absage enttäuschen muß.

Ist dies einmal oder gar mehrere Male geschehen, so werden die Leute mißtrauisch und das äußert sich im schlechten Vorverkauf.

Es war in Olmütz.

Dort kam der Impresario ins Hotel und meinte, die Leute wollten nicht glauben, daß ich wirklich komme, deshalb müsse diesmal etwas geschehen. —

Erstens solle in der Zeitung gesagt werden, daß ich wirklich da sei. Und diese Zeitungsnotiz müsse ein Reklamespaziergang am Hauptplatz der Stadt unterstützen. —

Ich schrieb also im «Mährischen Tageblatt», mir sei zu Ohren gekommen, daß man meine Anwesenheit in Zweifel zöge. —

Ich erteilte den ungläubigen Olmützern diesbezüglich einen Ordnungsruf und erklärte mich bereit, um jeden Argwohn zu bannen, mich im Hotel Bürgerhof von zwölf bis zwei Uhr öffentlich zu zeigen, und damit auch dem leisesten Mißtrauen der Boden entzogen werde, mich daselbst angreifen zu lassen, damit keiner sagen könne, ich sei ausgestopft oder nachgebildet.

Das wirkte. — Am Abend war der Saal gepfropft voll.

Auch in meiner Heimatstadt Brünn war eine derartige Praterbudenacquisiteurunterstützung notwendig geworden, denn das Publikum glaubt so leicht, wenn man einmal krank wird und absagt, tue man dies nur, um es zu ärgern.

Ich möchte aber an dieser Stelle einmal konstatieren, daß ich nur dann absage, wenn ich absagen muß.

Meine Brünner Freunde richten es meist so ein, daß sie fortfahren, wenn ich dorthin komme. Sie sind der Anschauung, daß sie billiger davonkommen, wenn sie nach Kairo reisen, als wenn sie mich einmal zum Essen einladen.

Sowie in Kairo mehrere Brünner auftauchen, wissen die Kairoaner — aha — Slezak gastiert in Brünn. —

Das sind Übertreibungen — denen ich beim besten Willen keinen Reiz abgewinnen kann.

Alles geht zu Ende — selbst die beschwerlichste Reise — und wenn man dann wieder in Wien in seinem lieben Heim sitzt — mit dem herrlichen Blick auf den Ring, die Oper und den Stefansturm — denkt man mit Freuden an die Reisewochen zurück und wünscht sich, daß man noch viele solcher Tourneen erleben möge.

## Das Künstlerzimmer

Als konzertierender Sänger ist man auf Reisen unglaublichen, ans Wunderbare grenzenden Überraschungen ausgesetzt.

Da sind vor allem die Säle, die einem Künstler so manche Ungelegenheiten bringen.

Säle, zum Beispiel, die nach der Straße hin wenig abgedichtet sind und jedes Geräusch von außen hereinlassen. Wenn man in einem solchen Raum ein stimmungsvolles Lied singt, die Augen wonnig zum Himmel verdreht, sein Publikum mit einem verklärten Piano anhaucht, ist man wenig begeistert, wenn plötzlich, an der poetischsten Stelle, von draußen her der gellende Pfiff einer Lokomotive ertönt, man den Schaffner die letzten Anordnungen zur Abfahrt geben hört und den abdampfenden Zug, nach seinem Schnauben und Pusten, noch längere Zeit verfolgen kann.

Ferner sind im Winter kalte Säle oder ein kalter Verbindungsgang zwischen Künstlerzimmer und Saal äußerst unbeliebt. Wenn man nach einer Liedergruppe echauffiert heraustritt, läuft man Gefahr, gleich vier Krankheiten auf einmal zu bekommen, wenn man es nicht vorzieht, mit Pelz und Pelzkappe auf dem Podium zu erscheinen und sich beim Abgange vor seinem Auditorium wieder wie für eine Nordpolreise anzuziehen.

Außerdem gibt es in manchen Provinzstädten Säle mit wundervollen Speisegerüchen: Düfte von Gulaschsaft, gerösteten Zwiebeln und gedünstetem Kohl umgaukeln dem begnadeten Sänger die Sinne und lenken ihn von all der Poesie ab, die er zu zelebrieren hat, weil er außerstande ist, an etwas anderes als an das Nachtessen zu denken.

Er wird vom Tantalus gequält. —

Gar nicht zu reden von Sälen, in denen man vor den Augen des

Publikums ein ganzes Stockwerk hoch über Stiegen aufs Podium klettern muß. Wenn man oben ankommt, hat man keinen Atem und es hängt einem die Zunge heraus.

Das krasseste in dieser Hinsicht passierte mir in Göteborg in Schweden.

Ich sang in dem herrlichen Palladium-Saal, der nur als Kinotheater eingerichtet ist und weder Bühne noch Podium, sondern nur eine Leinwand für die Flimmerbilder hat.

Unterhalb des Projektionsrahmens saß das Orchester, über dieses wurden Bretter gelegt, und ich mußte auf einer effektiven Maurerleiter emporklimmen und durch eine Öffnung, wie aus einer Versenkung, auftauchen.

Unter kreischender Heiterkeit der Anwesenden balancierte ich in die Höhe.

Erschöpft oben angelangt, mußte ich erst längere Zeit nach Luft ringen, ehe ich singen konnte.

Hinauf ging es noch ganz gut, aber hinunter...! Das war erheblich blamabler! Ich mußte nach rückwärts hinuntersteigen, wie das eben bei einer Maurerleiter nicht anders möglich ist.

Und dies wiederholte sich an jedem Abend dreimal.

Ich schämte mich noch längere Zeit, daß ich mich als ein so schlechter Steiger bewiesen hatte.

Mit großer Sorge betrete ich jeden Saal, den ich noch nicht kenne, nicht vorher angesehen habe.

Auch die Klaviere, die einem manchmal aufs Podium gestellt werden, sind katastrophal, und es kommt nicht selten vor, daß man ein Pianino vorfindet, das wie eine alte ungestimmte Harfe klingt und bei dem einige — gewöhnlich die wichtigsten — Töne nicht anschlagen.

Daß bei dem Gewimmer eines solchen Drahtgestelles nicht die rechte Stimmung aufkommen kann, ist nicht zu verwundern.

Aber was dem Künstler manchmal für *Künstlerzimmer* zugemutet werden, streift ans Unwahrscheinliche.

Jeder Sänger hat das Verlangen, sich in der Zeit, in der er nicht vor dem Publikum steht, zurückzuziehen. —

Dieses Verlangen ist bei mir besonders intensiv ausgeprägt, ja, artet in ein Lechzen nach Einsamkeit aus, und der Gedanke, dieses nicht befriedigen zu können, wirkt lähmend auf mich.

Ich bin schon zufrieden, wenn mir eine größere Kohlenkiste zur Verfügung gestellt wird, ein Stuhl und ein kleiner Tisch, so daß ich die Noten nicht krampfhaft in der Faust halten muß.

Aber es kommt manchmal vor, daß man den Künstler ganz frei, unverhüllt, in eine Podiumecke setzt und ihn der rücksichtslosen Neugier der Menge ausliefert.

In einigen Fällen verlangte ich eine spanische Wand. —

Man versuchte, mich von diesem Wunsche abzubringen, mit der Motivierung, daß das Beobachten des Künstlers außerhalb seiner Tätigkeit weitaus größeres Interesse auslöse, als das Singen selbst. —

Erst auf meine entschiedene Versicherung, daß, wenn ich mich schon anstarren lassen müsse, dies nur in einem Käfig und gegen ein separates Entree zu geschehen habe, erhielt ich eine Schutzwand.

In den ersten Jahren meines Künstlerwallens, als es noch kein Städtchen gab, das ich nicht eines Konzertes gewürdigt hätte, wurden von einem kühnen Unternehmer Tourneen für mich zusammengestellt, die immer in die ersten Tage der Opernferien fielen und mich in ganz unbeleckte Gegenden führten.

Unbeleckt ist selbstverständlich nicht im genauen Wortsinne zu denken, sondern ich meine, nicht allzusehr von Künstlerkonzerten überflutet.

Zu dritt fuhren wir von Wien ab, meist in Personenzügen, weil in diesen Städtchen die Schnellzüge nicht hielten.

Der Impresario, ein sehr aufgeregter kleiner Herr, der mit der Zunge anstieß und stotterte, reiste voraus.

Er sagte, er müsse Quartier machen. Ich habe ihn aber in Verdacht, daß er nicht mit uns zusammen sein wollte, weil wir ihm mit unserem sonnigen Humor auf die Nerven fielen.

Unser Humor war derart sonnig, daß uns nach einigen Tagen schon gegenseitig elend voreinander wurde, und wir uns nicht mehr ohne Üblichkeiten ins Antlitz sehen konnten.

Immer dieselben wilden Scherze.

Bei der Ankunft das verwechselnde Vorstellen.

Der Pianist schielte, sah aus wie ein verpatzter Mephisto, meldete sich als Herr Slezak, — ich gab mich als seinen Kammerdiener aus, und der Geiger, der mitwirkte, dokumentierte sich als Reisemarschall. Wir trieben diesen ausgezeichneten Scherz so lange, bis wir manchmal selber nicht mehr wußten, wer wir eigentlich seien.

Besonders beliebt war das Ansagen der Lieder mit falschen Komponistennamen. Ich annocierte die «Adelaide» und zeigte auf den Klavierspieler, der sich als Beethoven bedankte.

Oder ich kündigte den «Lenz» an — von Johann Sebastian Bach.

Ein Blödsinn jagte den anderen, und als nach vierzehn Tagen die Reise zu Ende war, trennten wir uns in dem beglückenden Bewußtsein, daß wir uns längere Zeit nicht mehr zu sehen brauchten.

Auf solch einer Konzert-Tournee kam ich auch in eine Provinzstadt in Schlesien. Dort war der Tanzsaal eines Gasthofes zum Konzertsaal bestimmt.

Der Impresario suchte das Künstlerzimmer. — Alle Türen waren geschlossen. Er ließ den Gastwirt holen und bat um den Schlüssel zur Garderobe. —

«Den geb ich nie her, do ei dem Kammerle hots a Masse Krom drinn, das bleit zu!»

«Ja, entschuldigen Sie, der Sänger muß doch einen Raum haben, wo er sich aufhält, wenn er nicht auf der Bühne ist», sagte gereizt der Unternehmer.

«Er soll sich ei die Kuliß stellen!»

«Aber das geht nicht, das kann man dem Herrn doch nicht zumuten», erwiderte der Mann mit galledurchzittertem Beben im Ton.

«Machen Se was Se wollen, den Schlissel zu dem Kammerle giebts nie, vorige Woch hatten wr a an Zauberkinstler do, der hat sich a hinter die Kuliß versteckt, wenn er nie gezaubert hat. — Und überhaupt — wenns Ihne nie recht is, laß ich Se nie spielen!»

Die beiden Herren lagen sich noch längere Zeit in den Haaren. Meinen Impresario drohte der Schleimschlag zu treffen, und der Gastwirt war vor Galle schon indigoblau im Gesicht.

Endlich gab er nach und ich hatte am Abend mein Künstlerzimmer.

Grollend ging der Wirt herum und sagte zu seinem Personal: «A seche verfluchte Geschichtenmacherei da mit dem Kerle, — verzehrt wird a nischt, — nie amal a Kriegle Bier kann mer verkafen, das han se a verboten, na mir soll noch amal aner kommen, mit an sechen Konzerte da, den schmeiß ich heilig raus!» —

Als er aber nach dem Konzerte sah, daß mich die Honoratioren des Ortes sehr respektvoll und aufmerksam behandelten, und gar der Herr Major — der Stadtkommandant — sich an unseren Tisch setzte, riß der freundliche Gastgeber die Augen auf und murmelte kopfschüttelnd vor sich hin: «Alles wegen dem bißle Geplärre do, ich waß nie, *ich* kann an dem Kerle nischt finden.» — — —


## Unerfreuliches

Nirgends im Leben ist der Mensch Unfällen und Katastrophen so leicht ausgesetzt wie auf dem Theater.

Es gibt Vorstellungen, in denen die Tücke des Objekts Orgien feiert und einfach alles schief geht.

Wenn einmal ein Abend mit dem harmlosesten Mißgeschick

beginnt, so kann man sicher sein, daß ein ganzer Rattenschwanz von Unannehmlichkeiten, vor denen jeder Regisseur und Künstler machtlos die Segel streichen muß, die Folge ist.

Wenn zum Beispiel der Lohengrin auftritt, und, statt ans Land zu gehen, ins Wasser fällt, so ist dies schon eine Vorbedeutung dafür, daß eine ganze Perlenkette von Unfällen, Zwischenfällen und störenden Episoden sich daran anschließen wird.

Der Elsa platzt die Miederschnur und sie fällt über ihre eigene Schleppe. Der Telramund verkutzt sich beim Gurgeln, es kommt ihm Eibischtee in die unrechte Kehle, er versäumt seinen Auftritt und seine Mitkombattanten wissen nicht, was sie inzwischen auf der Szene anfangen sollen.

Auch kommt es — dies aber leider sehr selten, ja ich möchte fast sagen, nie — vor, daß sich ein Kurzschluß einstellt, die Beleuchtung versagt, alles stockfinster wird, und der Regisseur, von einer Taschenlampe beleuchtet, vor das Publikum tritt, um dieses aufzufordern, langsam nach Hause zu gehn. — Meistens aber wird der Kurzschluß behoben und wir Künstler haben gar keinen Vorteil davon.

Draußen, in der internationalen Karriere, werden von diversen Rivalen durch alle möglichen Intrigen Unfälle gezüchtet, die, wenn sie auch nicht gerade gefahrbringend sind, so doch zumindest einen Erfolg schmälern und oft den Konkurrenten so lächerlich machen, daß er für die nächsten zehn Jahre als Tragöde nicht zu gebrauchen ist.

So passierte es mir einmal in Philadelphia, wo ich im Rahmen der Metropolitanoper den Lohengrin sang, daß am Schlusse des zweiten Aktes, als ich, Elsa im Arme haltend, zu singen hatte: «Heil dir, Elsa — nun laß vor Gott uns gehn», mitten in den hohen Ton hinein der Vorhang fiel.

Was nützte es, daß der Vorhangzieher dann von achtzehn Personen auf einmal beflegelt wurde, was nützte es, daß er den Vorhang wieder in die Höhe zog und ihn überhaupt nicht mehr fallen ließ, so daß wir uns angesichts des Publikums beschämt von dannen schleichen mußten, — der Aktschluß war verdorben, das Auditorium in eine höchst animierte und antilohengrinale Stimmung versetzt, und wir — namentlich ich, weil ich der «Hehrste» war — bildeten lächerbare Erscheinungen.

Man ging der Sache nach und eruierte, daß ein französischer Kollege dem Vorhangzieher zehn Dollar geschenkt hatte ...

Wenn ich so auf meine vielen Unfälle und Mißgeschicke zurückblicke und die Folgen bedenke, die sie hätten auslösen können, wundere ich mich, daß mir — dreihundertmal unberufen! — bis heute noch nichts Ernstliches passiert ist.

Angesichts einzelner, besonders krasser Unfälle bin ich zur festesten Überzeugung gelangt, daß ich immer einen Schutzengel bei mir hatte, der mir in der größten Gefahr beistand.

Ich glaube sicher nicht irre zu gehn, wenn ich annehme, daß bisher noch keiner meiner Kollegen angesichts des Publikums in den Souffleurkasten gefallen ist.

Meine bissigen Kameraden werden wohl alle wohlig schmatzend erklären: «Aha! – er kann halt dem Souffleurkasten nicht nahe genug sein, weil er sich jedes Wort mit Gewalt dort herausholt!» –

Nein, meine verehrten, lieblosen Kollegen – dem ist nicht so! –

Ich gab in Baden bei Wien ein Konzert. – Dieses war vorüber.

– Die faszinierte, mit berechtigter Begeisterung bis zum Platzen geladene Menge kreischte mich vor den Vorhang, der unglücklicherweise das Loch des Souffleurkastens bedeckte, so daß ich ahnungslos hineintrat. – Zwar nur mit einem Fuß. – Aber ich konnte nicht mehr heraus. – Ich erwog schon den Gedanken, den zweiten Fuß nachzuziehen und einfach durch den Kasten abzugehn.

Aber mit geübtem Blicke konstatierte ich, daß ich, mit meinem Körperumfang, nie im Leben durch diese Öffnung durchgekommen und rettungslos steckengeblieben wäre.

Heroisch faßte ich den Vorhang und zog mich an ihm hoch. – Im Nu war ich draußen und alles löste sich in Wohlgefallen auf.

Wenn nun, wie es so oft bei übertrieben humoristischen Szenen im Kino vorkommt, der Vorhang oben ausgerissen wäre, so hätte sich die Situation zu einer unliebsamen Steigerung zugespitzt.

Nur eine Abschürfung am Schienbein ist mir zur Erinnerung geblieben.

Doch das bin ich nachgerade gewöhnt – meine Schienbeine und Kniescheiben ähneln der Wunde des Amfortas – sie heilen nie! –

– Ein Unfall in Graz war allerdings bedenklicherer Natur. –

Ich stand in der Oper Aida, im Prunkgewande des Rhadames, auf einem Gladiatorenwagen, den ich gleich von vornherein als schwächliches Kinderwagerl agnoszierte.

Als Vorspann waren zwei Miniaturstatisten bestimmt, die ich gleichfalls schon in der Kulisse als lächerliche Erscheinungen brandmarkte. – Aber man beruhigte mich und erklärte, daß diese beiden Statisten den Wagen schon im Jahre achtzehnhundertdreiundsiebzig bei der Weltausstellung vorbildlich gezogen hätten.

Auch für die rachitische Beschaffenheit des ägyptischen Steyrerwagerls fand man ermutigende und anerkennende Worte.

Siegesgebläht stand ich also da oben, umjubelt von ganz Ägypten, meine Brust von all den gewonnenen Schlachten geschwellt. –
Auf einmal löst sich der kleine Bohrer, der die Deichsel mit dem

Karren verbindet — die Deichsel fällt heraus und bleibt in den Händen der beiden ägyptischen Piccolos, der zweirädrige Affenkasten neigt sich nach vorne — ich verliere das Gleichgewicht und stürze mit dem Kopf direkt zur Erde.

Die beiden Statisten laufen davon, das Volk von Ägypten sieht seinen Feldherrn mit sichtlichem Vergnügen umfallen.

Der Vorhang wird sofort heruntergelassen, der Arzt kontrolliert, ob meine Knochen heil und beisammen sind, verbindet das zerschlagene Knie und die Vorstellung geht weiter.

Meine lieben Freunde erklären das Wunder, daß ich nicht in mehrere Teile zerschellt bin, damit — daß ich auf den Kopf gefallen sei und der — so behaupten die Lästermäuler — bei mir kein edler Körperteil wäre.

Wenn ich jetzt Schlachten gewinne und von meinem Volke im Triumph heimgeholt werde, gehe ich zu Fuß. —

Vor einigen Jahren riß das Seil des Personenaufzuges in meinem Hause und ich stürzte ungefähr zwei Meter mit dem Lift herunter, da auch die Fangvorrichtung versagte.

Die Blätter schrieben, daß ich aus dem dritten Stockwerk bis in den Keller gefallen wäre, das Aufzugsgehäuse in Atome zersplittert sei, ich aber — wie Daniel in der Löwengrube — heil und unversehrt ausgestiegen wäre. Ein kleiner Nervenschock hatte sich allerdings eingestellt, aber dieser war ganz bedeutungslos.

Auf diese Nachrichten hin habe ich aus aller Herren Ländern grobe Briefe erhalten, in denen man mich des klobigsten und aufdringlichsten Reklameheldentums zieh und mir nicht gönnte, daß ich mich nicht erschlagen hatte. — So beliebt bin ich!

Auch mit dem Niedersetzen auf der Bühne habe ich viel Pech. —

In einer aufgeregten Szene in der Oper Othello warf ich mich, vom Schmerz übermannt, auf einen venezianischen, gekreuzten Holzfauteuil und fühlte, wie dieser bedenklich nachgab.

Ich bewahrte zum Glück das Gleichgewicht und ließ mich auf die Knie nieder.

Meine Kollegen um mich herum begannen die Gesichter zu verziehen, zu grinsen und zu kichern.

Als ich aufstand, sah ich statt des venezianischen Stuhles ein Häuflein in sich zusammengesunkener Holzsprießeln, deren Anblick auch das Publikum merklich erheiterte.

Empört beklagte ich mich bei dem Regisseur darüber, daß man mir so schwache Puppenmöbel hinstelle, die schon vom bloßen Draufschauen zerbrächen und mich der schwersten Lächerlichkeit preisgäben. —

Da beflegelte mich der Regisseur und meinte, er werde von nun ab nur noch Möbel aus dem Elefantenhause in Schönbrunn zu meiner Verfügung halten. Ich möge mich mit meiner Ichthyosauruserscheinung ausstopfen lassen, allein Komödie spielen und man verbäte es sich, daß alle Möbel, infolge meiner dreihundert Kilo, kaputt gemacht würden — das wäre der Grund, weshalb wir an unserem Staatstheater immer Defizit haben, und von nun ab müsse ich jedes zerbrochene Möbelstück ersetzen.

Man verbellte mich in der beschämendsten Weise, so, daß ich ganz kleinlaut wurde — ich neige so sehr zur Schüchternheit — und ich entschuldigte mich vielmals, daß ich auf der Welt bin.

Ich konstatierte nur mit Nachdruck, daß die dreihundert Kilo eine maßlose Übertreibung wären, die ich nicht scharf genug zurückweisen könne.

Selbstverständlich untersuche ich jetzt die von mir zu benützenden Möbel, weil ich die Leute im Verdacht habe, daß sie mir alle schadhaften Sitzgelegenheiten hinstellen, nur damit ich sie zerstöre und ihnen dann neue kaufen muß.

— In meiner zartesten Jugend, in Brünn, sang ich den jungen Siegfried.

Wir hatten einen sehr schönen Drachen aus Papiermaché, in dessen Innerm zwei Arbeiter die Bewegungen des Ungetüms veranlaßten.

Ich war bei der Probe derart in Stimmung und von solch jungsiegfriedlicher Kraft, daß ich Nothung das Schwert durch die Pappendeckelbrust des Drachens bis an das Heft stach und beide Arbeiter derart verletzte, daß sie ins Allgemeine Krankenhaus gebracht werden mußten.

Am nächsten Morgen, als ich ganz erschüttert von dem Unheil, das ich angerichtet hatte, zur Orchesterprobe kam und, den Bären verfolgend, ablief, brach unter mir die Bühne zusammen.

Instinktiv erfaßte ich einen gemalten Baum, der mich, obzwar er und der halbe Wald mir in der Hand blieben, vor einem furchtbaren Schicksal bewahrte.

Wenn ich in die Versenkung gefallen wäre, würde ich vier Stockwerke tief gestürzt und wohl schwerlich am Leben geblieben sein.

So lauern die Gefahren, Tücken und Mißgeschicke überall, und man kann jeden Abend, an dem man heil heimkommt, seinem Schöpfer danken.

Vor einigen Jahren träumte mir, daß ich als Raoul in den Hugenotten einmal wirklich erschossen werden würde.

Das machte mich sehr nervös, und ich legte dem Requisiteur, dem das Laden der Gewehre übertragen war, strenge ans Herz, gut nachzusehen und die Statisten zu instruieren, daß sie die Mündungen der Gewehre beim Schießen recht hoch zu halten hätten. Eines Abends krachten wie üblich ungefähr dreißig Schüsse, ich stürzte und fiel so unglücklich auf den Ellenbogen, daß ich ihn in mehrere Knochensplitter zerschlug.

So hat sich meine Angst vor dem letzten Akt der Hugenotten doch auf eine sehr unangenehme Weise als berechtigt gezeigt — mein Traum sich zum Teil erfüllt.

Sehr oft ist man leider auch selbst die Ursache von Unfällen.

In Breslau war Neueinstudierung von Webers Euryanthe. —

Ich stand als Syrupjüngling Adolar auf der Szene und erwartete Euryanthe, die in meine Arme stürzend zu singen hatte: «Hin nimm die Seele mein — atme mein Leben ein.» —

Um ihr Vorhaben zu unterstützen, gehe ich ihr einige Schritte entgegen und trete dabei der Bedauernswerten auf den Fuß. —

Sie wankt — erbleicht unter der Schminke und muß, nachdem sie unter Aufbietung aller Energie mich noch ersuchte, ihre Seele hinzunehmen und ihr Leben einzuatmen — abgeführt und erfrischt werden.

Vier Wochen mußte die Arme das Bett hüten, alle Nägel an den Zehen hat sie eingebüßt.

Wenn ich Ludmilla heute in Prag, wo sie als Gesangspädagogin wirkt, auf der Straße begegne, weicht sie schon von weitem zurück und singt: «Hin nimm die Seele mein, atme mein Leben ein — aber tritt mir um Gottes Willen nicht auf die Füße, lieber Adolar!» —

Jetzt aber sei mit der Serie meiner Unerfreulichkeiten Schluß gemacht. —

Ich will nur noch der innigen Hoffnung Ausdruck geben, daß es bei weiteren Unfällen immer so gut ausgehen möge, wie es bisher der Fall war.


### Luftröhrenkatarrh

Drei Uhr morgens. — Ich erwache. — Huste.

«Um Gottes willen, was ist dir?»

«Nichts, mein Kind!»

«Gott sei Dank!»

Fünf Minuten später: «Haa — psi!!!»

«Leo! — Mir gefriert das Blut in den Adern — du niesest ja!?»

«Es ist nichts, mach mich nicht nervös! —»

«Gott sei gelobt — ich bin so erschrocken!»

In den nächsten zehn Minuten räuspere ich siebzehnmal ohne jede Randbemerkung, beim achtzehnten Räuspern mache ich Licht, ergreife eine der fünfundsiebzig Medizinflaschen auf dem Nachttischchen und nehme einen Schluck.

Mein schwergeprüftes Weib blickt mich mit vor Angst hervorquellenden Augen wortlos an, seufzt und sagt nichts. —

Da, ein Stich im Halse!

«Elsa!! —— Also doch!!» ——

«Luftröhrenkatarrh!» ——

Woher — weshalb — wieso — gegenseitiges Rätselraten, wo ich
mich erkältet haben kann.

Am nächsten Morgen zum Telephon.

«Zwölf — eins — vierundzwanzig!» —

«Achtzehn — sieben — vierunddreißig!»

«Nein, Fräulein, die Nummer heißt: zwölf — eins — vierundzwanzig!!!»

«Sechzehn — zwo — zwoundzwonzig!»

«Aber nein, Fräulein, um Gottes willen, ich spreche doch deutlich — ich bin ja berühmt wegen meiner deutlichen Aussprache —
in allen Kritiken werde ich diesbezüglich lobend erwähnt. Fräulein — zwölf — eins — vierundzwanzig!!!!»

«Also Automat!» —

«Nein, Fräulein, nicht Automat, bit ——»

«Nummer, bitte?» —

«Zwölf — eins — vierundzwanzig!»

«Ach, das ist ja nicht Automat!» — gellt es zurück.

«Aber Fräulein, ich will ja gar nicht Automat, Ihre Kollegin
hat mir gegen meinen Willen Automat gegeben.»

«Wenn Sie nicht Automat verlangt hätten, hätte man Ihnen
nicht Automat gegeben!» —

Aus! —

— Rrrr! — «Fräulein, ich beschwöre Sie, ich bin am Rande des
Irrsinns, geben Sie mir zwölf — eins — vierundzwanzig.» —

«Mein Herr, wollen Sie sich jeder privaten Äußerung enthalten, — sagen Sie die Nummer, die Sie haben wollen, alles andere
entzieht sich meinem Interesse.»

«Pardon! — also zwölf — eins — vierundzwanzig!»

«Geändert.»

«Seit wann?» ——

«Da müssen Sie bei der Generaloberpostdirektionstelephon-
amtsstelle, Sektion III, Hetzgasse, schriftlich anfragen.» —

«Dann bitte Auskunft.» —

«Besetzt.»

Rrrr! — «Fräulein, die Auskunft —»

«Besetzt. —»

Nach dem siebenten «Besetzt» lege ich das Höhrrohr hin, so daß
es sich in mehrere Teile auflöst und der Telephonblechkasten sich
verbiegt.

183

Rrrr!

Nichts.

Rrrr!

Alles leblos.

Zum anderen Apparat ins Vorzimmer. — Rrrr. — «Fräulein, die Störung!» —

«Besetzt.»

Zerknirscht winsele ich. «Fräulein, wenn Sie mir die Auskunft geben, heirate ich Sie, egal, wie Sie ausschauen.» —

«Hier Auskunft!» —

Ich erfahre die Nummer, sie heißt jetzt elf — eins — vierundzwanzig statt zwölf — eins — vierundzwanzig.

Rrrr! «Also elf — eins — vierundzwanzig.» —

«Hier bei Doktor E.» —

«Bitte den Herrn Doktor zum Telephon.» —

«Der Herr Doktor ist schon weg, er hat eine Operation.»

«Also ich komme mittags in die Vorordination für dringende Fälle.»

Die Zeit bis Mittag wird dadurch ausgenützt, daß ich zehnerlei Medizinen nehme und diese, damit die Wirkung nur ja eine recht ausgiebige sei, in fünffacher Dosis.

Mein Arzt widerrät mir zwar diese Methode und meint, daß derlei einmal schief gehen könne, doch wenn ich mich einmal zu einer Anschauung durchgerungen habe, so vertrete ich diese auf Gedeih und Verderb! —

Mittag um zwölf Ordination bei meinem Halsspezialisten, Doktor E. —

Seit vielen Jahren ist er mein Arzt, der Arzt aller Wiener Sänger, er ist das Manna der Hustenden, der Vater aller Verschnupften. — Alles, was singt und redet, wallt zu ihm, er soll helfen. — Den ganzen Tag ist dieser Mann von früh bis spät geplagt, und wenn er um zehn Uhr abends, nach sechsstündiger Ordination, seinen letzten Patienten besucht, so ist er noch ebenso aufopfernd und intensiv bei der Sache wie am frühen Morgen. —

Mit einem Wort, er ist der *Onkel Doktor*, wie er in den Bilderbüchern geschildert wird.

Seine Hauptpassion in den wenigen freien Stunden, die ihm bleiben, ist das Sammeln von Uhren und Miniaturen, mit denen seine Wohnung, ein behagliches Wiener Bürgerheim, angefüllt ist. — Eine Unzahl von Uhren hängt an den Wänden, alle gehen, gehen gut, alle hält er in Ordnung. Er kauft sie als Fragmente bei Althändlern, und ob auch die wichtigsten Bestandteile fehlen, er ersetzt sie meisterlich, denn er ist ein fabelhafter Mechaniker. So zaubert er aus irgendeinem alten Scherben eine geradezu ideale

Uhr, die fröhlich an der Mauer mit fünfundvierzig anderen um die Wette tickt.

Außerdem hat er einen ausgeprägten Feuerzeugsinn. — Aus den unglaublichsten Gegenständen macht er Benzinfeuerzeuge, die wirklich funktionieren. Überall stehen sie herum, und es ist mir noch nie gelungen, solch ein Feuerzeug beim Versagen zu ertappen.

Oft mache ich ihm die bittersten Vorwürfe, weil man sich bei seiner Vollkommenheit geradezu kläglich vorkommt.

Doch zurück zur Ordination.

Im Vorzimmer: Leidensgenossen. —

Josma Selim, die Königin des Chansons.

«Josma — Grüß Gott — was fehlt dir?»

«Nichts, ich komme bloß, um dem Doktor Vorwürfe zu machen.»

«Was? — Unserem Doktor, der so gut ist — unserem Ludwig?»

«Ja! — Denke dir, die Uhr geht viereinhalb Minuten zu spät.»

«Was für eine Uhr?»

«Ich habe doch bei einem Tandler eine Stockuhr gekauft, sehr schön, sie hatte nur keine Zeiger, es fehlten sämtliche Räder, und die Feder war zerbrochen. Diese Uhr habe ich ihm gebracht und ihn gebeten, sie zu reparieren. Er lehnte ab. Schließlich appellierte ich an sein bekannt gutes Herz, da nahm er sie, und vorige Woche gab er sie mir, vollständig in Ordnung, wieder. Herrlich! Er sagte, er habe fünf freie Sonntagnachmittage dazu gebraucht und nannte meine Rokoko-Uhr einen traurigen Jammerkasten. — Stelle dir vor, nun geht sie viereinhalb Minuten nach, ich bin also da, um ihm einen Ordnungsruf zu erteilen.»

«Höre einmal, ich finde es etwas kühn von dir, liebste Josma, daß du den gütigen Mann dafür, daß er dir den Uhrmacher erspart, auch noch beflegeln willst. — Josma! — Gehe in dich, lege dir diesem Manne gegenüber ein Benehmen zurecht, das zwar vorwurfsvoll, aber dennoch mit Dankbarkeit gepaart ist, sonst betrübst du ihn. —»

Tränenfeuchten Auges lallte sie: «Du hast recht — ich werde ihn nicht betrüben.»

Die Tür geht auf — Pallenberg. — «Ei Potz — ei Doppelpotz — was sehe ich? — Die Creme unserer Bühnenheroen! — Du da, kühner Sänger — singender Kühner? Gegrüßet seid ihr! — Salve!»

«Max — wo fehlt's?»

«Trockenheit im Nasenrachenraum, gepaart mit wenig Luft.»

«Was hör ich — gurgelst du?»

«Auch dieses — etwas Franzbranntwein mit einem Schuß Lysol, der Sepsis wegen. Auch verbot er alles Bröselige!»

«Wieso bröselig?»

«Oh, forsche nicht, auch wenn ich's dir erkläre, du würdest es doch nicht fassen.»

Da lugt hinter den «Fliegenden Blättern» Ralph, Josmas Benatzky, hervor und jubelt: «Horch — welch fröhlich Schellengeläute!»

«Ralph, das ist ja die Hupe des Mistbauernautos, die sich mit den Klängen der Eingangstüre vermählt.»

Pallenberg: «Wie treffend — ha, wie treffend! — Skiheil!»

Die anderen, in den Fauteuils sitzenden Patienten blicken sich befremdet an, suchen angstvoll mit den Blicken die Ausgangstüre. Eine ältere Dame fragt besorgt, ob der Herr Doktor *nur* Halsarzt sei. — — —

Bella Pahlen erscheint im Rahmen der Türe.

«Ah, Bella, auch du — was ist's?»

«Das Gaumensegel ist verbogen.»

«Interessant — gibt es das?»

«Ja. — Der Morgenschleim versaut mir am Abend mein gehauchtes Piano.»

«Was tut Ludwig da?»

«Er verbot mir alles Bröselige. —»

«Genügt das?»

«Nein, ich darf auch nicht heiß essen.»

Pallenberg probiert ein Feuerzeug — es funktioniert. Er steckt es ein und lispelt: «Das bringe ich meinem lieben Doktor.»

Ich nehme ein herrliches Bronzeschiff vom Ordinationszimmertisch, um Max nicht nachzustehen und dem guten Doktor auch etwas mitzubringen.

Da geht die Türe auf — Kollege Tauber, mit dem Einglas im Auge, kommt aus dem Sprechzimmer:

«Was seh ich — ei?»

«Herr, von einem Ei kann hier nicht die Rede sein, halten Sie mich nicht auf, der Arzt — er harret mein, mit dem Spiegel und der Gasbeleuchtung.» —

Damit mache ich mich los und eile hinein.

Doktor Ludwig zieht sein Gesicht in Sorgenfalten. Ich setze mich auf den Stuhl vor die Gaslampe, die Zunge wird mir mit Gewalt so weit herausgezogen, daß sie mir bis auf die untere Westentasche reicht. — In diesem Zustand wird mir ein auf einem Stangerl befindlicher runder Spiegel in den Hals hineingesteckt und ich muß «hähä — hehi — häha» sagen, tief atmen, so lange, bis sich ein Elendsgefühl einstellt, das durch die Mitteilung, daß die Luftröhre tatsächlich entzündet ist, verschärft wird. Also kein Zweifel mehr. — Der Jammer ist besiegelt. —

All die Scherze, all die Ulke, zu denen man sich vor den Kameraden zwingt, ersterben auf den Lippen, man geht heim, und der Leidensweg beginnt.

Nun heißt es — absagen — warten — warten!

Höhenluft. — Nach Mariazell. — Abreise — Ankunft in Mariazell — ins wunderschöne Laufenstein-Hotel. Dort wird man verwöhnt, jeder Wunsch wird einem von den Augen gelesen. Der herrliche Schnee, die wunderbare Luft, die wonnige Gegend — und dennoch und trotzdem — — jeder Tag, der die ersehnte Genesung nicht bringt, ist ein trauriger — ein verlorener.

Des Morgens auf zum Sportplatz. — Man stampft im Schnee herum, sieht den vergnügten Menschen zu, wie sie rodeln und Ski fahren — alles das darf man ja nicht, man ist ja ein Sänger mit Luftröhre.

Die Damen in Hosen bieten zum Teil einen äußerst erfreulichen Anblick, anderenteils, wenn sie verbogene Beine mitleidslos preisgeben, einen weniger berauschenden.

Wie merkwürdig, daß sich die letzteren in der Majorität befinden.

Im Sonnenschein sitzt man auf der Terrasse, in Pelze und Decken gehüllt, wird von der Muse des Galgenhumors geküßt und schreibt lange Gedichte an seine Freunde, deren verkrüppelte Versfüße man durch originelle Reimkunst ersetzt. Ein kleines kurzes Beispiel:

> Lieber Leser nun erfohr es,
> Eingehüllt bin ich in Zores.
> Tiefbewegt ich nun bezeug es,
> Mies ist mir vor meine Deiges.
> Hosen trägt hier jede Mad,
> Ich sitz da mit meinem Lad! —

Dann liest man wieder, hustet, schnupft irgend etwas auf, gurgelt, inhaliert und — wartet.

Zermürbend, hirnzerfressend ist dieses Warten.

Ein Tag um den anderen geht dahin, die Operndirektion telephoniert sich wund, ob man denn noch nicht soweit wäre — — —

Da, eines Nachts erwacht man, fühlt eine plötzliche Erleichterung, und mit dieser kommt sofort der Drang zum Singen. — Man versucht zu schmettern. Energisch klopft es an die Türe, es verlautet etwas von Rücksichtslosigkeit und Schlafenwollen.

Im Bette sitzend, kann man den Morgen nicht erwarten. Kaum graut dieser, stößt man ein hohes A heraus. Es klingt. —

Ein Stiefel fliegt mit Krachen an die Türe. — Nebenan will man sich beschweren. Der andere Nachbar, eine Dame — kreischt ein verzweifeltes: «Ruhe!!!»

Meine Frau, die sonst so gütige, ist auch gegen mich und behauptet, die Leute hätten recht!!

Nach ein paar Stunden merkt man leider, daß man sich getäuscht hat.

Aber nichts dauert ewig.

Nach einigen Tagen stellt sich doch die Gesundheit ein, man sitzt endlich auf der Bahn und fährt heim. Den Unterschied zwischen der Stimmung bei der Rückreise gegen die bei der Hinfahrt wünsche ich dem lieben Leser Klavier spielen zu können. – Da wäre er ein Alfred Grünfeld, ein Paderewski! –

Die herrliche Gegend, die wundervoll kühne Bahn, die mitten in das Herz der wildesten, zerklüftetsten Steinwüste hineinfährt, wirkt jetzt anders als damals.

Wenn dergleichen in der Schweiz ist, kommen die Leute von weit und breit und staunen über diese Pracht.

Man trällert, probiert, die verstimmten Lebensgeister rühren sich – und sowie man wieder auf der Bühne steht und singt, ist all der Jammer vorüber, man denkt nicht mehr an die Medizinen, Gurgelwässer, Nasensalben und Hustensäfte, denkt nicht mehr an die verbogenen Beine von Mariazell – nicht einmal an seinen Doktor! – Wie undankbar!

Aber er, der Gute, ist das gewöhnt, und kommt man einmal wieder mit denselben Sorgen zu ihm, so ist er wieder derselbe Fürsorgliche, wie das letzte – vorletzte – vorvorletzte Mal, wie vor zehn Jahren: «Nichts Heißes, nichts Scharfes, nichts Bröseliges!» –

Erst wenn man nicht mehr singt, wenn all' der Zauber vorüber ist, man sein Lebenswerk vollbracht hat – erst dann schwindet mit all' dem holden Glanz auch die Sorge vor dem Luftröhrenkatarrh.

### Mein Ausflug ins Varieté

Artisten! Leichtes Volk am schweren Werke,
Kühn durch Gewohnheit und durch Übung hart,
In jedem Nerv Geschicklichkeit und Stärke,
In jedem Muskel Geistesgegenwart,
Und alles das zu flücht'gem Augenmerke
Der stumpfen Menge, die da kommt und starrt;
Geopfert morgen einer neuen Mode,
Doch heut wie gestern tändelnd mit dem Tode.

Für einen Glanz von wenig Augenblicken
Ein Leben von entsagungsvollem Fleiß,
Gedrillt, schon beim Erscheinen zu bestricken,
Nach Puppenart zu lächeln auf Geheiß.
Ja, leichtes Volk, schwer aber von Geschicken;
Woher es stammt, wohin es geht, wer weiß?
Nach kurzer Blüte rasch verwelkter Gaben
Verschollen, vor dem Grabe schon begraben.

Ludwig Fulda.


Eines Tages bekam ich von einem Agenten aus Berlin ein Telegramm, in dem mir der Vorschlag gemacht wurde, im Rahmen eines Varietéprogrammes, zwei Monate hindurch, täglich einige Lieder zu singen. Eine besonders würdige Aufmachung wurde garantiert, sowie strenges Rauchverbot vor meinem Auftreten, das auf acht Minuten festgesetzt war. Zudem wurde mir ein Honorar zugesichert, das mich veranlaßte, mir die Sache zumindest zu überlegen.

Zwei Städte, Leipzig und Dresden, waren in Aussicht genommen.

In schlaflosen, mit schweren Seelenkämpfen erfüllten Nächten wurde der Plan in Erwägung gezogen. Es war doch keine Kleinigkeit, in meiner künstlerischen Stellung, mich von allen Vorurteilen, die man gegen das Auftreten in einem Varieté hat, freizumachen. – Die Folgen, die so ein Ausflug in eine andre, ungewohnte Welt nach sich ziehen könnte, mußten wohl bedacht werden.

Angesichts der durch den Krieg geschaffenen kläglichen Wirtschaftslage in der ganzen Welt mußten jedoch alle Bedenken schweigen – ich nahm an.

Ein Entrüstungssturm rauschte durch den Blätterwald deutscher Zunge. Was ich da alles an Mißfallen, Beifall, Tadel und Lob über meinen Entschluß zu hören bekam, kann ich nicht schildern.

Schwere Stunden hatte ich durchzumachen, doch meine Entscheidung war getroffen, der Vertrag unterschrieben – ich reiste nach Dresden – ins Varieté.

Schon an der Bahn knallten mir Riesenplakate entgegen, die in gigantischen Lettern das Ereignis der Saison, mein Gastspiel, den Passanten unter die Nase rieben.

Der Zauberer Okito, der Wunderdresseur Golemann mit seinen fabelhaften Dressuren von Hunden und Katzen, ein Elefant, der mit dem Schwanz die große Trommel schlug, und ich mitten drin, besonders fett gedruckt und eingerahmt, als Hauptattraktion.

Ich hatte ein eigenartiges Gefühl — bereute schon fast meinen Schritt, aber es gab kein Zurück.

Auf der ersten Orchesterprobe, die mein Pianist und getreuer Adlatus, Dr. Rudolf Götz, vorbereitet hatte, wurde ich beim Betreten der Bühne vor allem von einem penetranten Menageriegeruch irritiert.

Auf der Hinterbühne lagen die Utensilien der Akrobaten und musikalischen Clowns aufgeschichtet. — Ein Marionettentheater stand da und ein Korb mit ungefähr zehn Enten, die der Zauberer Okito zu seinen Produktionen benötigte. Diese gackerten derart laut um die Wette, daß ich um Entfernung dieser geräuschvollen Kollegen bitten mußte.

Alles war bereit, so daß mir nichts mehr zu sagen übrigblieb, das Licht wurde ausprobiert, die Scheinwerfer festgestellt, die Szene genau bestimmt — es konnte beginnen.

Abends um halb zehn fuhr ich ins Theater, ziemlich erregt, denn es ist ja doch schließlich keine Kleinigkeit, einen ganz neuen fremden Boden zu betreten und in einem Rahmen zu wirken, wo jeder einzelne in seiner Art in acht bis zehn Minuten dem Publikum etwas sagen muß. Eine schwere Aufgabe. — Namentlich in der heutigen, überaus anspruchsvollen, übersättigten Zeit.

Es ist nicht leicht, in einem Ensemble von erstklassigen Varieténummern, die das Erstaunen und die Bewunderung der Zuschauer hervorrufen, seinen Mann zu stellen und als hochgewerteter Gast nicht zu enttäuschen. Um so mehr, als doch das Varietépublikum ganz anders empfindet als das Opern- oder Konzertauditorium.

Dessen war ich mir voll bewußt, und das Herz schlug mir bis zum Halse herauf, als ich da oben stand, von einer unheimlichen Lichtfülle umstrahlt, die mir jede Möglichkeit zum Schauen nahm. Ich mußte mich krampfhaft in irgendeinen Konzertsaal von Wien, Berlin, London oder New York hineindenken, um ganz bei der Sache bleiben und alles geben zu können, was ich habe.

Der Versuch gelang, und ich war ob dieses Gelingens freudigst erfüllt.

Als nach Beendigung meiner Vorträge, bei jedesmaligem Hervorrufen der im Varieté übliche Fanfarentusch den Applaus unterstützte, fühlte ich mich allerdings ob dieser ungewohnten Beifallsvergrößerung ein wenig schockiert und bat, diese Ovation in Zukunft wegzulassen.

Nach weiteren zwei Abenden war ich schon recht heimisch auf diesen schillernden Brettern und hatte Gelegenheit, meine Umgebung mit Muße zu beobachten und kennenzulernen.

Alles interessierte mich sehr und schaffte mir Eindrücke, die ich

— und ich mitten drin, besonders fett gedruckt und eingerahmt, als Hauptattraktion

nie vergessen werde und die mich die Artisten und ihre Art schätzen und lieben lehrten.

Einen Einblick zu tun in eine Welt, die uns meist verschlossen bleibt, die immer eine Ahnung von etwas Geheimnisvollem, Unbekanntem offen läßt, eine Welt, die uns Theaterleuten ganz und gar fremd ist, wurde für mich von ganz besonderem Reiz.

Schon die Art und Weise, wie sich solch ein Programm abwikkelt, ist äußerst interessant und lehrreich.

Diese Ruhe, — diese Disziplin, in die sich jeder einzelne ganz selbstverständlich fügt, diese feinfühlige Rücksichtnahme eines auf den andern ist einfach bewunderungswürdig.

Kein lautes Wort — jeder Artist bereitet seine Nummer vor, still und geräuschlos, um den vor ihm arbeitenden Kameraden nicht zu stören. — Ist seine Vorführung zu Ende, räumt er ebenso ruhig, auf seinen Programmnachfolger bedacht, die Requisiten wieder weg. —

Ohne Neid, ohne Mißgunst leben diese Menschen nebeneinander, eine große Familie, einer dem andern helfend, sich gegenseitig schätzend. — Jeder einzelne vertritt sich selbst, kennt keinen Konkurrenzneid, weil seine Kollegen ja ganz etwas anderes vorführen als er; und so kommt es nie zu Reibereien oder Unstimmigkeiten, wie sie auf dem Theater gang und gäbe sind.

Ich hatte auch Gelegenheit, die Artisten im Privatleben zu studieren. Wer da meint, einem leichtsinnigen, fröhlichen, gedankenlos in die Welt hineinlebenden Künstlervölkchen gegenüberzustehen, das ohne Sorgen nur von einem Tage zum andern denkt —, irrt sich gewaltig.

Der Beruf eines Artisten ist ein unsagbar schwerer, arbeits- und entsagungsreicher.

Jeden Tag müssen sie dem Tod ins Auge sehen! — Welch eine unwahrscheinliche Summe von Fleiß, Geduld, Ausdauer, unglaublichem Mut und Todesverachtung gehört dazu, bis solch eine Nummer dem gedankenlosen Publikum vorgeführt werden kann, das das Schwierigste, Halsbrecherischste als selbstverständlich hinnimmt und ahnungslos zuschaut.

Auch in sittlicher Beziehung erlebte ich meine Überraschung.

Ich habe beim Theater selten so viel Keuschheit bei den Frauen beobachtet wie im Varieté. Wenn solch eine Akrobatentruppe auftritt, stehen die Frauen in einen Bademantel gehüllt da und warten auf ihren Auftritt. Erst wenn das Zeichen zum Beginn ihrer Nummer gegeben wird, legen sie den Mantel ab und erscheinen im Trikot auf der Bühne. —

Das Familienleben der Artisten ist einfach vorbildlich und die Gesinnung dieser Menschen prachtvoll.

Ich habe mich in den zwei Monaten unter den Varietékünstlern so unsagbar wohl gefühlt wie nie beim Theater, und ich freue mich von Herzen, daß es mir vergönnt war, in diese Welt hineinsehen zu dürfen.

Harmlose, gutmütige Menschen lernte ich kennen, die sich in ihrem gefährlichen und schweren Dasein ein so großes Quantum von Hochanständigkeit bewahren, wie man es äußerst selten findet.

Die Zeit beim Varieté wird mir immer eine schöne, herzerfrischende Erinnerung bleiben.

Ein reizendes Erlebnis hatte ich in Dresden.

Wir hatten, wie immer, unser winzig kleines Malteserhündchen bei uns, das schneeweiß ist und wie ein reizender Muff aussieht.

Dieses Hündchen heißt «Puppi», ist überall das Entzücken des Hotelpersonals und wird wegen seines besonders innigen Blickes und seiner bezaubernden Zärtlichkeit sehr geliebt.

Im Varietéprogramm trat auch der berühmte Dresseur Golemann mit seinen Hunden und Katzen auf.

Unter andern besaß er einen großen weißen Seidenpinscher, der als Ballerina gekleidet umhertänzelte und die drolligsten Kapriolen aufführte.

Eines Tages bat mich das Hotelstubenmädchen um zwei Plätze ins Theater, für sich und für ihren Schatz, den Friedrich.

Am nächsten Morgen wollte ich wissen, welchen Eindruck ich auf das Mädchen gemacht hatte, und fragte, wie es ihr gefallen habe.

«Wundervoll!» — sagte sie — «nee, ach und die Bubbi — na, die war doch großartch — mein Gott, Herr Gammersänger, wie machen Se das man bloß? — Wie bringen Sie doch dem gleinen Viech diese Gunststikel bei? — Nee, da guckt mr bloß — wie so was meeglich is! — Mein Friedrich war ooch ganz perplex!»

Ich ließ sie längere Zeit weiter schwärmen — sie hielt den zehnmal so großen Seidenpinscher für meine Puppi und mich, den blonden Sänger, für den kohlschwarzen Hundedresseur Golemann.

Endlich fragte ich schüchtern, wie ihnen der Sänger gefallen habe, der so fett im Programm gedruckt stand?

«Ach» — sagte sie — «da hab ich nicht recht hingehört, der war wohl ein bißchen dämlich. — Friedrichen is er ooch auf die Nerven gefallen.»

Leider machte ich in den letzten Tagen meines Leipziger Aufenthaltes die Bekanntschaft eines Berliner Revuetheaterdirektors, der mich überredete, einen Vertrag mit ihm abzuschließen, durch den ich auf drei Monate für eine Revue verpflichtet wurde. — Mit Widerstreben nahm ich an, — als ob ich das Unheil vorhergeahnt hätte, das meiner harrte.

Wenn man mir früher gesagt hätte, daß es überhaupt eine Erscheinung wie diesen Herrn gibt, so hätte ich die Schilderung für maßlos übertrieben und unwahrscheinlich gehalten.

Er war noch genialer als sein Ruf.

Vor allem hatte er eine ganz eigenartige Auffassung von einem abgeschlossenen, mit seiner Unterschrift versehenen Vertrag.

Als ich in Berlin die erste Litfaßsäule zu Gesicht bekam, prangte mein Name neben zweihundertfünfzig Mitwirkenden.

Bezüglich dieser zweihundertfünfzig Mitwirkenden möchte ich konstatieren, daß der sympathische Bühnenleiter viel Glück im Zählen hatte, daß er ein gottbegnadeter Addierer war. —

Ich las, daß ich in der größten und gewaltigsten Revue aller Zeiten und aller Länder mitwirken dürfe, las auch eine dringende Warnung an das Publikum, sich ja vor anderen Machwerken, die auch wagten, sich Revue zu nennen, in acht zu nehmen und sich von ihnen fern zu halten.

Alles dies in roten Buchstaben! —

Allgemein wurde behauptet, daß diese Buchstaben früher schwarz gewesen wären, sie seien jedoch, angesichts der vornehmen und taktvollen Art, mit welcher sie zu dieser Reklame verwendet wurden, schamrot geworden.

Einige Tage nach der Premiere begannen die Abendhonorare immer spärlicher und in größeren Intervallen zu fließen — trotz der ausverkauften Häuser.

Der Kassierer leistete im Erfinden von Ausreden und Vertröstungen Ungewöhnliches.

Nachdem aber diese Honorare der eigentliche Zweck der Übung waren und ich mich nicht mit dem Bewußtsein zufrieden geben konnte, an der Seite von zweihundertfünfzig Mitwirkenden in der größten und gewaltigsten Revue aller Zeiten und Länder mitwirken zu dürfen ——— gewann ich den Prozeß, da man für die Wotanallüren des wunderbaren Direktors bei Gericht kein Verständnis hatte.

Das war wohl das böseste Abenteuer, welches ich in meinem Berufe je erleben mußte.

Den Namen dieses Mannes will ich aus meinem Erinnern löschen.


—— Während meines unseligen Revuewirkens sehnte ich mich mit unsagbarer Gewalt nach einem Reinigungsbad in meinem hehren Berufe.

Ich sollte in der Philharmonie bei einer Matinee Schubertlieder singen. Endlich wieder geweihten Boden betreten dürfen, Boden, auf dem ich so oft glückliche Stunden reinster künstlerischer Befriedigung erleben durfte.

Endlich wieder daheim sein dürfen — dort — wo ich hingehöre. Beglückt fuhr ich in die Philharmonie — erfüllt von Schubert und Johannes Brahms.

Ich betrete das Künstlerzimmer — meine Pupillen erweitern sich — die Augen treten mir aus den Höhlen — wer steht da? Ein richtiggehender Siouxindianer in vollem Kriegsschmuck, Riesenfedern auf dem Kopfe, Muscheln um den Hals, Speer und Tomahawk in den Händen und, wenn ich nicht irre, einen Ring in der Nase.

Ich glaubte, mich im Lokal geirrt zu haben. —

Von den andern Mitwirkenden hatte ich keine Ahnung, hörte nur, daß Mitglieder der Staatsoper und ein Geiger darunter seien. Was will dieser Sohn der Wildnis in der Philharmonie?

Was will er? — Ich nahm das Programm und las entsetzt: «Chiefoscaman — Häuptling der Yakoma-Indianer, genannt der unbetamte Lämmergeier, in seinen heimatlichen Tänzen und Gesängen.»

Großer Gott, er wird tanzen — er wird Krieg tanzen, mit dem Tomahawk, wird den Speer schwingen und dazu Präriestieglitze nachahmen.

Wird unartikulierte Schreie ausstoßen und womöglich — wenn er sich, Gott behüte, zu sehr in seine Heimat hineindenkt — am Ende gar den Klavierspieler skalpieren. — — Entsetzlich!

Mir wurde kupferrot vor den Augen. — Wenn dieser unbetamte Lämmergeier vor mir auftritt, pfeifen mir die Leute auf meine Schubert- und Brahmslieder. — Meine weihevolle Stimmung war zum Teufel.

Glücklicherweise trat ich vor dem Federnhäuptling auf und das war gut, denn nachher war das Publikum derart ethnologisch angeregt, daß ich mich mit meinen Liedern hätte ausstopfen lassen können.

Ein Verhängnis! — Überallhin verfolgte mich das Exotische, das Ungewohnte!

Doch alles im Leben geht einmal zu Ende, auch dieser böse Revuetraum war eines Tages ausgeträumt, und als ich wieder, begleitet von den herrlichen Orchesterklängen unserer Wiener Philharmoniker, auf den heiligen Brettern unserer Oper stand, hatte ich die widerwärtigste Episode meines ganzen Lebens vergessen. —

## Interview

Ein Interview ist meistens eine sehr unangenehme Angelegenheit, weil man sich fast immer halbtot ärgert, wenn man am nächsten Morgen alles liest, was man gesagt haben soll. Oft stehen einem über seine «Aussprüche» die Haare zu Berge.

Ich habe die Sache allmählich satt bekommen und mich endgültig entschlossen, jedem Interviewer ein bereits fertiggestelltes Manuskript in die Hand zu drücken, das er nur in der Redaktion abzugeben braucht. Darin steht alles Wissenswerte, und es entspricht den Tatsachen. Auf diese Art haben alle Streitfälle, Mißverständnisse und gerichtlichen Folgen aufgehört zu existieren. Selbstverständlich muß solch ein Interview stets dem Lande angepaßt sein, in dem man sich gerade aufhält, und darf nicht immer denselben Wortlaut haben, sonst merken die Leute, daß ihnen Fabrikware geliefert wird.

Von mir verlangen die Ausfrager hauptsächlich — Humor!

Ich habe oft meinen ganzen Schatz an frohen Erlebnissen ausgebreitet, der Interviewer hat sich schief gelacht und am nächsten Morgen in seiner Wiedergabe alle Pointen verdorben und die Kinder meiner Laune dahingemordet. Die meisten Kollegen sprechen sehr ernst und getragen über die Pläne und Engagementsanträge, die sie nicht haben, über sensationelle Erfolge und beispiellose Anerkennungen ihrer Leistungen.

Das hat keinen Wert, das interessiert keinen Menschen.

Das Aufzählen gigantischer Erfolge hat ja doch nur den Zweck, die Kollegen zu ärgern, und gewöhnlich mißlingt auch dieses, weil die Mehrzahl weiß, daß der Quatsch nicht wahr ist.

Wichtig bei einem Interview ist: Milieu — Aufmachung — Privates!

Über Kunst zu reden soll man tunlichst vermeiden, weil man sich damit bestimmt blamiert.

Auch über die Technik des Gesanges darf man nicht allzuviel sagen, weil einem hundert Fachleute mit Argumenten entgegnen können, durch die man im Nu den Nimbus eines Belcantonisten verlieren kann.

Über die Auffassung seiner Rollen kann man eventuell sprechen, aber nur in einer Weise, in der sich kein Mensch auskennt. Der Leser muß glauben, einem Gelehrten gegenüber zu stehn, dessen Gedankenflug er nicht zu folgen vermag. Das macht sich großartig, und man bekommt dadurch die Aureole eines denkenden Künstlers.

Ich will nun eine Probe solch eines Selbstinterviews folgen lassen, das ich meinen Kameraden als Muster empfehle.

# Bei Leo Slezak

Ich kam zu dem Künstler, um diesen zu interviewen, seine Pläne zu erfahren, und ihn um diese oder jene künstlerische Meinung zu befragen. — Doch dieses Plauderstündchen gestaltete sich äußerst schwierig, da ein Scherz den andern ablöste und der Sänger ununterbrochen nicht zur Sache sprach, bis ich endlich unterbrach: «Ja, aber Herr Kammersänger — wie stellen Sie sich zu Johann Sebastian Bach, und welche Pläne haben Sie für die nächsten fünf Jahre?» — — —

Leider stellte sich heraus, daß Slezak der Ansicht ist, die Beantwortung dieser Fragen würde keinen Menschen interessieren, jedes Interview sei von vornherein zum Erbrechen, und der Ausgefragte käme dabei immer schlecht weg.

Er gab mir folgenden Rat: Sagen Sie Ihren Lesern, daß Sie den wundervollen Künstler in seinem im Palasthotel befindlichen mit diskretem Geschmack ausgestatteten Interimsheim besuchten, daß er Ihnen elastischen Schrittes und mit herzgewinnendem Lächeln auf den von einem rotblonden Schnurrbärtchen beschatteten Lippen entgegenkam, kraftvoll seine biedere Rechte in die Ihre legte und diese sanft drückte, was Sie zum Ausstoßen eines unartikulierten Schreies bewog.

Sonor lachend, so daß man eine Reihe blitzender Perlenzähne zu beobachten Gelegenheit hatte, versicherte der herkulische Künstler, daß er beglückt sei, Sie zu begrüßen.

Sagen Sie, daß ich am siebenten November im Blüthnersaale einen Liederabend habe und der bestimmten Hoffnung Ausdruck gebe, von den zwölfhundert Sitzen wenigstens einige besetzt zu sehen, weil es ein äußerst blamables Gefühl auslöst, leeren Stuhlreihen etwas vorzusingen, wie dies jetzt in fast allen Konzerten der Fall ist.

Reden Sie Ihren Lesern ein, daß dieser Abend einen Markstein in der Geschichte der Konzerte bedeutet. — Sie brauchen ja keine Gründe anzugeben.

Auf Marksteine fallen die meisten herein. —

Daß ich fabelhaft bin, können Sie bescheiden einflechten, vielleicht glaubt man es Ihnen.

Sie können betonen, daß Sie mich in strahlender Schönheit, erfüllt von pathologischem Frohsinn gefunden haben und das Glücksgefühl über die herrlichen Zeiten, in denen wir jetzt leben, nicht in mir ertöten konnten.

Die Menschen werden mich für blödsinnig halten, neugierig sein, wie so ein Trottel singt, und ins Konzert strömen. — Unaufhaltsam!

Sagen Sie, daß ich Sie bat, in den schwellenden Kissen eines behaglichen Lehnstuhles Platz zu nehmen, und Ihnen eine duftende Zigarre von Gebrüder Borchhardt anbot. —

Sollte Ihnen Borchhardt eine Kiste senden, betrachte ich mich an dieser mit 50 Prozent beteiligt.

Um ein bißchen Poesie hineinzubringen, schildern Sie ein Idyll. — Wie ein entzückender, hellgelb gefiederter Harzer Kanari — (verhüten Sie, daß der Setzer «Harzer Käse» daraus macht) — daß also dieser Harzer Kanari seine jubilierenden Rouladen in den gemütlichen Raum schmetterte und ich ihn scherzhaft meinen gefährlichsten Konkurrenten nannte.

«Gott — wie lieb!» werden die Leute sagen.

Auch über die beiden Malteserhündchen können Sie etwas fallenlassen. Vielleicht schreiben Sie, daß ich beim Plaudern zärtlich ihr weiches Fell streichelte und einen dankbaren Blick aus den klugen Augen der Tierchen erntete.

Das Ernten dankbarer Blicke aus klugen Hundeaugen schafft immer eine gewisse gewinnende Stimmung. Schon bei der Marlitt liebkosen sie bei den Liebeserklärungen die glänzenden Felle von Neufundländerhunden und ernten dankbare Blicke. —

Großer Gott, wird das ein Quatsch! — Wenn Sie, lieber Herr Doktor, nur nicht Ihre Stellung bei Ihrem Blatte verlieren, ich habe solche Angst.

Nageln Sie bei dieser Gelegenheit die Gehässigkeit und den neidgeblähten Sarkasmus meiner Kollegen an. —

Als ich im Herbst 1918 vom König Ludwig von Bayern zum bayrischen Kammersänger ernannt wurde, kam zehn Tage später der Umsturz. —

Damals behaupteten die Lieblosen, der König habe abdanken müssen, weil er mich zum Kammersänger ernannt hatte.

Ich muß gestehen, mir fehlt jedes Verständnis für derartige maßlose Übertreibungen.

Über meine Zukunftspläne befragt, erzählen Sie, daß der von sämtlichen Musen nicht nur geküßte, sondern förmlich abgeknutschte Künstler nach seinem Konzerte die Stadt wieder verläßt, um andere Orte zu faszinieren.

Im Vorjahre sang er in Temesvar und hat derart gezündet, daß in der Nacht das Theater abgebrannt ist. Nun kann er nie wieder dort gastieren, weil die Leute um ihr neuerbautes Theater in Sorge sind. — Trösten und beruhigen Sie die Einwohner und sagen Sie, im Frühjahr käme ich wieder, um die Glücklichen als Tannhäuser, Othello und Eleazar zu erheitern. —

Gratulieren Sie den Eingeborenen hierzu!

So, lieber Herr Doktor, nun wollen wir aber Schluß machen,

denn schließlich und endlich bin ich ja auf die Sympathien des Publikums angewiesen und will mir diese durch allzu breitgetretenes, geistreiches Geplauder nicht zerstören. —

Außerdem ist es ja nicht notwendig, daß Ihre geschätzte Zeitung die Hälfte ihrer Abonnenten verliert.

Schließen Sie nun folgendermaßen:

Ich zog mir meinen mit Zobelkanin gefütterten Pelz an — (damit sagen Sie gleichzeitig, daß Sie einen Zobelpelz haben — das Kanin können Sie ja weglassen —) — verabschiedete mich von dem kühnen Sänger und war froh, als ich wieder auf der Straße war!

# Intimes

### Meine Empfindungen als Schwiegervater

Du machst dir, geliebter Leser, keine Vorstellung, welch ein katastrophales Empfinden es auslöst, wenn eines Tages ein wildfremder Mensch, von dessen Existenz du acht Tage vorher noch keine Ahnung hattest, dich plötzlich um Gehör und einige Minuten später um die Hand deiner einzigen Tochter bittet.

In einer Viertelstunde nennt man dich Schwiegervater, nimmt dir deinen Sonnenschein einfach weg und du mußt ruhig, womöglich beglückt zusehen, wie ein fremder Herr sich in dein Fleisch und Blut einhängt und ihr die empörendsten Zärtlichkeiten sagt.

Traulicher Leser! Es wird dich vielleicht mit galligem Befremden erfüllen, daß ich dich duze ... Wolle das nicht etwa als plumpe Vertraulichkeit auffassen, sondern als eine dichterische Form, die meinem Mitteilungsbedürfnis eine gewisse ermutigende Basis gibt.

Wenn ich mit jemandem per Du bin, so rede ich mich leichter und das, was ich jetzt zu sagen habe, bedarf dieses Narkotikums.

Also: eine solche Null, wie jetzt, war ich noch nie in meinem Leben.

Du hast wohl, aus so manchem meiner Appelle an die Öffentlichkeit, ersehen, welche Rolle ich eigentlich in meinem Familienkreise spiele.

Unter uns, o Leser — eine klägliche.

Aber so etwas von Nichtvorhandensein, so etwas von Luft war ich noch nie wie in der Brautzeit meines Kindes.

Erstens einmal werde ich durch die neue Würde des Schwiegervaters künstlich alt gemacht.

Was nützt es jetzt, daß ich mich seit einem Dezennium um einige Jahre jünger mache. Die ganze Verjüngungsmethode geht in dem Augenblick in die Brüche, in dem ein erwachsener Mensch Gefallen an deinem Mädel findet und sie heiraten will.

Was?... Der hat schon eine so große Tochter?... Der sagt doch, er ist erst...

Also, das ist eine sehr unangenehme Sache.

Wenn mich als Lohengrin der Schwan ans Land zieht, braucht nur jemand von der Galerie zu rufen: «Heil dem Schwiegervater!» und ich bin erledigt.

So gottgesandt kann ich gar nicht tun, daß ich mir dieses Omen wegsinge.

Aber ganz abstrahiert davon, daß ich plötzlich über Nacht nicht mehr jung sein soll, wie komme ich dazu, etwas so Liebes hergeben zu müssen, das ich neunzehn Jahre lang gehegt und gepflegt, von dem ich jeden Atemzug zitternd bewacht und jeden Seufzer mit Entsetzen belauscht habe.

Wie komme ich dazu, daß ich auf einmal der Niemand sein soll, einfach nicht mehr existiere, und mich mit der stereotypen Redensart «das ist der Lauf der Welt» begnügen muß?

Aber auch das beiseite, mein lesender Freund. — Denke dich in die Lage eines Menschen, der gewöhnt ist, Frau und Kind um sich zu haben, und der nun Tag um Tag, mutterseelenallein, ohne jede Ansprache dasitzt und mit keinem Menschen reden kann...

Brautzeit! — Hochzeitsvorbereitungen! — Ausstattungssorgen! — Damit soll ich mich zufrieden geben.

Ich sehe meine Familie nur noch zu Mittag bei Tisch.

Das Essen wird mit den größten Verspätungen und infolgedessen in recht reduzierter Qualität aufgetragen.

Mit den Federhüten auf dem Haupte schlingt der traute Familienkreis die unerschwinglichen Lebensmittel in sich hinein, und die Gespräche, die das Mahl würzen, sind ganz eigenartig.

Man fragt mich zum Beispiel, wie ich es fände, wenn man eine rosa Schleife rechts von dem Gazetuff anbrächte, und ob ich meine, daß der Volant mehr herunterhängen oder gerafft werden solle.

Meine Eröffnung, daß ich darüber noch nicht nachgedacht hätte und mir von Herzen wünsche, keine anderen Sorgen zu haben, löste einige Entrüstungsschreie aus. Man fand, daß ich bezüglich des Lebensglücks meiner einzigen Tochter eine ganz merkwürdige Interesselosigkeit an den Tag lege. — Man nannte mich einen Rabenvater. —

Leser, bedenke dieses!

In den Zeiten, wo mein Schwiegersohn seine Braut besuchen kam, ging es mir besser. — Man konnte mich vor ihm nicht so schlecht behandeln, damit er sein Schicksal nicht zu kraß vor Augen sähe und die Partie nicht etwa zurückgehen könnte, was katastrophal angemutet hätte, weil schon sehr viele Spesen auf der Sache lasteten.

Aber war er *nicht* da, ging es mir wieder miserabel.

Meine Obliegenheiten waren strenge geregelt. Alles, was eine ganz besondere Intelligenz und Geistesschärfe erforderte, mußte *ich* besorgen.

Erstens einmal hatte ich sechshundert Trauungsanzeigenadressen zu schreiben, und als ich fertig war, diese zu frankieren.

Mitfühlender Leser, betrachte es als ein Zeichen von geradezu märchenhafter Geistesveranlagung, daß ich nicht in einer Gummizelle sitze. —

Ferner mußte ich alle Kirchen abklappern, um zu konstatieren, wo man am nettesten heiraten könne, ohne schlotternd vor Kälte vor dem Altare zu stehen, so daß dem Bräutigam das «Ja» im Halse erfriert.

Jeder Vorschlag, den ich machte, wurde als vollständig indiskutabel verworfen.

Die Minoritenkirche ist heizbar — mit Gas — großartig. Da stellte sich heraus, daß einhundertvierundsiebzig Orgelpfeifen fehlen. Ein Aufschrei der Empörung gellte mir entgegen — als ob ich die Pfeifen gestohlen hätte.

Alle Mesner Wiens lernte ich persönlich kennen. Manche waren recht strenge mit mir. Als ich in einer Kirche die Bemerkung machte, daß es da bitter kalt wäre, meinte der Schammes, ich möge im Hochsommer heiraten, da wäre es wärmer.

Das fehlte mir noch. — Bis zum Hochsommer so weiterleben — ausgeschlossen! — —

Auch hatte ich die Wagen zu bestellen. Als ich vor dem ehemaligen Kaiserlichen Oberstallmeisteramte ein Schild las: «Bundesfuhrwerksunternehmung», drehte sich mir der Magen um.

Ich kam heim und erzählte, daß ich zur Hochzeit zehn Lipizzaner bekomme. Meine Schwiegermama meinte — ein Ziegel Roquefort genüge vollkommen. — Ist das nicht fürchterlich?

Ich klärte sie auf, daß Lipizzaner edle Pferde sind, die unser Kind zum Traualtar bringen sollen, und kein Käse.

Das kommt mir so vor wie die Frage eines Kollegen, der mich für besonders geistesumnachtet hielt, ob der Romanschriftsteller Emile Zola mit dem Gorgonzola verwandt gewesen sei.

Ich drehte ihm empört den Rücken. —

Verzeihe mir, kopfschüttelnder Leser, diese kleine Abweichung vom Hauptthema, ich weiß, sie gehört nicht hierher, aber mein Gott, wenn man so ins Erzählen kommt...

Alles war so gut wie möglich vorbereitet — der Tag der Hochzeit rückte immer näher — endlich war er da.

Eine Vereinigung von Wagentürl-Aufmachern belästigte die Hochzeitsgäste, und da diese auf jene ebenso herrliche wie sympathische Wiener Spezialität nicht eingerichtet waren, standen sie der ziemlich hartnäckigen Erscheinung ein wenig ratlos gegenüber.

Die Wagentürl-Aufmacher stritten mit jedem einzelnen in herzgewinnender Weise herum, und im Laufe des festlichen Tages erschien ein Mann nach dem anderen und behauptete, er habe die Wagentürln aufgemacht.

Fünf Wagen hatten wir, und sechzehn Wagentürl-Aufmacher.

Eine feine Hochzeit!

Auch berührte es mich sehr angenehm, daß sich, just in dem Augenblick, wo ich, sofort nach erfolgter Trauung, meine Tochter in der Sakristei als junge Frau begrüßen wollte, ein Funktionär der betreffenden Kirche zwischen mich und mein Kind stellte und mir die Rechnung unter die Nase hielt. —

Ein äußerst taktvoll gewählter Zeitpunkt! —

Die Hochzeitsfeier verlief sehr animiert. Elf Weiber waren in der Küche und vier gemietete Diener servierten. Alle waren sie, als es zum Essen ging, schon etwas angeheitert und scherzten in jovialster Form mit den Hochzeitsgästen.

Reden wurden gehalten, und während der Humor in seine Rechte trat, blieb mir jeder Bissen im Halse stecken.

Als es dann ans Abschiednehmen ging und mein Kind das Elternhaus verließ, saß ich ganz verschlagen da, und es krampfte mir das Herz zusammen.

Mein Schwiegersohn klopfte mir auf die Schulter und sagte leutselig: «Ach, sei doch vergnügt, Vater — ich bin's doch auch!» —

Nun ist alles vorüber, — meine geliebte Tochter fort.

Das ist der Lauf der Welt — das Los der Eltern.


Nachtrag

Daß dieser Nachtrag kommen wird, habe ich erhofft und ersehnt.

Meine Frau ist Großmutter geworden. —

Die Zeitungen haben natürlich in krasser Lieblosigkeit weithin knallende Aufschriften gesetzt:

«SLEZAK — GROSSVATER!»

Ich meine, es hätte dasselbe gesagt, wenn es in etwas kleinerem, ebenso freudigem Druck geheißen hätte: «Slezaks Tochter — Mutter geworden.» —

Es herrschen nämlich in der Allgemeinheit ganz unrichtige Ansichten über die Großväter.

Ich habe mein bisheriges Vorurteil über die Großväter gründlich revidiert und als irrig erkannt.

Es gibt junge und ganz junge Großväter. – Zu den letzteren gehöre ich. Ich möchte daher der dringendsten Warnung Raum geben, mich nicht als einen gebrechlichen Kracher hinzustellen. –

Mein Enkelkind ist weiblichen Geschlechtes und ein Wunderkind, wie dies bei dem Atavismus großväterlicherseits nicht anders möglich ist.

Sie heißt Helga Elisabeth Julia. –

Bei Telegrammen genügt, aus Gebührenersparnisrücksichten, als Adresse: An die liebe kleine entzückende Helga. –

Es wird oft als Fehler empfunden, daß ein Kind als Mädchen zur Welt kommt. Dies ist falsch, und ich möchte dagegen auf das energischste protestieren. –

Wenn ich bedenke, welche Summe von Gift und Galle mich mein Sohn, der sonnige Knabe, hinunterfressen ließ, so erscheint mir ein Mädchen als Haupttreffer. – Ich habe mir daher von vornherein jede sauersüße oder gar mitleidige Gratulation verbeten.

Ob das Mädchen schön ist oder nicht, kann ich nicht beurteilen, weil sie noch allzu jung war, als ich sie verließ. – Auch die Ähnlichkeit war noch nicht eruierbar, obzwar sich viele Schmeichler und Liebediener fanden, die behaupteten, das Kind sähe mir ähnlich.

Sollte dies wirklich der Fall sein, dann wird es schön.

Über die stimmlichen Fähigkeiten dieses Kindeskindes kann ich noch kein abschließendes Urteil fällen.

Vorläufig ist der Ansatz noch jeder Richtigkeit entratend, das Organ sitzt nicht genügend vorne, und der Ton federt nicht auf der Atemsäule. Außerdem hat sie vom Stützen des Tones und der Benützung des Atems als Ausdrucksmittel noch keine Ahnung. Sie preßt, tremoliert und knödelt.

Aber bei der enormen Jugendlichkeit wäre das Ausschalten jeder Hoffnung oder gar ein Verzweifeln noch nicht am Platze. –

Meine Familie äußert ihre Animosität gegen mich dadurch, daß sie mich, besonders in reizender Damengesellschaft, ostentativ und heuchlerisch respektvoll «Großväterchen» nennt.

Das einzig Betrübliche bei dieser Familienangelegenheit. –

Ich gebe nun zum Schluß noch der Hoffnung Ausdruck, der Druck dieses Buches möge nicht so lange hinausgeschoben werden, daß ich einen weiteren Nachtrag anhängen müßte mit der sensationellen Nachricht, daß ich – Urgroßvater – geworden bin. –

Das wäre mir peinlich.

## Zweiter Nachtrag

Urgroßvater bin ich noch nicht geworden — aber es sind weitere drei Jahre ins Land gegangen — und ich möchte nur noch mitteilen, daß die kleine Helga sich entzückend entwickelt hat — mir ähnlich sieht und ein ganz modernes Kind geworden ist. Das heißt, sie kann nicht einen Satz sagen, ohne dabei Charleston zu tanzen.

Nur einen Fehler hat sie — sie nennt mich mit weithin schallender Stimme — «Opa!»

Ich habe sie diesbezüglich des öfteren ersucht, mich — «Onki» zu heißen, bekam aber immer zur Antwort: «Aber du bist doch mein Opa!»

Wenn sie ihre weichen, warmen Ärmchen um meinen Hals legt und mir ins Ohr flüstert: «Opa — ich hab dich lieb!» kann sie mir meinetwegen auch «Opa» sagen.


### Das Briefmarkensammeln

Auch ich gehörte einst zu denen, die einen Markensammler bedauernd als geistig nicht ganz normal ansahen und, sich an den Kopf greifend, fragten, wie man nur imstande sein könne, Stunden und Stunden mit seinen Briefmarken zu verbringen, nach Zähnungen, Wasserzeichen zu suchen und die ganze Umwelt zu vergessen.

Als aber mich selber der Zauber, ja ich möchte fast sagen, der Dämon mit Vehemenz packte, begriff ich diese leidenschaftliche Hingabe und verdanke seitdem meinen lieben Marken unsagbar viel glückliche Stunden der Zerstreuung und Ablenkung von allen Sorgen und Berufsplackereien.

Wenn ich eine große, anstrengende Rolle gesungen habe, so recht abgespannt heimkomme, mich dann zu meinen Marken setze, werde ich wieder ganz frisch und fröhlich, vergesse Zeit und Ort. Und wenn mein, mir von Gott zugeteiltes Ehgemahl, wie die Ahnfrau im Nachtgewande, mich fragen kommt, ob ich denn gar nicht die Absicht habe, schlafen zu gehen, zeigt oft der Zeiger auf drei Uhr früh.

Das Hauptvergnügen ist das Spezialsammeln.

Ich habe mir Deutschland und Österreich dazu erwählt und freue mich über die geringsten Abarten, die ich mir aus einem Wust von unscheinbarem Plunder heraussuche.

Freilich, für die Umgebung ist der Markensammler nicht sehr erbaulich, namentlich nicht, wenn er, wie ich, den ganzen Sommer in einem Raume unter dem Dache seines Bauernhäuschens verbringt und sich den blauen Teufel darum kümmert, ob die Sonne scheint oder ob es in Strömen gießt.

Die Briefmarke ist ein Freund, der keinen Nebenbuhler duldet. Sie fordert, daß man sich ihr voll und ganz ergibt. Jede Frage, jedes Gespräch mit jemand anderem ist ihr lästig, und sie rächt sich sofort, indem sie einen unruhig, zerfahren und unzufrieden macht.

Der richtige Sammler muß in seinen Marken ganz und gar aufgehen. Er muß ein unerhörtes Maß von Ordnungssinn, Geduld und Genauigkeit mitbringen, wenn seine Sammlung so aussehen soll, daß sie auch auf einen anderen Sammler Eindruck macht.

Eine schiefgeklebte Marke kann mich zur Verzweiflung bringen. Fingerabdrücke und Gulaschsaftflecke im Album machen mich rasend.

«Nur immer recht geben — nicht widersprechen — sein Zustand wird sich in Bälde bessern» —, das sind so die Redensarten, die meine Freunde führen, wenn sie mich bei meinen Briefmarken antreffen.

Sie wollen damit sagen, daß ich blödsinnig geworden bin und man einen Idioten nicht reizen soll. Aber ich lache mir ins Fäustchen, ich bin ja doch der Gescheitere. —

Diese kleinen Dingerchen geben so viel und verlangen so wenig — — nichts als ein klein wenig Gegenliebe, die ich ihnen geben und nehmen kann, wann es mir gefällt.

Es gibt in der heutigen Zeit, in der die Briefmarke ein Wertobjekt geworden ist, gar viele Sammler mit Gänsefüßchen. —

Die kaufen sich von Marken, die voraussichtlich im Werte steigen werden, mehrere hundert Bogen und legen sie hin, als Kapitalsanlage!

Das sind keine Sammler, das sind Spekulanten — Kriegsgewinnler.

Ich habe meine Sammlung noch nie nach ihrem Geldwert eingeschätzt. Jede einzelne Marke ist mir lieb, jede ist von mir sorgfältig gewaschen, geprüft, eingeteilt und eingeklebt, und ist mir ein kleiner Freund geworden. —

Das ist die echte, rechte Sammlerfreude, wenn sich Blatt für Blatt füllt, wenn man seine Sammlung wachsen sieht, und immer wieder ein schöneres Exemplar sucht, um damit ein schlechteres zu ersetzen. —

Die Wonne geht nie aus, die Feste nehmen kein Ende. —

Wenn ich von Versteigerungen alter, großer Sammlungen lese, krampft sich mir das Herz zusammen bei dem Gedanken, mit welcher Liebe, mit welcher Freude jede einzelne Marke gehegt und

«Die Wonne geht nie aus, die Feste nehmen kein Ende.»

gepflegt wurde. — Nun greifen fremde, gewinnsüchtige Hände danach, um so viel Vorteil als möglich aus zahllosen Stunden reinster Sammlerfreude zu schlagen.

Wie wird es wohl meinen Marken gehen, wenn einst all das Schöne vorbei sein wird?

Meine Kinder werden sie sicher in Ehren halten — und wenn nicht — so tut es mir nicht mehr weh — ich weiß ja nichts davon.

Wie man uns Briefmarkensammler in puncto geistiger Veranlagung einschätzt und wie gegen unsere Sammlerbegeisterung gesündigt wird, davon erzählt nachfolgendes, wirklich erlebtes Geschichtchen, das ich ohne jede Übertreibung hier wiedergebe.

Ich habe in meinem arbeitsreichen Leben schon vieles an heiteren Episoden und ärgerlichen Zwischenfällen erlebt. Aber ein geradezu strahlendes Übermaß von Unverschämtheit lernte ich in Leipzig kennen.

Ich gastierte daselbst, wohnte im Hotel Astoria und wurde zum Telephon gerufen.

«Hallo — hier Direktor Pinkus — ich bitte den Herrn Kammersänger zum Telephon!» —

«Ich bin selbst am Apparat.» —

«Verehrter Herr Kammersänger, ich lese soeben mit großem Interesse in einem Interview mit Ihnen, daß Sie leidenschaftlicher Briefmarkensammler sind. Ich will Ihnen eine kleine Freude vermitteln. — Ich besitze eine Sammlung, wie wohl selten eine ähnliche wiederzufinden ist, und lade Sie ein, sich diese Sammlung anzusehen. Ich schicke voraus, daß ich kein Händler bin, und keinerlei Absicht habe, etwas abzugeben, mich beseelt nur der Wunsch, Ihnen etwas Schönes zu zeigen. Ich wohne Rubelgasse Nr. 7 zwei Treppen.»

Mein Philatelistenbusen hob und senkte sich, meine Briefmarkenpulse schlugen — ich lallte wonnetrunken in den Apparat: «Ich komme!» —

Erwartungsfroh stürze ich mich in ein Auto und fahre in die Rubelgasse Nr. 7.

Ich fahre, fahre und fahre ohne Ende.

Ich hatte den guten Chauffeur schon in Verdacht, daß er mich als ungeübten Leipziger empfand und mich dreimal um die Stadt spazieren führte, um Taxe zu schinden.

Ich tat ihm unrecht. —

In unwirtlicher Gegend hielten wir.

Rubelgasse Nr. 7.

Ein offenes Haustor mit abgeschlagenen Ecken, der Mörtel weg, die Ziegel lagen bloß.

Eine steile Treppe nahm mich knarrend auf. —

Ich beginne zu steigen. Nach ungefähr fünfunddreißig Stufen lese ich – Oberteilung.

Ich klimme weiter. Wieder ein Absatz – Hochteilung.

Weiter. – Der Schweiß perlt mir vom Antlitz – wieder bleibe ich stehen – lese Mezzanin.

«Ja Himmel – Herrgott» – ich schnappe nach Luft.

Dann kam erster, dann endlich zweiter Stock.

Keuchend oben angelangt, habe ich Mühe, meine bis auf die Knie heraushängende Zunge zu versorgen. Atemlos klingle ich an einer Tür.

Ein alter Herr öffnet: «Ah – Herr Kammersänger – nein, diese Ehre – welche Auszeichnung – o diese – nein diese – gestatten Sie – meine Frau – meine Tochter Reginerl – Gott, Herr Kammersänger – wie glühend sie Sie verehrt – meine zweite Tochter Raffaela – wir nennen sie scherzhaft Raffkele – ein braves Kind – nein, diese Auszeichnung – diese Ehre» – so ging es fort.

Man schob mich in ein kleines Zimmer und schleppte mich vor ein Bild.

«Sehen Sie, verehrter Herr Kammersänger, das hat mein Sohn, der Sami, gemacht. Sein Lehrer sagt, er kann was. Sie werden sicher von ihm gehört haben. In Görlitz war er zwei Jahre – ein Genie – schaun Sie, das hat er gemalt, als er acht Jahre alt war, no, sind Sie nicht sprachlos? Nicht zu glauben, was?»

So vermittelte man mir noch ein Dutzend Bilder. Ich lernte Samis ganzen Werdegang kennen und in Bälde wurde mir von diesem und seinem väterlichen Interpreten übel.

Ich wurde nervös. –

«Nun, lieber Herr Direktor, wollen wir zu den Marken gehen.»

Verlegen stotterte er: «Herr Kammersänger – Sie werden verzeihen – ich will aufrichtig sein – will frei und frank von der Leber sprechen – Das mit den Marken war – Sie werden lachen – eine kleine List! –

Meine Frau und meine beiden Töchter haben sich immer gewünscht, den großen Sänger kennenzulernen. So ohne weiteres wären Sie ja nicht gekommen, und im Hotel lassen sich die großen Herren immer verleugnen – und Markensammler sind immer ein bisserl – wie soll ich sagen, nun, Sie verstehen mich – also habe ich die List mit der Markensammlung ersonnen – ich habe gar keine Marken – ist das nicht zum Schreien?? Ha – ha – ha!!!» –

Ich hielt mich an einem Nachtkastel fest.

«Na – was sagen Sie – hab ich das nicht fein gemacht? Außerdem, wo Sie, Herr Kammersänger, schon da sind, möchte ich mich bei der Gelegenheit erkundigen, ob Sie schon versichert sind. – Ich bin nämlich der Subdirektor der Versicherungsgesellschaft ‹Nebochanzia›, und ich würde Ihnen einen derart kulanten Tarif geben, daß Sie aus dem Staunen nicht herauskommen würden und sagen: — Pinkus ist wahnsinnig geworden! — Versuchen Sie es, Sie werden es nie bereuen — jetzt sind die stabilen Goldmarkverhältnisse wie geschaffen für eine Versicherung. — Wenn Sie das Glück haben, abzuleben — wissen Sie Ihre Frau Gemahlin, die Ihnen, wie ich gehört habe, sehr sympathisch sein soll — geborgen.» —

Mir schwindelte. — Ich wollte etwas sagen.

Er winkte ab. —

«Ich bin noch nicht fertig — wenn man schon einmal einen so seltenen Gast hat, muß man kühn sein. Werden Sie mir sehr zürnen, wenn ich diese günstige Gelegenheit weiter benütze und Sie bitte, uns vier Freiplätze in die Oper zu geben — und mögen es noch so bescheidene Karten sein — damit wir Sie hören können. — Ich schäme mich, aber ich bekenne es freimütig — ich und meine Damen, wir haben zwar schon viel *von* Ihnen — aber *Sie selbst* noch nicht gehört. — Eine Schande — was?» —

Pause.

Ich war außerstande, einen Gedanken zu fassen — setzte mich hin, schrieb auf einer Visitenkarte eine Anweisung auf vier Freiplätze — ohne auch nur die Kraft zu finden, mich zu ärgern. Ich hätte über diese gottbegnadete Frechheit am liebsten aufgejubelt und empfahl mich stotternd und verlegen.

Man geleitete mich bis zur Stiege. Die ganzen siebzehn Stockwerke hörte ich wie im Traum — diese Ehre — diese Auszeichnung — dieser Vorzug — Ehre — Vorzug — — Vorzug — Ehre, da stand ich auf der Straße.

Gegenüber das Gaswerk mit seinen Riesenkesseln. — Weit und breit kein Wagen — nichts, traurigste Gegend.

Erst jetzt packte mich eine rasende Wut — jetzt erst erfaßte ich so recht diese verheerende Zumutung.

Ich wollte umkehren und meine Meinung sagen, nein — schmettern wollte ich meine Empörung — dieses Vorhaben scheiterte nur an den zahlreichen Stockwerken.

Ich ging in ein kleines Volkscafé, ließ mir dort einen Wagen holen — drei Viertelstunden mußte ich warten — dann fuhr ich heim und erzählte es Elsa, meinem Weggenoß.

Sie fand die rechten Worte, mich zu beruhigen, und stellte es als besonderen Glücksfall hin, daß Pinkus mich nicht noch gegen Unfall — Feuer — Einbruch und Hagelschlag versichert habe.

Von dem Tage an hüte ich die Tatsache, daß ich leidenschaftlicher Briefmarkensammler bin, als strengstes Geheimnis.

## Mein Freund Maxi

Ich bin in meinem langen, an Erfahrungen und Erlebnissen so überreichen Leben noch nie einem solchen Original begegnet wie meinem Freunde Maxi. —

Ein Original, ein Gefälligkeitsakkumulator, der immer mit Herzensgüte, überströmendem Entgegenkommen und Wohlwollen geladen ist.

So stelle ich mir den heiligen Nikolaus oder das Christkind vor.

Alle Taschen voll von Süßigkeiten, Zigarren, Zigaretten, Butter, harten und kernweichen Eiern, die er nur so herauszieht, um seine Umgebung wahllos zu beglücken. —

Es genügt, ihm einen guten Morgen zu wünschen, und man geht reich beschenkt von hinnen.

Er hat nie Zeit, ist immer in höchster Hast, dieses oder jenes, für diesen oder jenen zu besorgen.

«Maxi, grüß dich Gott!»

«Servus!» Eine Zigarre, oder zwanzig Deka Roquefort, passiert mit Butter, wird einem in der Eile zugesteckt. «Also, ich muß schnell auf die Bahn, die Fritzi Massary fährt durch Prag, sie hat mir telegraphiert, ich muß sie begrüßen, es ist schon spät, der Zug ist ja bestimmt schon weg — also Servus — ich habe ja solche Eile! — Servus!» Er trägt einen Blumenstrauß und sechzehn verschiedene Pakete für die durchreisende Fritzi. —

Am Wege wird er noch viele Male von allen möglichen Menschen aufgehalten, verschenkt in der Eile die Hälfte der Pakete, kommt atemlos an den Zug, als sich dieser gerade in Bewegung setzt, hat nur noch Zeit, die diversen Reiseimbisse der bezaubernden Fritzi ins Antlitz zu werfen und dem Glücksgefühl Ausdruck zu geben, daß er sie wenigstens sehen konnte.

Eines Morgens werden bei mir mehrere umfangreiche Kolli abgegeben. Ein halbes Kilo Schinken, sechsundzwanzig Paar Taliani, das sind italienische Würste, die man nur in Prag bekommt — der bloße Gedanke an sie genügt, einem das Leben als wonneumwobene Fata Morgana erscheinen zu lassen —, zwei Kilo Butter, fünfundzwanzig Deka Primsenkäse, vier Kolinki, das heißt zu deutsch geräucherte Stelzerln — beim Niederschreiben rinnt mir so viel Wasser im Munde zusammen, daß man eine Wasserleitung davon speisen könnte — und noch Verschiedenes.

Ein Zeichen: Maxi ist in Wien. —

Um zehn Uhr erscheint er, im Winterrock, einen Schal um den Hals gewickelt, mit Schneeschuhen und mit dem Hut auf dem Kopfe in meinem Wohnzimmer.

Herzliche Begrüßung, große Freude, den lieben Kerl bei sich zu haben.

«Also, Maxi, zieh dich aus.»

«Aber um Gottes willen, was fällt dir ein, ich muß gleich wieder weg, ich habe ja rasend zu tun! Hast du eine Ahnung — die Lotte Lehmann, na und der Schmedes, die Jeritza und — na also, ich bin ja nur auf einen Sprung gekommen.»

So sitzt er im Pelz, im Schal, den Hut auf dem Kopfe, volle zwei Stunden im geheizten Zimmer, gibt wie ein Niagarawasserfall alle Prager Neuigkeiten von sich und ist, trotzdem ihm der Schweiß von der Stirne tropft, nicht zu bewegen, sich den Überrock auch nur aufzuknöpfen — oder gar etwas zu nehmen.

Ich glaube nicht, daß es einen Menschen gibt, der Maxi zu einer Mahlzeit einzuladen imstande wäre, eine so eigenartige Scheu hat er vor Liebenswürdigkeiten, die ihm erwiesen werden sollen, es gelang noch niemandem, sich bei ihm für ungezählte Dienste und Gefälligkeiten zu revanchieren.

Maxi versprach mir seit langer Zeit, mich in Tegernsee auf meinem Sommersitz zu besuchen.

Viele Jahre wartete ich auf diesen lieben Besuch.

Eines Tages komme ich abends um sieben Uhr vom Fischen heim. —

Ein Münchner Mietauto steht vor dem Hause.

Das Mädchen ruft strahlend schon von weitem — «Herr Kammersänger, der Herr Maxi ist da!» —

«Was für ein Maxi?»

«No, der Herr Maxl Tausig aus Prag!» —

Er ist auch bei meinem Personal sehr beliebt. —

Ich freue mich rasend, laufe in den Garten, den er sich unter Führung meines Gärtners ansah, und wir begrüßen uns stürmisch.

«So, Maxi, jetzt richten wir dir ein Zimmer, du bleibst schön über Nacht, bekommst ein gutes Nachtmahl — bei dieser Gelegenheit fällt auch für mich etwas ab, der ich nie etwas zum Abendessen bekomme — und wir werden sehr fröhlich sein. — Der Freund, der mit dir kam, bleibt auch da.» —

«Aber Leoschku, was fällt dir ein, ich komme nur auf zwölf Minuten, du hast ja keine Ahnung, was ich noch alles zu tun habe.» —

Nicht mit Brachialgewalt war er zu halten — er gestand, daß er im Schloßcafé zwei Damen sitzen habe, die auf ihn warteten und die er wieder nach München bringen müsse.

«Wer sind denn diese Damen?»

«Ich habe keine Ahnung! — Als ich im Hotel in München den Portier fragte, ob das Auto zur Fahrt nach Tegernsee bereit sei, kamen diese beiden Damen und baten, ob sie mitfahren dürften. Ich konnte es ihnen nicht gut abschlagen — aber jetzt beim Nachhausefahren werde ich sie doch fragen, mit wem ich das Vergnügen habe.»

Kurz: nach zehn Minuten saß er wieder im Auto — und fort war er.

In mein Gästebuch schrieb er: Nach längerer Anwesenheit endlich wieder abgereist. —

Maxi hat ein Auto. —

Er weiß nie, wo sich dieses befindet, immer fährt irgendeiner seiner geradezu gigantischen Bekanntschaft damit herum, und er geht zu Fuß.

Eines Tages schlendere ich mit ihm in Prag über den Graben, da schreit er jubelnd auf: «Da — Leo — mein Auto! — — — He — Waclawe! — He!»

Der Chauffeur brüllt, ohne anzuhalten, zurück: «Keine Zeit, Herr von Tausig, ich muß die Frau Lämmergeier von Bubenc abholen!» —

Maxi resigniert. — «Na schön, da kann man nichts machen, denn wenn der Wenzel nicht rechtzeitig in Bubenc ist, kriege ich die größten Grobheiten.»

Ich frage: — «Maxi, wer ist denn diese Frau Lämmergeier?»

Da antwortet er: «Weiß ich?» — winkt einem Einspänner — und die Autofrage ist erledigt.

Seine Spezialität ist das Theater.

Wenn einer der Direktoren, sei es der deutsche oder der tschechische Theaterdirektor, einen Gast braucht, telephoniert er Maxi an.

Maxi ist mit allen Künstlern jeder Nation und Konfession auf dem herzlichsten und kameradschaftlichsten Fuße, vermittelt alle Gastspiele, knobelt alle Honorare aus, läßt sich vom Direktor beflegeln, wenn dieses zu hoch ist, wird von den Künstlern mit Unrat beworfen, wenn er zu wenig erreicht hat, ist in konstanter Bewegung für irgend jemanden und hat das erhebende Gefühl, alle Telegrammspesen und sonstigen Auslagen tragen zu dürfen.

Ist der Gast dann da, kauft er, wenn der Vorverkauf schwach ist, das halbe Theater auf, damit er wegen eines eventuellen leeren Hauses von dem Künstler nicht zur Verantwortung gezogen wird.

Wenn jemand bei einer Behörde in Prag etwas nicht zu erreichen imstande ist, so ist sein letzter Rettungsanker: Maxi! —

Ohne den Betreffenden auch nur zu kennen, rennt er sich die Füße ab und erreicht alles.

Ist jemand krank oder bedürftig — wendet er sich an Maxi!

Er sammelt mit solcher Vehemenz für ihn, als ob sein eigenes Heil davon abhinge, leitet die Sammlung mit einer großen Spende ein und strahlt vor Glückseligkeit, wenn er dem betreffenden armen Teufel recht viel geben kann.

Aber alles tut er nur für andere — für sich selber nie etwas!

Daß sich angesichts dieser hypertrophilen Herzensgüte, dieses krankhaft ausgebildeten Umsichherumschenkens, zahllose Menschen finden, die den guten lieben Kerl mißbrauchen und sich wie die Parasiten an ihn festkleben, ist klar — aber seine Art ist so gewinnend, so entwaffnend, daß die egoistischsten Egoisten sich doch ein wenig Zurückhaltung im Ausbeuten auferlegen.

Maxi hat auch einen Nebenberuf — er handelt mit Hopfen.

Leider kommt er sehr wenig dazu, ihn auszuüben; er hat zu viele Menschen glücklich zu machen und dieses Hauptamt absorbiert ihn so sehr, daß er oft nicht einmal in die Lage kommt, seine geschäftliche Korrespondenz zu öffnen.

Wenn er nach einigen Wochen — durch Zufall — ohne es zu wollen — doch einen Geschäftsbrief aufmacht, sieht er, daß er so manches versäumt, so manchen materiellen Verlust erlitten hat.

Das bedrückt ihn aber wenig und hindert ihn nicht, die nächsten drei bis vier Wochen wieder jedem Geschäftsbriefe auf das rigoroseste aus dem Wege zu gehen; wo soll er denn die Zeit zum Lesen hernehmen, er kann sich doch nicht zerreißen.

Ein lieber, fröhlicher, sonniger Mensch, von allen geliebt, von jedem in Anspruch genommen und immer zuverlässig für alle Welt — nur nicht für sich selbst.

Von ganzem Herzen wünsche ich, daß er uns doch recht lange erhalten bleibt und nie in die Lage kommen möge, auch einmal von jemandem andern etwas zu brauchen.

Sollte dieses aber einmal eintreten, so möge er auf einen «Maxi» treffen, damit ihm jede Enttäuschung erspart bleibe. —

## Im Auto durch die Welt

Fabelhaft! Welch ein Titel! — Da muß jeder meinen, daß ich Sven Hedin in den Schatten stellen, Frithjof Nansen an die Mauer drücken und alle Weltreisenden in den Hintergrund drängen will.

Außerdem hält man mich am Ende für einen Krösus. Der bin ich leider nicht — im Gegenteil — ich bin nur ein als Krösus verkleideter Hochstapler und mache mir Gewissensbisse.

Diese Gewissensbisse hindern mich aber nicht, fröhlich in meinem Wagen, einem märchenhaften Gräf & Stift, zu sitzen und in vollen Zügen den schönsten Sport zu genießen, den es gibt.

Wenn ich mir vorstelle, daß so viele Menschen als Fußballspieler stundenlang mit heraushängender Zunge hin und her rennen, springen, mit wuchtigen Hieben einen ganz harmlosen Ball herumstoßen, der ihnen oft, als ob er sich für diese Behandlung rächen wollte, ins Antlitz schießt und den Fußballer zwingt, einen halben Kiefer voll gesunder Zähne auszuspucken, ergreift mich namenloses Mitleid mit diesen Irregeführten.

Was ist das für ein Sport im Vergleich zum Autofahren?!

Ich setze mich hinein — vorne neben meinen Benzinschwan — und fahre. Fahre hinaus in die Welt, frei und frank, frisch und froh!

Mit meiner Frau bin ich mittels eines seitlich angebrachten Spiegels in Verbindung, damit wir uns verständigen können. Denn, wenn es besonders schön kommt, einem das Herz aufgeht und «die Gegend» zur schönen Landschaft wird, muß ich mich ihr mitteilen, dann kann ich nicht allein genießen. Auch ein Telephon ist da, um nicht das Geräusch des Motors überbrüllen zu müssen und sich eine Stimmbandirritation an den Hals zu schreien.

Welche Wonne, so hinauszufahren in die Unendlichkeit, unabhängig, ohne auf einen Zug warten, sich um einen Platz streiten, mit wildfremden, oft sehr unangenehmen Menschen einen Raum teilen und alle ihre Eigenheiten ertragen zu müssen.

Will man das Fenster öffnen, wird es von einem der Insassen verboten. — Zieht es, und man will schließen, schreit einer der Coupégenossen nach frischer Luft. — All das fällt weg.

Alles, was man lieb hat und mithaben will, hat man bei sich, bleibt stehen, wenn man Lust hat, fährt, wenn es einem behagt, und genießt die herrliche Natur, die wunderholde Welt in ihrer sonnigen Pracht.

Daß man Staub macht und mitunter sehr stinkt — merken ja nur die andern — die Fußgänger. — Die fluchen und schimpfen, genau wie ich es tat, als ich von einem vorbeisausenden Auto von oben bis unten mit Schlamm bespritzt und in eine bestialische Benzinwolke gehüllt wurde.

Beim Autofahren wird man Egoist.

An sich gute Menschen werden schadenfroh, und wenn ein Zeitgenosse so recht die Nase voll bekommt mit Staub und Maschinenauspuff, so kann man sich einer gewissen Befriedigung nicht erwehren.

Da sieht man, daß der Mensch eigentlich in seinem Innern gemeine Falten hat, die ihn als niederträchtig erscheinen lassen.

Freilich ist das Fahren nicht immer und stets nur Wonne. —

Wenn man plötzlich, mit einem Knall, aus dem rechten oder linken Hinterrade die Luft verliert und mitten auf der Landstraße stehen bleiben, den Wagen heben, die Räder auswechseln muß, so wirft das einen kleinen Wermutstropfen in den Freudenbecher. — Das ginge zur Not noch. Wenn man aber schnell hintereinander drei Defekte hat, abmontieren und Schläuche flicken muß — womöglich spät am Abend — im Regen, dann wünscht man sich sehnsüchtig in einen Schlafwagen, trotzdem dieser so klein ist, daß man sich nicht rühren kann und vor Galle über diesen engen Raum kocht.

Doch das sind ja gottlob Einzelerscheinungen, und wenn man wieder fährt, ist die tückische Panne schnell vergessen.

Wie in einem Kaleidoskop fliegt das Panorama an dem trunkenen Blick vorüber und die Entfernungen hören, bei der großen Schnelligkeit, mit der man vorwärtskommt, auf.

Freilich wird die Lust am Autofahren auch durch schlechte Straßen getrübt. Straßen mit Löchern, auf denen man, trotz des langsamsten Tempos, in die Höhe fliegt und sich die Zunge abbeißt.

Besonders eine Straße ist mir in Erinnerung, die in den Annalen der Straßen wohl die allerkläglichste Stelle einnimmt. Es ist der Verbindungsweg von der Hauptstraße in Rotholz nach Jenbach in Tirol.

Abgrundtiefe Löcher, die mit einem Kotbrei ausgefüllt sind, so all die Untiefen verdecken und diese zu betrüblichen Überraschungen machen.

Der Wagen torkelt beängstigend hin und her, ganze Ströme von Schmutz spritzen nach rechts und links und sehr oft auch vorne in den Wagen. —

Ein Großindustrieller soll die Straße erhalten, er tut es aber nicht. Weil er sehr einflußreich ist, wagt niemand, ihn dazu zu zwingen. Die Gemeinde Jenbach kümmert sich auch nicht darum, sie sagt, es gehe sie nichts an. So ergibt sich mit der Zeit ein kilometerlanger Morast, der nie trocknet und Achsenbrüche züchtet.

Wenn man in Tirol eintritt, hat man, auch wenn man nur einige Stunden durch das Land fährt, um es bei der andern Grenze wieder zu verlassen, eine Steuer zur Erhaltung der Straßen, in der Höhe von sechsunddreißig Schillingen, zu erlegen.

Das Blut des Automobilisten schäumt, wenn er auf diesen «erhaltenen» Straßen im Schneckentempo fahren muß.

Die Autobesitzer, die in Jenbach leben, fürchten diese einzige Zufahrtsrinne derart, daß sie lieber ganz auf das Autofahren verzichten.

— Es gibt automobilfreundliche und automobilunfreundliche Gegenden.

In Ortschaften, wo einem die Leute freundlich zuwinken, sind sie automobilfreundlich, dort, wo sie einem kinderkopfgroße Steine nachwerfen, kann man sich des Gefühls nicht erwehren, daß man nicht gerne gesehen ist.

Das für den Automobilisten schwierigste Land, wo die Luft mit Animosität förmlich geladen scheint, ist die Schweiz.

Was sich da an Unannehmlichkeiten und willkürlichem Bußezahlen tut, ist einfach erschütternd.

Wie unerfreulich die Fahrt durch die Schweiz sein kann, habe ich an mir selbst erfahren.

In Tarvisbrücke betraten wir, mit einer Steuer von zehn Franken, den Kanton Graubünden, um die märchenhafte Straße nach dem Julierpaß über Chur zu befahren.

Freundlich machte mich der Polizeibeamte darauf aufmerksam, daß langsam gefahren werden müsse. Dabei ist die Landschaft so schön, daß man von selbst jedes schnelle Fahren vermeidet, um all das Herrliche besser in sich aufnehmen zu können.

Mit mir fuhr gleichzeitig ein Radfahrer von Tarvisbrücke weg. Der Gute warf uns äußerst giftige Blicke zu, wohl weil er treten mußte, daß ihm die Kniescheiben krachten, während für unsere Fortbewegung der Motor sorgte.

Wir kamen in den nächsten Ort. — Zipsers. — Halt! ruft man uns strenge entgegen. — Was wünschen Sie? — Es ist von Tarvisbrücke telephoniert worden, das Auto A 325 ist anzuhalten und hat zwanzig Fränkli Buße zu zahlen, wenn es früher als um vier Uhr fünfundzwanzig Minuten ankommt. Sie sind um vier Uhr dreiundzwanzig Minuten angekommen.

Bei den ersten Worten der Debatte war auch schon unser lieber Radfahrer, der mit uns zu gleicher Zeit wegfuhr, da.

Er schrie: «Ja, gerast sind sie — nur feste zahlen sollen sie!»

Ich wehrte mich, machte plausibel, daß ich doch im Tempo des Radfahrers gefahren sei. Fruchtlos. Ich mußte zahlen.

Meine sofort schriftlich eingereichte Beschwerde an das Landjägerkommando in Chur, die in bewegten Worten das mir zugefügte Unrecht schilderte, so bewegt und leidenschaftlich, daß mir beim Lesen Tränen des Mitleids über mich selbst in die Augen traten, diese Beschwerde soll noch heute beantwortet werden.

Seit ich die zwanzig Fränkli Buße zahlen mußte, hat Wilhelm Tell beträchtlich an Sympathien bei mir eingebüßt und sämtliche Apfelschüsse der Erde können mir gestohlen werden.

Die Graubündner sind ein kleines, aber mieses Völkchen!

Von Chur ging es hinauf in unwahrscheinliche, gigantische Höhen, Steigungen von sechs- bis siebenhundert Meter auf drei bis vier Kilometer stellten große Anforderungen an den Wagen.

Jede Biegung brachte ein neues, überwältigendes Panorama, der Tag war gottbegnadet schön und klar und machte die Fahrt zu einem unvergeßlichen Erlebnis, das sich immer steigerte, immer grandioser wurde, bis wir oben am Julierpaß standen und, wie betrunken von all dem Herrlichen, keine Worte fanden.

Viele Stereoskopaufnahmen haben diese Fahrt festgehalten, und es erfüllte uns ein Gefühl der innigen Dankbarkeit, daß wir *das* erleben durften.

Dann ging es wieder hinunter nach Silvaplana, Sankt Moritz, in eine Kultur, die nach all dem Überwältigenden, Grandiosen einfach unangenehm wirkte, so daß man froh war, aus dieser von Komfort, Luxus und Raffinement strotzenden Riesenhotelsteinbaukastensammlung wieder herauszukommen.

Über Silsmaria, den Malojapaß, geht es in gefährlichen Kehren hinunter nach Promontogno — Chiavenna — Italien.

All das Wunderschöne, das man dort sieht, ist natürlich, nach den unbeschreiblich großartigen Eindrücken, sehr abgeschwächt. Gegenden von anderer, lieblicherer Art verschönen die Fahrt.

In Italien ist man sehr automobilfreundlich. Man muß die Geduld und die Toleranz bewundern, mit der die Bevölkerung die schrecklichen Staubwolken erträgt, die die durchwegs in rasendem Tempo dahinschießenden Automobile machen.

Alle Straßen, selbst die engsten, sind für Kraftwagen erlaubt. Ein Eldorado! —

So ging die Fahrt über den Apennin nach Florenz und Montecatini, dem größten Kurort Italiens, dem italienischen Karlsbad.

Montecatini ist bei uns nicht allzusehr bekannt und dies mit Unrecht, denn es bietet unsagbar viel Schönes, und der Effekt der Kur wird als fabelhaft geschildert. Nach zwölftägiger Kur soll man um zwanzig Jahre jünger wieder fortgehen.

Bei mir ist es allerdings ausgeschlossen, daß ich um zwanzig Jahre jünger werden könnte, denn dann müßte ich ja wieder nach Brünn zurück, in die Realschule, aus der man mich schon einmal herausgeschmissen hat, und ich käme als Erwachsener nicht mehr in Frage.

Montecatini, in der Toskanischen Ebene, liegt am Fuße des Apennin zwischen Florenz und Pisa. Wochenlang strahlte blauer Himmel, eitel Licht und Sonnenschein auf uns nieder, während Berichte von daheim nichts als ununterbrochene Regengüsse meldeten. Ein herrliches Klima!

Der Aufenthalt wird einem durch das überaus liebenswürdige Wesen der Bevölkerung sehr angenehm gemacht, für Naturfreunde sind die Kuranlagen da, Palmenhaine, die herrlichsten exotischen Gewächse, ein Reichtum an gärtnerischen Höchstleistungen, der zu staunender Bewunderung hinreißt.

Namentlich die Inhalationen sind für Sänger ideal, Leute, die keinen Ton im Rachen haben, sollen eine wunderschöne Stimme bekommen.

Das sollte ich eigentlich gar nicht sagen, weil ich mir damit eine Konkurrenz züchte, die ich nur durch schleichendes Gift wieder loswerden kann, aber ich kann nicht dafür, daß ich so lächerlich lauteren Charakters bin.

Nur eines — die Grotta Giusti, die man jeden zweiten Tag aufsuchen soll, ist eine äußerst unerfreuliche Sache. Eine Wundergrotte ist es, die, ihrer natürlichen Wärme wegen, sehr heilsam gegen Rheumatismus und diesem verwandte Annehmlichkeiten ist. Auch beim Jüngsten stellen sich hier und da Hexenschüsse, steife Genicke und Gliederreißen ein, all das hofft man dort zu beheben.

Ein Hauptreiz war es für mich, daß da Herren und Damen, nur mit einem weißen, hemdartigen Mantel und Pantoffeln bekleidet, in anregender Unterhaltung zusammensitzen.

Eine ganze Stunde muß man in der Grotte, die so treffend Inferno heißt, zubringen, und zwar in einer Temperatur von dreißig Grad Reaumur. Binnen zehn Minuten Inferno entbehren sowohl die Damen als auch die Herren jedweden Reizes. Eine Roßkur.

Ich war *einmal* dort und mein Bedarf an Grotta Giusti war auf Jahre hinaus gedeckt.

Die Autofahrten in die Umgebung von Montecatini waren herrlich schön. Nach Lucca, dem Geburtsort Meister Puccinis, der als Sohn des Organisten der Chiesa san Michele seine Jugend dort verbrachte und dessen Gedenktafel an seinem Geburtshause mich zu Tränen rührte.

Wie schwer war seine Jugend, wie traurig und trübe, durch seine Armut! Wie genial, wie groß ist er geworden, welch eine Fülle von Melodien hat er uns geschenkt.

Fast jede kleine Stadt in Italien besitzt Kunstschätze berückendster Art. Städtchen, von denen man kaum etwas hört, wie Pistoja, Prato usw., bergen Baudenkmäler und Meisterwerke, die einfach überwältigend sind.

Wie wundervoll sind die Fahrten auf den meist guten Straßen an der ligurischen Meeresküste bis Cecina, dann hinein ins Land über Volterra, Siena, San Giminiano, dem italienischen Rothenburg...! Doch ich schweife vom Automobil ab und werde zum Baedeker — und das wollte ich nicht.

Einen großen Teil von Freud oder Leid schafft beim Autofahren der Chauffeur. — Ein guter Chauffeur ist ein Glücksfall, wie das große Los. Es ist nicht gleichgültig, ob man neben sich am Volant einen Trottel, einen Verbrecher oder einen intelligenten, braven Kerl sitzen hat, mit dem man in stundenlanger Fahrt auch etwas reden kann.

Ideal ist es, selber zu lenken. Das tue ich aber nicht, will es auch nicht lernen, weil ich Sorge habe, daß ich mich doch verleiten ließe, dann selbst zu fahren.

Ich halte das Chauffieren für einen selbständigen Beruf, für den man geboren sein muß. Wenn sich heute ein Dilettant im Singen versucht, so kann er höchstens seine Zuhörer zur Verzweiflung bringen, versucht er sich aber als Automobillenker, so kann der peinliche Fall eintreten, daß er alle Insassen in den Tod fährt. Automobillenken ist eben entschieden weniger harmlos als das Singen. —

Nichts ist ungetrübt auf dieser Welt — man muß sich eben das Schöne heraussuchen und festhalten und die kleineren Plackereien, als da sind Chauffeur und Autodefekte, als Ring des Polykrates werten, denn sonst wäre es zu schön! —

Das Allerschönste am Autofahren genießt man im Winter. — Es sind die Vorbereitungen. —

Man breitet Karten auf dem Tisch aus, stellt seine Reisen zusammen, fährt glückstrahlend durch die Gegenden, die man schon kennt, und macht sich herrliche Illusionen über solche, die einem noch neu sind.

In die traurigsten Winterabende scheint die herrliche italienische Sonne hinein, im Vorgenusse der sommerlichen Autofahrten.

Kommt die gute Jahreszeit, so gießt man einen Liter Benzin in sein Auto und fährt. Die Wonne beginnt von neuem und das bißchen Ärger ist nicht imstande, die Freude zu trüben.


## Zwetschgerl


### Ein Sommererlebnis 1922

Ich war bei lieben Freunden auf einem herrlichen Gut zu Besuch, und bei der Besichtigung des Kuhstalles — der ein ziemliches Quantum von Neid und einen Überschuß von Verständnis für die Landwirtschaft in mir auslöste — wurde ich durch ein geradezu beängstigendes Gekläffe und Wehgeheul aus irgendeiner Stallecke gestört.

Als Tierfreund ging ich diesem Gekläffe nach und fand in einer Kiste einen schwarzen, hundeähnlichen Gegenstand, den ich sofort auf den Arm nahm und liebkoste. —

Die Spuren dieser Zärtlichkeit machten sich auf meinem blütenweißen Hemd in Form von unzweideutigen Flecken bemerkbar, die jedem die Annahme aufzwangen, ich müsse in irgendeine Jauchengrube gefallen sein.

Meine Tierliebe erlitt aber dadurch keinen Abbruch, ich nahm den Hund und brachte ihn meiner Frau.

«Um Gotteswillen, Leo, was bringst du denn dahergeschleppt?» —

«Liebe Elsa, das ist ein herrliches Tier! Ein Hund, wie du siehst, *unser* lieber Zwetschgerl. — Ich traf ihn im Stalle, er heulte derart, daß man der festesten Meinung sein mußte, es sei mindestens eine Meute von Hunden losgelassen. Man sagte mir, er wird eine Dogge — eine schwarze Dogge.»

Am Bauch hatte er eine knopfartige Geschwulst, die mir als Kennzeichen einer ganz besonderen Rasse geschildert wurde.

Später entpuppte sich dieser Knopf als Nabelbruch. —

Ich beschloß, der Dogge die Ohren stutzen und den Schwanz kupieren zu lassen. Aber man riet mir dringend ab, mit dem Einwande, man solle doch lieber noch warten, weil es nicht ganz ausgeschlossen erscheine, daß die Dogge eventuell ein Dackel werde. Bei dem wären dann die gestutzten Ohren sowie auch der kupierte Schwanz ein Fehler.

Der Besitzer des Hundes, ein biederer Unterverwalter, machte mich auf seine Vorzüge aufmerksam, die er ins grellste Licht setzte. Sogar dem Nabelbruch wußte er so vorteilhafte Seiten abzugewinnen, daß ich ihn als Glücksfall empfand.

Auch behauptete er, der Hund sei sehr wachsam, was sich darin dokumentiere, daß er die ganze Nacht, ohne jede Pause, heule, wodurch die Nachtruhe von achtzig Kühen gestört würde. Ein Argument, das ich zwar widerstrebend, aber dennoch gelten ließ.

Für 300 Mark nahm ich das Hündchen in meinen Besitz. — Ein unsagbar erfreuliches Empfinden in mir tragend, band ich ihm eine blaue Schleife um den Hals und nannte ihn feierlich: Zwetschgerl. — Warum ich ihn so nannte, weiß ich nicht, das ist auch ganz gleichgültig.

Daß er vorher gebührend gereinigt wurde, sei nicht unerwähnt.

Auf der Wagenfahrt nach der Bahn nahm ich meinen lieben Zwetschgerl auf den Schoß, was zur Folge hatte, daß er mir, ohne daß ich es merkte, meine oberbayerische Älplerhose derart zerbiß, daß sie voraussichtlich weggeworfen werden muß. Darüber wird der Lederhosenfachmann in Tegernsee entscheiden. — Jedenfalls ein Zeichen, daß Zwetschgerl sehr gute Zähne hat und als Wachhund sicher seinen Mann stellen wird.

An der Bahn merkte ich erst, wie mich das gütige Tierchen zugerichtet hatte.

Meine Begeisterung begann ein wenig zu verflachen. Diese Verflachung wurde noch stärker, weil Zwetschgerl die schöne blaue Schleife, die seinen Hals schmückte, zum größeren Teil aufgefressen hatte. —

Ich erteilte ihm einen ernsten Ordnungsruf, der, voraussichtlich seines jugendlichen Alters wegen — Zwetschgerl zählte erst vier Wochen — keinen besonders tiefen Eindruck auf ihn machte. —

Aber jugendliches Alter ist ein Fehler, der mit jedem Tage besser wird. — Also lag es mir ferne, zu verzagen.

Die Einwaggonierung Zwetschgerls verursachte erhebliche Schwierigkeiten. Ich trug mich mit dem Gedanken, da doch auf der Bahn Kinder unter drei Jahren frei sind und Zwetschgerl ruhig als Baby beurteilt werden konnte, ihn einfach ohne Entrichtung irgendeines Fahrgeldes durchzuschmuggeln. Wir wickelten ihn zu diesem Behufe in den Mantel meiner Frau ein, was erstens ein orkanartiges Geheul hervorrief und zweitens dem Mantel drei Knöpfe kostete, die Zwetschgerl in seinem gewiß berechtigten Zorne abbiß.

Der Schaffner meinte ganz richtig: «Sö, Sö haben ja an Hund da in dem Packel. — Wo habens denn die Hundskarten?»

Ich antwortete, der Tatsache entsprechend, daß dies noch kein fertiger Hund, sondern ein quasi Hundesäugling wäre, der erst ein Hund werden wolle. Mit der in Bayern so wohltuenden Deutlichkeit erwiderte der durchlochende Beamte, daß ich ihn nicht derblecken[1] solle, und schloß seine lange Rede mit der Bemerkung, daß Hund — Hund sei und daß für ihn bezahlt werden müsse.

Ich erlegte an der Kasse 6 Mark 50 Pfennig — bis München — und Zwetschgerl machte seine erste Reise.

Wir betteten ihn auf meinen Wettermantel und alles war großartig. —

Als sich der Zug in Bewegung setzte und beim Anfahren einen ziemlich starken Ruck machte, wie das bei unseren Zügen in Bayern üblich ist und meistens durch abgebissene Zungen der Fahrgäste in die Erscheinung tritt, erschrak das liebe Tierchen heftig. Die Folgen dieses Erschreckens waren umgehend auf dem Mantel zu bemerken. —

Die Fahrt nach München kann ruhig als Martyrium bezeichnet

1 Frozzeln, hecheln, verhohnepipeln.

werden — weil Zwetschgerl dem Bahnfahren keinen richtigen Reiz abgewinnen konnte. Er zerbiß einem neben ihm sitzenden Reisenden die Joppe, worauf der Besitzer, mit ziemlich weithin schallender Stimme und liebloser Kritik an Zwetschgerl, Schadenersatz verlangte. Er nannte meine Dogge ein Marastel, ein ölöndiges — und behauptete, daß dies gar kein Hund, sondern die Kreuzung zwischen einem Regenschirm und einem Nachtkastel wäre.

Bezüglich der Rassereinheit Zwetschgerls ließ ich mich mit dem zweifellos nicht informierten Reisegefährten erst in gar keine Polemik ein, bezahlte die geforderten 50 Mark und stieg mit meinem Liebling im Arme aus.

Zwetschgerl kostete schon 356 Mark 50 Pfennig.

In München hatten wir zweieinhalb Stunden Aufenthalt, die wir, infolge der Anwesenheit Zwetschgerls, im Wartesaal verbringen mußten. Das sympathische Tierchen fühlte sich auf meinem Arm nicht besonders wohl und zeigte, in berechtigtem Freiheitsdrange, das ermüdende Bestreben, herunterzuspringen.

Um die Zeit zu kürzen, ging ich an den Fahrkartenschalter und verlangte zwei Billets Vierter und eine Hundekarte.

Der Beamte fragte, ob ich einen polizeilichen Ausweis für den Hund habe. — In München herrsche die Tollwut und kein Hund dürfe ohne polizeiärztliche Untersuchung das Weichbild der Stadt verlassen.

Meine abermalige Daraufhindeutung, daß dies noch kein richtiger Hund sei, daß er erst vor ganz kurzer Zeit auf einem wunderbaren Gut, einem Rittergut in Tiefenbrunn bei Weßling, geboren wäre, ergab die Anschauung, daß Hund — Hund sei, und man mir ohne Vorweisung des amtlichen Dokumentes keine Hundekarte ausfolgen dürfe.

Ich rannte in den Wartesaal zurück und wollte Zwetschgerl zu Boden schmettern; meine Frau in ihrer so überaus entwickelten Herzensgüte verhinderte es.

Also auf zur Hundepolizei! —

Diese befindet sich in der Sendlingertorstraße. Ich entschied, ein Auto zu nehmen. — Es geschah! — Zwetschgerl besah sich München, indem er in seinem jugendlichen Unverstand um sich herumbiß und auch das Autofahren nicht sonderlich schön fand.

Bei der Hundepolizei wurde ich auf Befragen in den vierten Stock gewiesen. Ziemlich erschöpft oben angelangt, erfuhr ich, daß die Amtsstunden bereits vorüber wären. Als ich einem Beamten mein Erstaunen darüber zum Ausdruck brachte, meinte dieser, ob ich glaube, daß die Leute sich wegen meinem dreckigen Hundsviech den ganzen Tag daherhocken würden. Ich enthielt mich jeder

Gegenäußerung und stieg die vier Treppen wieder hinunter — mit dem festen Entschluß, Zwetschgerl zu töten. Wieder scheiterte mein Vorsatz an der energisch versagten Genehmigung meiner mir vor Gott angetrauten Gemahlin.

Also zurück zum Bahnhof.

Das Auto machte 180 Mark, weil die sechzigfache Taxe gefordert wurde. Zwetschgerl kostete 536 Mark 50 Pfennige.

Am Schalter zeigte ich den Hund dem Beamten und schilderte ihm meine Lage. Daß ich nach Tegernsee müsse und doch das Hündchen nicht einem Delikatessenhändler zur Bereitung von bekömmlicher Schmierwurst übergeben könne. Er teilte meine Anschauung, ich bekam eine Hundekarte und fuhr heim.

Die Reise zu schildern und gewissenhaft zu berichten, wie Zwetschgerl sich benommen hat, dazu bin ich nicht in der Lage — es fehlt mit der Mut. Tatsache ist, daß mir von seiten des Schaffners erklärt wurde, ich müsse den ganzen Waggon mit Schwefelsäure reinigen lassen, wenn er überhaupt noch zu reinigen sei.

Was heute Schwefelsäure kostet, ist leicht zu erfahren.

Der Gedanke, Zwetschgerl umzubringen, nahm immer greifbarere Formen an. Ich beriet mit mir nur noch die Todesart.

Der Tegernseer Stationsvorstand ließ mich, weil ich ihm bekannt war, unbehelligt heimfahren und sagte nur, man werde mir die Rechnung senden.

Auf der Heimfahrt im Wagen schlief Zwetschgerl ein. In seinem Schlummer hatte er etwas so Versöhnliches, daß ich wieder schwankend wurde. Ich streichelte ihn.

Zu Hause angelangt, legte ich ihn meiner lieben Schwiegermama in den Schoß. Welchen Eindruck das Hunderl auf die alte Dame machte, kann man leicht ermessen, wenn man bedenkt, daß sie die Fassung verlor und einige Minuten außerstande war zu — sprechen!

Wundervoller Zwetschgerl!

Nachdem sich das lähmende Schweigen gelöst hatte, erfolgte allerdings ein Niagarawasserfall von Vorwürfen, und meine Behauptung, daß dies eine schwarze Dogge wäre, ergab ein derartiges Hohngelächter, wie ich es selbst von den Lippen meiner Schwiegermutter noch nicht erlebt hatte.

Bei allen Mitgliedern der Familie stand es fest: Zwetschgerl muß hinaus!

Als er wieder erwachte und sein ganz und gar unzivilisiertes Benehmen zur Schau trug, wurde dieser vielseitige Antrag zum Beschluß erhoben.

Aber wie ihn loswerden?

Während dieser Beratung zernagte er meiner Tochter den Volant am Rock und betrachtete die Wadenstutzen meines Sohnes als Eckstein.

Wir hatten die Unvorsichtigkeit begangen, Zwetschgerl auf den Fußboden zu lassen und zwei Minuten nicht zu beobachten.

Da ich im Zorne schrecklich bin, wollte ich ihn mit irgendeinem Gefäß, das mir gerade in die Hand kam, zerschmettern.

Man fiel mir in den Arm und nannte mich grausam! —

Wir beschlossen, eine Zeitungsannonce in den «Alpenboten» einrücken zu lassen, eine Tegernseer Zeitung, deren Abonnenten wir sind, um zu erfahren, was in der Welt vorgeht.

Gelegenheitskauf!!!

Wundervolle schwarze Dogge,
acht Wochen alt,
preiswert zu verkaufen.
Anfragen: Landhaus Slezak, Egern.

Ganze Legionen von Bewerbern meldeten sich.

Inzwischen kam die Rechnung der Eisenbahnwaggonputzfrau.

Rechnung

Ausputzen des Waggons Nr. 34732 — München-Tegernsee-München, sechs Stunden Arbeit — — — Mark 178. —.

Zwetschgerl kostete mich schon 714 Mark 50 Pfennig.

Ich forderte den Selbstkostenpreis.

Man bot mir, angesichts der Geldentwertung — 10 Mark.

Als ich fragte, ob man mir nicht wenigstens 15 Mark geben könne, lehnte man ab, mit der Begründung, daß man heute noch gar nicht in der Lage wäre zu beurteilen, ob dies überhaupt ein Hund würde.

Ich verwarf diese Anschauung als indiskutabel und behielt Zwetschgerl.

Dies blieb das einzige Angebot, das ich bekam. Die anderen Kauflustigen ergriffen, beim bloßen Anblick Zwetschgerls, panikartig die Flucht.

Was nun? — Töten durfte ich ihn nicht, weil ich diesbezüglich von seiten meiner Frau strenges Verbot hatte.

Ich kann nämlich nie tun, was ich will, wie das bei anderen Haushaltungsvorständen üblich ist. Meine Frau erlaubt mir zwar alles, aber ich darf von dieser Erlaubnis keinen Gebrauch machen. —

So entschieden wir uns, Zwetschgerl zu verschenken.

Die ältesten Freunde versagten. — Jeder hatte entweder schon einen Hund oder sonst irgendeine durchsichtige Ausrede.

Wenn man in Not ist, wenden sich die intimsten Freunde von einem ab. —

Ein Mann, den ich mir treu ergeben wähnte, refüsierte meinen Zwetschgerl und riet mir, diese über jeden Zweifel erhabene Mißgeburt dem Schinder zur Amtshandlung zu übergeben.

Liebloser Geselle! —

Nun nahm ich Zwetschgerl in den Rucksack, setzte mich aufs Rad und fuhr zu einem Holzknecht am Fuße des Wallbergs. Dem gab ich hundert Mark und schenkte ihm den Liebling. — Er nahm das Geld, und ich war Zwetschgerl endlich los.

Das Hündchen kostete nun 814 Mark 50 Pfennige, eine zerbissene Lederhose, einen zernagten Mantel, drei Knöpfe von der Jacke meiner Frau und einen zerfetzten Volant meiner Tochter. Die grünen Wadenstutzen meines Sohnes haben die Farbe eingebüßt, und die Annonce im «Alpenboten» bin ich noch schuldig. —

Sollte mir der Holzknecht die Bestie wiederbringen, so lasse ich mährische Klobassen aus ihm machen — das sind wohlschmeckende Knoblauchwürste aus Neutitschein — und wenn sich die ganze Familie auf den Kopf stellt.

P. S. — Die Zeit heilt alle Wunden — Zwetschgerl war vergessen.

Da wurde ich eines Tages von meiner Köchin zum Metzger in den Ort geschickt — etwas zu holen, was sie vergessen hatte.

Dazu bin ich gut — aber wenn ich beim Kochen mir irgend etwas aus einem Topf ausborge — schreit sie gleich: «Gnä Frau, der gnä Herr stiehlt schon wieder.» — —

Da kommt mir im Laden ein Riesenvieh mit dem Kopfe eines Bulli, dem Vordergestell eines Neufundländers und dem Hinterteil eines Dackels entgegen — so groß wie ein Kalb — und knurrt mich zähnefletschend an.

«Aufpassen, Herr Kammersänger — das Luada ist bissig.»

Im Nu hatte er mir ein Stück aus meinem Wetterfleck herausgebissen.

«Ja, Herr Kefer — wo haben Sie denn den Hund her?» —

«Den hab ich vom Strauner Beni — an Holzknecht am Wallberg kauft — — Der Hund wird guat — da kimmt koana so leicht zum Haus zuwi! — Der Beni hat g'sagt — er is von Eana — Herr Kammersänger — da haben wir ihn erst Tannhäuser nennen wollen, aber der Nam is z'lang — jetzt haaßt er ‹Läo›.» —

Ich habe den Metzger gewechselt.

*Wenn man einen angeblichen Rassehund ...*

... für 300 Mark kauft und nach ein paar Tagen nicht mehr als 10 Mark für ihn geboten bekommt, dann ist an dem «Geschäft» etwas faul. Selbstkostenpreis hin, Geldentwertung her: Zwetschgerl ist offensichtlich als Geldanlage total ungeeignet.

Aber es gibt ja auch nervenschonendere Geldanlagen. Und überhaupt: Zinsen beißen nicht ...

# Pfandbrief und Kommunalobligation

**Meistgekaufte deutsche Wertpapiere - hoher Zinsertrag - schon ab 100 DM bei allen Banken und Sparkassen**

Verbriefte Sicherheit

# Belehrendes

### Der gute Ton in allen Lebenslagen

Man macht sich keine Vorstellung, wie unsagbar schwer es ist, sich in vornehmer Gesellschaft oder gar bei Tische richtig zu benehmen, keinen Anstoß zu erregen, sich nicht bis an sein Lebensende zu blamieren und als Rüpel dazustehen.

Da ich mich, was einwandfreies Benehmen in jeder Lebenslage betrifft, ruhig als Vorbild hinstellen kann, fühle ich mich dazu berufen, aus dem Born meiner reichen Erfahrung schöpfend, der Mitwelt alles zu sagen, was in dieser Hinsicht zu sagen ist.

Ein gewisser Knigge hat ja ein sehr dickes Buch herausgegeben, in dem er so manches Brauchbare mitteilt, aber die Art, *wie* er es tut, finde ich unvollkommen.

Die einzige Methode, jemandem beizubringen, wie er es machen soll, ist, daß man ihm sagt, wie er es nicht machen soll.

Dies ist das Wesentliche und meine Stärke!

Ich weiß, Knigge wird sich ärgern, mir empfehlen, bei meiner Singerei zu bleiben und mich nicht in seine Angelegenheiten zu mischen. — Aber nein, dadurch lasse ich mich nicht abhalten, erstens aus Überzeugung, weil ich mich für absolut kompetent halte, und dann, lieber Leser, *worüber* sollte ich denn ein Buch schreiben, wenn ich mich durch derartige Feinfühligkeiten zurückschrecken ließe? Mit allzuviel Rücksicht kommt man zu gar nichts.

«Ich nehme keine Rücksicht, ich nehme Fisch», sagte einmal ein Gast, als er sich zu viel Fisch auf den Teller legte und man ihn bat, doch Rücksicht auf die andern zu nehmen. —

Nur an dem Beispiel, wie man es *nicht* machen soll, an dem vielleicht krassen Beispiel, lernt der Leser.

Da ist erstens einmal in bezug auf die Kleidung so manches zu erwähnen, was viele nicht ahnen und was quasi den Urquell der Vornehmheit bildet.

Die haarsträubendsten Verfehlungen sind da an der Tagesordnung.

Wie sieht es zum Beispiel aus, wenn jemand am Vormittag sich den Frack anzieht und damit zur Frau Rosenblüh zum Mittagessen geht. — — Er braucht nur einen Gulaschfleck auf der Weste zu haben und die ganze Elektrische, in der er zur Frau Rosenblüh fährt, ruft: «Kellner — zahlen!»

Darum, o Leser, ist es wichtig, daß du, wenn du zum Mittagessen eingeladen bist, ja nicht im Frack, sondern im Smoking erscheinst. — Das ist schicklich, da kann niemand etwas reden und man bleibt im Rahmen des Möglichen. —

Ich möchte nur bemerken, daß dieser Ratschlag nicht nur zutrifft, wenn man zur Frau Rosenblüh geladen ist, sondern in dem Fall ist der Name «Rosenblüh» ganz willkürlich gewählt und ich lehne jede Anfrage, ob dies auch für Frau «Mandelblüh» gilt, auf das energischste ab. — —

Überhaupt möchte ich bemerken, daß alles, was ich sage, speziell Namen betreffend, allegorisch aufzufassen und nicht persönlich zu nehmen ist.

Sollte einer meiner Leser nicht wissen, was allegorisch ist, so kann ich ihm nicht helfen, denn ich bin doch nicht dazu da, alles zu erklären, was ich schreibe.

Meine Art zu schreiben setzt eben ein gewisses Fundament von Bildung voraus, dessen man nicht entraten kann, trotzdem ich mich bemühe, so volkstümlich, als es eben geht, zu bleiben. —

Wenn du, mein geliebter Zeitgenosse, Schopenhauer oder Nietzsche liest, so hast du ja auch keine Ahnung, um was es sich handelt. also kann es auch bei mir einmal vorkommen, daß du hie und da, von der Schwere der Lektüre übermannt, nicht weiter kannst. —

Um nun meinem umfangreichen Stoff in recht übersichtlicher Form gerecht zu werden, halte ich es für ratsam, eine Einteilung zu machen, mit Kapiteln und Überschriften, die auf die betreffende Situation passen, damit der Leser das Buch als Nachschlagewerk benutzen und sich alles Wissenswerte über den Zustand, in dem er sich gerade befindet, heraussuchen kann.

Beginnen wir also chronologisch.

Chronologisch kommt von Chronos.

Chronos war ein bedeutender Uhrmacher im Mittelalter, der unter der Regierung Willibalds des Katastrophalen eine große Rolle spielte. Er starb achtzigjährig im Teutoburger Walde am Säuferwahnsinn. — Manche Leute behaupten, Zeus habe ihn erschlagen. Das ist falsch, denn erstens hat Zeus um diese Zeit gar nicht mehr gelebt, und *wenn* er gelebt hätte, so hätte er bestimmt andere Sorgen gehabt.

Der Leser möge chronologisch ja nicht mit chronisch verwechseln, das ist nämlich ganz etwas anderes.

Wenn eine Sängerin sehr stark tremoliert, so sagt man, sie habe einen chronischen Triller.

Also beginnen wir chronologisch.

## Die Morgentoilette

Diese sei sorgfältig. — Man wasche sich. — Wasche sich, wenn es halbwegs tunlich ist, mit Seife. —

Das Sichnichtwaschen und nachträglich mit allen möglichen stark riechenden Essenzen Anschütten, so daß man glauben muß, in der Gesellschaft befinde sich ein krepierter Wiedehopf, ist sowohl vom hygienischen als auch vom gesellschaftlichen Standpunkte aus zu perhorreszieren.

Was mußt du, o Leser, auf deine Umgebung für einen Eindruck machen, wenn du einen ungewaschenen Hals hast, deine Nägel entweder abgebissen oder mit Trauerrändern versehen sind und du intensiv nach Moschus riechst.

Nun das Ankleiden.

Es gibt verschiedene Gelegenheiten, zu denen man von seinen Mitmenschen eingeladen wird. —

Nach diesen ist also die Kleidung zu wählen.

Da ist erstens einmal:

## Das Frühstück

Déjeuner — heißt es französisch. —

Es macht sich gut, das Frühstück recht oft «Déjeuner» zu nennen, das schafft Autorität und verrät das Beherrschen der französischen Sprache. —

Überhaupt sei es tunlichst zu pflegen, in die Unterhaltung einige französische Brocken einzuflechten.

Ein hie und da, allerdings nicht allzuoft, verwendetes «bon» macht sich gut. — Mit Vorsicht ist «quelle horreur» zu verwenden, weil bei diesem Wort der jeweilige deutsche Dialekt dem Sprecher im Nu den Nimbus des Franzosen rauben kann.

«O lala» verrät den Pariser, ja nicht zu verwechseln mit «Oi weh» — was einen lähmenden Eindruck machen dürfte.

Natürlich darf man nicht übertreiben, weil man sonst den Leuten auf die Nerven fällt.

Man erscheine also zum Déjeuner, wie eingangs bereits festgestellt, im Smoking und trachte zu diesem, wenn irgend angängig, kein farbiges Hemd zu nehmen. — Da ist schon eine weiße

Gummihemdbrust vorzuziehen. — Nur hätte man darauf zu achten, daß diese wirklich die Brust bedeckt und nicht rechts und links das Jägerleibchen vorblicken läßt. — Dies wäre besonders zu vermeiden.

Sehr praktisch sind dazu passende Kragen und Röllchen, die leicht mit einem feuchten Lappen derart abgewischt werden können, daß sie stets einen sauberen, ich möchte fast sagen, einen neuen Eindruck hervorrufen. —

Freudig bewegter Leser, erscheinst du so, bist du in jedem Gesellschaftszirkel der Mittelpunkt.

Bevor man das Lokal der Einladung betritt, vergewissere man sich vorerst, ob man auf der Straße nicht in irgend etwas hineingetreten ist. Es würde gewiß einen unverwischlichen Eindruck machen, wenn man so in den Salon träte und die ganze Sache auf die Perserteppiche der Hausfrau schmierte.

Ich glaube nicht zu übertreiben, wenn ich der Befürchtung Raum gebe, daß man dann nie mehr eingeladen werden würde, was, namentlich, wenn in dem gastlichen Hause die Küche gut ist, schwer ins Gewicht fallen könnte. — Wenn du dich also bezüglich der Propertät deiner Stiefel geprüft hast, o Leser, dann klingle. —

Klingle leise. —

Reiße die Glocke nicht ab, denn das verrät den Gefräßigen, der es schon nicht mehr erwarten kann.

Bist du dann im Vorzimmer und wirst vom Stubenmädchen empfangen, grüße herablassend. Berühre das Mädchen nicht, es sei denn, sie sei hübsch und niemand da, der zuschaut.

Ziehe dir die Oberkleider aus — wohlgemerkt, nur die Oberkleider — und gehe in den Salon, wo bereits einige Menschen verlegen herumsitzen, die alle nur den einen Gedanken haben: «Gott, wenn doch schon gegessen würde!» Aber sie sagen es nicht.

Du darfst dies auch nicht tun. Du kannst ja auch nach einer gewissen Spanne Zeit, scheinbar scherzhaft, der Hausfrau zurufen, daß du nicht zum Vergnügen, sondern zum Essen hergekommen bist — womit du dich gleich als Humorist beliebt machst.

Bist du groß und stark, setze dich nicht.

Ich spreche aus Erfahrung. Jedes Sofa oder gar jeder Fauteuil bricht entzwei, ist zum Wegwerfen, und glaube mir, wenn auch die Hausfrau zehnmal sagt: «Ach, das macht ja nichts», so wünscht sie dich doch dorthin, wo der Pfeffer wächst und wo es keine Möbel gibt.

Ich habe früher, als ich in puncto gesellschaftlichen Schliffs noch nicht so vollkommen war, fast in jedem Hause mehrere Sitzgelegenheiten zerbrochen. —

Das war infolge des Gewichtes.

Deshalb bilde es deine Grundregel, wenn du über hundertfünfzig Kilo wiegst, dich an die Mauer zu lehnen und zu stehen.

Bei neugebauten Häusern wäre sogar das Andiemauerlehnen zu widerraten.

In besseren Gesellschaften bekommt man meistens eine Tischdame.

Diese sei dir heilig, du hast sie zu unterhalten und dich darum zu kümmern, daß nicht nur du deinen Teller bis zum Rande voll hast. Nein, auch für sie mußt du sorgen, geistig und leiblich.

Alle jüdischen Witze, die du auf Lager hast, mußt du ihr erzählen, aber mit der Pointe so lange warten, bis sie geschluckt hat, weil sie sonst leicht erstickt und ein Todesfall immer einen gewissen Mißton in die Gesellschaft bringt.

Also auch da sei Mäßigung am Platze.

Ist eine Tischdame hübsch, so ist es der andern Leute wegen zu empfehlen, die Hände möglichst *auf* dem Tisch zu behalten, um allen Verdächtigungen, mit denen unsere lieben Mitmenschen gleich bei der Hand sind, die Wurzeln auszureißen.

Lasse es dir, o Leser, *nie* einfallen, deine Tischdame zu kitzeln. Wenn sie schreit, sieht alles auf dich und du bist gezwungen, dich, wenn du halbwegs feinfühlig bist – zu schämen.

Kitzle sie, wenn du mit ihr allein bist, dann wird sie auch nicht schreien.

Strenge verpönt ist es in der guten Gesellschaft, die von dir abgenagten Knochen deiner Tischnachbarin auf den Teller zu legen, mit der Begründung, daß du auf deinem Teller keinen Platz mehr hast.

Wenn du in ein Haus, wie zum Beispiel das meine, mit besonders gut geschultem Personal kommst, so trachte, dich und deine Tischdame, beim Servieren von Soßen, rückwärts mit einem Linoleumtuch zu bedecken, weil bis jetzt noch jeder meiner Gäste den Rücken mit wohlschmeckender Soße bekleckert bekam.

Ziehe dies in Erwägung! –

Liegt auf einer Schüssel nur noch ein Stück, so biete es deiner Dame zuerst an, so Gott will, nimmt sie es nicht.

Du kannst es ja für alle Fälle so anbieten, daß sie zögert. Dieses Zögern benützt du und sagst schnell: «Ah, ich bekomme einen Korb. – Da muß ich mich erbarmen!» – und ißt schon.

Leser – du kannst überzeugt sein, daß du bei diesem Rezept nie fehlgehen wirst.

Freilich, Übung gehört dazu. –

Ich kann nicht verlangen, daß du alles so meisterhaft machst wie ich, aber die Anleitung ist die richtige. Pädagoge bin ich, das steht außerhalb jeden Zweifels.

Du darfst zum Beispiel niemals den Zucker mit der Hand in den Kaffee geben. In jedem vornehmen Hause liegt eine Zange dabei. Aus Silber. Du nimmst zuerst den Zucker in die Hand, steckst diesen in die Zange und wirfst ihn, wohlgemerkt mit der Zange, in den Kaffee oder Tee. —

Wenn Spargel serviert wird, schneide dir nicht alle Köpfe ab und lege sie auf deinen Teller mit der Motivierung, daß dies das Beste sei. — Mit solchem Benehmen macht man sich äußerst unbeliebt.

Was nun das Essen an sich betrifft, so schlinge man nicht, reiße es dem Nachbar nicht aus der Hand oder schreie über den Tisch hinüber: «Mir! — Mir zuerst!» —

Es *ist* ja unangenehm, wenn serviert wird, du der Letzte bist und zusehen mußt, wie man dir all' deine Lieblingsstückchen wegnimmt und nur den Pofel auf der Schüssel läßt.

Ich leide in dieser Beziehung ja auch betrübliche Qualen; aber da heißt es, sich beherrschen, da kommt eben der Moment, wo wir Menschen uns vom Tiere unterscheiden.

Der Tschammi frißt dem Schnauzi das schönste Stückel weg, wenn er es erwischt, und der Schnauzi knurrt den Tschammi an, weil er sich darüber ärgert. — Die Tiere kennen noch keine Etikette und können sich nicht verstellen, darum sind sie auch so prachtvolle, anständige Geschöpfe.

Wenn du bei irgendeiner Speise nicht weißt, wie sie gegessen wird, schäkere mit deiner Nachbarin und beobachte inzwischen, wie es die andern machen. —

Allerdings kann es in besonders gewählter Gesellschaft vorkommen, daß dies die andern auch tun und kein Mensch zu essen anfängt. —

Dann ißt du eben, wie es dir paßt, die anderen werden es *dir* nachmachen und du stehst als Vorbild da.

Über den richtigen Gebrauch der Eßwerkzeuge, so da sind: Löffel, Gabel und Messer, wären äußerst vitale Eröffnungen zu machen. Die Gabel darfst du auf keinen Fall zum Ausstochern der Zähne verwenden, weil dies schlecht für die Zähne ist — und noch weniger zum Amkopfkratzen. — Dazu ist der weniger spitze Löffel da. —

Auch möchte ich warnen, die Zahnstocher zum Ausputzen der Ohren zu benützen, das Trommelfell könnte leicht verletzt werden.

Dann noch etwas. — Das Messer soll nie in den Mund genommen werden, besonders wenn es scharf ist, weil — also der Grund ist nebensächlich — es genügt, wenn ich sage, man soll es nicht tun.

Wenn die Hausfrau sagt: «Ach, bitte, nehmen Sie doch noch ein

Stück», so wäre es ein grober Fehler zu antworten: «Ich danke, nein, mir ist von dem bereits Gegessenen schon übel.»

Du lehnst nur bescheiden ab: «Nein — nein — unmöglich.» — Du kannst bei dieser Gelegenheit fallen lassen, daß du ein schwacher Esser bist, vielleicht glaubt man es dir.

Fast hätte ich vergessen zu betonen, daß du dir die Serviette nicht um den Hals binden darfst. — Tust du dies, so begleite es mit einem Scherzwort und sage, es sei dir bewußt, daß sich so etwas nicht schickt, aber du tätest es dennoch, weil du die zermürbende Sorge nicht bannen könntest, daß du dich sonst ankleckern würdest.

Man wird lachen, wird dich originell finden und du bist diese Sorge wirklich los. — —

Wenn du im gesellschaftlichen Umgang vorgeschrittener, geübter bist, mein durchgeistigter Leser, so ist es zu empfehlen, daß du das Original herausbeißt, das heißt, alles tust, was man nicht tun darf, und dich über dich selber lustig machst. —

Man wird es drollig, urwüchsig und sympathisch finden und du kannst machen, was du willst. —

So mache ich's. — Freilich ist man bei mir davon durchdrungen, daß ich in puncto Schliff unantastbar bin. —

Ich bin allerdings nur dort originell, wo es mir bequem ist, und es gibt zum Beispiel Sachen, die sogar ich nicht tue. —

Es gibt für alles Grenzen, auch für das originellste Original. —

Deiner mimosenhaften Feinfühligkeit, mein erschöpfend begreifender Leser, sei es anheimgestellt, wie weit du gehen darfst.

Das wäre, glaube ich, alles, was während des Essens zu beobachten ist, nur möchte ich hinzufügen, daß es nicht gut angeht, falls dieses ein Schlangenfraß ist, laut, wie im Restaurant, darüber zu schimpfen. — In diesem Falle und namentlich, wenn du neben der Tochter des Hauses sitzt, schütze eine strenge Diät vor, die andern Gäste werden dich verstehen und beneiden. Schimpfen, kritisieren und nörgeln darfst du erst später; im Hause selbst ist es nicht opportun. —

Schlimmstenfalls, wenn man einfach nicht mehr anders kann, darf man schon auf der Stiege mit dem Ausrichten des Gastgebers beginnen. —

Sonst ist es allerdings Sitte, daß dies erst beim Haustor geschieht.

Nun erhebt sich die Hausfrau, hebt die Tafel auf und sagt verbindlich: «Mahlzeit!» — Das heißt, daß nichts mehr kommt, daß du genug gegessen hast, daß die Gemütlichkeit, wenn solche bestand, zu Ende ist und du in einen andern Raum zu gehen hast, um das abzusitzen, was du gegessen hast.

Du küßt deiner Tischdame die Hand, führst sie in den Salon, legst sie dort ab und sie ist für dich erledigt. —

Deine Pflicht als Kavalier ist getan.

Nun trachtet man, eine Zigarre zu bekommen. — Nimm aber nur eine. — Die Auffassung, daß man sich die Taschen anfüllen dürfe, ist falsch und erregt Befremden.

Nun, mein witziger Leser, ist der Augenblick da, wo du mit deinen schillernden Geistesgaben paradieren kannst, nun zeigt es sich, ob du Konversation zu machen verstehst — ein Salonlöwe bist.

Herrlich ist es, wenn du dich in irgendeiner Form produzieren kannst. Kunststücke sind sehr beliebt. — Du ziehst der Tochter des Hauses einen Silbergulden aus der Nase, sie verliebt sich in dich und du wirst wochenlang täglich eingeladen.

Solltest du aber mit den Ohren wackeln können, so bedeutet das einen Haupttreffer. — Ich kann es. —

Selbstverständlich will ich damit nicht sagen, daß du, hochbegabter Leser, die ganze Zeit mit den Ohren wackeln sollst. — Dem sei Gott vor. — Das wäre auf die Dauer ermüdend. —

Wenn der Augenblick des Abschiedes kommt, so gehst du zur Hausfrau, küßt ihr galant die Hand, lobst das Essen, bemerkst, daß man das ranzige Fett nicht herausgeschmeckt habe und auch nicht merken konnte, daß zu wenig da war, weil sich kein Mensch etwas zu nehmen getraute. —

Man hüte sich, die Scherzworte: «Das Essen war gut und reichlich, aber weit über Ihre Verhältnisse, auch hat man nicht empfunden, daß mit Lanolin, Marke Pfeilring, gekocht wurde —» zu sagen, weil sie so alt sind, daß man bei der Hochzeit von Kana schon ein paar Ohrfeigen bekommen hat, wenn man diese humorvolle Bemerkung machte.

Hat man sich empfohlen, geht man ins Vorzimmer, läßt sich von dem Stubenmädchen in den Oberrock helfen, und nun ist es gestattet, sie, wenn sie hübsch ist, zu berühren. —

Mit dem Trinkgeld teile man es sich so ein, daß man mit mehreren zusammen gibt, da merkt die Schickse nicht, wie wenig sie bekommen hat.


Diner, Souper oder Nachtmahl

Ungefähr dasselbe, was ich über das Déjeuner sagte, gilt auch für das Diner, Souper oder Nachtmahl, nur ist eine gewisse Änderung in der Kleidung zu beobachten.

Siehst du, mein geneigter Leser, hier ist der Frack am Platz, da gehört er her. Und wenn du Orden hast, so hänge sie dir um. Hast du keine, so hänge dir auch welche um, je klobiger, desto besser.

Ich hatte eine Kollegin, die war besät mit Orden und Bändern. — Wenn man näher hinsah, so erblickte man meist Vogelschutz-medaillen, die sie am Bande des schwarzen Adlerordens trug. Heute kannst du dir ruhig Kommandeure und Ordensketten um-hängen, so viel du willst, es kräht kein Hahn danach, nur von Großkreuzen, die an einer breiten Bauchbinde um den ganzen Leib zu tragen sind, möchte ich abraten, um dem Omen der Un-wahrscheinlichkeit aus dem Wege zu gehn.

Das wäre also die Toilette, nur mußt du zum Souper, statt um ein Uhr mittags, um acht Uhr abends gehen und zum Frackanzug keine gelben Stiefel anziehen. Wesentlich anders ist es schon bei der

## Jause

Das ist eine Einrichtung, bei der man leider nur Tee und be-stenfalls Sandwiches bekommt, die gewöhnlich derart aufgelegt werden, daß man die kleinsten Lücken sofort merkt.

Wenn ich zum Beispiel Jausengäste habe, so ist infolge dieses unangenehmen Arrangements ein vorheriges Naschen und Weg-essen ausgeschlossen, da ich mir sonst bei der Dame des Hauses, in diesem Falle meiner Frau, die tiefschürfendsten Unannehmlich-keiten zuziehe.

Man ist infolgedessen nur der Gesellschaft wegen da.

In den meisten Fällen heißt so eine Jause «Jour».

Ein Jour ist fast immer entsetzlich, weil er der Tochter des Hauses Gelegenheit gibt, ihre Kenntnisse auf musikalischem Ge-biet den hilflosen Gästen zu versetzen, die sich das gefallen las-sen müssen.

Nun werde ich, als gesellschaftlich geschulter Gast, während die Tochter des Hauses geigt oder der Sohn, mit der Zunge ansto-ßend, eigene Gedichte deklamiert, unter keinen Umständen mei-ner Umgebung Gesichter schneiden und diese dadurch zum La-chen bringen, weil die Vortragenden sonst leicht der Annahme zu-neigen könnten, daß man sie verhohnepipeln will. Selbst wenn du das unstillbare Sehnen hast, die geigende Tochter oder den zu-zelnden Sohn mit dem Bechsteinflügel zu erschlagen, darfst du das nicht tun, denn das wäre eine Zügellosigkeit, die man dir be-stimmt und mit Recht übelnähme. —

Du kannst, wenn du gemütvoll veranlagt bist, deinem Nach-bar, scheinbar unabsichtlich, auf den Fuß treten, der bricht zusammen, muß gelabt werden, wird zu diesem Zweck weggetragen und du hast einen Grund, dich aus dem musikalischen Bereich zu entfernen und nach dem Zustand des von dir Getretenen zu sehn.

Hast du das Herz nicht, einen unschuldigen Leidensgenossen zu verkrüppeln, so bleibe sitzen und lächle. — Koche innerlich — aber lächle!

Wenn die Haustochter ihr Kratzioso zu Ende gespielt hat, setze dich unauffällig auf ihre Geige, weil sie sonst noch eine Zugabe schenkt.

Wenn der Sohn länger als eine Stunde ohne Pause rezitiert, wirf die Lampe um, es entsteht ein Brand, es wird der Minimax geholt, und während gespritzt wird, kann der Knabe nicht deklamieren.

Bei Jours ist eine Erleichterung gestattet. Du kannst kommen und gehen, wann du willst.

Kommen mußt du bald, weil sonst die Sandwichesschüsseln alle kahl gegessen sind und dein Besuch dann jedes Zweckes entbehrt. —

Gehen kannst du, sowie du satt bist —, Sandwiches einzustecken und mitzunehmen ist nicht üblich.

Beim Weggehen ist es entschieden nicht dem guten Tone entsprechend, daß du dir den besten Überzieher, Hut und Regenschirm aussuchst und deinen Pofel dort hängen läßt, weil du nie die Garantie haben kannst, daß es nicht aufkommt.

Dasselbe gilt für die Galoschen, selbst wenn sie dir passen. —

Dies wäre also das Wichtigste über das Benehmen in der guten Gesellschaft. Das Ganze ist ein zwar kurzer, aber dennoch ziemlich erschöpfend gefaßter Lehrgang, ein erstklassiger Kavalier, Lebemann und Salonlöwe zu werden.

Ich mache diese kulturelle Angelegenheit meinen Lesern zum Geschenk und hoffe, daß diese es zu schätzen wissen.

Ich rechne bestimmt mit der Dankbarkeit meiner lieben Leser!

*Der Opernführer*

Wie oft wurde ich von meinen Freunden über den Inhalt der Opern befragt. Wie oft hörte ich betrübt lächerlich auseinandergehende Meinungen — haarsträubende Auffassungen.

Da dieses Buch ja den eigentlichen Zweck verfolgt, meine Leser zu belehren, ihnen Schätze des Wissens und der Aufklärung mitzugeben — so habe ich mich entschlossen, verschiedene Opern zu erklären und, auf diese Weise purifizierend, Platz gegriffene Irrtümer zu beseitigen.

Ich weiß, diese mir gestellte Aufgabe ist schwer — sehr schwer! Aber mein pädagogisches Genie wird alle Schwierigkeiten lächelnden Antlitzes, spielend, überwinden und es wird mir bestimmt gelingen, Licht in die dunkelsten Opernabgründe zu bringen, dem Leser Perspektiven zu eröffnen, die ihn erschauern machen — ihn beglücken.

Bevor ich nun daran gehe, die Opern zu erklären und in die tiefsten Tiefen ihres Inhalts zu schürfen — muß ich erst dem lieben Leser ein paar Worte über den Beruf eines Sängers im allgemeinen und den eines Tenors im besonderen sagen.

Der Beruf eines Sängers ist schwierig, der eines Tenors noch schwieriger.

Man bedenke — fast in allen Rollen hat er im letzten Akt zu sterben.

Man liebt. — Man wird zwar fast immer wiedergeliebt, aber da ist stets einer da — meist der Bariton — der in die Suppe spuckt — der Klötze in den Weg wirft.

Was habe ich davon, wenn der Nebenbuhler verschmäht wird, wenn ich «derjenige bin — welcher», aber im letzten Akte sterben muß.

Wo ist da der Vorteil? — Die Mezzie?

Es ist und bleibt eine aufreibende Tätigkeit, die sich à la longue auf das Nervensystem auswirkt.

Das Unangenehmste im Leben, etwas, was andere Menschen ein einziges Mal im Erdenwallen durchzumachen haben — wiederholt sich bei mir dreimal wöchentlich.

Ist es da ein Wunder, wenn man ununterbrochen in einer seelisch-verzweifelten Stimmung herumgeht? — Angesichts der vielen Todesqualen, die immer wieder bevorstehen, erschüttert ist?

Ich bin zum Beispiel ohne jede Pause — mit Ausnahme der Opernferien, ergriffen.

Allerdings stirbt man mit der Zeit ganz behaglich — legt sich hin und die Sache ist erledigt.

Aber bis man es soweit bringt, auf der Bühne in Verwesung überzugehen, ohne daß sich die Leute schieflachen — das dauert lange.

Man veranschauliche sich nur einmal die vielen Variationen von Todesarten.

Bis man es dahin gebracht hat, daß man die verschiedenen Tode auseinanderhält und richtig darstellt, wird man Großvater. — Ich bin soweit.

Bei mir weiß das Publikum sofort: — Aha — der hat sich erschossen — den hat der Wüstenwind Samum getötet — der ist auf dem hohen B verhungert.

In meiner Jugend — sagen wir in meiner zartesten Jugend — in Brünn, starb ich eines Abends in der Oper Lukrezia Borgia an Gift. — Am Gift der Borgia!

Das Publikum lachte aus vollem Halse und war selten aufgeräumt.

Der erste Kritiker schrieb: Herr Slezak sollte an dem Gift der Borgia sterben. — Er spielte eine Bauchfellentzündung und übertrieb derart, daß das Publikum mit Freuden konstatieren konnte, daß der treffliche junge Künstler diese Krankheit noch nie gehabt hat. Am Gift der Borgia zu sterben muß der strebsame junge Mann noch lernen.

Ich habe diesen Fingerzeig benutzt, und strebsam, wie ich war, übte ich den Gifttod durch Wochen hindurch. — Was das für eine Mühe machte, geht auf keine Kuhhaut und das Tragische dabei war nur, daß sich immer wieder Leute fanden, denen gellende Lachsalven von den Lippen flossen, die ansteckend auf «die tausendköpfige Hydra» Publikum wirkten.

Acht Komiker hätte man mit dem Gelächter beglücken können.

Seit der Brünner Zeit bin ich nicht mehr am Gift der Borgia gestorben —, aber ich bin überzeugt, daß es mir nun, angesichts der erworbenen Reife, bestimmt gelingen würde.

Und das ist nur *eine* Todesart.

Nun gibt es deren so viele. — Diese nicht zu verwechseln setzt schon eine große Summe von Intelligenz und Anpassungsvermögen, ja, ich möchte fast sagen, Genialität voraus, denn, wenn man, Gott behüte, die letalen Ausgänge durcheinanderbringt — ist man erledigt. Es genügt nicht, die Augen zu verdrehen, so daß man nur das Weiße sieht, und, mit einem hörbaren Knall zu Boden fallend, sein Leben auszuhauchen. Nein — das muß alles nach der Musik gemacht werden. Man kann da nicht, wie man will — man muß so, wie es der Komponist vorschreibt — und das ist das Unangenehme.

In erster Linie muß man seine Rolle können — oder zumindest — um nicht allzu kraß zu werden, approximativ im Bilde sein, um was es sich handelt.

Da hat es ein Kollege vom Burgtheater, ein Schauspieler, diesbezüglich herrlich. Wenn der zu Tode getroffen ist — legt er sich vorne in die Rampenmitte — seufzt ein paarmal — röchelt ein Weilchen, wenn ihm nichts einfällt, wartet, er, bis er vom Einsager einen Brocken seiner Rede zugeschmissen bekommt, und stirbt gemütlich.

Das ist der Grund, warum die meisten Kollegen vom Schauspiel vor dem Souffleurkasten sterben.

Bei uns Tenoristen ist das unmöglich, bei uns gibt es kein Seufzen, kein Röcheln — weil uns sonst die Musik davonrennt und wir im Nu keine Ahnung haben, wo wir uns befinden, und dann *nur* auf Seufzen, Röcheln oder innerliches Erleben angewiesen sind.

Wenn einem Kollegen vom Schauspiel etwas aus seiner Rolle später einfällt, so kann er es immer noch irgendwie einflechten oder anbringen.

Bei unserem Geschäft ist das ausgeschlossen. — Wir müssen jedes späteren Einflechtens entraten.

Trotz all der Schwierigkeiten, die wir zu überwinden haben, und trotz der ungeheuren Gaben, mit denen wir Tenoristen ausgestattet sein müssen, trachtet man immer, uns als «geistig nicht ganz auf der Höhe» hinzustellen.

Eine Ungerechtigkeit, die mir Falten der Empörung auf die Stirne zaubert.

Doch ich will nicht mit meinem Schicksal hadern und meine Leser mit den Zerrissenheiten meiner Seele anöden, sondern versuchen, den Inhalt und die Hauptmomente einiger Opern objektiv und ohne jede Voreingenommenheit oder gar Gehässigkeit wiederzugeben, damit viele Unklarheiten beseitigt werden, die den wissensdurstigen Opernbesucher quälen und beunruhigen.

Es ist natürlich, daß ich nicht alle Opern erklären kann, die es gibt, oder gar die, die ich gesungen habe. Das ginge zu weit, aber die wichtigsten, die des Erläuterns bedürftigsten, will ich, soweit ich es vermag, zu enthüllen versuchen.

Wenn mir dies gelingt, fühle ich mich reich belohnt

## Lohengrin

Das ist eine sehr komplizierte Sache, und ich muß meinen lieben Leser ernstlich bitten, recht aufmerksam zu sein, um sich aus dem Wirrsal der Handlung herauszufinden und zu wissen, um was es sich eigentlich handelt.

Jedermann weiß, daß in früheren Zeiten sehr viel gezaubert wurde. Man verwandelte damals die schönsten Jünglinge — meistens Prinzen — in alle möglichen Tiere, und oft, wenn man der Meinung war, einen echten Harzer Kanari im Zimmer zu haben, entpuppte sich dieser eines Tages als verzauberter Erzherzog, den eine neidische, miese Fee in diesen Roller verwandelt hatte.

Also das kommt heute nicht mehr vor. —

— Wenn der Vorhang in die Höhe geht, ist die Bühne gespickt mit Mannen. — Sie werden mich korrigieren wollen und sagen: «Männern!»; aber es heißt *doch* Mannen — die planlos mit den Schwertern auf ihre Schilde schlagen und singen.

König Heinrich sitzt unter einer großen Eiche, hat einen langen Umhängebart und hält Gericht. —

Telramund, ein Edler, hat eine Klage gegen Elsa von Brabant eingereicht und behauptet, sie habe ihren Bruder, den kleinen Gottfried, umgebracht. —

Der König glaubt es nicht, und es ist auch nicht wahr.

Elsa wird vorgeladen, wird gefragt — sie leugnet.

Wer hat recht? — der Telramund oder die Elsa?

Bald hätte ich vergessen zu erzählen, daß Telramund verheiratet ist und seine Frau Ortrud heißt. — Übrigens eine recht düstere Dame — die eigentlich Telramund zur Überreichung der Klage veranlaßte.

In alten Zeiten war das Gottesgericht modern. —

Wenn man nicht wußte, ob jemand schuldig oder unschuldig war, so ließ man zwei Männer miteinander kämpfen, und derjenige, der unterlag, war der Verbrecher.

Eine äußerst unsichere Angelegenheit.

Telramund fordert jedermann auf, sich für Elsas Unschuld zu schlagen. —

Trotzdem keiner der Ritter die arme Elsa dieser Gemeinheit für fähig hält, läßt sich, trotz wiederholten Blasens auf der Trompete, keiner von ihnen in dieses Gedränge ein. Da befiehlt der König, noch einmal zu blasen.

Plötzlich sieht man von weitem einen glänzenden Ritter in einem Kahne stehen, der von einem schneeweißen Schwan gezogen wird.

Der Chor der Mannen brüllt durcheinander, zeigt auf den Ritter und schaut krampfhaft auf den Kapellmeister, was aber offenbar nicht viel nützt, denn sie sind untereinander vollständig verschiedener Ansicht, was der Lateiner «Tohuwabohu» nennt. —

Lohengrin kommt an, wird von allen Seiten beleuchtet, und singt das Schwanenlied, einen Viertelton zu tief.

Der Schwan merkt das, darum fährt er davon.

Nun kommt das eigentlich Interessante. —

Telramund bebt hörbar, aber er läßt nicht nach, er darf auch nicht, weil es so vorgeschrieben ist.

Zuerst geht Lohengrin zu Elsa und sagt ihr, daß er für sie kämpfen werde, und ob sie seine Frau werden wolle. Dies könne jedoch nur unter der Bedingung geschehen, daß sie ihn nie frage, wer er sei und woher er komme. —

Also eigentlich eine Zumutung! — Man soll nicht wissen, mit wem man das Vergnügen hat. — Eine wilde Sache.

Sie schwört, er geht hin, besiegt den Telramund, schenkt ihm

«Lohengrin kommt an, wird von allen Seiten beleuchtet und singt.»

das Leben, die Ortrud zerspringt. Elsa fliegt dem Namenlosen um den Hals, die Mannen schlagen freudig bewegt mit ihren Schwertern auf die Schilde, der König streicht seinen Umhängebart, gibt seinen Segen und der Vorhang fällt.

Dies ist der erste Akt.

Im zweiten Akte ist es vor allem einmal finster. —

Unheimlich lange Vorwürfe und gegenseitige Anklagen ertönen aus irgendeiner Ecke. — Ortrud und Telramund streiten sich. — Er nennt sie eine Genossin seiner Schmach und sie ist auch sehr unfreundlich mit ihm.

Nach langem Hin und Her beschließen sie, Elsa neugierig zu machen und ihr den Lohengrin zu verekeln.

Im Mittelalter erschien in der Nacht vor der Hochzeit die Braut immer auf dem Söller und sprach mit dem Monde, oder, wenn keiner da war, mit dem «Zephir».

Das sind lauter Übertriebenheiten, die man heute nicht mehr macht, weil man sonst für blödsinnig gehalten werden würde.

Während die Braut mit dem Zephir plaudert, seufzt Ortrud unten so laut, daß Elsa es hören muß.

Sie geht hinunter, liest Ortrud von der Schwelle auf und nimmt sie zu sich in den Palast. — Das war das Dümmste, das sie tun konnte.

Beim Brautzug erscheinen die gewiegtesten Chordamen als Brautjungfern und streuen Blumen. — Die Mannen beteiligen sich am Schreiten und singen in Synkopen. — Alles wallt majestätisch zur Kirche, da plötzlich drängt sich Ortrud vor Elsa und behauptet, sie gehöre nach vorne.

Es erhebt sich eine große Aufregung, und mitten in diesen Wirbel kommt der König mit Lohengrin. — Der überschaut sofort die ganze Situation und schleudert Blitze aus seinen Augen. — Er geht zu Elsa, nimmt sie beiseite und sagt ihr, sie solle sich ja nicht aufhetzen lassen und ihn fragen, weil er sonst sofort abreisen müsse. — Elsa meint, daß sie gar nicht daran denke und froh sei, daß sie endlich einmal heiraten könne. Er drückt sie an seine Brust und sie schreiten weiter auf die Kirche zu.

Plötzlich, im letzten Moment, springt Telramund hinter einem Pfeiler hervor und beschimpft Lohengrin. — Sagt, daß er ein Zauberer sei, und daß die ganze Geschichte doch höchst merkwürdig wäre. — Man soll mit einem Schwan angefahren kommen, man soll den Schwan wieder wegschicken, kein Mensch soll fragen dürfen, wer man ist, keine Legitimation, keine Ausweispapiere, kein Visum — gar nichts! Deshalb erklärte er die ganze Sache mit dem Gottesgericht für Blech und verlange die Revision der Angelegenheit.

Kurz und gut, Telramund ist, nach seiner Meinung mit Recht, aufgeregt.

Aber wenn einmal ein Vorurteil zu jemandes Gunsten Platz gegriffen hat, so kann der machen, was er will — er hat recht.

Telramund bekommt einen Stoß in den Magen und wird hinausgeschmissen. —

Lohengrin und Elsa setzen das unterbrochene Schreiten in die Kirche fort, die Mannen schlagen freudig bewegt mit den Schwertern auf ihre Schilde, und unter beifälligem Nicken des Königs fällt der Vorhang. —

Dritter Akt. —

Das Brautgemach. —

Lohengrin und Elsa werden von dem König hereingeführt, der, nachdem er den beiden praktische Winke diesbezüglich zuteil werden ließ, sofort wieder verschwindet. —

Der Zuschauer merkt schon an der Einrichtung, daß das eine sehr unerfreuliche Brautnacht werden wird.

Lohengrin singt so lange, bis ihn Elsa endlich fragt, welchen Geschlechtes er sei. Die Bombe platzt. — Zu alledem kommt noch Telramund herein und will Lohengrin erschlagen. — Der Anschlag mißlingt, Telramund fällt, von dem Blitze aus dem Auge Lohengrins getroffen, tot zu Boden. —

Er wird weggeräumt. —

Lohengrin sagt Elsa nichts. — Erst vor dem König will er reden. — Auch wieder eine Bosheit von ihm.

Während Elsa mit essigsaurer Tonerde gewaschen wird, fällt der Vorhang.

Verwandlung.

Derselbe Platz wie im ersten Akt. — Der König erscheint hoch zu Roß. Dieses entledigt sich vor allem alles Innerlichen, während die Mannen siegesverlangend mit den Schwertern auf die Schilde schlagen. — Es soll in den Krieg gehen. — Jeder einzelne lechzt nach Heldentod. —

Lohengrin soll ein Bataillon übernehmen. — Er kommt herein und sagt, er könne nicht mitkommen. — Zum Glück habe ihn Elsa gefragt und nun müsse er heimwärts ziehen. —

Zum Zeichen der Trauer schlagen die Mannen mit den Schwertern auf ihre Schilde.

Elsa wird hereingebracht — Sie wankt. — Entweder sie schreitet oder sie wankt.

Lohengrin stellt sich hin und singt die Grals-Erzählung.

Er sagt nichts Stichhaltiges, lauter Sachen, die er nicht beweisen kann und angesichts deren er von keiner Musterungskommission enthoben worden wäre. Aber alle glauben es. — Vielleicht tun sie nur so, weil es schon sehr spät ist, und niemand durch einen Einspruch oder durch eine Debatte die Vorstellung noch mehr in die Länge ziehen will.

Während Elsa nach Luft verlangt, verabschiedet sich Lohengrin und gibt ihr ein Horn, einen Ring und ein Schwert.

Auf dem Horn soll sie blasen lernen, den Ring soll sie behalten und das Schwert soll sie ihrem Bruder schenken.

Wie verwirrend!

Er geht.

Die Mannen schlagen zum Zeichen der Trauer mit ihren Schwertern auf ihre Schilde.

Plötzlich erscheint die Ortrud wieder. Sie gibt keine Ruhe. — Sie schreit, daß sie den Bruder in einen Schwan verwandelt habe, und daß sie an der ganzen Unannehmlichkeit schuld sei.

Lohengrin durchbohrt sie mit einem Blitz aus seinem Auge. — Sie stirbt. —

Der Schwan taucht unter, und es springt ein übertrieben wonniger Jüngling — ein Prinz — aus dem Wasser und umarmt Elsa.

Der kleine Gottfried! —

Da Lohengrin nicht ohne jedes Zugtier wegfahren kann, kommt eine Taube und zieht ihn fort — was sehr unwahrscheinlich ist.

Elsa wankt und schreit, da fällt Gott sei Dank der Vorhang, denn es ist schon sehr spät. —


Der Prophet

Diese Oper zeichnet sich durch ungewöhnlich entwickelten Klimbim aus und ist für unsere Begriffe etwas fremdartig, daher möge der Leser seine konzentrierteste Aufmerksamkeit auf meine Enthüllungen richten. Im Lande Westfalen taucht eine neue Lehre auf, welche drei schwarze Gestalten — die Wiedertäufer — verbreiten.

Franz, mein Garderobier, nennt sie, trotz mehrfacher Ermahnungen, hartnäckig «Winterteibeln».

Ich bin in dieser Oper ein Restaurateur und heiße Johann von Leyden.

Ich sage natürlich, daß ich adelig bin, das ist aber nicht wahr, sondern ich bin bloß aus Leyden, einer Stadt in Holland. — Das ist so, als wenn ich sagen wollte: Leo von Mährisch-Schönberg.

Johann hat seine Karriere in Harlem als Piccolo in einem dortigen Kaffeehause begonnen, wo er noch «Schani» genannt wurde. — Nach seiner Lehrzeit ging er nach Münster und konditionierte im Restaurant «Zur blechernen Röhre» als Speisenträger. Infolge seines einnehmenden Wesens avancierte er in Bälde zum Zahlkellner, damals hieß er — «Jean». — Weil er ein ganz besonderes Glück im Zusammenzählen hatte, machte er sich bald selbständig, kaufte sich in Leyden, seiner Vaterstadt, den Gasthof «Zum hohen C», und verlobte sich mit einem Mädchen namens Bertha, die er in kürzester Frist zu heiraten beabsichtigte.

Seine Mutter *Fides,* die eine sehr tiefe Stimme hatte, ging unvorsichtigerweise mit Bertha, seiner Braut, auf die Straße, gerade als Graf Oberthal, der Landesherr, mit seinen Reisigen diese passierte.

Oberthal war ein Aviatiker. — Er flog auf hübsche junge Mädchen. — Nun herrschte damals die für regierende Grafen sehr angenehme Sitte, daß alle Bräute des Landes zuerst dem Landesvater angehören mußten, ehe sie in die Hände des Bräutigams kamen. Eine Sitte, die sehr häufig auf Widerspruch stieß und in den allermeisten Fällen auf eine Weise umgangen wurde, über die zu sprechen nicht in den Rahmen dieser Forschung gehört.

Oberthal sieht Bertha und, aus dem wahrscheinlich begründeten Gefühle heraus, in diesem Falle um seine ihm gesetzlich zustehenden Rechte zumindest verkürzt zu werden, läßt er Bertha verhaften und auf sein Schloß bringen.

Das Chorpersonal ist mit Recht aufgeregt und die drei Wiedertäufer schüren diese Aufregung durch Absingen lateinischer Gesänge.

Empört fällt der Vorhang.

Zweiter Akt.

Die Weinstube Johanns.

Der Vorhang hebt sich, übertriebene Fröhlichkeit wird bekundet, es wird getanzt, mit leeren Blechbechern angestoßen, Leute, die keine Becher haben, stoßen mit der Zunge an und schlagen sich herzhaft auf den Oberleib, zum Zeichen der Biederkeit.

Johann tritt, mit einem Kruge Wein bewaffnet, ein und schenkt planlos jedem ein, ohne auch nur im entferntesten an die materielle Seite der Angelegenheit zu denken.

Der scharfsichtige Zuhörer merkt sofort, daß er auf diese Weise als Gastwirt auf kein grünes Resultat kommen wird.

Er singt — dann schickt er die Leute weg, was ein bißchen erstaunlich anmutet. Ich würde es mir wenigstens sehr energisch verbitten, wenn ich in einem Restaurant wäre und der Inhaber würde mir plötzlich sagen: «Gehen Sie fort, meine Braut kehrt jetzt zurück, ich will allein sein.»

Ganz abstrahiert vom Geschäftsinteresse, ist dies eine Flegelei gegen die Gäste und der Gastwirt riskiert, daß ihm kein Mensch mehr in seine Destille hineingeht.

Die drei Wiedertäufer bleiben sitzen und finden bei Johann eine gewisse Ähnlichkeit mit dem König David aus der biblischen Geschichte, die sie zu ihren Zwecken ausnützen wollen.

Sie fragen ihn, warum er so düster blicke.

Er sagt, er habe einen Traum gehabt, den er gleich erzählt.

Sie deuten ihm den Traum dahin, daß er begründete Aussicht habe, Gottes Sohn zu werden.

Er sieht sie zweifelnd an und hat das Gefühl, daß er gefrozzelt wird.

Die Wiedertäufer gehen ab.

Plötzlich reißt Bertha die Türe auf, stürzt atemlos ins Gemach und sagt, daß sie verfolgt werde.

Johann versteckt sie.

Oberthal poltert wütend herein und will wissen, wo sich Bertha verborgen hält.

Johann markiert den Ahnungslosen.

Da wird seine Mutter von den Knechten hereingezerrt und er vor die Wahl gestellt: entweder die Mutter getötet oder die Braut her!

Dieser Vorgang wirft ein ganz merkwürdiges Licht auf die damaligen Rechtszustände.

Johann kämpft mit sich, schließlich gibt er Bertha preis. Dafür singt ihm seine Mutter eine belobende Arie vor, die er kniend anhören muß. Er knirscht mit den Zähnen, sinnt auf Rache, und schickt seine Mutter ins Bett.

In diesem Augenblick hört er den lateinischen Gesang der Wiedertäufer, ruft sie in die Stube, erinnert sie an den Traum und erklärt jetzt seine Bereitwilligkeit, als Gottes Sohn zu fungieren; allerdings erst, nachdem man ihm versicherte, daß er sich an Oberthal ausgiebig rächen könne.

Die drei schwarzen Herren versprechen ihm alles, stellen aber die Bedingung, daß er seine Mutter nie mehr sehen darf. Nach einem gewissen Zögern findet er sich mit dieser Vorschrift ab. Er stürzt fort und der Vorhang fällt. —

Dritter Akt. —

Das Land ist in Aufruhr.

Johann ist Prophet und überzieht die ganze Gegend mit Unannehmlichkeiten. Es wird gemordet, geplündert, geraubt, die Wiedertäufer haben Oberthal gefangen und zum Tode verurteilt.

Johann von Leyden tritt auf — wunderschön, in einem langen, weißen, wallenden Gewand, mit einer glanzvollen Blechbrust und einem Schwert in der Faust. Das Prophetsein hängt ihm bereits sehr zum Halse heraus — er will zu seiner Mutter. Da eröffnet man ihm, daß diese augenblicklich sterben müsse, wenn er sie jemals wiedersähe.

Gerade wird Oberthal vorbeigeführt — zum Tode. — Johann erfährt, daß Bertha nicht tot ist, sondern von den Zinnen der Burg hinuntersprang und sich in Münster verborgen hält. —

Daraufhin tritt er unter seine Krieger, die aus lauter abgerissenen Vagabunden bestehen. — Sie wollten gerade auf eigene Faust, ohne das Protektorat des Propheten, plündern. Mit fürchterlicher Stimme zwingt er sie auf die Knie, nimmt eine Fahne zur Hand, schwenkt diese hin und her und singt zu dieser Schwenkerei eine Hymne, die den lieblichen Gesellen derart imponiert, daß sie wieder brav sind.

Damit etwas vorgeht, erscheint die Sonne und beleuchtet die ganze Szene.

Der Vorhang fällt.

Verwandlung. —

In dieser bettelt Fides teils mit Koloraturen, teils mit tieferen Tönen alle Vorübergehenden an.

Jeder gibt ihr etwas, sogar Applaus bekommt sie.

Über dieser Schnorrerei fällt der Vorhang. —

Vierter Akt. —

Der Höhepunkt. —

Der Dom, in dem der Prophet endgültig gekrönt werden soll.

Unter dem Volke ist auch die Mutter, die sich durch gewaltsames Singen unliebsam bemerkbar macht.

Johann tritt auf, die Krone auf dem Haupte, einen wunderbaren Krönungsmantel um die Schultern, einen Riesenreichsapfel auf der Brust.

Alle Würdenträger des Landes, die sich nicht unter den Erschlagenen befinden, assistierten. Einer trägt das Schwert, ein anderer das Zepter, ein Dritter ein Buch mit den Gesetzen, die nicht gehalten werden, und so fort.

Plötzlich ein Schrei aus der Menge.

Fides hat ihren Sohn erkannt. — Sie ruft «Mein Sohn!!»

Wieder eine unangenehme Situation, eine neue Komplikation! —

Bekennt er sich als ihr Sohn, ist er erledigt. — Man reißt ihm die schöne Krone vom Kopf und wirft ihn zum Tempel hinaus. — Also leugnen!

Nicht genug daran, daß er versichert, die alte Dame nicht zu kennen, erklärt er sie auch noch für wahnsinnig.

Die arme Frau weiß nicht, was sie sagen soll, will ihn davon überzeugen, daß sie ihn unter ihrem Herzen getragen habe —, da tritt er zu ihr, hüllt sie in seinen Mantel und sagt ihr mit den

247

Augen, daß er zwar ihr Sohn ist, daß sie es aber nicht verraten darf, weil er sonst furchtbar eingehe.

Diese Augensprache ist meist eine sehr aufreibende Sache, weil man immer das unumstößliche Bewußtsein hat, daß sie von keinem Menschen verstanden wird.

Die Mutterliebe siegt, Fides sagt, sie habe sich geirrt, der Chor singt etwas Lateinisches, damit man nicht weiß, um was es sich handelt, und erschüttert fällt der Vorhang.

Fünfter Akt. —

Nicht genug daran, daß Johann seine Mutter verleugnete, sie als blödsinnig hinstellte — er ließ sie auch noch verhaften und in einen Kerker werfen.

Doch zu seiner Entschuldigung sei gesagt, daß er dies nur tut, um sie wiederzusehen. — Er kommt zu ihr und bittet sie, ob der ihr angetanen Roheiten, um Verzeihung. —

Sie vergibt und beide beschließen, mit dem ganzen Klimbim ein Ende zu machen und auszuwandern.

Da erscheint Bertha mit einer Fackel in der Hand. — Sie will das Schloß des Propheten, der soviel Unheil über die Welt brachte, in die Luft sprengen.

Wie sie in den Kerker kommt, weiß kein Mensch, doch egal, sie ist da, und sobald sie erfährt, daß ihr Johann der Prophet ist, ersticht sie sich.

Lauter exaltierte Sachen! Wie schön hätten die drei sich einigen können, das Prophetengeschäft liquidieren, natürlich zuerst soviel als möglich mitnehmen, und... Aber das gehört ja nicht hierher.

Da nun alles schiefgeht, beschließt Johann, dem ganzen Wirrwarr ein Ende zu machen.

Nachdem er seine Mutter einigen Söldnern zur Aufbewahrung übergeben hat, nimmt er Berthas Fackel und wirft diese in den Pulverturm.

Nun sollte man meinen, daß dieses Vorgehen ein sofortiges Emporfliegen des Lokales zur Folge haben müßte, dem ist aber nicht so, sondern es kommt ein langer Zwischenakt.

Die letzte Szene stellt einen Festsaal im Schlosse vor.

Johann sitzt mit mehreren Damen beisammen, die sich nicht sehr fein benehmen und mangelhaft bekleidet sind. Er singt ein Trinklied und erläutert in diesem, daß der Becher winke. Sowie das zu Ende ist, erfolgt eine Explosion, und das Schloß fliegt in die Luft.

Ein Riesenknall, mit übelriechendem Dampf gemischt, alles rot beleuchtet — die Kulissen stürzen durcheinander und hängen in Fetzen herunter. Da heißt es vorsichtig sein, daß man nicht fünfundsiebzig Prozent der Dekorationen auf den Kopf bekommt und all seiner Zukunftssorgen enthoben ist.

Über dieser schauerlichen Katastrophe fällt der Vorhang. Die Oper ist aus.


## Hugenotten

Eine sehr traurige Oper. —

Raoul de Nangis, ein Ritter und hoher Tenor, ist Hugenott und bei Nevers, der Katholik und Bariton ist, zum Nachtmahl eingeladen. Er tritt ein, singt ein Begrüßungscouplet, und dann wird zum Essen gegangen, bei dem nichts als Pappendeckel-Koteletten serviert und stundenlang, aus einem Halbenliterkruge, verschiedene Weine eingeschenkt werden, ohne daß dieser nachgefüllt wird.

Raoul ist aufgeregt, weil er eine sehr heikle Romanze zu singen hat. — Er räuspert und spuckt in alle Gefäße. —

Die Ritter um ihn herum, lauter Kavaliere, schlagen ihm vertraulich, wie in der Cavalleria rusticana, auf die Schulter. — Um ihre Spielfreudigkeit zu zeigen und damit etwas vorgeht, reichen sich die Herren vom Chor ohne jeden Anlaß die Hände und begrüßen sich unvermittelt herzlich, trotzdem sie schon längere Zeit beisammen sind.

Raoul erzählt in seiner Arie, daß er, als er spazieren ging, eine Sänfte traf, in der eine Dame saß, die von Studenten belästigt wurde. — Er ging hin und vertrieb diese mit dem Schwert. Die Dame dankte, indem sie den Schleier hob. Raoul ergeht sich in Indiskretionen, schildert in den höchsten Tönen, wie ihr Wangenpaar ausgesehen habe, um dann auf ihre Götterbrust mit der damit verbundenen Götterlust überzugehen — solange, bis die Arie zu Ende ist.

Entweder die Leute applaudieren, dann war es gut, oder aber sie tun dies nicht, dann war es eine Pleite.

Dann kommt längere Zeit nichts. —

Endlich tritt ein Page auf, der so lange trillert, bis allen mies vor ihm wird.

Nevers kehrt zurück. Er erzählt äußerst prahlerisch, er habe solch ein Glück bei den Damen, daß ihm alle gefielen. — Bis jetzt habe er sich nur so durchgefrettet, nun aber wolle er heiraten. —

Man zeigt Raoul durch das Fenster die Braut Nevers'.

Seine Sänftendame.

Er schreit: — «Ha!»

Inzwischen bekommt er von dem trillernden Pagen einen Brief, in dem er aufgefordert wird, mit verbundenen Augen zu einer Dame zu gehen.

Er ist einverstanden. —

Alle wissen, wer die Dame ist, nur er nicht.

Während Raoul abgeführt wird, fällt unter den herzlichsten Begrüßungen der Herren vom Chor der Vorhang.

Das Publikum hat keine Ahnung.

Zweiter Akt.

Ein Märchengarten. — Vorne die Königin, umgeben von einem Kranz routinierter Ehrendamen, im Hintergrund ein Fluß, in dem angezogene Ballerinen so vorsichtig baden, daß ihre gesteiften Gazeröckchen nicht naß werden. Sie hüpfen derart umher, daß man nur unter Anwendung des allergrößten Wohlwollens annehmen kann, daß gebadet wird.

Raoul wird hereingebracht. — Als man ihm die Binde von den Augen nimmt, ist er begeistert.

Er fragt die Dame, ob sie von dieser Erde sei. — Sie sagt, daß sie es sei, worauf er es nicht glaubt und meint — sie sei ein himmlisches Wesen. — Dieses Zwiegespräch artet in ein Duett aus, bei dem die beiden fast immer am Schlusse beisammen sind.

Raoul erfährt plötzlich, daß seine Dame die Königin ist, und beugt erschüttert das Knie, nicht ohne sichtliche Befriedigung über dieses erstklassige Techtelmechtel.

Sie überredet ihn, ihre Palastdame, Valentine, zu heiraten.

Der Hofstaat tritt ein. — Graf Nevers, Saint Bris, ein alter, höchst unsympathischer Herr, und viele andere Edle.

Die Königin gibt den Befehl, die Braut Raouls hereinzuführen. Sie kommt. — Wer ist's? — Die Sänftendame! — Die mit dem Wangenpaar und der Götterbrust. — Raoul meint, man wolle ihn verhohnepipeln, und schreit: «Ha!»

Marcel, der aufdringliche Offiziersdiener, der schon im ersten Akt sehr unliebsames Aufsehen durch Absingen eines beleidigenden Couplets: «Piff, Puff» gemacht hat, zieht den Säbel.

Saint Bris schreit ebenfalls: «Ha!» — Und zieht auch den Säbel, allerdings ohne zu wissen warum. —

Die Königin ist außer sich. Raoul unterschlägt das Finale, weil er sich denkt, sollen sich die anderen die Eingeweide heraussingen. Die Königin wirft strafende Blicke umher, um die sich aber niemand kümmert, und unter allgemeiner Entrüstung fällt der Vorhang. —

Das Publikum ist ahnungslos.

Dritter Akt. —

An der Seine. — Ballett. — Ganz Schuldlose hüpfen umher. — Einige müllern.

Das Chorpersonal geht Arm in Arm umher und begrüßt sich, bei jedesmaligem Begegnen, herzlichst.

Man hebt abwechselnd die rechte, dann wieder die linke Hand in die Höhe und behauptet, daß der Abend milde wäre. Das dauert eine gewisse Zeit, dann gehen alle weg.

Valentine steht vor der Hochzeit und wartet im Brautkleide auf Marcel, den sie im Dunkeln anspricht. —

Jedenfalls etwas Ungewohntes für eine Braut, fremde Herren in der Nacht anzureden. — Also von mir aus — mir kann es egal sein.

Sie singen nun ein Duett. Er geht so tief als er kann hinunter, und sie versucht, so hoch hinaufzugehen, als es ihr möglich ist. — Nicht immer ist dieses Bestreben vom erwünschten Erfolge begleitet. —

Warum und was sie singen, das weiß kein Mensch — ist auch nicht nötig.

Nachdem am Schlusse des Duettes zwischen Valentine und Marcel der Versuch einer spontanen Ovation auf das wohlwollendste niedergezischt ist, tritt Raoul auf, von einigen Rittern umgeben, unter diesen auch der widerliche Saint Bris.

Da durch eine Fügung des Schicksals gerade sieben Personen versammelt sind, wird ein Septett gesungen, das Raoul Gelegenheit gibt, ein hohes Cis in den Zuschauerraum zu senden.

Nachdem der geringste Versuch, auch das Septett mit einer Applaussalve zu bedenken, im Keime erstickt ist, wird gekämpft.

Das wird derart illustriert, daß je zwei und zwei Herren mit den aus der Scheide gezogenen Schwertern aufeinanderklopfen und sich mit scheinbar empörten Mienen beobachten. Selbstverständlich meinen Sie das nicht ernst, denn es ist ja doch nur Theater.

In diesen Waffenlärm schrillt die Stimme des Pagen der Königin mit einem hohen, langgestreckten: «Haltet ein!» —

Der Chor ruft: «Pöpelwitz — eine Minute.»

Das ist ein alter Scherz und soll bei besonders schrillen Sängerinnen heißen, daß soeben der Schnellzug in Pöpelwitz eingetroffen sei und eine Minute daselbst Aufenthalt habe. — Wie humorvoll! —

Die Königin erscheint auf einem Pferd — wo keines vorhanden, markiert sie dieses durch eine Reitgerte. — Sie ruft ebenfalls «Haltet ein», und schleudert vorwurfsvolle Blicke auf die Kämpfenden.

Dann wird die verschleierte Valentine gebracht. —

Der ebenso alte wie neugierige Saint Bris hebt ihr den Schleier auf und schreit: «Ha! — Meine Tochter!» —

Raoul ist beleidigt und geht weg.

Nevers kommt auf einem Kahn und will heiraten.

Der Chor schlägt sich gegenseitig bieder auf die Schultern, lobt die ganz exzeptionelle Milde der Nacht, begrüßt sich durch kräftiges Händeschütteln, und ohne jedes Verständnis des Publikums für das, was vorgeht, fällt der Vorhang.

Vierter Akt. —

Ein Gemach mit einem Diwan und einem Fenster zum Hinausspringen.

Valentine ist mit Nevers verheiratet und denkt an Raoul. Sie redet in Gedanken mit ihm, aber so laut, daß er es vor der Türe hören kann, damit er weiß, wann er aufzutreten hat.

Blaß ist er und außer Atem.

Sie fragt, ob er es ist.

Er sagt ja.

Da sagt sie, er möge sie schonen.

Darauf sagt er, er wolle sterben, und zwar sogleich und in diesem Zimmer.

Das ist ihr nicht recht, schon wegen der Unannehmlichkeiten, die das mit sich bringen würde, und wegen der Tratschereien, die dabei herauskommen könnten.

Sie versteckt ihn im Nebenzimmer. —

Saint Bris und Nevers treten mit noch vielen anderen auf und beschließen die Bartholomäusnacht.

Zuerst begrüßen sich die Chorherren mit kräftigem Händeschütteln und klopfen sich bieder auf die Schultern. —

Schreiend wird dann beschlossen, daß alle Hugenotten sterben müssen.

Da sich Nevers weigert, sich an dieser Massentötung zu beteiligen, wird er einstimmig hinausgeworfen.

Das Chorpersonal geht unter herzlichen Begrüßungen wieder weg.

Die Bühne ist leer.

Raoul, der alles gehört hat, will hinaus.

Valentine stellt sich ihm entgegen und sagt, er darf nicht. — Er sagt, er muß. — Und so streiten sie sich so lange, bis sie zu der Überzeugung kommen, daß sie sich lieben.

Auf einmal sitzen sie auf dem Diwan, halten sich um den Hals und singen ein Duett.

Plötzlich springt Raoul auf und schreit: «O Gott, wo war ich?» — Sie sagt: «Hier, bei mir!» — Er ist schon so verblödet, daß er nicht einmal mehr weiß, wo er sich befindet.

Er will fort, sie läßt ihn nicht. Da weiß er sich keinen Rat und springt aus dem, zu diesem Behuf vorbereiteten, Fenster. — Ein Schuß kracht. Er stürzt, zu Tode getroffen, ins Zimmer.

Valentine schreit: «Ha!» und legt sich neben ihn. — Ob sie auch tot ist, das weiß kein Mensch.

Der Vorhang fällt, und die Oper ist zu Ende.

**P. S.** — Fünfter Akt.

An besonders gewissenhaften Theatern wird noch ein fünfter Akt gegeben. — Der ist zum Auswachsen.

Da kommt Raoul noch, mit Valentine im Arm, auf die Straße, wo sie ohne Motivierung Marcel treffen, der einen kalten Umschlag um die Stirn hat, weil er verwundet ist. —

Er traut die beiden Liebenden.

Sie haben nämlich gehört, daß Nevers tot und sie Witwe ist — nicht einmal das Trauervierteljahr wollen sie abwarten.

Da kommt Saint Bris dazu und kommandiert: «Feuer!!»

Raoul, Valentine, Marcel und alle zufällig Anwesenden wälzen sich in ihrem Blute.

Unter Pulvergestank, Blutgeruch und vollständiger Ahnungslosigkeit des Publikums fällt der Vorhang. —

Die Oper ist endgültig aus. —

## Ernani

Glücklicher Leser, wie beneide ich dich, daß du nun erfährst, um was es sich in dieser Oper handelt.

Ich habe mir die Aufgabe gestellt, in die dunkelsten Winkel der Opernvorgänge Licht zu bringen, und habe die feste Hoffnung, daß ich auch *Ernani* voll und ganz erforscht habe. —

Vor allem habe ich das Bedürfnis, über die darzustellende Seite der Rolle des Titelhelden mein Herz auszuschütten.

Ich bin der Titelheld — bin Ernani — der Räuber.

Im letzten Akt erkläre ich, Herzog von Segorbia und Grande der Krone zu sein. — Das sind Zwiespälte, die überbrückt sein wollen. Die Darstellung der Figur des Ernani ist äußerst kompliziert, weil sie bei Menschen, die etwas intensiver nachdenken, nicht des heiteren Beigeschmacks entbehrt und man wirklich ein so gottbegnadeter Künstler sein muß, wie ich es bin, damit von seiten des Publikums nicht scharf geschossen wird.

Schon, daß ich ein Räuber bin — ein Bandit — ist mir, als einem gut bürgerlichen und korrekt empfindenden Menschen, sehr unangenehm. — Zum Glück habe ich nur zu singen und markiere mein Banditentum hauptsächlich durch einen großen schwarzen Hut mit einer wallenden Feder. — Diesen Hut trage ich auch am Tage im profanen Leben — nur ohne Feder, diese lasse ich auf der Straße weg, weil mir sonst die Schuljugend nachlaufen würde. — Schwierig ist die Rolle des Ernani hauptsächlich deshalb, weil dieser eigentlich keine Ahnung hat, was er will.

Der Vorhang hebt sich.

Im wildesten Arragonien lagert eine Räuberbande.

Ernani tritt im hintersten Hintergrunde, hoch oben auf — eine anstrengende Sache, mit touristischen Höchstleistungen verbunden, denen ich abhold bin.

Eine Unzahl steiler Stufen ist zu erklimmen. Ist man oben, muß man wieder herunter, und während das Publikum seine Plätze sucht und die Stühle auf- und zuklappt, singt man eine sehr heikle Arie — die all den Kummer schildert, den solch ein liebender Bandit in sich aufgestapelt hat.

Ernani besingt darin all seine Unannehmlichkeiten, kein Mensch hört ihm zu, und wenn die Arie aus ist, fällt der Vorhang geräuschlos. Das heißt man in der Theatersprache sehr treffend — «abstinken».

Man ist nun mit dem Hauptteil seiner Rolle fertig — alles, was von nun an geschieht, ist nur noch ein allgemeines Herumwimmeln und sich gegenseitig schlecht Behandeln.

Verwandlung.

Wir lernen eine gewisse Elvira kennen, von der man nichts weiß, als daß sie die Zierde Arragoniens ist. — Ein dürftiger Identitätsnachweis.

Dann wäre der König Carlos zu erwähnen, der besagter Elvira nachstellt, ebenso Sylva, ein älterer Hausbesitzer, der gleichfalls diese Elvira liebt, und schließlich Ernani selbst, der richtiggehende Bräutigam.

Es ist an sich schon eine blamable Sache, daß man seine Braut immer von weiteren zwei Männern umschwärmt sieht.

Elvira singt eine Arie, in welcher sie das Publikum auf ihren Schmerz über irgend etwas aufmerksam macht, was sich meiner Beurteilung entzieht.

Dann kommt der König. Die beiden streiten sich in Kadenzen, die in einem wütenden Triller enden.

Ernani erscheint im Rahmen der Türe, drohend und aufgeregt. Das ist das Zermürbende an der Rolle, daß dieser Ernani ununterbrochen aufgeregt und gereizt ist!

Nachdem sich diese drei zu einem Schmähterzett verbunden haben, erscheint Sylva, der Hauseigentümer — und wie *er* sagt — rechtmäßige Bräutigam Elviras.

Er schreit Zeter und Mordio, da er seine Braut zwischen zwei Männern sieht, ändert aber sofort sein Benehmen, als er den König erkennt, und bittet diesen wegen des Krachs um Entschuldigung. — Ernani, der nicht so rasch zu beruhigen ist, grollt weiter, und in einem großen Ensemble, in dem alle durcheinander singen, und sich einer auf den anderen ausredet, wenn es in Kläglichkeit endet, fällt der Vorhang.

Im zweiten Akt ist Ball bei Sylva.

Chordamen und -herren tanzen arragonischen Schleichshimmy und markieren tolles Maskengetriebe.

Da meldet sich ein Pilger. — Er erscheint — kein Mensch weiß, wer er ist — er hat nämlich eine braune Mönchskutte an und einen anderen Hut. — Also unkenntlich. —

Dieser Pilgrim bin ich — Ernani!

Sylva gelobt mir Gastfreundschaft und stellt Elvira vor, als — seine Braut!

Ich gebe mich zu erkennen, indem ich den Hut abnehme.

Alles schreit auf: «Ha — Ernani!» —

Sylva kocht! — Er sagt, er habe Gastfreundschaft gelobt — deshalb sei ich ihm heilig — er werde aber alle Ausgänge bewachen lassen — damit man sieht, wohin Ernani geht, und man ihm draußen den Garaus machen kann. —

Eine vornehme Denkungsweise!

Sylva verschwindet.

Elvira bleibt zerknirscht zurück. — Ich zische ihr ein — «Ha, Falsche!» ins Antlitz.

Sie redet sich heraus, sagt, sie habe geglaubt, ich wäre schon gestorben, und da hätte sie sich gedacht: lieber den alten Kracher Sylva als gar keinen.

Im Nu bin ich wieder gut — wir feiern unsere Versöhnung in einem Duett, in dem wir uns die Frage vorlegen — «Warum die Liebe nicht töten kann — und wir so im Hochgenusse nicht sterben können.» —

Die Erledigung dieser Angelegenheit findet ihren Abschluß um einen achtel Ton tiefer, als es vorgesehen war.

Nach den letzten verhauchten Worten des Duettes kommt der unangenehme alte Herr wieder herein, und nachdem er mir alle Grobheiten, die in Arragonien üblich sind, an den Kopf geworfen hat, wird der König gemeldet.

Da ich Sylvas Gastfreund bin, versteckt er mich.

Der König tritt ein und verlangt die Auslieferung Ernanis. —

Sylva gibt ihn nicht her. Er will ihn selbst abstechen. Dieses Vergnügen läßt er sich nicht nehmen. Da der König Ernani nicht bekommen kann, nimmt er sich Elvira als Pfand und zieht mit ihr von dannen.

Sylva holt Ernani aus seinem Versteck und reicht ihm einen Säbel. — Er soll kämpfen.

Ernani will nicht — und meint taktvoll, er kämpfe nicht mit einem älteren Herrn.

Sylva schilt ihn einen Feigen. — Wenn ich nicht irre — sogar einen verruchten Feigen.

Ernani verwahrt sich auf das entschiedenste dagegen und setzt ihm die unleugbare Gefährlichkeit des Königs in punkto Elvira auseinander. — Erklärt ihm, daß der König von unanständigen Trieben durchsetzt sei — was Sylva sofort zum Hüpfen vor Eifersucht bringt.

Die beiden beschließen den Tod des Königs — Ernani gibt Sylva — in einer Anwandlung von Gojim naches [1] — sein Horn und verpflichtet sich, sowie der König ermordet ist, sofort aus dem Leben zu scheiden, wenn Sylva in dieses, sein Horn stößt.

Mit einem revolutionären Chor, in dem die verschiedenen Meinungen musikalisch so recht zum Ausdruck kommen, schließt, unter allgemeiner Beifallszurückhaltung des Publikums, der Akt.

Nächster Akt.

Die Kaisergruft in Aachen. — Stiegen — Sarkophage — Urnen und Moderluft.

Die Verschwörer treten im Stechschritt auf.

Das Losungswort zischt hin und her — mutdurchlodert lost man den Namen dessen aus, der den König töten soll.

---

1 Gojim naches ist ein hebräischer Ausdruck, der sich nicht übersetzen läßt, und der so treffend etwas charakterisiert, wie es in keiner Sprache besser und erschöpfender möglich ist. — Die Erklärung ist mannigfaltig. — Das Thema: Gojim naches ist unerschöpflich.

Ein Beispiel: Versetzen wir uns in die Vorkriegszeit, wo wir noch beglückt und zufrieden unter dem Joche der Kaiser und Könige seufzten.

Kaiser Wilhelm wird am 12. November, morgens um 7 Uhr, zum Besuch unseres Kaisers Franz Joseph am Nordbahnhof in Wien erwartet.

Um 6 Uhr früh steht eine ungeheure Menschenmenge Kopf an Kopf Spalier, vom Nordbahnhof über die ganze Praterstraße bis zum Ring, und wartet. Es regnet — gemischt mit Schnee — ein Sturm peitscht den Wartenden diese vom Himmel kommende breiartige Substanz in die Gesichtszüge.

Da plötzlich heißt es: der Hofzug sei wegen Schneeverwehungen um einige Stunden verspätet und käme erst um 10 Uhr.

Die Menge bleibt stehen und wartet. — Kein Mensch rührt sich von seinem Platze. —

Nach vierstündigem Ausharren geht eine Bewegung durch die Reihen. Ein bummfest geschlossener Hofwagen fährt in rasendem Tempo vorüber — es sind vier weiße Handschuhe durch die vom Regen angelaufenen Fenster des Wagens zu sehen.

Die Menge schreit begeistert: «Hoch!» und geht dann befriedigt und mit einem Riesenschnupfen nach Hause.

Das ist Gojim naches! —

P. S. In die Kategorie besonders erschwerenden «Gojim naches» — wird das Bergsteigen — Fußballspielen — Wettlaufen und Studium der alten Sprachen — gezählt. —

Bei meinem Pech fällt die Wahl auf mich — Ernani, den Kühnen. — Dieser Ernani ist immer die Wurzen.

Sylva schlägt Ernani ein Tauschgeschäft vor. Wenn er ihm die Tötung des Königs überläßt — gibt er ihm das Horn wieder und damit sein Leben.

Ernani sagt nein — weil er ein Tenor ist.

Und das muß *ich* spielen — ich, der ich so gerne Ruhe habe und ängstlich jedes Aufsehen vermeide.

Da plötzlich öffnet sich die Türe eines Mausoleums, und der König erscheint. — Statt ihn zu töten, fällt ihm alles zu Füßen. — Elvira ist auch da — der König verzeiht, macht Ernani zu seinem Lieblingsadeligen — gibt ihm einen hohen Orden und Elvira. — Während er alle segnet, explodiert Sylva vor Wut, und nachdem man — ohne jeden zwingenden Grund — Karl den Großen hat leben lassen, fällt der Vorhang.

Der letzte Akt.

Auf Ernanis Schlosse. — Es ist Hochzeit. Er heiratet Elvira.

Die Gäste entfernen sich, und als die letzten Chordamen abgegangen sind, erscheint Ernani in Weiß mit Puffärmeln.

An seiner Brust klebt — Elvira.

Die Sache droht in Wonne auszuarten: Die beiden machen sich gegenseitig auf den Grad der Intensität ihrer Liebe aufmerksam — da horch — ein Hornstoß?

Aus Ernanis Horn! — Sofort weiß dieser, was das bedeutet. — Der Blechbläser Sylva will sein Opfer haben. — Gerade jetzt — wo es eigentlich erst am schönsten werden soll. — Wie unangenehm!

Unter einem idiotenhaften Vorwande schickt er Elvira fort — sie solle ihm einen Arzt holen, es sei ihm soeben eine alte Wunde aufgebrochen. Er will Gelegenheit haben, mit Sylva zu parlamentieren.

Dieser steht vor ihm. — Ernani meint, daß es ihm gerade *jetzt* besonders ungelegen käme zu sterben. — Ob es denn nicht bis morgen früh Zeit habe, damit er nicht, wie der selige Lohengrin, auf eine nicht vom geringsten Erfolg gekrönte Brautnacht zurückblicken müsse.

Sylva hat — vermutlich seines vorgeschrittenen Alters wegen — kein rechtes Verständnis für dieses Argument und besteht auf Ernanis sofortigem Ableben.

Also — da es ja doch nur Theater ist — so erdolcht sich dieser denn in Gottes Namen.

Elvira kommt zurück — ohne Arzt natürlich — sieht den Geliebten sich in seinem Blute wälzen und trillert schrill auf vor Schmerz.

Sylva freut sich, daß er die Hochzeit so vermasselt hat, und unter dem Todesröcheln Ernanis — dem Schluchzen Elviras und dem diabolischen Gekicher des widerwärtigen Hornisten Sylva — fällt der Vorhang. Auch *diese* Oper ist aus.

## Der Troubadour

Bei dieser Oper habe selbst *ich* keine Ahnung, was vorgeht! —

«So lauern die Gefahren, Tücken und Mißgeschicke.»

# Erinnerungen

### In Paris

Als der Zeitpunkt kam, da mich mein Ehrgeiz aus Wien hinaus in die große, internationale Welt trieb, ergab sich die zwingende Notwendigkeit, alle meine Opernpartien in italienischer und französischer Sprache zu studieren.

Nun genügt es nicht, sich die Rollen in den betreffenden Sprachen, nur dem Wortlaute nach, zu eigen zu machen, sondern man muß, wenn man draußen in einem Ensemble von Italienern oder Franzosen für voll genommen werden will, auch ihren Stil, ihre Eigenart kennenlernen, die von der deutschen vollständig abweicht.

Dieselbe Arie in französischer Sprache gesungen, verlangt eine andere Tongebung, einen andern Stil, als in italienischer Sprache, und um auch in Frankreich an erster Stelle stehen zu können, entschloß ich mich, auf einige Monate nach Paris zu dem berühmten Tenor Jean de Reszke zu gehen und mit ihm zu arbeiten.

Ich hatte Jean de Reszke ein paar Jahre früher, als ich zum erstenmal in London am Coventgardenoperahouse engagiert war, kennengelernt.

Mein Eindruck von diesem Manne war ein unbeschreiblicher. Er verbreitete ein Fluidum bezwingender Autorität um sich, wie es mir bei fast noch keinem Künstler zum Bewußtsein gekommen war. —

Er war damals in London schon am Abend seines Schaffens, und ich hatte, wenn er absagte, oft Gelegenheit, für ihn als Stolzing oder Lohengrin einzuspringen.

Sein Ruhm in Amerika ist beispiellos, er war wohl der grandioseste und höchstbezahlte Sänger, der je in Amerika auftrat — Caruso mit eingeschlossen, der Reszkes Rekord im Geldverdienen nicht ganz erreichen konnte.

Jean de Reszke war zum Beispiel nicht mit Honorar engagiert, sondern sang auf einen Anteil der Einnahme. Da ergaben sich,

260

bei seiner unwahrscheinlichen Popularität und der Anziehungskraft, die er auf das Publikum ausübte, geradezu phantastische Summen.

Ein Pole von Geburt, bei Warschau reich begütert, lebte er in Paris und verbrachte dort und später in Nizza seinen Lebensabend.

Er gab Unterricht. Aus der ganzen Welt strömten die Sangesbeflissenen zu ihm nach Paris, wo er im Bois de Boulogneviertel ein wunderschönes Palais besaß, in das ein entzückendes Theaterchen eingebaut war. Auf seiner kleinen Bühne unterrichtete er, und bei den großen Gesellschaften, die er gab, wurden dort musikalische Erlebnisse vermittelt, die zu den Sensationen des damaligen Paris gehörten.

Er war von fanatischer Begeisterung für das Singen erfüllt und da er, seines hohen Alters wegen, nicht mehr selbst öffentlich auftreten konnte, lebte er ganz in seinen Schülern, die ihn vergötterten und bewundernd zu ihm aufblickten.

In dieses Milieu kam ich hinein, und in der kürzesten Zeit ergab sich eine Freundschaft zwischen uns beiden, die auch der Krieg, der die Welt absperrte, nicht trüben konnte.

Über die Schweiz gelang es uns, einander zu schreiben und über unser Befinden gegenseitig Bescheid zu sagen.

— — Ich fuhr damals mit Frau und Kindern nach Paris, mietete in Auteuil ein kleines Häuschen und lebte, trotzdem ich schon mehrere Jahre an der Wiener Hofoper wirkte, wie ein Student, der zu seinem Lehrer geht.

Sieben Monate blieb ich dort und wurde von Jean de Reszke für die internationale Karriere vorbereitet. Auch außerhalb des Studiums war ich fast den ganzen Tag im Hause des Meisters, schloß mich innig an seine Familie an und hatte Gelegenheit, interessante und berühmte Menschen kennenzulernen.

Reszke führte ein sehr großes Haus, sein ganzes Leben hatte den vornehmen Zuschnitt eines Grandseigneurs.

Alles was an Fürstlichkeiten, Hochadel, Künstlern und großen Männern in Paris war, ging aus und ein.

Die Großfürsten von Rußland zählten zu den Intimen, die Soireen, die nach einem Diner en petit comité, zu dem ich und meine Frau immer zugezogen wurden, stattfanden, waren von einem Glanz und einer Vornehmheit der Aufmachung, wie man sie sonst nur bei Hofe fand.

Bei einem Diner zu zwölf Personen stand hinter jedem Sessel ein galonierter Diener, in rotem Frack mit Escarpins, Strümpfen und weißer Perücke, und der Tisch war ein Wunderwerk an Geschmack und Blumenfülle.

Dabei nichts Steifes, eine herzliche und fröhliche Unterhaltung, die nie das Gefühl von Beengtheit aufkommen ließ.

Zu den für mich interessantesten Erscheinungen zählte Adelina Patti, die an einem dieser Gesellschaftsabende mit mir sang.

Eine kleine, rundliche, bewegliche Dame, sehr fröhlich und agil, plädierte sie dafür, im Salon zu singen und nicht im Theater, wie es bei so großen Anlässen sonst üblich war. Duval — der alte Diener des Hauses, flüsterte mir zu: «Elle ne veut pas chanter dans notre théâtre, parce qu'elle ne peut pas monter les escaliers.»

Eine kleine Bissigkeit, weil nur drei Stufen zur Bühne des Theaters emporführten.

Der Eindruck, den ich von ihrem Singen hatte, ging in dem kaleidoskopartigen Getriebe der auserlesenen Gesellschaft ganz unter, außerdem war ich auch sehr aufgeregt, weil ich selbst zu singen hatte und noch dazu französische Lieder des anwesenden Komponisten Reynaldo Hahn, eines der interessantesten Menschen, die ich in Paris kennenlernte.

Wenn er sich zum Klavier setzte und mit der Zigarette im Mundwinkel, sich selbst begleitend, seine reizenden Chansons, fast ohne jede Stimme, zum besten gab, saß alles um ihn herum und lachte aus vollem Halse. Seine ernsten Lieder, deren ich mir mehrere zu eigen machte, sind von einem eigenartigen, wohligen Parfüm, einem Charme, der unbedingt zum Erfolg führen muß. — Reynaldo Hahn gehörte einfach in jede große Pariser Gesellschaft, er wurde als Zelebrität gefeiert und amüsierte sich und alle Gäste mit seinem ganz eigenartigen, etwas bissigen, ausrichterischen, aber doch nicht verletzenden Humor.

In der französischen Sprache läßt sich eben so manches wagen, was im Deutschen nicht gut möglich wäre. Er sagte zum Beispiel in einer Gesellschaft, so ganz nebenbei, zur Hausfrau: «Le dîner était excellent, tout était froid, excepté le champagne!» —

Durch Meister Jean kam ich in die allererste Gesellschaft, partizipierte an den Ereignissen der Saison und hatte Gelegenheit, allen Generalproben beizuwohnen, die ja in Paris die eigentlichen Premieren sind.

Die Generalprobe eines sensationellen Gastspiels, einer Neuaufführung, ist ein Ereignis, das ganz Paris versammelt.

Alle maßgebenden Persönlichkeiten sind da. Theaterleute, Diplomaten, kurz alles, was irgendwie bedeutend ist oder in der Öffentlichkeit steht.

Die Luft ist mit Spannung geladen, und es herrscht eine unbeschreibliche Stimmung, die sich nicht schildern läßt, die man erlebt haben muß.

Das Interessanteste ist selbstverständlich das Publikum — namentlich, wenn man neben Jean de Reszke sitzt, der alle Menschen kennt und der von aller Welt gekannt ist.

Er hatte eine reizende Art, jeden, den er mir zeigte, sofort zu porträtieren, seine markanten Eigenarten, kleinen Schwächen und Vorzüge mit ein paar schlagkräftigen Worten festzulegen.

Im Nu war man orientiert, und das Interesse wurde durch diese kleinen pikanten Erläuterungen sehr gehoben.

In Reszkes Loge versammelte sich alles, um sein Urteil über den oder jenen zu hören, und es dann, als auf eigenem Mist gewachsen, weiterzuverbreiten.

In Paris kommt es hauptsächlich auf den Eindruck an, den der Künstler bei der Generalprobe macht.

Dieser geht wie ein Lauffeuer durch ganz Paris, und der Betreffende ist entweder gemacht oder erledigt. Die dann folgenden normalen Vorstellungen sind für den Erfolg bedeutungslos.

Am interessantesten waren aber doch die Stunden der Arbeit, die den Meister in seinem Elemente zeigten.

Um neun Uhr früh begann er und oft saß er um acht Uhr abends noch da und unterrichtete — mit derselben Frische, derselben hingebenden Begeisterung, wie zu Beginn am Morgen. Es war einfach unfaßbar, wie er das aushalten konnte, denn er sang alles vor, meist mit voller Stimme.

Manche Phrase, von ihm vorgesungen, wird mir unvergeßlich bleiben. Der Zauber, der Duft jedes belanglosen Partikelchens einer Rolle, war unnachahmlich, man lernte begreifen, daß er der Liebling der ganzen Welt gewesen war. Dazu kam, daß er von einer Herzensgüte, einem Wohlwollen gegen jedermann war, die ihn überaus liebenswert machten.

Wenn er aus seiner Karriere zu erzählen begann, von seinem Bruder Edouard, dem berühmten Bassisten, den Empfängen am englischen Hof und seinem Beginn in Italien, schaute man in ein geradezu märchenhaftes, nur von Sonne beschienenes Leben, wie es ganz wenigen Menschen auf diesem Erdenrund beschieden ist.

Seine Aussprüche, die Ratschläge, die er mir mitgab, haben mir schon viele gute Dienste geleistet und werden nie aus meinem Denken schwinden.

Auch er ist dahingegangen, dem Gram, dem Herzenelend ist er erlegen, die ihm der Tod seines einzigen Sohnes, eines entzückenden, hoffnungsvollen jungen Mannes, bereitet hat.

Als ich dann später in New York am Metropolitanoperahouse wirkte, wurde ein Ensemblegastspiel des Institutes in Paris absolviert, bei dem ich mich als Rhadames und Othello den Parisern zeigen durfte.

Es war eine auserlesene Schar von Künstlern: Enrico Caruso, Antonio Scotti, Amato, Didur, Geraldine Farrar, die Destinn, Frances Alda, alle die größten der Großen, mit Maestro Toscanini an der Spitze.

Das musikalische Paris war in einem Begeisterungstaumel und füllte allabendlich das riesige Châtelettheater bis zur Decke.

Einer Vorstellung möchte ich noch gedenken, die zugunsten der Hinterbliebenen eines gesunkenen Unterseebootes in der Grand-Opera gegeben wurde und die alles bisher Dagewesene an Glanz und Größe übertraf. Vor allem stempelten die Preise, die genommen wurden, die Angelegenheit schon von vornherein zur Sensation.

Es wurden Opernfragmente gegeben, in denen sich die Künstler in ihrem besten Lichte zeigen konnten.

Caruso sang mit Scotti, Geraldine Farrar und Bella Alten den dritten Akt Bohème, Burian mit Olive Fremdstad das Liebesduett aus Tristan und so fort.

Mir wurde die Sterbeszene aus Othello zuteil.

Die Vorstellung war glücklich um ein Uhr nachts zu Ende und brachte einen phantastischen Reingewinn, da sich alles umsonst zur Verfügung stellte, so, daß die gesamte Bruttoeinnahme ohne jeden Abzug dem Zwecke zugeführt werden konnte.

Paris ist das Eldorado der Wohltätigkeit, die meist auf den Schultern der Künstler ruht. Ich habe in den vierzehn Tagen, die das Gastspiel der Metropolitanoper dauerte, außer meinen sechs Riesenopern, noch in ungefähr vier Wohltätigkeitskonzerten mitwirken dürfen.

Unter anderem war im Théâtre Sarah Bernhardt eine Matinée, die um elf Uhr vormittags begann und um sechs Uhr abends endete. —

Alles, was in Paris sang, redete, schrieb, malte oder komponierte, war da. — Edmond Rostand hielt einen Vortrag von dreiviertel Stunden aus seinen Werken, und ich hatte Gelegenheit, die Bekanntschaft der berühmten Sarah Bernhardt zu erneuern. — Sie hatte viele huldvolle Worte für mich und lud mich für den Abend in ihr Theater ein — sie spielte den Aiglon.

Ich hatte sie schon ein Jahr vorher, auf eine ganz eigenartige Weise, kennengelernt. Sie besaß auf der Insel Belle Ile, in der Bretagne, einen Sommersitz, ein altes Fort, das ihr der Staat schenkte und zu einem Landhause umbaute. Vom Seebade Quiberon, das der Insel gegenüberliegt, machten wir einen Ausflug nach Belle Ile und wollten uns, als einzige Sehenswürdigkeit, das Fort — Sarah Bernhardt — ansehen.

Wir gingen los, plötzlich standen wir einer älteren Dame gegen-

über, die uns in sehr energischem und strengem Tone zurechtwies und ihre kurze Rede mit den Worten schloß: Allez-vous-en!
— auf gut deutsch: Schauen Sie, daß Sie weiterkommen! —

Mit einem nicht allzu überwältigenden Eindruck von dem freundlichen Wesen der großen Tragödin im Busen — zogen wir ziemlich beschämt ab.

Denselben Winter wollte es der Zufall, daß meine Kollegin Lilian Nordica in New York einen Empfang im Plazahotel zu Ehren der göttlichen Sarah gab.

Da stellte man sich immer wie zu einer Polonaise auf, und als an mich die Reihe kam, ihr die Hand zu küssen und ihr irgend etwas, in solch einem Falle fast immer etwas Blödes, zu sagen, konnte ich nicht umhin, ihr das erste Zusammentreffen in Belle Ile zu schildern.

Sie regrettete infiniment und meinte, daß sie sich oft vor den Belästigungen der neugierigen Fremden nicht zu retten wisse.

So riet ich ihr, wenigstens an den zugänglichsten Stellen ihres Besitzes einen Zaun machen zu lassen und einen bissigen Hund anzuschaffen, der das Abwimmeln der Neugierigen statt ihrer selbst besorge.

Sie versprach es mir!

Die Pariser Studienzeit ging schneller zu Ende, als ich es mir wünschte, und aus dem Studenten wurde wieder der Berufsmensch mit all seinen großen Sorgen und Verantwortlichkeiten.

Die Pariser Zeit bildet einen sonnigen, herrlichen Lichtblick in meinem Leben; und dankbaren Herzens gedenke ich des großen Künstlers Jean de Reszke, der neben Adolf Robinson, meinem geliebten Lehrer, einen ersten Platz in meinem Herzen einnimmt.

## Tegernsee

Tegernsee! —

Welch einen Zauberklang birgt für mich dieses eine Wort.

Es bedeutet restlose Freude, Abfallen aller Erdenschwere und jubelnde Erfüllung monatelanger Sehnsucht.

Der erste Ferialtag. — Nicht daran denken müssen, was man alles für Berufssorgen vor sich hat — es geht heim, in mein hölzernes Häusel am wunderschönen blauen Tegernsee.

Ich will dich, mein lieber Leser, dahin führen und dir seine Reize schildern, damit du dieses entzückende Fleckchen Erde auch lieben lernst.

Wenn du in München am Hauptbahnhof ankommst, so mußt

du zum Holzkirchener Bahnhof gehen, der zur Bequemlichkeit des Publikums einige Kilometer entfernt ist.

Früher ging der Zug vom Hauptbahnhof ab. — Die praktische Neuerung wurde getroffen, damit der liebe Reisende, der mit seinem ganzen Gepäck über die Straße muß, den Anschluß versäumt.

Es existiert zwar ein direkter Perron, der die beiden Bahnhöfe verbindet, dessen Benützung ist aber, einem weisen Ratschlusse zufolge, verboten.

Deshalb bist du in der Lage, einige Stunden warten zu dürfen, die du benützen kannst, um zum Franziskaner zu gehen, wo man dir so lange Weißwürste, Bratwürste, Schweinswürste oder Geschwollene bringt, bis du Halt gebietest.

Eine Weißwurst zu beschreiben, bin ich nicht imstande, weil die deutsche Sprache zu arm ist, um diese Fülle von Wonne erschöpfend zu schildern.

Eine Weißwurst ist etwas Überirdisches und kann stundenlang gegessen werden.

Es gibt Leute, die Kalbfleischbratwürste vorziehen. — Für diese habe ich nur ein überlegenes Lächeln.

Wieder andere lieben Schweinswürste, auch die bemitleide ich aus tiefstem Herzensgrunde.

Und was gar die Geschwollenen anlangt, so bin ich der Anschauung, daß sie im Vergleich zur Weißwurst einfach einer Niederlage gleichkommen.

Es existieren Menschen, die zur Weißwurst Senf, manche, die viel Senf nehmen. — Das sind Unwissende. — Ich esse sie mit Salz!

Wenn du am Holzkirchener Bahnhof eine Stunde vor Abgang des Zuges ankommst, so gehe an die Sperre, wo schon viele Menschen stehen, die lange vor dir da waren.

Besonders an Samstagen ist es dort sehr angenehm. Es gibt ein wunderschönes Gedränge, und wenn du das Glück hast, jemanden nur leicht anzustoßen, hast du Gelegenheit, allerlei Abarten von Grobheiten kennenzulernen, die du nie im Leben vermutet hättest.

Die Reize und Mannigfaltigkeiten der bayrischen Sprache setzen dich in frenetisches Erstaunen.

Du stehst da, hast auf dem Magen den Rucksack irgendeines Kleineren, der vor dir steht, liegen, der sich durch die Nachschiebenden immer mehr und mehr in deinen Leib bohrt, so lange, bis dir die Luft ausgeht.

Du siehst Vereine mit Fahnen, auf denen die sinnigsten Namen stehen. — Ich erlebte einen Trupp junger Leute, die sich die «Grüabigen», das heißt die gemütlichen Floßfahrer, nannten. —

Auch sah ich eine Tafel, auf der in großen Lettern «die zünftigen Gipfelstürmer» stand.

Um sich gegenseitig bemerkbar zu machen, erfüllen sie die Luft mit gellenden Pfiffen.

«Do sa mal — Herrgott sakra — Vitus, doher!»

Die grüabigen Floßfahrer schieben sich unter allgemeinem Protest durch die Menge und stoßen die Leute beiseite, was erquikkende Schimpforgien auslöst. —

— Wenn man das Bestreben hat, bei solchem Gedränge nach vorwärts zu kommen, um als erster an der Sperre zu sein, so ist anzuraten, die Ellenbogen ein wenig zur Seite zu stemmen und mit den Knien nach vorwärts zu schieben. Unter normalen Umständen dürfte einem dieses Vorgehen einige ziemlich schwere Körperverletzungen eintragen. — Um diese zu vermeiden, drehe man sich wütend um und sage im schärfsten Tone: «Ach bitte, drängen Sie doch nicht so!!» — Im Nu steht man an der Sperre. —

Gegen diverse Wutschreie darf man allerdings nicht allzu empfindlich sein. —

Wenn dann, zwanzig Minuten vor der Abfahrt, der Schaffner kommt und die Pforte öffnet, entledige man sich seines Vordermannes dadurch, daß man ihm mittelkräftig auf die Füße tritt. Dann ist mit Sicherheit anzunehmen, daß er beim Rennen in die Waggons nicht mehr so recht mitkann. — Ein nicht zu unterschätzender Vorteil.

Wenn ich jemandem auf den Fuß trete, so erscheint er am nächsten Samstag schon mit einer Prothese.

Bist du einmal im Coupé, so kann dir nichts mehr geschehen.

Du sitzt und wartest.

Draußen hörst du Pfeifen, Schreien, Johlen, siehst, wie sich die lieben Mitmenschen gegenseitig die Kleider vom Leibe reißen und mit Rucksäcken, Bergstöcken und Regenschirmen verwunden.

Das dauert so lange, bis der erste Anprall vorüber ist, dann kommt die Zeit der Abfahrt.

Erst wird gepfiffen, dann wird geblasen.

Der Schaffner schreit: «Ja no, so steigen S' do ein, mir fahrn glei!»

Dann läßt die Lokomotive ihren halben Dampf aus, was ebenfalls mit sehr starkem Geräusch verbunden ist. Der Zugführer bläst abermals, brüllt: «Fertig!» und nach weiteren siebzehn Pfiffen und hin und her fliegenden Verbalinjurien, die sich mit Ziehharmonikaklängen vermählen, setzt sich der Zug, um eine halbe Stunde später als er es beabsichtigte, in Bewegung.

Die Reisenden stehen einer an den anderen derart gedrängt, daß sie sich lebhaft in die Empfindungen einer Ölsardine hineindenken können.

In den Gängen, auf den Trittbrettern, ja sogar auf den Waggondächern sitzen einige akrobatisch Veranlagte. Auch für die Puffer zwischen den Waggons finden sich Liebhaber.

Der Zug dampft aus der Halle, und die Fahrt beginnt.

Endlos. – Alle zehn Minuten wird eine Pause gemacht. Man hat Gelegenheit, die Gegend kennenzulernen und sich die landschaftlichen Reize einzuprägen.

Über Holzkirchen kommt man sehr allmählich nach Schaftlach, wo sich die Bahn nach Tölz teilt.

Der Tegernseer Zug bekommt eine neue Lokomotive. Böse Sommerausflügler nennen sie lieblos eine Kaffeemühle. Die Zweigbahn Schaftlach–Tegernsee hat deren drei. Diese heißen:

Galilei. (Und sie bewegt sich doch!)

Luther. (Hier stehe ich, ich kann nicht anders, Gott helfe mir!) und:

Isolani. (Spät kommt Ihr, doch Ihr kommt!)

Die Entfernung von Schaftlach nach Tegernsee beträgt nach dem Fahrplan 36 Minuten. Auf dieser Strecke wird mit peinlicher Pünktlichkeit stets eine Verspätung von dreiviertel Stunden erreicht.

Man wird vorerst eine halbe Stunde hin und her geschoben.

Die Vermutung, daß man bereits fahre, ist irrig. – Wenn man aber wähnt, «ach, der verschiebt noch lange», und aussteigt, um ein bißchen Luft zu schnappen, so kann man sicher sein, daß der Zug fortfährt. – Also sei diesbezüglich Vorsicht am Platz.

Besonders Schaftlach ist in dieser Hinsicht gefährlich.

Hinter Mosrain kommt plötzlich der herrliche Tegernsee in Sicht, und wenn der Zug aus dem Walde tritt, liegt er vor uns in seiner smaragdgrünlichen Bläue, umrahmt von den lieblichen Bergen und seinen freundlichen Ufern.

Der Wallberg steht majestätisch da, der Hirschberg, Kühzagel, Riederstein, Neureuth, Ringberg – ganz im Hintergrunde das wunderliebe Egern – wie eine Theaterkulisse mit seinem spitzigen Kirchturm.

Ein herzerquickendes Bild. – Du bist für all die Mühsal der beschwerlichen Reise, die fast vier Stunden dauerte, reichlich entschädigt.

All der Zauber des lieblichen Tegernseer Tales nimmt dich gefangen – die Brust weitet sich, und du hast ein wonniges, beglückendes Gefühl, als ob du ein schönes Geschenk bekommen hättest.

In der Station Tegernsee drängt und schiebt sich alles aus den Waggons.

Wenn du weise bist, lässest du den Strom an dir vorüber – in einigen Minuten ist der Wirrwarr gelöst – und du gehst langsam und bedächtig durch den netten Ort, über den Leeberg zur Überfahrt.

Wo der See am schmalsten ist und sich in zwei Teile teilt, den Egerer See und den großen See, fährt eine Fähre hin und her, die dich ans andere Ufer nach Egern bringt.

Der Blick von der Höhe des Parapluie-Berges hinunter zum See, auf das Dörfchen und in die Kreuther Berge hinein, gehört zu dem Lieblichsten, was ich kenne.

Unten an der Fähre erwartet dich ein Mann — Hartel mit Namen. Den wollen wir uns einmal näher besehen.

Er ist noch einer vom altbayrischen Schlag — ein Original. Saugrob und von einem geradezu gottbegnadeten Mutterwitz.

Seine Aussprüche werden von vielen gesammelt, die, um ihn so recht zu genießen, planlos ungezählte Male hin und her fahren.

Ich bin mit Hartel sehr befreundet. Mir begegnet er mit sichtlichem Wohlwollen, mit mir spricht er über all die Leiden und Qualen, die er mit «die damischen Summafrischla» hat. Mich betrachtet er als einen der Seinen, weil ich in seiner Mundart mit ihm zu reden verstehe und mit hie und da verabreichten Zigarren seine Zunge zu lösen weiß.

Eines Tages war er sehr aufgebracht über die Grobheit, die in Bayern im allgemeinen und auf der Bahn im besonderen herrscht.

«Wissens, Herr Kammersänger, aber fei grob sein d' Leut schon z' Minka. — Da frag i, wia i drent war, an Schaffner: Du sag amal, hast net a vierte Klass auf Tegernsee, wori net fuchzgmal umsteigen muaß? — Sagt mir der ausgschamte, ungebildete Lackel: ‹Balds dir net recht is — saudummes Bauernluada — nacha gehst halt z' Fuaß!› Sag i: ‹Ungehobelter Mensch, erstens gieb i dir koa Bauernluada ab und a saudumms erst recht gar nit — und balds mir pressiert, geh i z' Fuaß — heut hab i Zeit —, da sitz i auf!›»

Auf die Weiberleut hatte er es besonders scharf, und wenn so ein weiblicher Sommergast, als spanisches Torerodirndl gekleidet, zu ihm ins Boot stieg, konnte er sich nicht enthalten, über «die ekelhafte Maschkeradi» irgendeine Bemerkung zu machen, die an Deutlichkeit nichts zu wünschen übrigließ.

Zu Beginn des Krieges, wo all und überall eine krankhafte Spionenfurcht einsetzte und jeder Unbekannte für einen Spion gehalten wurde, saß in Hartels Fähre ein älterer Herr mit einem schwarzen Vollbart, der still und in sich gekehrt die Gegend ansah.

Plötzlich hörte Hartel zu rudern auf, stieß den Herrn mit seiner Pfeife an und sagte: «Du! — hörst!! — Schwatz mal eppes, du kommst mir so russisch für!»

Es stellte sich heraus, daß es ein höherer Beamter der Regie-

rung war, und Hartel entschuldigte sich folgendermaßen: «Woaßt
— du hast halt a so a Schlawinerg'schau und hast's Maul net zum
Reden aufg'macht, da kannst dir leicht denken, daß ma di für an
Spion halt. — Von dene Luadan san gnua da, weils unser Krieg-
führn abspicken möchten. Bald i aber an derwisch, schlag i eam
erscht's Kreiz ab und nacha schmeiß i eam in See, den Bazi!»

Rührend gut war er zu seiner Mutter, einer fünfundachtzig-
jährigen Matrone, die immer still an einem Ufer saß, um ihren
Hartel zu sehen.

Oft und lange habe ich mich mit der alten Frau unterhalten, die
des Lobes über ihren Sohn nicht genug sagen konnte.

«D'Leut sagn, der Hartel is grob — aber guat — guat is er, mei
Bua.»

Wenn so recht vergnügte Sommerausflügler unseren Hartel verulken wollten, dann kamen sie bei ihm sehr übel an.

Die größte Schnauze verlor die Gesprächsverbindung in der
kurzen Strecke von einem Ufer zum anderen.

Einmal fragte ein Herr: «Na, Sie sind wohl der Laubfrosch
hier? — Sagen Se mal, wat jiebts denn morgen für'n Wetter?»
Prompt erwiderte Hartel: «Wannst morgen in der Fruah deine
Kalbsgluarn aufmachst, nacha werst es scho sehn!»

Die Berge waren ganz verschneit. Da fragte ein Neugieriger:
«Ach, sagen Se mal, verehrter Gondolier, det is wohl Schnee da
oben?»

«Na, Schokoladi is, blöd's G'frag!»

Ein Herr in ganz funkelnagelneuer Gebirgsuniform steckte die
Hand ins Wasser und meinte, daß es warm wäre.

«Ja» — sagte Hartel — «morgen hamma g'sottene Preißen,
kannst mitfressen!»

Allerdings hat Hartel auch einmal seinen Meister gefunden.

Als er eines Tages, besonders übel gelaunt, eine Fähre übersetz-
te und dabei ohne jede Pause räsonierte, stand ein Holzknecht
aus Scharling auf und hielt an Hartel folgende Ansprache:

«Herrgott sakra, hundshäutener Lackel, balds jetzt dein Maul
nöt halst — dein ausgschamtes — und mit dein Schimpfen nöt
aufhörst, du Rammel, du gescheerter, na sauf i dir dö Lacken aus
und du kannst dein Karren im Dräg umananderziagn, du spinneta
Teifel, du spinneta!»

Hartel hielt auf diese Rede dem Manne die Hand hin und
stammelte begeistert: «Du bist mein Freind — mein Spezi — du
g'freust mi!»

Zu einer Zeit ging das Gerücht, Hartel heiratet in einen Bauern-
hof nach Hausham. Ich fragte ihn, ob das stimmt.

«Ja, ja, sell is scho wahr!» sagte er.

«Na, Hartel, g'fallt dir deine Bäuerin?»

«Also wissens, der Hof ist mir liaber», war seine Antwort.

Als er die erste Zeit verheiratet war, zog es ihn immer wieder nach seinem Egern, und etwa vierzehn Tage nach seiner Hochzeit begegnete ich ihm bei der Kirche, im Sonntagsstaat, mit einer neuen Heugabel auf der Schulter, von zwei Männern begleitet.

Die drei Herren waren sehr gut aufgelegt, und man sah, daß sie schon ein wenig gezecht hatten.

«Na, Hartel» — sagte ich — «du bist ja mehra in Egern, als wia dahoam.»

«Segns, Herr Kammersänger, in uns drei sehn Sie die trauernden Hinterbliebenen. Dem da» — er zeigte auf einen seiner Begleiter — «is sein Weib gestorben — bei mir, ah, da fehlts no weit!»

Schade, daß er aus unserer Gegend fort ist, er war eine von den wenigen altbayrischen Gestalten an unserem See.

Außer Hartel gibt es sonst noch recht ergötzliche Typen in unserer Gegend.

Da war die alte Urschel von der Gindelalm, die Sennerin, ein herzensgutes aber ziemlich beschränktes Weiberl. Gottesfürchtig bis zur Frömmelei und als Betschwester bekannt. Wenn sie am Sonntag früh, über die Neureuth, nach Tegernsee in die Kirche ging, benutzten einige übermütige Burschen die Gelegenheit, schlichen sich in ihre Hütte und tranken ihr den schönen Rahm weg.

Immer, wenn sie heim kam und die Bescherung sah, war sie ganz verzweifelt und fluchte den Dieben.

Eines Tages nun trieben es diese etwas zu arg. Sie schmierten dem geschnitzten Herrgott, der in der Tischecke hing, den Mund recht dick mit Rahm ein.

Als Urschel heimkehrte und einen Wutanfall über die neuerliche Beraubung bekam, fiel ihr Blick gerade auf den Heiland in der Ecke.

Nun wußte sie des Rätsels Lösung. — Empört ging sie hin zum Kruzifix und sagte in ehrerbietigem Tone: «Wannst net der liabe Herrgott selber warst, tat i dir dei schleckerische Goschen guat abadreschen!»

Von nun ab sperrte sie das Kruzifix in den Kasten, wenn sie des Sonntags zur Kirche ging.

— Ich hatte einen Gärtner. Hiasl hieß er, ein prachtvoller, tüchtiger Arbeiter, aber auch von einer geradezu überirdischen Grobheit.

Ein Grüßen oder gar Hutabnehmen, das kannte er nicht, und die Antwort auf eine Frage fiel gewöhnlich so aus, daß man sich scheute, eine zweite zu tun.

Es kam der Krieg. — Bei einem Wohltätigkeitskonzert in München ließ sich Seine Majestät, König Ludwig III., mit uns Künstlern photographieren. Ich bewahre dieses Bild als eine liebe Erinnerung unter Glas und Rahmen an der Wand in meinem Musikzimmer auf.

Hiasl sah dieses Bild und hielt mich für einen besonderen Spezi des Königs, weil ich neben ihm stehe.

Als er nun zum Militär einrücken sollte, empfand er es als eine große Ungefälligkeit von mir, daß ich dem Könige nicht sagte, er solle den Hias dahoam lassen — und wurde noch um einige Grade unfreundlicher zu mir.

Von einem Gastspiel auf einige Tage heimgekehrt, begrüße ich ihn und frage: «Na, Hiasl, wie geht's?»

Er knurrt zurück: «Wia's oan gehn ko, balds arbatn muaßt, daß dar die Darm aussahänken.»

Ein andermal — er kam als Soldat über den Sonntag von München heraus und arbeitete im Garten. Ich wollte ein Gespräch mit ihm anknüpfen und sagte: «Na, Hiasl — wia lang werd denn der Kriag no dauern?» Ohne von der Arbeit aufzublicken beißt er zurück: «Balds Fressen gar is, is der Kriag gar — uns Fressen is schon gar!!» Das war im Jahre 1915.

Seine Frau, mit der er schon zwölf Jahre verheiratet war, interpellierte ihn in einer für sie dringenden Angelegenheit. «Du, Hiasl, beim Friseur Großmann in Tegernsee is Ausverkauf, da kunnt i mir leicht an billigen Zopf kaffa!»

Er sah sie vernichtend an und dezidierte: «Brauchst kan Zopf, brauchst nemanden z'gfalln — mir gefallst a net!»

Sie kaufte ihn doch, ich merkte es daran, daß er eine andere Farbe hatte als ihr eigenes Haar.

Sieben Jahre habe ich den Hiasl genossen, weil er ehrlich und rechtschaffen und besonders brav und fleißig war. — Viele Pillen habe ich heruntergeschluckt, bis es endlich nicht mehr ging.

— Auch unser Gemeindediener war ein ganz eigenartiger, drolliger Typ.

Er trug alle gemeindeamtlichen Schriftstücke im Orte aus und wurde von mir als «Behörde» tituliert. Eines Tages kam er zu mir in den Garten und brachte einen Schein, laut welchem mir 85 Pfennige Jagdschaden vergütet wurden.

Ich unterschrieb, schenkte dem Manne eine Mark, und er ging.

In einer halben Stunde kam er wieder und rief schon von weitem: «Halt aus — Herr Kammersänger, was vergessen hab i!!! — Dreitausendsiebenhundertneunzig Mark hams zum Steuer zahln!»

Aber die 85 Pfennige hatte er sich gemerkt.

«Wannst net der liabe Herrgott — selber warst — tät i Dir Dei schleckerische Goschen guat abadreschen —»

— Das allerköstlichste Exemplar aber bleibt doch unser Simmerl.

Hansdampf in allen Gassen, bekleidet er ungefähr sämtliche öffentlichen Stellungen in einer Person.

Er hat den Uniformfimmel!

Für jede dieser Funktionen hat er eigene Uniformen, die er streng auseinanderhält. Nie würde er eine andere anziehen als die, welche seine augenblickliche Amtstätigkeit gerade vorschreibt.

Sein eigentlicher bürgerlicher Beruf ist Schneider.

Dieses Gewerbe geht aber nur nebenher. In erster Linie ist er «Sanitäter», das heißt, er hat bei Unglücksfällen in den Bergen den Abtransport Gestürzter zu bewerkstelligen, oder bei anderen Unfällen helfend einzugreifen. Zu diesem Behufe ist er erstklassig ausgerüstet. Eine funkelnagelneue, stets gut gepflegte graublaue Uniform mit grünen Aufschlägen, dem roten Kreuz am Kragen, am linken Arm und auf der Kappe. Bei marschmäßiger Adjustierung hat er ein Riesenseil — ebenfalls ganz neu und ungebraucht — imponierend um den Leib gewunden, hinten am Rücken einen Kasten mit Verbandsmaterial, den Pflasterkasten, außerdem trägt er zwei Riesenstangen, die als Tragbahren montiert werden können.

An zweiter Stelle ist er «Desinfektor». — Da ist er großartig und von einer geradezu vorbildlichen Gewissenhaftigkeit.

Jede Wohnung, die Simmerl «infiziert», wie er es nennt, ist zum Wegwerfen. So verklebt er alle Ritzen und so verstopft er die Spalten.

«Ja, mein Lieber, bei mir werd alles gründlich gmacht. — Da fahlt si nix'. — Wann i a Wohnung infizier, Herr Kammersänger, hat jedes Lebewesen aufghört zum Leben. Alles werd hin — Ungeziefer und was d' Hauptsach is die Bazülln — de Luadan. Herr Kammersänger, da zahl i Eana was mögn, balds mir nachn Infiziern oa Bazülln zoagn kinna.»

Im Orte heißt er wegen seiner Eigenschaft als Desinfektor der «Formalinsimmerl».

Eine herrliche Episode erzählt man sich in bezug auf die unfehlbare Tödlichkeit des Formalins, das Simmerl zum Desinfizieren benutzt.

Er besaß einen Hund, einen Spitz — das heißt, es war auch ein wenig von einem Bulli dabei, eine herrliche Promenadenkreuzung — den er sehr liebte und der ihm stets zur Seite war.

Er desinfizierte in Rottach eine Wohnung, verklebte alle Ritzen, versaute alle Wände, verschmierte alle Türen auf das rigoroseste, zündete die Desinfektionslampe an und steckte den Schlüssel, nachdem er gut abgesperrt hatte, zu sich.

Daheim vermißt er seinen Spitz. — Er pfeift ihm. — Sucht ihn, findet ihn nicht, und legt sich besorgt zu Bett.

Nach vierundzwanzig Stunden nimmt er seine Gasmaske, geht in das Haus, um Fenster und Türen zu öffnen, und sowie die Türe aufgesperrt wird, springt ihm sein Spitzi, den er volle vierundzwanzig Stunden in den tödlichen, alle Bazillen vernichtenden Dämpfen zurückgelassen hatte, fröhlich entgegen.

Ob diese Geschichte wahr ist oder eine von den vielen Hänseleien, die sich der Vieluniformierte gefallen lassen muß, weiß ich nicht, ich war nicht dabei.

Als Desinfektor trägt er übrigens einen schneeweißen Leinenanzug, wie ihn die Ärzte beim Operieren benutzen, eine Riesenschürze und eine Gasmaske, die er in dem Augenblick, wo er in das mit Formalindämpfen gefüllte Zimmer muß, über das Gesicht ziehen soll. — Er aber trägt, wenn er desinfiziert, die Maske den ganzen Tag und geht damit im Ort herum, damit alle Einwohner von der Wichtigkeit seiner Sendung durchdrungen sind.

Ferner ist unser Simmerl Obersteiger bei der Feuerwehr. Nur er darf auf die Leiter steigen und von oben spritzen.

Als Feuerwehrmann hat er die übliche Feuerwehrausrüstung mit goldenem Helm, Hacke und Seil.

Bei der Fronleichnamsprozession ist er, infolge seines desorganisatorischen Talentes — Ordner. Er pufft und stößt die Buben hin und her und ordnet so viel, daß der Prozessionszug aus dem Wirrwarr nicht herauskommt. Erst, wenn er von einigen Einwohnern ein saudummes Rindvieh genannt wurde und beleidigt demissioniert, tritt die erwünschte Ordnung ein.

Eine besonders wichtige Rolle ist Simmerl bei Begräbnissen zugeteilt. — Er ist mit noch drei anderen würdigen Männern Leichenträger. Ganz in Schwarz gehüllt, kommandiert er mit tiefernstem Gesichte um sich herum und stört, in seiner ewigen Entrüstung darüber, wie schlecht die anderen alles machen, die heilige Handlung.

Außerdem obliegt es ihm, bei Konzerten und Tanzunterhaltungen entweder als Garderobier die Überkleider der Besucher so durcheinanderzubringen, daß diese nie gefunden werden können, oder aber als Billeteur den Leuten falsche Sitze anzuweisen.

Daß er bei solchen Gelegenheiten die Zielscheibe allen Ärgers und Witzes ist, ist selbstverständlich.

Aber schlagfertig und deutlich gibt er in herzgewinnender bayrischer Aufrichtigkeit alle Angriffe zurück — er bleibt immer der Simmerl und die anderen — die Rindviecher, die saudumma!

Eine wahre Geschichte will ich nun erzählen, die seine Konsequenz, die Adjustierungen nie zu verwechseln, so recht ins grellste Licht setzt.

Eines Tages traf ich ihn höchst verärgert und fragte ihn um den Grund seiner schlechten Laune.

«Ah — weils wahr is. — Da werd telephoniert, daß in Enterrottach, beim Wasserfall, a Frau zammgstürzt is — und i soll glei hin. — I ziag mi an, nimm mei Sach — häng mr mei Seil um — — —»

«Ja», frage ich, «haben Sie denn das Seil gebraucht?» —

«Na, na, dös net, aber bald i als Sanitäter ausruck, gehörts Seil dazua! — Also i geh los. Beim Kalkofen, a Stund vo dahoam, Herrgott, wo i nur noch a Viertelstund nach Enterrottach eini ghabt hätt, mirk i, daß i 's Feuerwehrkappel statt der Sanitätrmützen aufgesetzt ghabt hab. I drah mi um, renn hoam und glei wieda zruck und wia i hinkomm nach Enterrottach, wars tot! Dös hats mir mit Fleiß gmacht dös Luada, daß gstorbn is.»

— — — Wenn du nun mit der Fähre den See übersetzt hast und gehst einige Meter, so stehst du vor einem kleinen Holzhause, das mit Blumen derart übersät ist, daß es dir wie ein Blumenstrauß erscheint.

Das ist mein Häuserl, mein Blumenschloß, das ich nicht gegen alle Paläste der Welt eintauschen wollte.

Ein zweihundert Jahre altes Bauernhaus, das ich so ließ, wie es war — nur alle morschen Balken gegen neue vertauschte und ganz nach meinem Empfinden ummodelte.

Als ich dem Baumeister meinen Entschluß bekanntgab, das Häuschen umbauen zu lassen, und zwar so, daß nichts an seinem Stil verändert werde, wehrte er sich mit allen Mitteln und riet mir, die alte Hütte wegzureißen und eine nette Villa hinzubauen.

Ich ließ nicht locker, setzte mich mit ihm zusammen, aus dem Stall und dem Heuboden wurden Zimmer und Räume hervorgezaubert, und als es fertig war, war er selber erstaunt, wie schön es geworden ist.

In mein Gästebuch schrieb er mir aber doch:

> «Wenn oana a Geld hat und is recht saudumm,
> Dann kaft er a alts Haus und bauts nacha um.» —

Aus allen Gegenden haben wir uns Hausrat zusammengetragen und allerlei Altertümer von Ausflügen mitgebracht. Jedes Stückel ist mit unschilderbarer Freude ausgesucht, besprochen und beraten worden.

Die Bauernstube aus Zirbelholz, so niedrig geblieben wie sie war, der Herrgott aus Oberammergau im Tischwinkel, von Efeu umgeben, der Ahorntisch, eine Bank um die ganze Stube herum und der alte Kachelofen, der dem Ganzen eine Molligkeit gibt, die einen Paroxysmus von Wohlbehagen auslöst.

*Starkes Sächseln belehrt uns jedoch, daß hier von Andalusien keine Rede sein kann!* —

Ein zweites Häuschen, «die Drachenburg» genannt, weil die liebe Mama meiner Gemahlin drinnen wohnt, steht dicht dabei und ist auch in dem Stil einer alten Bauernhütte geblieben.

Dort habe ich einen Raum, der der «Rittersaal» genannt wird, weil ein Kissen dort liegt, auf dem ein Ritter gestickt ist. — Wie treffend!

Sechs Hunde, drei Katzen, ein Paperl, meine Frau und die Kinder beleben das Ganze und vergrößern die Seligkeit.

Vor dem Hause ein Bauerngarten mit einem Durcheinander von perennierenden Blumen in allen Farben und Arten, eine die andere ablösend, so, daß der Flor niemals ausgeht. Anschließend ein großer Garten, den ich mir aus einer Wiese schuf, mit all den lieben Freunden, den Bäumen und Sträuchern, die ich mir selbst setzte.

— Unsere Berge haben ja keinen überwältigenden, wildromantischen Charakter, aber sie umrahmen lieblich das Bild unseres schönen Tegernsees. Es gibt sogar Leute, die sie besteigen.

Die Sommergäste, die unsere Gegend bevölkern, sind mitunter sehr nett — mitunter wieder weniger.

Seit einigen Jahren hat sich das Tragen von Maskenballkostümen derart eingebürgert, daß man oft der Meinung ist, es würde ein wildbewegter Film gedreht.

Wie sich die Damen, die doch sonst so eitel sind, manchmal herrichten, um ja recht bäuerlich zu erscheinen, ist geradezu unerklärlich.

Da kommt eine Carmen um die Ecke, eine gemachte Blume im Munde und einen spanischen Schal um den Leib geschlungen. — Selbstverständlich fehlen die dazugehörigen andalusischen Schlangenbewegungen nicht und das damit verbundene südlich sündliche Augenrollen. Starkes Sächseln belehrt uns jedoch, daß hier von Andalusien keine Rede sein kann.

Auch Zipfelmützen sind an der Tagesordnung, die, im Verein mit knallgrünen Spenzern und feuerroten Bändern, Unruhe in unser liebes Tal bringen.

Unheimliche Verkleidungen und die hirnrissigsten Trachtenzusammenstellungen greifen um sich und ganz ängstlich verbirgt sich ein wirkliches, echtes Dirndel vor dem schreienden Unrecht.

Auch die aus dem Norden kommenden Herren leisten sich Erstaunliches an sogenannter «Gebirgstracht».

Zuerst einmal tragen sie eine funkelnagelneue Imitationslederhose — mit Stickerei überladen und mit Bändern geschmückt, dazu giftgrüne Hosenträger mit sinnigen Inschriften, wie «G'sund sa ma!» oder auch «Lusti sa ma!», und zu alledem ein elegantes, farbiges Hemd mit einem Stehkragen und einer hochmodernen

*Gellende Pfiffe und Juhuschreie erfüllen die Luft – – –*

Krawatte. Ein blaues Leinwandbauernröckel und ein smarter Girardihut geben dem Gebirgler den Abschluß.

Um die gestickte Inschrift auf den Hosenträgern ins rechte Licht zu setzen, juchzen sie unvermittelt auf der Straße und erschrecken damit ihre Umgebung.

Die Eingeborenen haben für diese Sommerfrischler einen Sammelnamen: «Dös san Preißen!»

Lärmend und in großen Rudeln treten sie auf, ziehen die Fröhlichkeit bei den Haaren herbei und gehen mit Eispickel und Seilen herum, trotzdem man diese Behelfe in unserer Gegend nirgends gebrauchen kann. Am See gebärden sie sich aus lauter «Lusti sa ma!» wie wilde Völkerstämme und belästigen die ganze Gegend mit weithinschallenden «Hollallalaiti!», so daß man oft in Versuchung kommt, scharf zu schießen.

Die meiste Zeit jedoch verbringen sie im Tegernseer Schloßcafé, tanzen Charleston und spielen Karten.

Es gibt bei uns zwei Vereine, die der Erhaltung der Volkstracht dienen und im Sommer Trachtenfeste veranstalten.

Es sind das die Wallberger und die Hirschbergler.

Es wird in Enterrottach oder sonst einem Gastorte der Umgebung ein Tanzboden aufgestellt, um den herum dann sehr viel Bier getrunken, sehr viel gejohlt und gewaltsam Urwüchsigkeit bekundet wird.

Die diversen verkleideten Dirndeln kommen hin, zum Zusehn.

Zu den Klängen einer Musik, die von Unkundigen für die Geräuscherzeugung einer Kannibalenkapelle gehalten werden kann, wird der einheimische Schuhplattler getanzt.

Ein Ländler wird gespielt. Die Paare gehen im Kreise herum und tanzen erst ein Stückchen Walzer. Dann trennt sich der Bua vom Deandl, geht in die Mitte des Tanzbodens und schlägt sich, dabei hüpfend, abwechselnd auf die Schenkel, Waden und Schuhsohlen, was für einen Neuling ein eigenartiger Eindruck ist.

Gellende Pfiffe und Juhuschreie, die bei weniger Geübten wie Hilferufe klingen, erfüllen die Luft.

Die Deandln drehen sich inzwischen an der Peripherie um ihre eigene Achse und halten, sich schüchtern schämend, einen Schürzenzipfel in der Hand. Wenn nach einigen Minuten die gymnastischen Übungen der Jünglinge zu Ende sind, begeben sich diese wieder zu ihren Tänzerinnen, die sie unter allerlei urwüchsigen Scherzen umarmen und dann mit ihnen weitertanzen.

Dieses Spiel wiederholt sich so lange, bis wieder solch eine indianertanzartige Phase kommt und sich die Jünglinge von ihren Holden separieren.

Besonders interessant wird es, wenn der in dem Bier enthaltene

«Jürgel, baldst net urndli blost, schlag i Dir auf Dei Maul!» —

Alkohol die Musiker in einen derartigen Zustand versetzt hat, daß sie sich nicht mehr über die Tonart einigen können und jeder, im Bewußtsein seiner eigenen Auffassung, eine andere spielt.

Je vorgeschrittener der Nebelzustand der Künstler wird, desto bedauerlicher gestaltet sich die musikalische Seite der festlichen Veranstaltung.

Wenn sich die Meinungsverschiedenheiten nicht nur in der Tonart äußern, sondern auch auf den Takt erstrecken, so, daß sich die Tanzenden in diesem rhythmischen Wirrwarr auf die Füße treten und mit den Knien ihren Tänzerinnen leichtere Verletzungen zufügen, dann wird es brenzlich. — Man hört aus der Schar der Tanzenden verbindliche Zurufe, wie: «Saumusi, bsuffene! — Jürgel, baldst net urndli blost, schlag i dir auf dei Maul» — und dergleichen Liebliches mehr.

Ein scherzhafter Hirschbergler hatte zum Beispiel dem Tubabläser eine Knackwurst tief in sein Instrument gesteckt, so, daß dieses verstopft wurde und der Gute, selbst wenn er nüchtern gewesen wäre, keinen Ton herausgebracht hätte.

Da wurde es Zeit, zu gehen, weil es sehr leicht möglich ist, daß irgendein harmloser Zuschauer solch eine große Baßtuba — wenn auch irrtümlicherweise — auf den Kopf bekommt, da diese in *dem* Stadium meist als Waffe benützt wird, wovon so manche Beulen an der Trompete rühmliches Zeugnis geben.

Im großen und ganzen geht es aber recht gemütlich zu, und die kleinen Zwischenfälle wahren stets einen liebenswürdigen Charakter.

In der letzten Zeit allerdings — hat sich die Qualität des heimatlichen Orchesters sehr veredelt, und man kann mit großer Freude konstatieren, daß die Kurmusik — die zweimal wöchentlich auf dem See veranstaltet wird — ein sehr gutes Niveau erreicht hat.

— — Viele Jahre sind nun schon vergangen, daß ich alljährlich an den Tegernsee komme. Meine Kinder sind mit all den hiesigen Bauernkindern groß geworden, und die Jugendfreundschaft hat sich in aller Innigkeit erhalten.

— Der Krieg hat in unser Dörfchen große Trauer getragen, und schier endlos ist die Reihe der Namen auf der schwarzen Heldentafel in der kleinen Kirche. — So mancher Junge, den ich auf den Knien schaukelte, ist draußen in fremder Erde begraben.

— — — In diesen langen Jahren bin ich drei Menschen begegnet, die ich sehr liebgewonnen habe und deren Verlust eine arge Lücke in mein Leben am Tegernsee riß: Dr. Georg Hirth, Dr. Ludwig Ganghofer und der vor einigen Jahren heimgegangene Dr. Ludwig Thoma.

Die beiden Dichter, Ganghofer und Thoma, liegen auf unserm

kleinen Dorfkirchhof nebeneinander. Mit wehem Herzen stehe ich oft an ihren Hügeln und erinnere mich der köstlichen Stunden, die ich mit diesen prachtvollen Menschen verleben durfte.

Zu Dr. Georg Hirth fühlte ich mich, schon nach kurzer Bekanntschaft, so unendlich hingezogen, daß ich für jede Stunde, die ich in seiner Gesellschaft sein durfte, dankbar bin. Ich bin in meinem Leben keinem zweiten Menschen begegnet, der so grenzenlos gütig und so lauter in seinem Charakter gewesen wäre wie er. Für jeden Fehler der Menschen hatte er eine Entschuldigung. Eine Unterhaltung mit ihm war ein Genuß sondergleichen. Ungeheuer vielseitig gebildet, war er auf jedem Gebiete derart zu Hause, daß man aus dem Staunen über sein Wissen und die rührend anspruchslose Art, wie er es offenbarte, nicht herauskam.

Er hatte mich offensichtlich in sein Herz geschlossen und besuchte oft mein Haus. Daß er mich seiner Freundschaft für würdig erachtete, erfüllt mich heute noch mit Stolz.

Welche Lücke sein Heimgang in die Münchener Schriftstellerwelt und die Kunstwelt gerissen hat, erübrigt sich zu sagen.

Ludwig Ganghofer lernte ich ein Jahr vor seinem Tode kennen und lieben. — Eines Tages erschien er in meinem Garten, weil ihm mein Haus und meine Blumen so gefielen — und in einigen Minuten war mir's, als ob ich mit dem Manne schon jahrzehntelang verbunden gewesen wäre. Ein sonniger, glücklicher Mensch, immer einen gottbegnadeten Optimismus in sich tragend und seine Umgebung rettungslos damit ansteckend. Ein herrlicher Mann — ein Jäger durch und durch — der mit seinen Jagdgeschichten eine unbeschreibliche Summe von Fröhlichkeit um sich verbreitete. Auch die Schwächen des Jägers waren ihm in der liebenswürdigsten Form gegeben. — Er log! — Log so wunderbar, so gottbegnadet, daß man aus dem Lachen nicht herauskam. — Das heißt, es waren keine Lügen — es war nur ein vorbildliches Jägerlatein, an das er selber glaubte. Zehnmal habe ich eine Hirschjagd von ihm erzählen gehört und bei jeder Erzählung waren es immer einige Hirsche mehr, die er unter den wunderbarsten Umständen erlegte. — Er war eben ein Dichter! —

Auch beim Karambolspiel war er prachtvoll. Er hatte Glück im Zählen! — Es gab immer eine sehr fröhliche Streiterei, wenn ich mit ihm spielte, auf einmal hatte er gewonnen, und weder ich noch er wußten, wie das geschah. — Köstliche Stunden ungetrübtester Heiterkeit! —

An einem Freitagnachmittag besuchte er mich und brachte mir ein altes Heiligenbild aus seinem Elternhause für meine Kapelle. Unter fröhlichen Scherzen verging eine Stunde — dann fuhr er über den See nach Hause. Samstag — am nächsten Tag — ist er gestorben. Wie ein Blitz aus heiterm Himmel traf uns alle die furchtbare Nachricht. Um vier Uhr saß er noch im Kreise seiner Familie, fröhlich und glücklich, hatte eine unsagbare Freude über sein neues Haus, das er sich mit bewunderungswürdigem Geschmack schuf —, von jeder Rose wußte er beseligt etwas zu erzählen... Da kam der Tod ganz leise, und mit den Worten: «Ich bin so glücklich!» schloß er die Augen. —

Ein beneidenswerter Mensch! — In der Vollkraft seines Schaffens, ohne die geringste Krankheit, ohne es zu ahnen, schlief er hinüber.

Einen Tag später konnte man ein ergreifendes Bild sehen. Der Sohn Gustav ruderte den Sarg seines Vaters auf dem Segelboote, das dieser so geliebt hatte, hinüber nach Egern auf den kleinen Friedhof.

Ludwig Thoma war der würdige Dritte in diesem Bunde, eng befreundet mit Hirth und Ganghofer, stand er, genau ein Jahr nach Hirths Tod, bis ins Innerste getroffen, an Ganghofers Grabe. — Und wieder ein Jahr darauf, als ich nach Karlsbad fuhr und an meinem Gartengitter von Ludwig Thoma Abschied nahm, wie hätte ich ahnen können, daß ich den lieben Freund nie mehr sehen würde.

Ein Bild der strotzendsten Gesundheit stand er vor mir, die geliebte Pfeife im Munde, und ließ sich erzählen, wie es mir da draußen in der Welt ergangen war. — Hoffnungsvoll sprach er davon, daß Deutschland wieder erstarken werde, daß es vorwärts gehe und alles wieder besser würde.

Zehn Jahre lang verband mich herzliche Freundschaft mit ihm, und ich durfte, mehr als andere, den gemütvollen Menschen und glühenden Patrioten kennenlernen.

Er war ein Mann, der sich nur in der Natur und mitten unter seinen Bauern, die er, mit allen ihren Schwächen und Vorzügen, so trefflich zu zeichnen verstand, wohlfühlte.

Es war ihm eine Last, daß er jede Woche zu den Redaktionssitzungen des «Simplizissimus» nach München fahren mußte. — Am selben Tage, mit dem letzten Zuge, fuhr er glücklich wieder heim in sein entzückendes Bauernhaus, das ein Muster altbayerischer Behaglichkeit und warmer Schönheit ist.

Trotzdem er höchst selten sein Tusculum verließ, war er doch über alles informiert, was draußen in der Welt vorging.

Seine größte Freude und Erholung war ihm die Jagd.

Auch als Waidmann zeigte sich seine edle Herzensgüte. — Es war ihm, wie er oft erzählte, der größte Genuß, das Wild zu beobachten, wie es äst, wie es sich untereinander gibt, und: «wenn ich recht lang zugeschaut und mich so recht an diesem schönen

Anblick gefreut habe, dann nehm ich meinen Stutzen am Buckel und schleiche mich leise davon. Ich brächte es nicht über mich, da hineinzuschießen.»

Einfach und schlicht war seine Art. Wen er nicht mochte, dem ging er aus dem Wege. Er hätte es nie über seine Lippen gebracht, eine Phrase zu sagen.

Die bayerischen Bauern kannte er wie kein zweiter, und wenn man, wie ich, Gelegenheit hatte, diese auch ein wenig kennenzulernen, so kann man erst beurteilen, wie fabelhaft er sie schilderte.

Seine Briefe des bayerischen Landtagsabgeordneten Josef Filser, die eine Serie von Aufsätzen im «Simplizissimus» bildeten, sind wohl das Treffendste und Humorvollste, was man sich denken kann.

Als vor Jahren mein Landhäuschen eingeweiht wurde, schrieb er mir folgenden Filserbrief in mein Gästebuch:

Egern, am 16. August 1911.

An hern läo Schläsack dahier!

Mei lieber freind, indem das ich jez dißes Hauß kehne, lohbe ich es und bald es auch ein wäng klein ist, dadurch daß sie inen ieren Gobf iberahl anränen machdes nichz, indem das sie mit dem Gobf nicht arbeiden missen, sontern blos siengen und eine beile auf dem Hiern scheniert ihnen in singen nicht.

Mein lieber freind, dadurch das ich auch ienen gesähen habe, muß ich schon sahgen, das ich noch nichdso fil Fleusch bemerkt hawe als wie bei ienen und es ist für ienen schon gut das mir keine menschenfresser nichd hawen sonzt klaube ich nichd, das man ienen herumlaufen laßt, sondern fahngen und sälchen.

Disses ist ein glick fir ienen und mechten sie auch noch ville jare in dissem Hause läben und bewuhndert von ahlen leiten, wo sich auf das siengen auskehnen und von ahle Leite, wo sich auf das Fleusch auskehnen. Dieses winscht ier lieber freind

Josef Filser.

«bosdschgribdumm!»

Wieviel wagen sie? — ich hab geschätzt auf zwei Zentner läbend Gewicht.

Er sprach gewöhnlich sehr wenig, und es mußte schon von Politik oder vom Krieg die Rede sein, wenn er sich an der Unterhaltung beteiligen sollte.

Eines Abends kam er bei meinem Hause vorbei und lud mich ein, ich möge doch nebenan in die Wirtschaft kommen, wir wollten uns bei einem Glase Bier ein wenig aussprechen.

Die Aussprache sah folgendermaßen aus: Um 8 Uhr kam ich hin. «Grüß dich Gott, Leo — Prosit!»

Sein Bruder Peter, Emil Ganghofer, der Bruder Ludwig Ganghofers, und ein Bauer spielten Tarock. — Thoma sah zu.

Nach ungefähr einer Viertelstunde, in der er noch keinen Ton gesprochen hatte, sagte er: «Peter, Herrgottsakra, Schellen spiel aus!» — Pause.

Nach weiteren zwanzig Minuten: «Prost Leo — sollst leben!»

Halbe Stunde Pause. — «Also, Leo — Prost!»

Um halb zehn sagten wir uns Adieu.

Und das nannte Ludwig Thoma «sich aussprechen!»

In Gesellschaft ging er selten, und dann nur zu guten Freunden. Er unterhielt sich sehr nett bis 9 Uhr, dann setzte er sich bequemer und schlief ein. Wenn er in ungefähr zehn Minuten erwachte, konnte er zechen und fröhlich sein bis zum grauenden Morgen.

Aber von 9 bis 9 Uhr 10 Minuten mußte er sein Nickerchen haben.

War er einmal gesprächig und kam ins Erzählen, so war es eine Freude, seine Ansichten zu hören. Er war von Beginn des Krieges an ein vertrauensvoller Optimist. — «Uns könnens nicht umbringen — wir haltens aus!» — war seine Devise.

Wenn noch so schlechte Nachrichten kamen, in der bösesten Zeit, immer behielt er den Kopf oben und sah hoffnungsvoll in die Zukunft.

Erst nach dem Umsturz, nach dem «Frieden» — da wurde er traurig und verzagt. — Die Schmach fraß an ihm, und er litt mehr, als er sich anmerken ließ. Still und in sich gekehrt ist er geworden. Die Freude an der Welt war ihm vergällt, und oft seufzte er auf, wie über verlorenes Glück.

Den einzigen Trost fand er in einem guten Buch aus alten Zeiten...

— Als ich von Karlsbad heimkam, war die erste Nachricht, Thoma sei in München operiert worden, man dürfe ihn nicht besuchen.

Einige Tage später hieß es, er sei heimgekehrt. Ich sandte ihm einige Blumen aus meinem Garten zum Willkomm und bat ihn, mich zu rufen, wenn er mich sehen wolle.

Am nächsten Morgen läutet das Telephon: — «Der Herr Doktor ist gestern abend um halb zehn Uhr gestorben.»

Der Herzog Ludwig Wilhelm von Bayern, sein bester Freund und Waidgenosse, hat ihm die Augen zugedrückt.

Er wußte nicht, daß er sterben mußte, er war umgeben von denen, die er lieb hatte, und schloß die Augen für immer.

Man bettete seinen Sarg auf einen Leiterwagen mit Tannenreisig und Latschenzweigen, bedeckte ihn mit seiner geliebten

bayerischen Fahne, und von zwei wuchtigen Pinzgauer Rossen
gezogen, machte er seine letzte Fahrt zum Kirchhof in Egern.

Rechts und links vom Sarge schritten die Jäger des Herzogs.

Ein ergreifender Zug!

## Mein geliebtes Wien

Mit schwerem Herzen gehe ich an dieses Kapitel. — Mit Wehmut lasse ich all die Zeit, die der Vergangenheit angehört, an mir
vorüberziehen.

Wie schön, wie herrlich schön war es doch, und wie traurig —
wie kläglich ist es jetzt.

Sonniges, frohes Leben war überall, lachende, glückliche Menschen auf den Straßen, und eine Atmosphäre, eine Stimmung, die
keine Stadt der Welt aufzuweisen hatte.

All das ist vorbei — unwiederbringlich vorbei. — Der Geist der
Zeit ist ein anderer, fremder geworden, der niemanden froh werden läßt. —

Ich empfand dies besonders schmerzlich in unserer lieben Oper,
und am schrecklichsten war wohl die Übergangszeit — im Kriege
und unmittelbar nach dessen Beendigung — als ganz eigenartige
Elemente die Ränge unseres herrlichen Hauses füllten, sich in den
Hoflogen breitmachten, mitgebrachte Viktualien aus dem Papier
aßen und Obstkerne und Wursthäute in weitem Bogen ins Parkett spuckten.

Diese Epoche ist gottlob vorüber — die damaligen «Reichen»
haben auch schon wieder das Feld geräumt und sind dorthin zu-
rückgekehrt, woher sie gekommen sind. — — —

Als ich zum ersten Male die Bretter der Wiener Hofoper betreten durfte, war eine wundervolle Künstlerschar versammelt. Ich
erinnere mich all der Größen, die die Säulen des Ensembles bildeten: Reichmann, Winkelmann, Ritter, Grengg, Demuth, Schrödter, Schmedes, dann Anna von Mildenburg, Selma Kurz, Gutheil-
Schoder, Lucie Weidt, Elisa Elizza und so fort.

Welche Feste wurden da gefeiert — Abend für Abend — welch
eine Begeisterung, wenn Gustav Mahler Proben hielt, in alten,
vergilbten Opern Köstlichkeiten bloßlegte, die das Publikum ins
Theater strömen ließen und ihm Stunden reinsten, schönsten Ge-
nusses schenkten. Jeder war an seinem Platz, sich des Glücksge-
fühls bewußt, ein Auserwählter zu sein, weil er auf diesen ge-
heiligten Brettern etwas zu sagen hatte.

Im Publikum die markanten Persönlichkeiten, die dem Ganzen

ein vornehmes und dabei doch behagliches Gepräge gaben, wie es eben nur das damalige Wien vermochte.

Wie ein schöner Traum zieht all der Glanz an meinem geistigen Auge vorüber — wie sehne ich mich nach dieser sorglosen, glücklichen Zeit, die so viele, nicht mit Geld zu erkaufende Freuden spendete und das Leben lebenswert machte.

Die heutige Jugend, die das Frühere nicht kannte, ahnt ja gar nicht, *was* sie verloren hat, weiß nicht, *wie* schön es auf dieser Welt war.

Als ich in Wien mein Gastspiel auf Anstellung begann, kam ich von Breslau.

Mit ehrfurchtsvoller Scheu betrat ich zum ersten Male das Haus, das Herz klopfte mir bis zum Halse herauf, als ich diese schönen, eine undefinierbare Atmosphäre atmenden Räume betrat.

Bange fragte ich mich, ob ich wohl so glücklich sein würde, hier zu gefallen und engagiert zu werden.

Meine Antrittsrolle war der Arnold in Rossinis Tell.

Bei den Proben kam man mir gleich mit warmer und wohlwollender Herzlichkeit entgegen. Da lernte ich den großen Reichmann kennen, einen herzgewinnenden grundgütigen Menschen, der seinen Beruf als heilige Mission auffaßte und diese Auffassung auf das Publikum und seine Kameraden übertrug.

Ich will auf dieses erste Debut nicht weiter eingehen, um meinem Vorsatze treu zu bleiben, so wenig als nur irgend möglich von meiner Person zu sprechen, will nur konstatieren, daß ich engagiert wurde und unsagbar glücklich war, diese herrliche künstlerische Heimat gefunden zu haben. —

Eine Heimat im wahrsten Sinne des Wortes — eine Heimat, bei der der materielle Vorteil aufhörte, seinen Wert zu behalten.

Ich kam damals in eine Zeit der sich überstürzenden Arbeit. —

Neueinstudierungen von alten Opern, die wir alle schon so und so oft gesungen hatten, eröffneten unter Gustav Mahlers Leitung ganz neue Gesichtspunkte. Er leuchtete in Winkel, von deren Existenz wir uns nichts träumen ließen. — Da brodelte — dampfte es, wir jagten von einer Probe zur nächsten — von einem Sieg des Ganzen zum andern und, neben all der intensivsten, so ernsten, alles ausfüllenden Arbeit, ein Frohsinn, eine Heiterkeit, die Luft geladen mit übersprudelndem Lebensmut.

Sonnenschein — Fröhlichkeit und Zufriedenheit mit seinem Dasein, wohin ich blicken durfte, ein Kameradenkreis, auf den man stolz sein und dessen man sich herzlich erfreuen konnte.

Über Gustav Mahler, seine Art und Genialität als Dirigent, habe ich schon in meinem ersten Buche erschöpfend berichtet. Kleine Verstimmungen waren bald in alle Winde zerstreut, und der

Rest blieb immer eine künstlerische Befriedigung, wie man sie selten empfindet.

Da waren vor allem die gigantischen Säulen des Hauses: Hermann Winkelmann und Theodor Reichmann. – Lieblinge des Publikums, große, überwältigende Künstler, die aber auch als Menschen, außerhalb ihres Berufes, unendlich liebenswert waren.

Winkelmann, ein äußerst vornehmer, ernster Mann, lebte schon sehr zurückgezogen und beteiligte sich nie an den Kollegenscherzen. Er kam nur in die Oper, wenn er Proben oder zu singen hatte, und ging, still und freundlich gegen jedermann, wieder fort.

Einmal hatte ich Gelegenheit, ihn in seinem Heim, in Mauer bei Wien, zu besuchen und sein schönes Familienleben kennenzulernen.

Ich hatte eine respektvolle Verehrung für ihn; seine wundervollen Gestalten leben in meiner Erinnerung als etwas ganz Seltenes, Erhabenes weiter.

Theodor Reichmann, ein unendlich gütiger, harmloser Mensch, ein Kind möchte man sagen, war von einer heute bereits vollständig verlorengegangenen Ritterlichkeit und Poesie in seiner Gesinnung, und selbst seine Schwäche – eine etwas stärker ausgeprägte Eitelkeit, äußerte sich in einer so rührenden und liebenswürdigen Form, daß sie der Verehrung für diesen großen Künstler keinen Abbruch tat.

Er war in seiner Naivität so weltentrückt, daß ich einige kleine Episoden, zur Zeichnung seiner Art, hier wiedergeben will.

Wir hatten die Meistersinger von Nürnberg. – Theodor hatte die Gewohnheit, wenn das Auditorium so recht tobte und begeistert seinen Namen rief – die Hände auszubreiten und in überströmender Freude «Meine lieben Wiener!» zu sagen.

Kollege Felix, der Beckmesser, und ich, nahmen uns vor, ihm beim Bedanken die Hände festzuhalten, damit er seine große Geste nicht ausführen und nicht «Meine lieben Wiener!» sagen konnte.

Vor dem Vorhange nach Aktschluß, hielt ihn Felix an einer Hand und ich faßte ihn an der andern. –

Der Jubel im Hause war groß, Theodor suchte seine Hände zum Allumfassen frei zu bekommen. – Wir hielten sie fest. Er flüsterte mir zu: «So lasse mich doch aus!» – Wir hielten ihn. – Da sagte er, ganz böse gemacht, zu mir: «So laß doch los – mit deinen Schlosserpratzen!» –

Sofort gab ich seine Hand frei, stellte mich gekränkt und meinte, in gut gespielter Verletztheit, ich könne ja nicht dafür, daß ich nur ein armer Schlosser gewesen sei – und ging in meine Garderobe.

Sofort stürzte er mir nach, mit Tränen in den Augen: «Aber nein, Leo — so habe ich's ja nicht gemeint, ich wollte dir doch nicht wehe tun, verzeihe mir — schau, ich habe ja in meiner Jugend auch Zigarren verkauft und mußte das Lokal aufspritzen.»

Er dauerte mich in seinem Herzeleid, ich lachte los und wir umarmten uns.

Seine Herzensgüte war einfach bezwingend.

Wir hatten einen Souffleur, der hie und da etwas zerstreut war, und es kam vor, daß er, gerade bei besonders sterblichen Stellen, die wir ja alle — ohne Ausnahme — haben, sich umständlich schneuzte oder sich im Kasten bückte, um krampfhaft irgend etwas zu suchen. Man verlor auf diese Weise jede Verbindung mit dem Unentbehrlichen.

Mitten in einer Tellvorstellung bemerkte Theodor, wie er, der Einsager, seine Brille putzte und sich hingebend mit ganz etwas anderem als mit dem Soufflierbuch beschäftigte. — Reichmann verlor den Faden. Nach einigen plumplamblumblum, die er, statt des Textes, improvisierte, zischelte er: «Schurke, tue deine Pflicht!» — Fröhlich bohrte der Souffleur in der Nase. — Endlich hatte Reichmann das Textseil wieder erfaßt, aber, als der Akt zu Ende war und der Vorhang fiel, stürzte er wütend in die Garderobe, tobte und raste: «Dieser Mann muß hinaus, den will ich nicht mehr sehen!»

Nun bedeuteten der Zorn Reichmanns und die Verwirklichung seiner Drohung, sich über eine Pflichtverletzung zu beklagen, für den Souffleur keine Kleinigkeit. Er kam zu Reichmann in die Garderobe und trocknete sich ergriffen die Augen. «Herr Kammersänger, verzeihen Sie mir. — Ich war von Ihrer Apfelschußszene derart übermannt, daß ich mich voll und ganz vergaß, nicht wußte, wo ich war. — Ich lebte in der Schweiz und fühlte nur den Schmerz des auf das Haupt seines minderjährigen Kindes schießenden Vaters. Ich weiß, ich habe gefehlt — aber ich bin ja auch nur ein Mensch!»

Statt diesem Pharisäer den Schminktopf ins Antlitz zu schmeißen, war Theodor wie umgewandelt. —

Er ermahnte ihn, sich in allen Lebenslagen beherrschen zu lernen. Wenn auch die Begeisterung manchmal mit ihm durchginge, so müsse er sich dennoch aufraffen, sich ermannen, ohne Wanken seine Pflicht zu tun.

Kurz, der Schluß war, daß er seinem Garderobier zuflüsterte: «Powolny, gib dem armen Kerl fünf Gulden!»

So hatte jeder der Kameraden seine Eigenheiten — aber man liebte auch diese und wollte sie an ihnen nicht missen.

Wir hatten einen Kollegen, namens Pacal. Er hatte eine geradezu herrliche Tenorstimme, kam aber immer nur in Notfällen zum Singen von großen Rollen, er mußte diese aber stets, — wie er sagte, «fürs Notenarchiv» mitlernen. Kein Wunder, daß er ein wenig verbittert war.

Eines Abends sang Franz Naval, der wundervolle lyrische Tenor, die Hauptrolle in der Oper «Jolanthe». — Im zweiten Akte wurde er plötzlich heiser. Er flüsterte Pacal, der in einer kleineren Rolle neben ihm stand, zu: «Ich kann nicht weiter, bitte, sing du für mich!»

Dieser raunte zurück: «Dreck — ich pfeif dir was — du hast hohe Gage — ich friß ganzes Jahr Erdeppelplazki — sing selbst!» — und schon sang er Navals Part mit schöner Stimme zu Ende.

Gutmütig sind sie alle, alle — alle haben irgendeine Saite in ihrem Herzen, die gut klingt — sonst könnten sie keine Künstler sein.

Ein origineller Mensch war auch der Bassist Karl Grengg. — Ein urgemütlicher Grazer, der durch nichts aus der Fassung zu bringen war, und der eine gottbegnadete, nichts umschreibende, alles in natürlichster Frische bloßlegende Derbheit besaß, die sich leider nicht wiedergeben läßt. Eine schwarze Baßstimme, eine hohe heldenhafte Erscheinung, verbunden mit der in der damaligen Zeit mit Stil geladenen Schule, schufen unvergeßliche Gestalten. —

Auch Wilhelm Hesch war ein prachtvoller Künstler und entzückender Kamerad, ein ehrlicher, biederer, jeder Umschreibung sorgsam aus dem Wege gehender Charakter.

Fritz Schrödter, Demuth, mit seiner einzigen, herzerwärmenden Baritonstimme und großartigen Gesangskunst, Josef Ritter, Felix Moser und der universale Gerhard Stehmann, der unser aller Sprecher bei Jubiläen und Begräbnissen war — alles, gute, liebenswerte Menschen und große Künstler.

Sie alle deckt der Rasen, alle sind sie schon heimgegangen, und wenn kein Mensch mehr ihre Namen kennen wird — das ist unser Los — so werden sie denen, die sie erleben durften, immer eine schöne Erinnerung bleiben.

In dieser Schule der Disziplin, des Fleißes und strebsamsten Pflichtgefühls, des sich gegenseitigen Schätzens, bin ich aufgewachsen.

Nach einer Reihe von Jahren zog ich fort, um die große internationale Welt kennenzulernen, zog hinaus nach Amerika, England, Frankreich, Deutschland — überall mit Ehren und Geld überhäuft und im Grund war ich doch ein unglücklicher Mensch.

Die Sehnsucht — das Heimweh zerfraßen mir mein Gemüt und vergällten mir das scheinbar glanzvolle Dasein.

Wer den Zauber Wiens und besonders unserer Hofoper einmal verspürte, ist und bleibt ihm verfallen, solange er lebt.

Gottlob, ich habe zurückgefunden, bin wieder daheim. Das Leben draußen ist ja an sich sehr schön, gibt aber dem Herzen doch nicht das, was es braucht, um ganz glücklich zu sein.

Viele Jahre bin ich nun in diesem herrlichen Hause — habe so viel erlebt — Freudiges und weniger Erhebendes, und ich hoffe und wünsche von ganzem Herzen, daß diese Zeit der Begeisterung, des Losgelöstseins von allem Erdenschweren auch für die spätere Generation kommen möge, es werden dann all die krankhaften Auswüchse, die unsere Arbeitsmöglichkeiten so sehr schmälern — die aber schon sichtlich gemildert sind — von selbst vergehen.

Unser Beruf läßt sich nicht gewerkschaftlich organisieren; die Kunst muß auf Disziplin und völligem Verzicht des eigenen Ich aufgebaut sein, sonst geht sie zugrunde.

Nivellieren kann man vielleicht in jedem Stande — im Künstlerberufe hat *der* recht, der etwas kann, der von unserm Herrgott auf die Stirne geküßt und durch diesen Kuß auserwählt ist.

Daß in dieser glücklichen Zeit der tolle Übermut seine unwahrscheinlichsten Früchte zeitigte, ist selbstverständlich und es sind bereits im vorigen Buche, im Kapitel Theater, einige Blüten dieses geradezu pathologischen Frohsinns wiedergegeben.

Einer kleinen Episode beim Photographen möchte ich noch gedenken.

Das Michphotographierenlassen war mir, mit Ausnahme der allerersten Jahre meiner künstlerischen Tätigkeit, immer sehr zuwider, namentlich, wenn es im Kostüm sein sollte.

Das Aus- und Anziehen in einem kleinen Raum, wo man alle Augenblicke etwas anderes von den Konsolen herunterwirft, das Schminken bei Tageslicht und das unerträgliche Aufkleben eines Vollbartes, im Theaterjargon «Haarmatratze» genannt, — empfand ich besonders schwer.

Und dann, vor dem Objektiv, das Probieren aller möglichen Posen, bei denen man in den unmöglichsten Helden-, Sieger- oder Verzweiflungsstellungen herumzustehen respektive zu sitzen hat. Lauter Sachen, die einem auf die Nerven fallen und äußerst unangenehm sind. — Es war aber ein Gebot der Klugheit, zum Zwecke der Popularitätserzeugung, sich in allen Rollen und in Zivil photographieren zu lassen. Mit Hut — ohne Hut — Stock in der Hand — keinen Stock in der Hand — im Frack, mit und ohne Orden — Smoking — Jackett — von hinten, von vorne — entsetzlich!

Ich hatte eines Tages schon die längste Zeit im Kriegergewande des Rhadames vor dem Apparat zugebracht, eine ganze Kollektion der berauschendsten Siegerposen war ausgeknobelt und der Photograph war immer noch unermüdlich im Erfinden von weiteren.

Da erklärte ich dem Manne, daß mir von seiner Photographiererei schon außergewöhnlich mies sei und mich das Vorschreiben der Positionen und dieses Mir-ins-Antlitz-Starren und sein feldherrliches Anordnen der Gesichtszüge anöde.

Ich wollte einmal ein ganz ungezwungenes Bild machen — unbeobachtet — ohne jede Leitung. — Er solle alles einstellen, sich dann umdrehen und erst wenn ich «jetzt» sage, auf den Ball drücken und exponieren.

Er sah ein, daß beeinflußte Gesichtsausdrücke — denen, die sich frank und frei gebärden — nicht das Wasser reichen können.

Als er sich umdrehte, schnitt ich eine üble Grimasse, bohrte die Zunge in die linke Wange, so, daß das Gesicht ganz schief wurde und die Augen einen aus den Höhlen tretenden, hervorquellenden Anblick boten. Ahnungslos meinte der Traute beim Entwickeln, daß ihm die Gelatineschicht zusammengeronnen sein müsse und wollte die Platte schon wegwerfen. — Rechtzeitig entdeckte er noch, daß er nur zum besten gehalten wurde.

Ich bekam eine Kopie, bei deren Anblick ich selber erschrak.

Zu Reklamezwecken wurde dieses Bild, auf meinen ausdrücklichen Wunsch — nicht verwendet.

— — Auch das Personal, das uns zur unmittelbaren Dienstleistung zugewiesen wurde, war in seiner Art einzigartig.

Franz, mein Garderobier, den ich in einem eigenen Kapitel gewürdigt habe — ist noch immer, trotzdem er bereits pensioniert ist — auf meinen dringenden Wunsch, mein Ankleider und treuer, anhänglicher Adlatus. Ein Gegenstück zu Franz war Powolny, der Garderobier Theodor Reichmanns, der seinen Herrn vergötterte.

Wenn Reichmann sang, stand er mit Tränen des Stolzes in den Augen in der Kulisse, und wenn er abging, flüsterte er ihm zu: «Gnä Herr, also alles neben Ihnen is' eine Bettelei — alle san's Katzen, also bitte, Sie san a Kinstla! Den Feuerwehrzauber singt Ihnen keiner nach.»

Als Reichmann starb, schlich er, wie zu Tode getroffen, als ein Schatten umher und folgte ihm wenige Monate später nach!

Ein treuer Diener seines Herrn! —

Auch außerhalb des künstlerischen Berufes war das Leben in Wien einem Eldorado vergleichbar.

Die Umkehrung der gesellschaftlichen Schichten bedingt natürlich wieder eine längere Zeit, bis die neue Gesellschaftsklasse das Schöne und nicht Definierbare erfaßt und es sich zu eigen gemacht hat.

Alles blutet noch aus tausend Wunden und jeder ist auf Heilung dieser Verstümmelungen bedacht, — da hat das Interesse für die Kunst sehr gelitten. Schwere Zeiten, die aus nicht zu verstehendem Sadismus noch künstlich gemacht werden, sind da und rauben jedem die Lebensfreude.

Alle haben wir ein großes Kolli Sorgen und Angst vor der Zukunft zu schleppen — da kann die Poesie und Begeisterung sich nicht gut entfalten, das Pflichtgefühl, das Opfer fordert, nicht gut gedeihn. Der, der am meisten schreit, sich wild gebärdet und mit Brachialgewalt seine Forderungen unterstützt, erreicht, was er will.

Die vornehmen Naturen von anno dazumal, die auf die Anständigkeit der Heutigen rechnen, bilden traurige Erscheinungen und entbehren nicht einer gewissen Lächerlichkeit.

Mein Trost ist — es wird wieder anders. — Wann es wird — ob ich es erlebe — egal — die Hauptsache ist, *daß* es wieder wird!

Trotzdem gibt es in der heutigen Zeit viele, die aus dem alten Glanze des so verpönten Sklaventums unberechtigten Vorteil ziehen.

So gibt es, wohin das Auge fällt — lauter Kammersänger!

Dieser Titel war früher einmal eine große Auszeichnung und wurde meist nur wirklich Berufenen verliehen.

Leute, die einen Haustorschlüssel nicht von einem Violinschlüssel zu unterscheiden vermögen, nennen sich heute beharrlich — Kammersänger!

Das sind Folterkammersänger!

Mit demselben Rechte will ich mich von heute ab — General der Kavallerie und Minister des Äußern — nein — des Alleräußersten nennen!

— Wenn neue Opern von berühmten, bereits anerkannten Komponisten erschienen, so war es ihr selbstverständlicher Ehrgeiz, ihre Werke an der Wiener Oper aufgeführt zu sehen.

Wir hatten jedes Jahr mehrere Premieren. — Die Komponisten kamen meist, um selbst die letzten Proben zu leiten und durch ihre Anwesenheit dem Ganzen ein festliches Gepräge zu geben.

Am interessantesten waren die Proben mit Karl Goldmark — dem Komponisten der «Königin von Saba», der seine letzte Oper «Das Wintermärchen» bei uns herausbrachte.

Mit welcher Agilität, welcher Begeisterung und einem geradezu verblüffenden Verständnis für Bühnenwirkung stand er uns zur Seite! — Ich besitze Briefe von ihm, die er mir nach dem Semmering, wo ich einige Tage zum Ausruhen verbrachte, schrieb, von gigantischer Länge — in denen er jede Einzelheit meiner Rolle ausführlich klarlegte, damit ich vollständig in diese eindringe und bei meiner Rückkehr alle seine Ratschläge in Anwendung bringen könne.

Trotz seines sehr hohen Alters stand er auf allen Proben, machte jedem vor, wie er sich's dachte, hüpfte wie ein Wiesel herum, und wenn wir schon alle abgespannt und müde waren und die Flügel hängen ließen, beschämte er uns mit seiner gottbegnadeten Frische und ungebrochenen Begeisterung.

Gustav Mahler war für die Komponisten der entgegenkommendste Interpret, er fügte sich, trotzdem er sonst der grausamste Despot sein konnte, bedingungslos den Wünschen des Autoren und verhalf ihnen zu seltenen Erfolgen. Sein oberstes Prinzip war, dem Werke und seinem Schöpfer vollauf gerecht zu werden, und er zeigte immer großen Respekt vor dem Geschaffenen.

— Auch die Familienkreise, in denen ich verkehren durfte — ich bin ansonst jedem gesellschaftlichen Verkehr abhold, weil dieser den Künstler nur zersplittert und man von zwanzig Gesellschaften meistens neunzehn verlorene Abende in sein Lebensbuch schreiben kann — schafften wertvolle Anregungen. An einem solchen Abend lernte ich Ignaz Brüll, den Komponisten des «Goldenen Kreuzes», und seine feinsinnige Gemahlin kennen und schätzen, ein andermal Alfred Grünfeld, den Wunderpianisten mit seinen Elfenfingern, seiner bezwingenden, erwärmenden Art. — Wenn er sich nach Tisch mit einer großen Zigarre im Mund zum Klavier setzte und es in holdester Weise zum Klingen brachte, war er der einzige, der mich so in Stimmung zu versetzen wußte, daß ich mich unaufgefordert hinstellte und sang, was ich sonst niemals tat. Mit goldenem Humor verstand er es, die Stunden in Minuten zu verwandeln.

Joseph Kainz, der an sich ein stiller Gesellschafter war, taute da auf und war von köstlicher, alle bezaubernder Fröhlichkeit.

Frau Katharina Schratt, Adolf Sonnenthal, Bernhard Baumeister, den prachtvollen Georg Reimers genoß ich da, diese Abende verflogen wie ein Wirbelwind. — Plötzlich war es so spät, daß man — leider — heim mußte und sich zufrieden und dankbar zur Ruhe begab.

Auch ein Wahrzeichen echter wienerischer Weihe als Musikstadt — war der Bösendorfersaal.

Ich habe in fast allen Sälen der Welt, in denen Musik gemacht wird, gesungen, aber nie die Stimmung, die andachtsvolle Atmosphäre gefunden wie in diesem schmucklosen, jeden Zierat entbehrenden Saale.

Ein Schubertabend im Bösendorfersaale war für mich ein Erlebnis. Er faßte nur eine kleine Gemeinde, aber diese war geladen mit Musik.

Auf den Stufen des Podiums saßen die Hörer, — in jedem Winkel standen sie, lautlos, mit angehaltenem Atem, mit geschlossenen Augen. Und ich ging nach solch einem Liederabend, beseligt von Stolz und von künstlerischer Befriedigung erfüllt, heim.

Der Bösendorfersaal fiel der Bauspekulation zum Opfer und — als ob sich dieser Vandalismus rächen sollte — der Platz liegt heute — nach fast zwei Jahrzehnten — noch unverbaut da, eine öde, mit Holzplanken umsäumte Stätte im Herzen der Stadt.

Eine markante Altwiener Erscheinung war der Besitzer dieses Saales, der Klavierfabrikant Ludwig Bösendorfer, der sich, trotzdem seine Flügel Weltruf hatten, bescheiden nur Klaviermacher nannte.

Ich sehe ihn noch vor mir, wie er mich, wenn ich ins Künstlerzimmer ging, an der Türe mit seinem gütigen Gesichtsausdruck herzlich begrüßte, beim Konzert in irgendeiner Ecke stand und zuhörte. — Auf die Anerkennung oder gar das Lob dieses Mannes konnte man sich etwas einbilden. Welche Fülle von historischen, gigantischen und musikalischen Ereignissen hat er erlebt. Keinen großen Künstler der Welt — sei er Instrumentalist oder Sänger, gab es, der nicht im Bösendorfersaale seine Kunst gezeigt hätte. Er erlebte eine Epoche der ganz Großen: Liszt, Rubinstein, Paderewski — bei deren bloßer Namensnennung man vor Ehrfurcht erschauerte.

Ein Gegenstück zum Bösendorfersaale ist unser wundervoller, großer Musikvereinssaal, der diesem an Klassizität gleichkommt.

Die Wiener Philharmoniker zelebrieren dort ihre Orchesterkonzerte, die jedem, der ihnen beiwohnen darf, Genüsse hehrster Art vermitteln. Der lebt noch und wird mit Gottes Hilfe noch vielen Generationen Freuden schaffen.

Welch eine Fülle musikhistorischer Erinnerungen birgt auch er in sich! Alles was auf orchestralem Gebiete neu geschaffen wurde, kam da zum ersten Erklingen.

Welche vornehme Pracht, welch herrliche Akustik, die dem leisesten Pianissimo Geltung verschafft — ein geheiligter Ort, den man als Wiener vom ganzen Herzen lieben muß.

So könnte ich von unseren Herrlichkeiten noch lange — lange erzählen und in diesen schwelgen, aber ich will meine Leser nicht ermüden und nun einige Originale zu zeichnen versuchen, die mir in ganz besonderer Erinnerung geblieben sind, und einige wienerische Episoden schildern, die, trotz ihrer Anspruchslosigkeit, einen kleinen Einblick in unser damaliges Leben gestatten.

Viele Jahre hindurch fuhr ich immer mit demselben Einspänner. Sein Besitzer hieß Johann, hatte ein blindes Pferd und war mir sehr ergeben. In Wien galt das Fahren mit einem Einspänner für «nicht nobel», ja mehr als das, es war eigentlich unmöglich. Ich glaube, es galt das Stehlen einer ungarischen Salami in einem Wurstgeschäfte für viel ehrenvoller, als im Einspänner in die Praterhauptallee zu fahren.

Dieser mein Einspännerfimmel war ein Niederschlag meines guten Herzens. Johann würde sich maßlos gekränkt haben, wenn ich ein anderes Vehikel benutzt hätte.

Die größten Überlandausflüge machten wir mit Johann. — Das war zu der Zeit, als ich noch nicht Ehrenmitglied des Tierschutzvereines war, denn sonst hätte ich es nie getan.

Von aller Welt wurde ich wegen meines «Johann» apostrophiert und angeulkt. Als ich eines Tages gefragt wurde, wo ich mein zweites Pferd gelassen hätte, erklärte ich, daß es an der vorhergehenden Straßenecke wegen Todesfalls ausgespannt werden mußte und ich nur dieses eine Pferd übrig behalten hätte.

Man gewöhnte sich allmählich daran, aber ich wurde von meinen Zeitgenossen als nicht ganz normal gewertet. Johann lohnte mir die seinetwegen erduldete Schmach mit treuer Liebe und sinnigen Aufmerksamkeiten.

Einstmals, als er im Herbst zum ersten Male mit dem geschlossenen Coupé angefahren kam, harrte meiner eine besondere Überraschung.

Ich setze mich hinein, da erklingt eine unsichtbare Musik — eine Spieluhr beginnt den Radetzkymarsch herunterzuschnurren.

Ich war gerührt. — Als jedoch dieser Radetzkymarsch immer wieder von vorne begann, wurde ich erst etwas irritiert, später rasend. — Im Wagen befand sich ein kleiner Gummiball, auf diesen drückte ich. — Ein kläglicher, angstvoller Pfiff gellte in den Raum — Johann zügelte sein Roß, das imstande war, stundenlang auf einem Fleck zu galoppieren.

«Lieber Johann, ich danke Ihnen herzlichst für Ihre Aufmerksamkeit, aber bitte stellen Sie das ab, ich werde wahnsinnig.»

«Bitte Herr Kammersänger, das geht nicht, wenn man es aufzieht, spielt es zweieinhalb Stunden, das ist ein besonders gutes Werk. — Ich habe geglaubt, nachdem der Herr Kammersänger musikalisch ist, wird es dem Herrn Kammersänger Freude machen.»

Ich mußte aussteigen und zu Fuß gehen!

Eines Tages starb das blinde Pferd. — Johann kam und brachte mir, zur Erinnerung daran, dessen präparierten Huf, der mit viel Nickelblech und Laubsägearbeit zu einem Tintenfaß umgestaltet war. Aus den Haaren des verschiedenen Schimmels war ein Tintenwischer hervorgezaubert, in dessen Zentrum, ebenfalls von glänzendem Blech umgeben, das wohlgelungene Porträt Johanns und seiner Frau prangte. Ein äußerst dekorativer Schmuck für meinen Schreibtisch war damit geschaffen.

Auch das ist vorüber. Johann ist rasch mit der Zeit gegangen, lernte chauffieren und ist jetzt Besitzer von mehreren Autotaxis — ein gutsituierter Mann. — Er hat es verdient, er war ein braver, anständiger Kerl.

Auch die andern Einspänner sind allmählich dahingegangen und eine äußerst seltene Erscheinung im Wiener Straßenbild geworden. Wie lange wird es dauern und man wird Pferde nur mehr in den Würsten oder gar im naturhistorischen Museum finden. — In ausgestopftem Zustand!

In der sonnigen Friedenszeit hatten wir ein Stammcafé, in dem sich alle Künstler der verschiedenen Theater, Komponisten, Verleger, Agenten und Theaterdirektoren zum schwarzen Kaffee trafen, um, wie es in Wien so üblich ist, zwei bis drei Stunden des Nachmittags mit Plaudern, Sichgegenseitiganulken und Anblödeln zu verbringen.

Wir hatten einen Kollegen, einen Operettentenor — nennen wir ihn Springer, der von sich und von allem, was er tat, außergewöhnlich eingenommen war.

Da er von seiner Meinung über seine blendenden Vorzüge etwas allzu ausgiebigen Gebrauch machte, war er nicht besonders beliebt.

Unter anderem hielt er sich als Billardspieler für eine Ausnahmeerscheinung, für unbesiegbar und vorbildlich.

Weil er sich nicht damit begnügte, gut zu spielen, sondern hauptsächlich den Partner von seiner Armseligkeit zu überzeugen sich bemühte, an allem, was dieser tat, selbstherrlich herumzunörgeln, vermieden wir es, mit ihm zu spielen. Er mußte sich seine Opfer unter den andern Gästen suchen. —

Nun gab es in Wien einen sehr bedeutenden Billardkünstler, namens Pfeiler, der sich als Professional öffentlich in den staunenswertesten Kunststößen und ungeheuren Serien von Bällen produzierte. Wir wußten es einzurichten, daß Springer den Billardmatador, den er nicht kannte, zum Partner bekam.

Sie stellten sich vor. — Springer machte den Herrn aufmerksam, daß er fabelhaft spiele, und bot ihm eine Vorgabe an, damit sich das Spiel interessanter für ihn gestalte. — Pfeiler meinte, er spiele zwar sehr schlecht, aber eine Vorgabe möchte er vermeiden, denn mehr als die Partie zu verlieren, könne ihm ja nicht geschehn.

Wenn er sich eine Vorgabe ausbitten dürfte, so könne diese nur darin bestehen, daß er mit dem Spiel beginnen dürfe. Dies wurde ihm selbstverständlich zugestanden.

Pfeiler begann und stellte sich so ungeschickt, daß Springer ihm

Lehren gab und sich über seinen Mangel an karambolistischer Begabung mokierte.

Pfeiler stocherte in die Luft, stieß ungeschickt, kickste, und nachdem der Ball einige Male um das Billard herumgerannt war — machte er Karambol! Springer konstatierte ein Schwein!

Beim zweiten Ball ging es ebenso. — Beim dritten und vierten dasselbe. Die Bälle kamen auf die unerklärlichste Weise immer mit Kicksern, Ausrutschen des Queues und scheinbar großer Hilflosigkeit.

Springer kochte vor Wut, sparte nicht mit Ratschlägen und Vorwürfen, schrie Pfeiler an, er möge doch, zum Teufel, seinen Stock mit Kreide schmieren, damit diese verfluchte Kickserei aufhöre.

Pfeiler tat erschrocken und stammelte Entschuldigungen.

Nach dem vierzigsten, auf diese geradezu unwahrscheinliche Art und Weise, die unsagbar drollig wirkte, erzeugten Ball, erschien ein Dienstmann im Lokal und fragte nach dem Herrn von Springer.

«Hier bin ich, was wollen Sie?»

«Ich bitt' schön, Herr von Springer, ich bin von Ihrem Herrn Partner herbestellt — ich soll Ihnen, bis die Partie zu Ende ist — Ihren Queue halten.»

Springer ließ sich längere Zeit nicht blicken und das freute uns.

Ein Original seiner Zeit, Bela Haas, ein begnadeter Lebenskünstler, war als geistvoller, ungemein witziger, aber beißend sarkastischer Herr in der Wiener Gesellschaft beliebt und gefürchtet.

Er war ein sehr reicher Mann, aber pathologisch sparsam. — So sparsam, daß er wegen dieser Sparsamkeit viel von seinen Freunden gehänselt wurde. Außerdem befiel ihn, wenn vom Tode oder vom Sterben geredet wurde, eine große Angst und Schwermut, und er litt fürchterliche Qualen.

An unserer Hofoper waren zwei Sängerinnen engagiert, nennen wir sie Fräulein Meier und Fräulein Schulze.

Diese beiden Sängerinnen haßten sich wie die Sünde, und wenn nur der Name der einen vor der andern genannt wurde, stellten sich sofort bei der andern erhebliche Magenstörungen ein.

Bela Haas führte in einer Abendgesellschaft das Fräulein Meier zu Tisch. Diese fragt bei der Vorspeise: «Sagen Sie, Bela, was geschieht einmal mit Ihrem vielen Gelde, wenn Sie tot sind?» — —

Bela erbleicht, legt die Gabel aus der Hand und sagt: «Das habe ich alles bereits dem Fräulein Schulze vermacht.»

Fräulein Meier mußte gelabt werden.

Eines Tages wurde Bela Haas auf der Straße von einem besser gekleideten Schnorrer mit folgenden Worten angebettelt: «Ach,

Herr von Haas, bitte schenken Sie mir etwas, Sie sind ja so wohlhabend.»

Er erwiderte: «Lieber Freund, ich bin zwar wohlhabend, aber nichts gebend, außerdem ist mein Geld das teuerste Andenken an meinen in Gott ruhenden Vater, von dem ich mich nie trenne.»

In der großen Herbstausstellung des Künstlerhauses hing ein Bild mit dem Titel: «Dame mit Mantel!»

Der Schöpfer des Bildes war der sehr berühmte Maler X, in dessen Hause Bela Haas ständiger Gast zu allen Mahlzeiten des Tages und der Nacht war. Die Dame, die das Bild vorstellte, war die Gattin des Künstlers. — Bela stand vor dem Gemälde und sagte zu einer Gruppe von Freunden: «Aha, das ist der Mantel, den Frau X nach dem Wind hängt.»

Diese Bissigkeit kam dem Künstlerpaar zu Ohren und Bela wurde an die Luft gesetzt.

Einige Tage später traf er einen jungen Maler, nennen wir ihn Riemann, einen von den ganz hypermodernen Impressionisten, der gerade von Paris zurückkam, womöglich noch impressionistischer geworden.

Reimann bemerkte schadenfroh: «Sehen Sie, lieber Bela, das haben Sie von Ihrem bissigen Maul, jetzt haben Sie sich dieses schöne Haus, wo Sie sich so gut und oft angegessen haben, verscherzt. — Recht geschieht Ihnen!»

Bela blieb stehen, sah Riemann von der Seite an und flüsterte trübe: «Daran sind Sie schuld!»

«Wieso ich?»

«Wenn Sie, mein lieber Riemann, dieses Bild gemalt hätten, hätte ich erstens nicht geahnt, daß das Bild eine Dame vorstellt, zweitens hätte ich nicht gewußt, daß es Frau X ist, und drittens hätte ich nicht entnehmen können, daß sie einen Mantel trägt. — Somit hätte ich nie sagen können, daß dies der Mantel ist, den Frau X nach dem Wind hängt.»

Riemann mischte sich ohne Gruß unter die Menge.

Ein anderes, köstliches Original der schönen Wiener Zeit war der seinerzeit so berühmte Athlet Georg Jagendorfer.

Er hatte ungeheure Körperkräfte, es werden sich noch viele seiner zu erinnern wissen, wie er im Zirkus Renz ein Pferd und den Reiter mit den Zähnen hob. — Ebenso war ein bekannter aufsehenerregender Trick von ihm, einen Konzertflügel mit dem Klavierspieler zu balancieren.

Als er dann in die Jahre kam und sich von seinem anstrengenden Berufe zurückziehen mußte, gründete er eine Keulenschwingschule, die sich im Souterrain des Hauses befand, in dem ich wohnte.

Um meinem Mangel an Bewegung abzuhelfen, ging ich jeden Morgen um sieben Uhr zu Meister Jagendorfer, Keulen schwingen.

Da lernte ich ihn kennen und lieben. – Er war einer der drolligsten Menschen, denen ich begegnet bin. Ich lachte täglich derart aus vollem Halse, daß ich immer heiser wurde und aus diesem Grunde das Keulenschwingen aufgeben mußte.

Er sprach ein überaus farbiges Zirkusdeutsch, ein Gemisch von allen möglichen Sprachen, und zwar in einem herrlichen wienerischen Stephansturmdialekt.

Von jeder Sprache ein Brocken. – Da wurde ein Satz mit drei bis vier «Verry wöll», dort mit einigen «oll rait» gewürzt, wo es gar nicht hingehörte, und die Stunde verlief mehr mit dem Erzählen seiner diversen Erlebnisse denn mit Keulenschwingen.

Unter anderm erzählte er die ziemlich bekannte Geschichte, wie er eines Abends auf dem Heimwege vom Kahlenberg von einigen Strolchen angefallen wurde, und sie, einen nach dem andern, mit je einem Faustschlag erledigte. –

Er zeigte die dabei verwendeten Griffe und Schläge so anschaulich, daß mir das Mark in den Adern gefror, und registrierte gewissenhaft jeden Zahn, der unter Krachen im Munde der unglücklichen Räuber durch diesen oder jenen Faustschlag verbogen wurde.

Selbstverständlich entbehrten seine bilderreichen Schilderungen nicht eines gewissen Quantums von phantasievoller Übertreibung.

Er war entzückend. – Und als sie alle dalagen, ohne – wie er sagte – einen Mauketzer zu machen, empfahl er sich mit einem «gut bai» und «Orewoar», zu deutsch «Habe die Ehre» – und konstatierte, daß eine eventuelle weitere Ohrfeige bereits das Delikt einer Leichenschändung ergeben hätte.

Sein Kollege, der Athlet Türk, gleichfalls ein berühmter Kraftmeier, womöglich noch stärker und gewaltiger als Jagendorfer, war mit ihm eng befreundet.

Eines Tages, Jagendorfer war damals fünfunddreißig Jahre alt und im leuchtendsten Zenit seines Ruhmes, erinnerte er sich, daß er noch nicht gefirmt sei.

Da er dies als Katholik für einen Fehler hielt, ging er zur Firmung und ernannte seinen Freund Türk zu seinem Firmpaten.

Nachdem er die geradezu talent- und kraftlosen, jeder Technik hohnsprechenden Backenstreiche des firmenden Erzbischofs einer vernichtenden Kritik unterzogen hatte, erzählte er, daß ihn sein Herr «Göd» im Fiaker in den Prater geführt habe. – Dort sind sie einige Male die Hauptallee hin und her gefahren, gingen dann aus einem Praterwirtshaus in das andere, und sowie die diversen Vierteln Wein ihre Schuldigkeit getan haben, — «san ma fidöll worn!»

«Wie ich einen gsehn hab, der mir net sympathisch war, hab ich zum Weinen angfangt und hab zum Türk gsagt: ‹Herr Göd — der will mir was tuan!› — Da hat mich der Göd gestreichelt und beruhigt: ‹Hab ka Angst, Schorscherl, ich bin ja bei dir›, und hat dem Betreffenden eine Riesenwatschen gegeben.»

Nachdem sich dieser sinnige Scherz mehrere Male wiederholt hatte, fuhren sie in den Wurstelprater, zerbrachen dort einige Ringelspielpferde, stemmten das ganze Ringelspiel, ohrfeigten noch mehrere Nichtzugesichtstehende und fuhren dann beseligt heim, in der festesten Überzeugung, daß so eine Firmung die größte Gaudi sei, die man sich denken kann.

In der Keulenschwingschule hing in einem Apparat ein großer Lederballon an einer Schnur. — Ich fragte, wozu der gehöre.

Er erklärte mir dies mit folgenden Worten. «Herr von Slezak, wenn Sie mit dem Ballaun einige Wochen Übungen machen, so sind Sie imstande, jedem xbeliebigen Nächsten mit einem Hieb den Unterkiefer zu zerschmettern.» — Als ich meiner Anschauung Ausdruck gab, daß ich darauf eigentlich kein so besonderes Gewicht lege, meinte er kopfschüttelnd: «Sagen Sie das nicht. — Denkens Ihnen das G'fühl — es kann dar nix geschegn!» — Dabei hielt er mir eine Faust von derartigen Dimensionen unter die Nase, daß ich unwillkürlich überzeugt wurde.

Einst stand Jagendorfer als Angeklagter vor Gericht wegen begangener schwerer Körperverletzung.

Der Richter forderte ihn auf, er möge den genauen Hergang schildern.

Jagendorfer: «Hoher Gerichtshof! — Also ich spiele täglich im Café Klix Karambol. — Da unlängst — es war dreiviertel auf Zwölfe auf die Nacht, bemerke ich, wie ein Herr mit meinem Queue spielt. —

Hoher Gerichtshof, jetzt passens auf! — Also ich gehe hin und sage: Pardon, Herr — sage ich — legen Sie den Queue weg, denn das ist mein Queue! — der Herr schaut mich an, redt kein Wort — und spielt weiter.

Ich ermahne den Herrn noch einmal so eindringlich, wie ich es vermag, und wiederhole: Pardon, Herr — ermahne ich — ich ersuche Sie in Ihrem ureigensten Interesse, legen Sie den Queue weg, denn das ist mein Queue. — — — Und wie sie ihn dann in der Kuchel mit Essig gewaschen haben, habe ich erst gesehn, daß es gar nicht mein Queue war!» — — —

Sein Herzenswunsch war immer, daß ich mich zur Reklame für

302

seine Schule mit ihm photographieren lasse, und zwar nackt mit einem Tigerfell — in Gladiatorenstellung. —

Ich lehnte ab, weil ich fürchtete, dann als Tannhäuser nicht mehr ernst genommen zu werden.

Er empfand es sehr schmerzlich, als ich im Interesse meiner stimmlichen Verfassung ausbleiben mußte.

Als Hauptargument, wie schade es wäre, führte er immer ins Treffen: «Herr von Slezak — ich garantiere Ihnen, wenn Sie ein Jahr bei mir arbeiten würden, könnten Sie vor lauter Kraft nicht mehr gehn!»

Alle — alle, von denen ich hier erzähle, sind, mit wenigen Ausnahmen, gestorben und nur die Erinnerung an sie ist geblieben.

Mögen diese Blätter es vermitteln, daß sie eine recht schöne bleibt! —

# Schlußwort

Da mein erstes Buch ein Schlußwort hatte, muß auch dieses eines bekommen, um so mehr, weil ich in dem Bestreben, mich ein wenig in ein milderes Licht zu setzen, noch so manches Erläuternde zu sagen habe.

Auch dieses Buch wurde, genau wie das erste, mit Schmerzen geboren. Eine Fülle von Qualen umwehte mich ununterbrochen, schon aus dem Grunde, weil ich es niemandem vorlesen und somit nicht beurteilen konnte, wie es wirkt.

Ich las es niemandem vor, weil ich den Neid fürchtete — und dann bebte ich vor der Kritik zurück.

Meinem Verleger sandte ich einige Kapitel ein und sein sonst so freundliches Wesen wurde darauf wesentlich kühler.

Sonst schrieb er immer: —« mit den herzlichsten Grüßen, Ihr Rowohlt,» und jetzt heißt es nur: — «hochachtungsvoll, Rowohltverlag!!!» — Feinfühliger Leser, merkst du den Unterschied?

Auch meine Familienmitglieder lachten sehr gezwungen. Ich fühlte: es war nicht das Richtige.

Von dem Polstersessel in Walhall war keine Rede mehr.

Also ich bin fast außerstande, sich vordrängende blamable Empfindungen zu unterdrücken.

Darf ich angesichts dieser Unsicherheit meine Leser wieder bitten, mir zu schreiben?

Ich riskiere, daß man mich mit Vorwürfen überschüttet und das Geld für das Buch von mir zurückverlangt.

Deshalb erkläre ich schon jetzt, im vorhinein, daß ich jedem derartigen Ansuchen die Genehmigung versagen muß.

Sollte sich aber unter den vielen entrüsteten Lesern *ein* gutherziger, *nicht* entrüsteter finden, so möge er mir schreiben.

Aber nicht grob, nicht vorwurfsvoll, mit ätzend sauren Spitzen und gefährlichen Drohungen! — Nein. — Wohlwollend, freundlich und milde, damit ich Mut bekomme, ein drittes Buch zu schreiben — das heißt, wenn ich nicht schon nach dem zweiten Buche einem Attentat zum Opfer gefallen bin.

Wenn man mir sagt, ich singe schlecht, so ist mir dies gleichgültig, nur als Dichter bin ich empfindlich — da will ich respektiert sein.

Leser, sei milde und heuchle Begeisterung! —

Und wenn du dich noch so sehr über den Kaufpreis ärgerst.

Ich schrieb das Buch in dem Bestreben, meiner Leserwelt... —

Leserwelt! Oh, das ist ein herrliches Wort! Fabelhaft! — Eine ganze Welt von Lesern. Die Welt hat viele Millionen Menschen, mein Gott, wenn da jeder ein Buch von mir hat, ein gekauftes, kein Freiexemplar — nicht auszudenken! Dann bin ich geborgen.

Ach — das sind ja Luftschlösser — ich bin schon zufrieden, wenn nur eine Million meiner Bücher abgesetzt wird.

Jetzt habe ich den Faden des Satzes verloren und rekapituliere:

Ich schrieb dieses Buch nur in dem Bestreben, meiner Leserwelt ein Geschenk zu machen, die klaffendsten Lücken in ihrem Wissen auszufüllen und etwas zu ihrer Erbauung und Belehrung beizutragen.

Um allen Mißverständnissen aus dem Wege zu gehen, möchte ich betonen, daß der Passus: «meiner Leserwelt ein *Geschenk* zu machen» sich nur auf den *Inhalt* des Buches bezieht — das Buch selbst muß käuflich erworben werden.

Leser! — Noch eine Bitte. Sollte es dir nicht gefallen — niemandem sagen! — Sollen die andern auch hereinfallen, wie du, mein wonniger Leser.

Und niemandem leihen! — Das ist genau wie beim Theater, die Freisitzler schimpfen am meisten über die Vorstellung! —

Nun glaube ich, den versöhnenden Schlußakkord gefunden zu haben, und beschließe dieses Buch in der Hoffnung, daß es meinen Lesern, gegen meine Erwartung, doch ein wenig Freude bereiten wird.

Wien, 15. Februar 1927

LEO SLEZAK
singender Dichter

# Rückfall

*Der Sänger ist ein Fackelträger.*
*Solange die Fackel leuchtet, strömt*
*ihm die Menge nach.*
*Erlischt sie – steht er allein! –*

Meinem geliebten
Lieserl
in Dankbarkeit für viele Jahre
ungetrübten Glücks

## Inhalt

Vorwort 309
Theater 310
Claque 333
Aberglauben 338
Grammophon 340
Radio 343
Rundfragen 354
Ägypten 363
Notruf 385
Vatersorgen 388
Briefwechsel mit meinem Sohn 393
Brünn 405
Unsere Großmama 412
Film 422
Schmerzliches Erlebnis 444
Kleines Abenteuer 446
Abschied vom Theater 449
Mein Steckbrief 451
Erläuterungen 454
Schlußwort 461

# VORWORT

Treuer Leser!

Wenn sich jemand meine drei Bücher kauft und sie zu Ende liest, kann ich ihn ruhig einen treuen Leser nennen, ohne in den Verdacht zu kommen, ihn durch plumpes Schmeicheln von vornherein bestechen zu wollen und für den Inhalt milde zu stimmen.

Das liegt mir fern.

Aus dem Titel sieht der treue Leser, daß ich schon wieder einen Rückfall im Nichteinhalten von Schwüren hatte.

Ich wollte das Buch erst: «Alle guten Dinge sind drei» nennen, aber aus Feingefühl sah ich davon ab, denn damit würde ich ja sagen, daß meine drei Bücher gute Dinge sind.

Rückfall ist der richtige Titel, da kann man mir keinen Strick drehen, mich höchstens als Meineidigen am laufenden Band verachten, was ich, wenn das Buch Erfolg hat, tiefbeschämt und freudig bewegt, gerne ertragen werde.

Lange habe ich wieder gekämpft, ob ich soll oder nicht soll, aber der sündige Trieb siegte.

Ich kann nichts anderes tun, als mich mit dem Dämon rechtfertigen, dem niemand auf die Dauer widerstehen kann.

Zwölf Jahre habe ich mich still und ruhig verhalten, das ist eine lange Zeit, und ich darf wohl hoffen, daß mir Absolution erteilt wird und man mir diesen Rückfall verzeiht.

Vielleicht hat man meinen Schwur schon vergessen und merkt gar nicht, daß ich — das wäre fein.

Ob das Buch meinen Lesern gefallen wird, weiß ich nicht, werde es aber aus Zuschriften, um die ich wieder herzlich bitte, erfahren.

Nehmen Sie dieses mein drittes Buch wieder in Gnaden auf und drücken Sie über die Unzulänglichkeit meiner Eide beide Augen zu.

Ich lasse nun dieses dritte Kind meiner Muse wieder hinausschleichen, es hinausflattern zu lassen, hatte ich schon beim zweiten nicht den Mut.

Nur schleichen darf es.

Hoffentlich schleicht es sich ein wenig in Ihre Herzen ein und macht Ihnen ein bißchen Freude.

Jetzt aber versichere ich feierlich, und dieses Mal können Sie sich darauf verlassen, daß es mein allerletztes Buch ist.

Es ist mein Schlußakkord.

*Egern am Tegernsee, 25. April 1940.*

# THEATER

Das Theater, das ich schildern will, ist das Theater der Vorkriegszeit, vor 1914.

Also mag es für heute, wo die Verhältnisse ganz andere geworden sind, nicht mehr zutreffen.

Alles ist Vergangenheit, niemand kann sich getroffen fühlen, ein Schnoferl machen oder beleidigt sein.

Da ich bestimmt annehme, daß ein Großteil meiner Leser keine Ahnung hat, was ein «Schnoferl» ist, will ich es erläutern.

Schnoferl kommt von schnofeln.

Schnofeln kann man teils aus Noblesse, teils aus schlechter Gewohnheit, die einer gewissen Redefaulheit entspringt, wie bei Helgalein, meiner Enkelin.

Die schnofelt.

Nicht aus Noblesse, vielmehr weil sie sich nicht die Mühe nimmt, die Worte im Mund präzise zu formen, sondern diese mit schlamperter, nasaler Gelässigkeit ihrer Speiseröhre entströmen läßt.

Sie ist mein Liebling, meine Zuckermaus — aber sie schnofelt.

Wenn also in Wien jemand über etwas pikiert ist, verzieht er den Mund zum Schnofeln.

Er zieht die Augenbrauen in die Höhe, macht den Mund kraus, weitet die Nasennüstern und ist beleidigt.

Das nennt man dann einen Schnoferl, einen Flunsch.

Einen Flunsch zu erläutern, würde ins Uferlose führen, darum will ich davon absehen.

Ich bin überzeugt, daß jetzt jeder meiner Leser im Bilde ist.

Alle, die diese Erinnerungen in mir erwecken, sind längst diesen letzten Weg gegangen, und doch waren sie einmal in ihrer Sphäre mächtig und gewichtig.

Das Theater in seiner damaligen Gestalt, die kleinen Provinzbühnen oder gar die Schmiere, sind heute nicht mehr gut möglich, weil doch in jeder Bauernhütte ein Radio steht, das die besten und leckersten Kunstgenüsse vermittelt.

Die einfachsten Menschen werden durch das viele Hören und Immerwiederhören, ohne daß sie es wollen, erzogen und würden heute ganz mittelmäßige oder gar minderwertige Kunstleistungen, die früher in den kleinen Städten und Dörfern an der Tagesordnung waren, durch Schimpfen und Fernbleiben ablehnen.

Schimpfen ginge noch, aber Fernbleiben!!! — Fürchterlich!

Ich habe Gelegenheit gehabt, alle diese verschiedenen Niveaus der Theater kennenzulernen.

Vom grandiosen Betrieb der Metropolitanoper in New York, über die größten Hoftheater, wie Wien, Berlin, Dresden und so weiter, herab zu den größeren und kleinen Provinztheatern.

Auch die Schmiere lernte ich als Siebzehnjähriger in Steiermark kennen, allerdings nur als eintägiger Gast.

Ich war in der Nähe von Wildon in Untersteiermark bei Verwandten zu Besuch.

Damals war ich in meinem stürmischsten und sehnsuchtsreichsten Theaterdelirium.

Der Direktor einer Wandertruppe kam persönlich zu den Honoratioren, wie er sagte, und lud zum Besuche der Vorstellungen devotest ein. Ich stellte mich ihm als zukünftiger Komiker und Charakterdarsteller vor.

Der Direktor sah mich wohlwollend an und fragte, ob ich denn nicht an seinem Theater eine schöne Rolle spielen möchte.

Wie von einem elektrischen Schlag getroffen, sagte ich beseligt zu.

Herrlich! —

Ich wählte ein altes Bauernstück, das damals sehr viel gegeben wurde: «'sNullerl.»

Einen achtzigjährigen Greis hatte ich darzustellen, der der Mittelpunkt des Stückes war.

Diese Rolle hatte ich, wie so viele andere, gut studiert, und so stand ich, als zahnloser Achtziger, mit meinen siebzehn Jahren auf den weltbedeutenden Brettern in Wildon, im Gasthof zum himmelblauen Ochsen.

Ich weiß mich nicht mehr so recht zu erinnern, wie die Sache eigentlich stattfand, weiß nur, daß das Personal aus der Familie des Direktors bestand und daß es sehr, sehr traurig war.

Eine unvorstellbare Armut.

In einem Wirtshause dritter Ordnung war ein Podium aufgestellt, armselige Kulissen, auf beiden Seiten bemalt, auf einer Seite Gebirgslandschaft, auf der anderen ein schmutziger Salon, wobei es keine Rolle spielte, wenn man sich irrte und eine Waldszene in einer Salondekoration spielte.

Ein kleiner Wohnwagen, in dem und auf dessen Dache das ganze Theater, inklusive Personal, mitgeführt wurde.

Es war jammervoll und hat sogar auf mich, der ich doch bis zum Rande mit Begeisterung für das Theater angefüllt war, recht ernüchternd gewirkt.

Mein Erfolg scheint nicht allzu epochal gewesen zu sein, denn trotz aller Schmieragen konnte man meinem Gesicht keine achtzig Jahre aufmalen.

Proben hatten auch nur zwei sehr flüchtige stattgefunden, bei denen alle Schauspieler markierend ablasen und meinten: «Auf die Nacht wird es schon gehen.»

Der einzige Erfolg war ein voller Saal, der diese armen Menschen zwei bis drei Tage der Nahrungssorgen enthob.

Dieses Debüt war ziemlich unerfreulich, und wie aus weiter Ferne fühle ich das Unbehagen noch in der Erinnerung.

Allerdings war dieses sogenannte Theater die tiefste Stufe, die auf diesem Gebiete zu erreichen ist.

Tiefer geht es nicht mehr.

Dann gab es natürlich Wandertheater höheren Ranges, wo ehrlich gearbeitet wurde und alles von einem gewissen Idealismus getragen war, der aber, wenn schlechter Besuch kam und der Hunger regierte, leicht in die Binsen ging.

Diese Theater gehörten schon Generationen derselben Familie, und ihre Direktoren setzten allen Stolz darein, würdig an würdiger Stelle zu stehen.

Ihr Fundus war verhältnismäßig reichhaltig und anständig, das Personal bestand meist aus begeisterten Kunstjüngern, die sich da ihre Sporen verdienten und dann — allerdings waren es wenige Auserwählte — unsere ganz Großen wurden.

Sie spielten auf richtigen Bühnen, mit richtigen, zum Stücke passenden Kulissen. Ich sah so manchen meiner später großgewordenen Kameraden an solch einem Wandertheater.

In Holleschau, einer kleinen Stadt in Mähren, erlebte ich einen Kollegen, der einige Jahre später zu den Berühmten zählte und das Geld nur so scheffelte.

Ich sah ihn als Hüttenbesitzer, aber seine große Karriere machte er als Komiker.

Er ist tot, ich will seinen Namen nicht nennen, ich weiß nicht, ob es ihm recht wäre.

Theaterdirektor sein, war keine beneidenswerte Stellung, und ich wunderte mich immer, wieso sich so viele Bewerber meldeten, wenn ein Theater ausgeschrieben wurde.

Was mag da wohl Verlockendes gewesen sein, um so mehr, wenn das Theater auf eigenes Risiko geführt werden mußte? —

So ein Theaterdirektor hat doch nur Unannehmlichkeiten. —

Ärger, Vorwürfe, Verdruß, Sorgen um den Geschäftsgang, Zerzaustwerden von den Zeitungen und Undank sind sein Los.

Mein Direktor in Breslau hatte über seinem Schreibtisch eine Tafel, auf der in großen Lettern zu lesen stand: «Wie man's macht, ist's falsch.»

Unter den Theaterdirektoren, deren ich unzählige kennenlernte, sang ich doch in allen großen und kleinen Städten als Gast, gab es herrliche Originale.

Jeder hatte irgendeine Eigenheit, ein Steckenpferd, eine schwache Stelle, die von seinen Mitgliederhorden in reizend schamloser Weise ausgenützt oder kopiert wurde.

Ein jetziger Burgschauspieler, der seinerzeit in Graz engagiert war, brachte seinen Direktor auf die Bühne und kopierte ihn bis in die kleinsten Eigenheiten derart, daß sich die Leute vor Lachen bogen.

Der Direktor selbst hatte Sinn für Humor und sah sich das Stück jedesmal an, meinte aber, es wäre unmöglich, daß er das sei.

Da war in altersgrauer, also lange vor meiner Zeit ein sehr beliebter Bänkelsänger, namens Fürst, der alle Wiener Lieder auf der sogenannten Pawlatschen aus der Taufe hob, großen Zulauf hatte und viel Geld verdiente.

Seine größte Sehnsucht war, ein wirkliches Theater zu besitzen und als Direktor Regie zu führen.

Durch die Protektion eines Mitgliedes des Kaiserhauses bekam er die Erlaubnis, im Wurstelprater in Wien ein kleines Theater zu bauen.

Es war ganz aus Holz und nannte sich stolz — Fürsttheater.

Die Stücke, die da gespielt wurden, waren auf den Geschmack des Vorstadtpublikums zugeschnitten.

Kaiser Joseph II., der Volkskaiser genannt, war meist der Held dieser Vorstadtstücke.

«Kaiser Joseph und die Schusterstochter» nannte sich so ein Stück.

Da gab es eine Schustersfamilie mit zehn Kindern, denen vor Hunger der Magen so krachte, daß man es bis in die letzte Parkettreihe hören konnte.

Der alte Schuster saß auf seinem Schusterschemel, die Mutter, hohlwangig und klapperig, schlurfte hüstelnd umher, und die Kinder schrien nach Brot.

Konzentriertes Elend.

Da erscheint in der Türe ein Mann — Direktor Fürst — in einen schwarzen Mantel gehüllt und spricht mit sonorer Stimme:

«Ös habts nix zan essen? —

Ös seids arme Leute? —

Ös habts zehn Kinda; —

Ös habts an Hunga? —»

Alle diese Fragen werden mit ja beantwortet.

Die Mutter hustet besonders stark.

Da frägt der schwarze Mann: «Sö huastn?»

Zum Vater gewendet: «Sö san a Schuasta? — Huastens a? —»

«Nein, nur die Muatta huast! —»

Nach diesem Dialog verteilt er Brot und streut allen Goldstücke in den Schoß.

Die ganze Schustersfamilie fällt dem Fremden zu Füßen und stammelt glückstrahlend: «O edler Wohltäter, sage uns, wer du bist, damit wir dir danken können!»

Da deklamiert der Schwarze: «Forschet nicht, wer ich bin, ihr werdet es nie erfahren, denn ich bin der Kaiser Joseph! —»

Damit schlägt er seinen Mantel auseinander und steht da, mit Orden bedeckt, in einer herrlichen Generalsuniform.

Alle schreien auf: «Jessas, unser Kaiser!» —

Unter den Klängen der Volkshymne fällt der Vorhang.

Auch seine Regieführung war ganz eigenartig.

Gravitätisch saß er vorne beim Souffleurkasten in seinem Regiestuhl und gab seine unkomplizierten Anweisungen.

«Sö kommen von der linken Seiten und gehn auf der rechten Seiten weg.»

Alles andere war für ihn uninteressant.

Eines Tages fragte die Soubrette: «Bitt schön, Herr Direktor, von welcher Seiten tret ich denn auf? —»

Ohne mit der Wimper zu zucken, entschied er: «Sö treten von der linken Seiten auf.»

«Aber, ich bitt schön, Herr Direktor, da treff ich doch den Artur, der mich ja nicht sehen darf?»

«Nachher kommens von der rechten Seiten!»

«Bitt schön, Herr Direktor, da ist ja keine Tür?»

«Also dann» — — jetzt kam eine Einladung zu einer intimen Goethefeier.

Das war Fürst als Regisseur.

Ebenfalls ein herrliches Original, ganz alter Schule, war Direktor Stanislaus Lesser in Olmütz.

Er führte ein sehr strenges Regiment und ohrfeigte seine Schauspieler.

Trotz seiner mittelalterlichen Schrullen wurde er von seinen Mitgliedern geliebt, und alle gingen für ihn durchs Feuer, weil er ihnen zugleich ein guter Vater war.

Das Personal bestand meist aus ganz jungen Leuten, die er sich überall zusammensuchte, die er gut führte und die sich bei ihm künstlerisch ausgezeichnet entwickelten.

Wer aus der Schule Direktor Lessers hervorgegangen war, bekam immer ein gutes Engagement und stellte überall seinen Mann.

Das Aufspüren von Talenten war die seltene Begabung dieser alten Theaterdirektoren.

Eine der köstlichsten Gestalten war schon der Generalintendant, Professor Ernst Ritter von Possart.

Von dem waren zahllose Schnurren und Anekdoten im Umlauf, die teils auf Wahrheit, teils auf harmlos boshafter Erfindung aufgebaut waren.

Seine hochtrabende Art zu reden reizte die Kameraden zum Kopieren, was fast jeder im Münchner Künstlerensemble tat.

Dies grassierte so, daß einfach nur noch im Tonfalle Possarts geredet wurde.

Er besaß alle Titel und Orden, alle Auszeichnungen und Ehrungen, die einem Sterblichen zuteil werden konnten, war überall, wohin man nur schaute, Ehrenmitglied, Präsident und Vorsitzender bei ungezählten Institutionen, wurde geadelt, und sogar eine Straße hat man nach ihm benannt.

Jedenfalls war er ein bedeutender Mensch, denn von nichts ist nichts.

Seine kleine Schwäche, daß er stolz auf das Errungene und etwas eitel war, tut dem allen keinen Abbruch, und es liegt mir fern, mich über diesen überragenden Mann irgendwie lustig machen zu wollen.

Verhohnepipelt und durch den Kakao gezogen wird jeder Direktor von seinen Mitgliedern.

Das war immer so, und ich glaube, das wird wohl auch immer so bleiben, namentlich, wenn sich solche Angriffsflächen darbieten wie bei Possart.

Vieles wurde ihm angedichtet, aber vieles ist wahr, und manches habe ich selbst erlebt.

Ein junger Schauspieler, der bei Possart seine Aufwartung machte, fragte ihn verlegen: «Verzeihen Sie, ich weiß gar nicht, wie ich Sie, verehrter Chef, titulieren darf?»

Da sagte Possart: «Ach mein Liebster, Bester, nennen Sie mich nur einfach und schlicht: Herr Generalintendant, Professor, Ernst Ritter von Possart — ich gebe nichts auf Titulaturen —»

Als das Prinzregententheater unter seiner Leitung eröffnet wurde, lud man mich ein, den Walter Stolzing, Lohengrin und Tannhäuser zu singen.

In einem Briefe wurde ich aufmerksam gemacht, daß es absolut nicht anginge, meine eigenen Kostüme zu tragen, und wenn sie noch so prächtig wären, um die Stileinheit nicht zu gefährden.

Ich möge umgehend meine Körpermaße für den Kostümschneider einsenden. Ich tat es. Nach einigen Tagen bekam ich ein Telegramm: Mammutmaße nicht vorbereitet, bringet eigene Kostüme mit.

Eines Tages stürzte ein Schauspieler zu Possart und machte ihm

315

im Tone höchster Aufregung Vorwürfe: «Aber Herr Generalintendant, Sie haben mir doch damals, als ich Ihnen durch mein Einspringen für den erkrankten Kollegen die Vorstellung rettete, fest versprochen, daß ich die Rolle in dem neuen Stück bekomme, und nun höre ich, daß sie ein anderer spielt!»

«Da habe ich eben gelogen, mein Liebster», war die lakonische Antwort.

Nach dem ersten Akt der Generalprobe im Prinzregententheater saßen wir Kameraden im Konversationszimmer beisammen und warteten den Umbau auf der Bühne ab.

Da trat Possart ein. —

Alles erhob sich respektvoll.

Er hatte ein Wurstbrot in der Hand und meinte leutselig: «Ja, ja, meine Liebsten, auch Generalintendanten müssen frühstücken.»

Nachdem wir das ehrfurchtsvoll zur Kenntnis genommen hatten, setzte er sich zu uns und begann von der großen Sängerin Milka Ternina zu schwärmen.

«Diese Ternina ist eine herrliche Frau, eine wundervolle Künstlerin, eine Gottgesandte — wie sie geht, wie sie schwebt, ach und wie sie singt — ein begnadetes Weib!

Wir müssen uns alle glücklich schätzen, Zeitgenossen der Ternina sein zu dürfen!»

In diesem Augenblick öffnete sich die Türe und der Theaterdiener Strehle meldete: «Herr Generalintendant, soeben hat Frau Ternina für heute den Lohengrin abgesagt.» —

In demselben Tonfall sagte Possart: «Diese talentlose Kanaille bringt mich noch ins Grab!»

Possart hatte auch noch die Schwäche, alle nasenlang Jubiläen zu feiern.

Die Gründe zu diesen Jubiläen waren sehr mannigfaltig.

Einmal hatte er zum fünfhundertsten Male den Franz Moor gespielt, oder es waren gerade fünfzig Jahre her, daß er von seinem in Gott ruhenden Vater zum erstenmal ins Theater mitgenommen wurde. Oder es geschah etwas vor 25 — 30 — oder 50 Jahren, das gefeiert werden mußte.

Zu diesem Behufe wurde die Jubiläumsfeier am Vormittag erschöpfend probiert.

Ein erhöhter Thron, zu dem sechs bis acht Stufen führten, wurde aufgebaut, mit Teppichen belegt und von einem Lorbeerhain umgeben.

Die Regisseure nahmen den Jubilar bei je einem Handerl, führten ihn die Stufen herauf an den Thron, setzten ihn auf diesen, und da wurde er angestrudelt.

Es folgten Ansprachen aller Angestelltengruppen, jeder sagte

316

*Fortsetzung folgt*

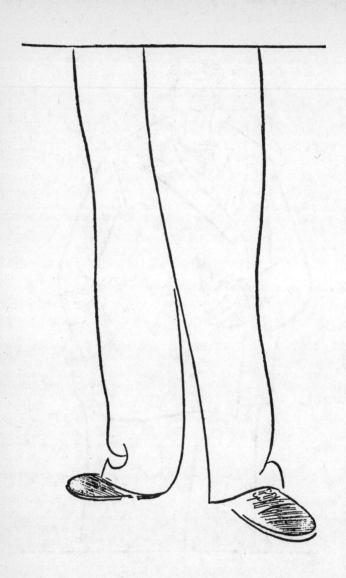

«Mammutmaße nicht vorbereitet, bringet eigene Kostüme mit»

etwas Belangloses, legte einen Kranz am Throne nieder, und dann kam die nächste Gruppe.

Possart wurde aber von einem andern, ebenso berühmten, großen Schauspieler und Intendanten, dessen erbitterter Konkurrent er war, im Jubilieren noch übertroffen.

Vormittag die Probe wie bei Possart.

Am Abend wurde alles so gemacht, wie es festgelegt war, die Regisseure führten den Jubilar an den Händen die Stufen zum Throne hinan.

Er aber hält plötzlich an der vierten Stufe inne und deklamiert mit vollem Organ: «Nein — meine lieben Kameraden — nicht dort auf diesem Thron — nein, unter euch ist mein Platz!»

Der hatte sich den Thron bauen lassen, um ihn am Abend zu verschmähen.

Die beiden, in ganz Deutschland populären Rivalen, kannten einander nicht persönlich.

Da fügte es der Zufall, daß sie auf einer Gastspielreise im selben Abteil zusammentrafen und sich notgedrungen vorstellen mußten.

Nach Nennung der Namen fragte Possart herablassend: «Sind Sie auch beim Theater?»

Der andere ist bei der nächsten Station ausgestiegen.

Diese Großen der alten Schule redeten im Privatleben ebenso bombastisch, wie sie in ihren klassischen Rollen sprachen.

Als ich ganz jung nach Wien an die Hofoper kam, vom Nimbus all der großen Namen umnebelt, glaubte ich immer, sie scherzten und kopierten sich.

Aber sie waren so und wußten es gar nicht, daß sie irgendwie unnatürlich wirken könnten.

Ein ehemals sehr berühmter Schauspieler begrüßt seine ebenso berühmte Kollegin auf der Probe:

«Heil dir, Hermine — sei mir gegrüßt, hat Morpheus sich aus deinem Arm gelöst? —»

«Dank, Eduard — Dank! —»

Mit tränenumflorter Stimme haucht sie: «Eduard — Rimbeaud ist tot!»

«Was — wie — hör' ich recht? Ist es die Wahrheit — ist's ein Traum? — Hermine, sprich — Rimbeaud — tot? —»

«Ja, Eduard — tot! — Total tot!»

«Mein Gott, dieser gute, alte Rimbeaud — tot? — Unfaßbar, Hermine, unfaßbar! —»

Dabei schluchzt er, daß der ganze Körper wackelt.

Plötzlich fragt er ganz normal: «Wer war eigentlich der Mann? —»

Aber ich wollte ja von den Direktoren reden, jetzt bin ich mitten unter die Schauspieler geraten.

Die Direktoren haben es, wie ich schon sagte, nicht leicht.

Sie haben ein Völkchen zu beherrschen, das, geben wir der Wahrheit Gerechtigkeit, sagen wir, ein bißchen — eigenartig ist. —

Ich bin überzeugt, daß auch ich irgendeinen Klamsch habe, der mich aus der Reihe der ganz Normalen scheidet, nur weiß ich es nicht.

Denn es ist nicht jedermanns Sache, zu sagen: «Herr Slezak, Sie sind verrückt!»

Schon dieses Heer von Eigenartigen einmal im Zaume zu halten, erfordert eine große Autorität, um alle diese entgegengesetzten Wünsche und Forderungen nach Rollen, Vorschuß, Urlaub und was es da noch alles gibt, in für das Theater erträgliche Bahnen zu lenken, ohne daß schwere Gewitter die Arbeit stören.

Dazu gehört hohe diplomatische Begabung.

Der Direktor muß immer lavieren, auf seinem Kothurn bleiben, damit ihm niemand zu nahe kommt, und sich nur in dringenden Fällen sprechen lassen.

Hatte er einmal den Besuch eines seiner Künstler, besonders Künstlerinnen, die die Audienz ins Uferlose ausdehnten und nicht zum Weiterbringen waren, gab es ein sehr probates Mittel, sie loszuwerden.

Ich hatte in Prag einen befreundeten Bankdirektor, dessen Zeit sehr wertvoll war.

Nun kamen einflußreiche Klienten, die den Besuch bei ihm benutzten, um ihre Zeit mit allem möglichen Klatsch totzuschlagen.

Ich fragte ihn, wie er denn diese Leute los wird, ohne daß sie sich beleidigt fühlen.

Da zeigte er mir unter seinem Schreibtisch einen Knopf.

«Siehst du, wenn ich mit dem Fuß auf diesen Knopf drücke, was man nicht bemerken kann, tritt der Diener herein und meldet: Herr Direktor werden in der Sitzung erwartet, die Herren sind schon versammelt.»

Er machte gleich die Probe aufs Exempel, berührte mit dem Fuße den Knopf und richtig meldete der Diener programmgemäß, daß die Herren in der Sitzung schon eine Viertelstunde warten.

Als ich eines Tages mit meinem Direktor in der Wiener Hofoper eine Besprechung hatte, klagte er beim Verabschieden: «Ach, jetzt kommt die Koloratursängerin N. N., die wird mir doch wieder endlos dasitzen und mich mit allem Möglichen anöden.»

Da gab ich ihm den Rat, sich doch dasselbe an seinem Schreibtisch anbringen zu lassen, wie ich es in Prag bei meinem Freunde gesehen hatte.

Er ließ sich alles von mir erklären, schmunzelte dabei, und im Augenblick trat der Diener herein und meldete: «Herr Direktor werden von Seiner Durchlaucht dem Herrn Obersthofmeister erwartet.»

Also sagte ich ihm nichts Neues.

Dann hat jeder Direktor einen Helfer, den Theatersekretär.

Der Theatersekretär ist der Pufferstaat, der Prellbock zwischen dem Direktor und seinen Mitgliedern.

Wenn dem Schauspieler oder Sänger irgendeine Unannehmlichkeit von seinem Chef bereitet wurde, so wußte dieser gewöhnlich von nichts und schob alles auf seinen Sekretär.

Theatersekretäre werden selten siebzig Jahre alt, weil sie in der Regel schon mit fünfundvierzig Jahren zerspringen, vor Galle und den steten Aufregungen.

Wenn ein Künstler seinen Direktor töten will, so ist vor allem der Theatersekretär da, über dessen Leiche er zuerst zu schreiten hat und dessen diplomatischer Begabung es obliegt, ob der Direktor weiterleben soll oder nicht.

In einem Ensemble von so vielen Künstlern, in dem wenigstens fünfundneunzig Prozent halb und fünf Prozent ein Achtel wahnsinnig sind, ist es keine Kleinigkeit, es allen recht zu machen.

Ununterbrochene Verbitterungen und Explosionen sind an der Tagesordnung.

Alle diese vulkanischen Ausbrüche treffen zuerst den Sekretär.

Der hat zu schlichten, zu beruhigen und die herabströmende Lava so zu leiten, daß sie, an der Direktionskanzlei vorbei, in einen ungefährlichen Kanal fließt.

Der Sekretär muß ein guter Menschenkenner sein, hauptsächlich der Menschen, die an seinem Theater engagiert sind.

Sie sind ja, im Grunde genommen, alle so harmlos und leicht zu behandeln wie Kinder.

Wenn man sie zu nehmen versteht, fressen sie aus der Hand und tun alles, was man von ihnen verlangt.

Wenn zum Beispiel der Direktor dem Sekretär aufträgt, zu einem Sänger auf die Bühne zu gehen und ihm auszurichten, er habe gesungen wie ein Schwein und gespielt wie ein unbegabter Konservatorist, so wird der feinnervige Sekretär, wie wir ihn an der Oper in Wien hatten, die Sache folgendermaßen machen:

«Servus, Fritz, der Chef läßt dir sagen, er schickt dir seine Grüße, er wollte selber kommen, mußte aber weg, du hast fabelhaft gesungen, es war herrlich!

Die Töne waren so dick wie zehnzöllige Wasserrohre, und namentlich die eine Stelle — was war's doch nur — paß auf, also diese

Stelle — ja, Herrgott — na, ist ja egal, also diese Stelle hat ihm besonders gut gefallen.

Servus, mein Junge, mach es weiter so gut — Hals- und Beinbruch — ich muß heim, mir wird sonst mein Goulasch ranzig!»

Würde er den Befehl des Chefs ausgeführt haben, so hätte er damit einen Aufschrei der Empörung verursacht, der auf das Weitergehen der Vorstellung von üblen Folgen hätte sein können.

So sang der eben Belobte mit großer Freude und dem Bewußtsein, daß er großartig ist, die Vorstellung zu Ende.

Am nächsten Morgen hatte der Direktor in dem Wirrsal seiner gigantischen Sorgen darauf vergessen und alles war in Butter.

Ein Kapitel für sich bildeten die Regisseure, deren ich so viele kennenlernen durfte.

Welche Typen habe ich in meinem Lebensbuche verzeichnet, vom altehrwürdigen Schlage, der sich nur darauf beschränkte, die primitivsten Erläuterungen zu geben, bis zu den ganz Modernen, die große Regiearbeit leisteten und dem Künstler wahre Berater und Helfer waren.

Freilich, früher war das viel leichter.

Bei den alten Opern wurden keine allzugroßen Anforderungen an den Regisseur gestellt, alles war überliefert und der Begabung des Sängers überlassen.

Als ganz junger Anfänger in Brünn hatte ich einen lieben, alten Regisseur, der viele Jahre als Baßbuffo wirkte und nebenbei Regie führte.

Er hatte beim Singen, und naturgemäß auch beim Reden, einen sehr starken Anklang von böhmischem Dialekt.

Mit einem Wort, er böhmakelte.

Er sang zum Beispiel als Heerrufer in Lohengrin: «Härt Grafen, Fraie, Ädle von Brabant, Känig Heindrich kam zur Stadt etz.» Seine Prosa in den Spielopern war auch demgemäß.

Als ich Brünn verlassen sollte, um nach Berlin an die Königliche Oper zu gehen, debütierte ein junger Tenor aus Prag auf Anstellung.

Er sang den Lohengrin als Antrittsrolle.

Wir saßen in unserem Stammlokal, und als der Regisseur nach der Vorstellung kam, wurde er um seine Meinung über den Debütanten gefragt.

«Also die Stimme is ja schän, er schaut gut aus, hat ein ahngenähmes Aißeres, hibsche Figur, nur der Dialekt ist ein wänig stärend — er böhmakelt.»

Als Regisseur war er besonders für junge Anfänger von hohem Wert.

Wir hatten Stradella, ich sang zum ersten Male die Titelrolle.

Bei der Orchesterprobe kam ich in einer Gondel angefahren, hatte eine Mandoline um den Hals, war begleitet von einigen Chorherren, die mit mir den Zweck verfolgten, meiner Liebsten ein Ständchen zu bringen.

Vor meinem Gesangseinsatz ist ein langes Pizzikatovorspiel, das ich zum Spielen — damals zu besonders scharfem Spielen — benutzte.

Ich raste nach vorne, sah zum Balkon der Geliebten hinauf, bedauerte mimisch, daß die Teure noch nicht da ist, stürzte nach hinten zu den andern Venezianern und teilte ihnen mit großen, barocken Armbewegungen das Nichtgesehene mit, was diese ihrerseits auch bedauerten, mir aber — auch mimisch — versicherten, daß sie bestimmt kommen wird.

Es sei eine Frage von Sekunden.

Planlos an den Strängen der Mandoline zupfend, tänzelte ich wieder nach vorne und füllte so das endlose Vorspiel aus.

Auf einmal erscholl die Stimme des Regisseurs aus dem finstern Parkett: «Aber Jesusmarja — Slezatschku, was machens denn da für Sachen, sind Sie wahnsinnig? —

Das sind ja die Laite nicht gewähnt! —

Stellens Ihnen hin und wartens, bis der Einsatz kommt, man wird ja ganz nerväs!»

Zum Glück hatte ich derart viel Überschuß an Spielastik in mir, daß die größten Dämpfer meinem Darstellungsfanatismus keinen Abbruch tun konnten.

Viele Neueinstudierungen, Wiederbelebungen aller möglichen alten Opernwerke sind an mir vorbeigezogen.

Da bot sich den Regisseuren ein besonders großes Feld zum Originellsein. —

Alles, was früher links war, wurde auf die rechte Seite gestellt und umgekehrt.

Das wurde dreimal probiert, und die Neueinstudierung war beendet.

Am Abend stießen die Künstler, die das Neue nicht so schnell erfaßten und das Alte noch nicht vergessen konnten, wie bei den Doppelreihen die Rekruten, zusammen, traten sich auf die Füße, verstellten sich den Weg, und in der Überzeugung, das jeder das Richtige mache, nämlich das Neueinstudierte, wurde gestritten.

In der Kritik hieß es dann mit Recht, daß die Neueinstudierung sehr an die alte Fassung erinnerte, nur habe es nicht so reibungslos gewirkt.

Es gab verschiedene Moden in der Regie.

Ich erinnere mich an die Zeit, wo es ein Verbrechen war, hinaus ins Publikum zu singen, und man sich förmlich umdrehen mußte, um nur ja natürlich zu wirken, und wo man nach hinten sang, um in den Geruch eines Tragöden zu kommen.

Tat man das nicht, wurde man als Kulissenreißer gebrandmarkt, und es hieß: dieser blöde Tenor knallt den Leuten seine Töne ins Gesicht und kann nicht spielen.

Das dauerte nicht lange, denn der Sänger ist dazu da, daß man ihn hört, was aber nicht der Fall ist, wenn er nach hinten singt.

Jetzt singt man nur nach hinten, wenn man seine Rolle nicht kann, in der Hoffnung, daß das Publikum es nicht merkt.

Dann kam die Stiegenperiode.

Eine permanente Stiege von fünfzehn bis zwanzig Stufen — rechts und links ein phantastisch expressionistisches Gekleckse, ein stilisierter Baum, bestehend aus einigen ineinandergesteckten Stangen und fertig.

In Berlin sang ich vor vielen Jahren in der Volksoper den Lohengrin.

Ich hatte mir vorher die Dekoration nicht angesehen, und als ich als Gralsritter, mit allem hehren Rüstzeug angetan, auf meinen Platz ging, um den Schwan zu besteigen, fand ich eine stilisierte Papiergans vor, in der Größe einer unausgewachsenen Ente, dazu einen Nachen in Zigarrenkistelformat, dürftig und wackelig, nicht einmal von einem kleinen Knaben gefahrlos zu benutzen.

Entsetzen malte sich auf meinen, von einem blonden Vollbart umrahmten Zügen.

Ich zische den Theatermeister herbei und frage ihn, wie ich das machen soll, als Märchenritter auf dieser Pappschachtel zu stehen und anzukommen, ohne die Balance zu verlieren.

Wie ich mich benehmen soll, wenn ich in einem Kegel strahlenden Bogenlichtes mit dem armseligen Fahrzeug zusammenbreche und nicht ohne Hilfe von sechzehn ausgewachsenen Brabantern aufstehen kann.

Ich war gebrochen.

Der Theatermeister beruhigte mich folgendermaßen:

«Ach Mensch, sein Se doch nicht so aufjerecht, immer mit die Ruhe, der Schwan wird rausjezogen, die Mannen stellen sich vor das Ufer, Sie loofen daneben her und fertig ist die Laube.»

Zu Für und Wider war keine Zeit, meine Musik kam, ich bekam einen Stups und lief neben dem Nachen her, der für mein Empfinden zu schnell gezogen wurde, da er sichtlich früher an Ort und Stelle war als ich.

Nun kam die nächste Überraschung.

Ich suchte die gewohnte Szene.

Nach Absingen des Schwanenliedes sah ich mich auf einer hohen

Stiege, die sich über die ganze Breite der Bühne bis nach vorne zum Souffleurkasten erstreckte.

Die Stufen, für Kinderfüße berechnet, waren so schmal, daß ich nur seitwärts stehen konnte.

Ich bin in meinem Künstlerwallen schon vielen überraschenden Situationen gegenübergestanden, aber hier war ich ratlos.

Ich blieb einfach mit zwei linken Füßen stehen, und bei dem Kampf mit Telramund war es mir wichtiger, mir nicht die Füße zu brechen, als den Gegner zu besiegen.

Als der Akt zu Ende war, atmete ich befreit auf und ging kochend in meine Garderobe, wo ich dem Regisseur unumwunden meine Meinung sagte.

Da hielt mir dieser eine wohlgesetzte Rede, wie das alles wirke, wenn sich die Szene mit den Klängen der herrlichen Musik vermählt und der Zuschauer lediglich auf die Klangwirkung angewiesen ist, ohne durch theatralischen Flitter und Firlefanz abgelenkt zu werden.

Wie das Wort sich zum Siege durchringt, ohne erst die Aufmerksamkeit des Zuhörers, dessen Blicke sonst an den Dekorationen kleben, auf sich konzentrieren zu müssen. «... und überhaupt, Sie Ochse, was meinen Sie – wir haben doch keen Geld, von was sollen wir denn die Dekorationen koofen?»

Dieser Abend wird mir in steter Erinnerung bleiben.

Das muß mir passieren, der ich jeder Stufe sorgsam aus dem

Wege gehe und mit dem Lift ins Hochparterre fahre, wenn einer da ist.

Ich mußte den ganzen Abend in meiner silbernen Rüstung, singend, Stiegen auf, Stiegen ab, mit seitwärtsstehenden Füßen und heraushängender Zunge, herumschießen.

Schrecklich! —

In dieser Zeit tobten sich die jungen Regisseure in allen möglichen Originalitäten aus, einer suchte den andern zu übertrumpfen.

In Frankfurt am Main wurde einige Zeit der Lohengrin sogar ohne Schwan aufgeführt, was durch eine Hochflut irrsinnig gescheiter, philosophisch ausgetüftelter Anschauungen begründet wurde.

Der Lohengrin durfte nicht glänzen, bekam eine stumpfsilberne Bindfadenrüstung und sah einem ritterlichen Kanalräumer nicht unähnlich.

Man versuchte förmlich mit Gewalt alles zu verhäßlichen und des nun einmal notwendigen Glanzes zu entkleiden.

Auch das dauerte nicht lange und wurde von der Empörung des Publikums hinweggefegt.

Dann kam die sogenannte finstere Zeit.

Kein Licht auf der Bühne, alles dunkel, schattenhaft.

Die Leute saßen drinnen und mopsten sich, weil sie nichts sahen.

Es wurde geschimpft, dagegen gewettert — umsonst.

Erst als das Publikum wegblieb und die Kassenrapporte bedenklich zu werden begannen, fanden sich weniger Moderne, die das abschafften und alles wieder normal wurde.

Die Regisseure mußten sich fügen und nannten das Publikum eine verkitschte Kunstbanausenhorde.

Wir Normalen freuten uns.

So löste eine Epoche die andere ab, und wenn man so über vierzig Jahre in seinem Lebensbuche zurückblättert, lernt man begreifen, daß sich im Leben alles ändert und über kurz oder lang der Weg zum Gesunden immer wieder zurückgefunden wird.

Nun der Kapellmeister.

Für uns Sänger ist das der wichtigste Mann, mit dem man sich gut stellen muß.

Früher war der Kapellmeister nur den Kleinen gegenüber allmächtig.

Er mußte sich aber den Launen und Unarten der beliebten Sänger und Sängerinnen unterordnen und sich Verzerrungen der Tempi, um eines stumpfsinnigen Effektes willen, gefallen lassen.

Das hat sich aber, gottlob, gründlich geändert, seit man größere Ansprüche an die Künstlerschaft eines Sängers stellt.

Es kamen Autoritäten, die einen obstinaten Star durch Appellieren an sein künstlerisches Gewissen, seinen Ehrgeiz und, wenn es nicht anders möglich war, durch Lächerlichmachen vor seinen Kameraden auf die rechte Bahn brachten.

Mein erster Kapellmeister in Brünn, Paul Thieme, war ein Preuße.

Der duldete keine Schlamperei, jeder mußte seine Rollen genau studieren und sich seiner Auffassung und straffen Stabführung bedingungslos beugen.

Das war für mich, als jungen Anfänger, sehr wichtig.

Ich lernte Disziplin und Pflichtgefühl, Dinge, die in den früheren Jahren an den Provinzbühnen, namentlich in Österreich, nicht allzusehr zu Hause waren.

Dann kamen die großen Dirigenten, die durch ihre Genialität tonangebend und gefeierte Stars wurden.

Ich habe unter allen diesen großen Meistern gesungen und kann beurteilen, welchen Segen sie für die Musik bedeuteten.

Sie verstanden es, den Wert eines Werkes restlos auszuschöpfen, so, daß uns bei den Proben ganze Kandelaber von Licht aufgingen und wir begeistert Gefolgschaft leisteten.

Zur Entlastung des Kapellmeisters sind die Korrepetitoren da, die die Kuliarbeit des Einstudierens der Rollen zu besorgen haben.

Die Armen sitzen den ganzen Tag in ihrem Klavierzimmer und hämmern den musikalisch Minderbemittelten Takt für Takt ein, und wenn sie nur ein wenig Temperament haben, so leiden sie und müssen von Fall zu Fall in einer Nervenheilanstalt Heilung suchen.

Nun zu den Schauspielern.

Diese blickten bei jeder Gelegenheit auf uns Sänger mitleidig herab.

Sie sahen in uns nur einen von der Natur bevorzugten Kehlkopf.

Außerdem ärgerten sie sich, weil wir eine höhere Gage hatten.

Es war immer so etwas wie ein harmloser Krieg zwischen uns.

Dieser Krieg äußerte sich in unschuldigen Neckereien, bei denen besonders wir Tenoristen scharf aufs Korn genommen wurden.

Wie ich bereits zart andeutete, nahm man uns geistig nicht für voll, behauptete, daß wir nur singen könnten, aber im übrigen in die Würste gehörten.

Gehirnmäßig stellte man uns auf die gleiche Stufe mit primitiven Buschnegern.

Diese Wortgeplänkel spielten sich meist in der Künstlerloge ab, die für Opern- und Schauspielpersonal gemeinsam vorhanden war.

Da hieß es schlagfertig sein und jeden Hieb mit wuchtigem Gegenhieb zurückgeben.

Unter Männern kam es nie zu ernsthaften Zwistigkeiten.

Anders war es bei den Damen.

Da war immer eine auf die andere bös, weil man ihr hinterbrachte, daß sie dem gesagt hat, daß der gesagt hat, weil jener sagte.

Oft genügte ein neuer, origineller Federbusch auf dem Hut, um Groll gegen eine Kollegin zu schaffen.

Bissigkeiten, unter der Maske aufrichtiger Freundschaft, flogen nur so hin und her, und ich hatte meine Freude daran, das zu beobachten, immer noch ein klein wenig zu schüren und mich an der Wirkung zu ergötzen.

Wie unschön. —

Besonders bei Rollenbesetzungen war immer die Hölle los.

Es gab da Triumph und Niederlage.

Der Direktor wurde umschmeichelt, bei Erfolg war er himmlisch, bei Ablehnung ein Schurke, ein Bandit, ein Wegelagerer.

Herrlich war das.

Dann versöhnten sich die Damen wieder, luden einander zum Tee ein mit kaltem Aufschnitt und, wie sie sagten, selbstgebackenem Kuchen und Sandwichs, und alles war wieder gut.

Natürlich boten diese versöhnenden Jausenannäherungen absolut keine Gewähr dafür, daß bei dem geringsten Anlaß das Kriegsbeil wieder ausgegraben wurde und der Kampf von neuem begann.

Bei meinen Gastspielen lernte ich diesen Zustand besonders genau kennen, weil mir Seite und Gegenseite ihren Hader anvertrauten.

Da setzte ich meinen Ehrgeiz darein, beide Parteien so zu versöhnen, daß sie wieder dicke Freundinnen wurden.

Ein lobenswerter Zug.

Das war aber, wie gesagt, alles früher, in der Vergangenheit.

Das ist jetzt ganz anders.

Der Souffleur, beim Schauspiel meist eine Souffleuse, ist der Bedauernswerteste des ganzen Ensembles, weil er die üble Laune von allen Künstlern auszufressen hat.

Konnte ein Schauspieler seine Rolle nicht und schwamm, wie es im Theaterrotwelsch heißt, schrie er die Souffleuse an: «Warum schlagen Sie nicht an? — Sind Sie von Sinnen? — Wozu sitzen Sie in Ihrem Kasten? —»

Kann er seine Rolle zufällig und die Souffleuse schlägt seinen Satz an, zischt der Mime großartig: «Lassen Sie das, Sie sehen, ich brauche Sie nicht, schweigen Sie! —»

Ist sie zu laut, brüllt der Regisseur: «Leiser!»

Ist sie zu leise, brüllt der Seelenmaler: «Was ist? Sind Sie taubstumm? —»

Und so geht es fort.

Allerdings, wenn eine Darstellerin die Souffleuse braucht, wird ihr schön getan, sie bekommt Bonbons, einen warmen Schal und gute Worte.

«Nicht wahr, du paßt bei der Stelle auf, da bin ich ein bissel sterblich.»

Zum Glück bekommt so ein Souffleur mit der Zeit ein Fell wie ein Nashorn, denkt sich seinen Teil und läßt unberührt all die Unflatfluten an sich herabrinnen.

Bei uns in der Oper ist der Souffleur nicht von so dringender Bedeutung wie beim Schauspiel, weil schon beim Studium der Musik die Worte, die dazugehören, in Fleisch und Blut übergehen und man sich in besonderer Not mit Lala und Blämbäm behelfen kann.

Außerdem wechseln beim Schauspieler die Stücke sehr oft, und es kommen in kurzen Intervallen immer wieder neue Stücke, die an die Gehirnarbeit größere Anforderungen stellen, als bei uns Sängern.

In Italien ist der Souffleur ein Suggeritore.

Er gibt dem Sänger die musikalischen Einsätze, was bei uns der Kapellmeister tut.

Darum ist der Suggeritore wichtiger als der Souffleur — in Italien.

Ein ebenso bedauernswerter Funktionär ist der Inspizient.

Er hat die Aufgabe, dafür zu sorgen, daß jeder Darsteller an seinem Platze ist, das Personal vor Beginn der Vorstellung und nach den Zwischenakten aus ihren Garderoben einzuläuten und diese auf das gegebene Stichwort auf die Bühne zu bugsieren.

Ihm obliegt es, daß draußen auf der Szene keine blamablen Pausen platzgreifen und der betreffende Schauspieler nicht fünfmal seinen Satz sagen muß, bis sein Partner auftritt.

Es ist nämlich sehr unangenehm, wenn in einem ernsten Stück alles auf die Türe blickt und sagt: «Ach gottlob, da ist er ja» — und es kommt kein Mensch.

Da bleibt es oft der Geistesgegenwart des Schauspielers anheimgestellt, so eine Heiterkeit auslösende Lücke auszufüllen und zu improvisieren: «Oh, ich irrte mich, er ist es noch nicht, wo er nur bleiben mag, hoffentlich kommt er bald, er sagte doch . . .», und so lange zu reden, bis der Säumige endlich da ist.

Der Inspizient muß überall sein.

Hat er auf der linken Seite der Bühne einen Mimen herausgeschickt, muß er schnell hintenherum auf die rechte Bühnenseite rennen und dort den anderen Schmieristen auf die Szene befördern.

Darum sind die meisten Inspizienten sehr mager und müssen Schnelläuferqualitäten mitbringen.

In der großen Oper ist der Inspizient besonders geplagt und hat einen sehr verantwortungsvollen Posten.

Namentlich wenn er Triumphzüge auf die Bühne herauszusenden hat, wie zum Beispiel in der Oper Aida, wo zwei- bis dreihundert Menschen im Zaume zu halten sind, die sich vielleicht ihrer verantwortungsvollen Aufgabe, als Ägypter, Mannen, Kurfürsten oder Erzbischöfe, nicht voll bewußt sind.

Wenn ich in der Wiener Oper, am hintersten Ende dieser Riesenbühne, auf meinem ägyptischen Handwagerl als Rhadames stand und aufs Herausgezogenwerden warten mußte, machte ich so mancherlei köstliche Beobachtungen.

Bei diesen Triumphzügen waren meistens Statisten eingesetzt, weil draußen auf der Bühne der Chor zu singen hatte.

Diese Statisten wurden von Fall zu Fall aufgenommen und waren teils Studenten, die die Neugier trieb, das Leben hinter dem Vorhang kennenzulernen, teils Leute, die um des nicht allzuhohen Spielhonorars willen zu Ägyptern wurden, oder, wenn Not am Mann war, Angehörige der unterschiedlichsten Berufe.

Zwei festbesoldete, wissende Statistenführer hatten die Neulinge vor der Vorstellung abzurichten und ihnen die Pfaden zu weisen, die sie mit ihren Hellebarden, Kriegsemblemen oder was sie sonst in den Pratzen zu halten hatten, zu wandeln haben.

Der Zug rangierte sich auf der Hinterbühne und in den Korridoren.

Eine Gruppe nach der andern wurde vom Inspizienten, nach seinem Fahrplan und der Musik, auf die Zuschauer losgelassen.

Da gab es ein arges Gedränge und einen Wirrwarr, den der Inspizient, vertrauend auf die werktätige Unterstützung seiner beiden Statistenhäuptlinge, zu lösen hatte.

Selbstverständlich traten die Statisten nie auf, ohne irgendwelche lebenswichtige Ermahnungen und Belehrungen mit auf den Weg zu bekommen.

«Sie Hrdlitschka, machens kein so blödes Gesicht, bedenken Sie, daß Sie ein Ägypter sind und rennens nicht so wie das letztemal, bleibens in der Einteilung!

Wawra, halten Sie die Pappen (Schnauze), Sie haben nichts zu reden, Sie sind ein Mann aus dem Volke, der hat das Maul zu halten!

Jelinek, tretens Ihrem Vordermann nicht von hinten auf die Sandalen, sonst fliegt er aufs Gesicht und wir haben einen dreiviertelstündigen Lacher in dem traurigen Stück.»

Den vier Männern, die den großen Stier Apis trugen, wurde wärmstens empfohlen, Schritt zu halten, damit der Ochs nicht wakkelt wie ein Lampelschwaf (Lämmerschwanz).

«Gruber, ziagns Ihner Trikot herauf, aber schnell, sonst hängt es Ihnen wie eine Ziehharmonika herunter.

Das san ja kane Füaß, das sind Stoppelzieher.

Mit die Füaß schmeißens mir die ganze Komödie.

Die Hellebarden mit dem Paperl (Vogel Ibis), haltens grad, damit man weiß, was es ist.

Aufpassen, meine Herren, sonst schmeiß ich Ihnen heraus!

Auftreten! — Vorwärts!»

Das sind so ungefähr die veredelnden Ratschläge vor dem Auftreten.


Als Gewerbeschüler in Brünn zog es mich mit magischer Gewalt zum Theater.

Durch die Protektion eines Chorherren gelang es mir, als Statist aufgenommen zu werden.

Nun war das Mitwirken auf einem Theater in jeder Form von der Schule aus untersagt — strenge verboten.

Es war ein Ritterstück.

Ich stellte einen Landsknecht dar und hatte die Aufgabe, mit noch einem Landsknecht in einen Kerker zu gehen und an der Türe stehenzubleiben.

Mit uns betrat ein Schauspieler den Kerker, der dem eingesperrten Helden, der dort schmachtete, mitzuteilen hatte, daß er nicht begnadigt wurde, seine Stunden gezählt seien und er sich zur Hinrichtung bereitzuhalten habe.

Als der Auftritt kam, fiel mir mit Entsetzen ein, daß mich einer meiner Professoren erkennen und ich abermals, wie damals in der Realschule, mit Pomp herausgeschmissen werden könnte.

Ich zögerte, sträubte mich, aufzutreten.

Der Inspizient, ein jeden Feingefühls entratender Herr, schrie mich an: «Also, was ist? — Lausbub, dreckiger — raus!» Er gab mir mit dem Fuße einen Stoß, daß ich durch die geöffnete Türe auf die Bühne torkelte.

Draußen, an der Türe stehend, wendete ich mein Haupt auf die dem Zuschauer abgewendete Seite, um meine Gesichtszüge dem Erkanntwerden nicht so preiszugeben.

Als ich abgegangen war, kam der freundliche Inspizient abermals auf mich zu und meinte verbindlich: «Ihnen gehören ein paar Watschen, Sie Trottel! — Sie Lümmel! — Verstanden?» —

Als ich nach Jahren in Brünn gastierte, erinnerte mich der Inspizient ganz stolz, daß er der erste war, der mich auf die Bühne geschickt hat.

Eine schwerwiegende Persönlichkeit beim Theater ist der Theaterkassier.

Er ist der wichtigste Mann im Hause.

Erstens einmal bringt er uns Künstlern die Gage, das Honorar.

Dann verkauft er die Eintrittskarten, damit er uns die Gage auszahlen kann.

Da er genau weiß, was Kasse macht, ist er auch ein großer Faktor beim Bilden des Repertoirs, das Gewissen eines allzusehr mit Idealen behafteten Direktors.

Wenn der Kassier gut aufgelegt ist, weiß man, daß die Einnahmen gut sind.

Die Jahre 1931 und besonders 1932 waren eine sehr böse Zeit für die Theater.

Die Menschen hatten so viele Sorgen und Angst vor der Zukunft, alles stand still, die Fabriken tot, die Geschäfte leer.

Das wirkte sich natürlich ungeheuer auf die Theater aus, und die leeren Sesselreihen gähnten uns um die Wette entgegen.

Man erzählte sich, daß eines Tages der Theaterkassier in seiner Kasse tot aufgefunden wurde.

Nach ärztlichem Gutachten soll der Tod bereits vor vier Tagen eingetreten sein.

Aber das glaube ich nicht, das ist sicher wieder eine von den schamlosen Übertreibungen, die beim Theater so oft grassieren.

Damit wäre über uns Theaterleute so ziemlich alles gesagt.

Der liebe Leser wird sich denken: aber das Theater ist ja ein Irrenhaus?

Ja, das ist es, aber ein entzückendes, ein liebes, und wenn ich noch einmal auf die Welt komme, gehe ich wieder zum Theater.

# CLAQUE

Ich will nicht mit historischen Belehrungen beginnen, daß die Claque schon im Altertum existierte.

Daß sich zum Beispiel der römische Kaiser Nero, der in allen möglichen Künsten dilettierte, eine Claque hielt, nur mit dem Unterschied, daß er sie nicht bezahlte, sondern die, die mit Beifall zu kargen wagten, einfach abmurksen ließ.

Solche Sachen können wir Sänger uns nicht leisten.

Ich will also die Mythologie beiseite lassen, wer weiß, ob die ganze Sache wahr ist, denn es ist schon so lange her.

Da fände sich eventuell ein Altertumsschürfer und wiese einem an Hand von Papyrusrollen nach, daß das ein öder Quatsch ist, den man da zusammengeschrieben hat, der jeder wissenschaftlichen Basis entratet.

Darum will ich, wie es sich für einen modernen Schriftsteller, der zu sein ich mir schmeichle, schickt, auf dem realen Boden der Wirklichkeit bleiben und nur so weit in meinen Erinnerungen zurückgehen, als ich selbst dafür einstehen und jeden Zweifler mit einem vernichtenden Blick zur Erde schmettern kann.

Als ich nach Wien an die Oper kam, wurde mir ein Revers zur Unterschrift vorgelegt, laut welchem ich mich verpflichten mußte, mit Ehrenwort verpflichten, weder eine Claque selbst zu halten noch durch eventuelle Bluts- oder angeheiratete Verwandte halten zu lassen.

Dieses gegebene Ehrenwort habe ich gewissenhaft gehalten, bis zu meinem Abschied, vierunddreißig Jahre lang.

Vielleicht gab es einige Kameraden, die dieses strenge Verbot auf eine nicht zu beweisende Art umgingen, wenngleich es sehr gefährlich war und zutage trat, falls nach einer Arie ein auf sechs bis acht Personen beschränkter Enthusiasmus versucht wurde.

Da wußte man gleich: aha! —

Aber wenn dies auch sehr vereinzelt geschah, so doch in einer Form, die von der späteren wesentlich abwich.

Das Motiv war damals immer nur künstlerische Begeisterung der Jugend für ein paar Stehplätze — ohne jeden merkantilen Einschlag.

Diese jungen Menschen stellten sich beispielsweise zu einer Meistersingervorstellung schon am Vormittag in den Arkaden des

Opernhauses an, warteten den ganzen Tag auf den Einlaß — stürzten dann — fünf Stufen auf einmal nehmend — im Sturmschritt auf die vierte Galerie, wo sie weitere fünf Stunden, wie Ölsardinen eingepfercht, stehen mußten. —

Die Zwischenakte wurden durchjubelt, und wie besessen schrien sie die Namen ihrer Lieblinge.

Erst als sie stockheiser waren und sich der eiserne Vorhang senkte, ging es in rasendem Tempo nach unten zum Bühnenausgang.

Dort warteten sie noch eine halbe Stunde, bis wir umgekleidet waren, ließen uns Künstler hochleben, klopften uns auf die Schulter, rissen uns begeistert die Kleider vom Leibe, brachen aus dem Wagen das Türl heraus, und bei ganz besonderen Gelegenheiten spannten sie die Pferde aus, um uns, mit Geschrei, im Wagen nach Hause zu ziehen. —

Das war zur Zeit, als es noch keine Autos gab.

Diese Romantik ist leider verlorengegangen. —

Erst dann gingen sie hochbefriedigt, mit steifen Füßen, zerschunden und abgeschlagen heim. —

Ob nun einige dabei waren, die auf irgendeinem, das Gesetz umgehenden Wege zu Freikarten kamen, um einen Kameraden besonders auszuzeichnen, ist egal.

Das Leitmotiv war in erster Linie tiefe Liebe zur Musik, zu unserem herrlichen Opernhaus und uns Sängern.

Niemals weiß ich mich zu erinnern, daß Mißfallensäußerungen oder Störungen erfolgten, weil der spontane Ovationist keine Freikarten bekommen hatte.

Der damalige Matador der Beifallsorgiasten war der berühmte Freudenberger.

Er hatte einen Klamsch, er war ein Plemplematiker.

Er hatte einen Fimmel, einen Piepmatz.

Immer war er in höchster Erregung, sprach nur in Superlativen und wußte alles.

Er war darüber informiert, was der eine oder andere Kollege zu Mittag gegessen, wer mit wem gestritten hatte, und auch das Thema des Streites kannte er.

Auf seinen Visitenkarten nannte er sich: K. u. K. emeritierter Choreleve des k. k. Hofoperntheaters, Musikkritiker und Dekorateur.

Im Knopfloch trug er Vogelschutzmedaillen als Ordensersatz, allerlei Bändchen und Vereinsembleme.

Uns Künstler nannte er, anderen gegenüber, immer nur beim Vornamen, und diesen pflegte er mit einem verschnörkelten Diminutiv zu versehn.

Brachte Grüße von «Annerl» (Kammersängerin Anna von Mildenberg), bemerkte wichtig betrübt, daß der «Dorerl» (Kammersänger Theodor Reichmann), wie er aus kompetenter Quelle erfuhr, sehr schlecht geschlafen hat und nach Aussagen seines Dieners Powolny sehr grauslich zu diesem war.

Teilte mit, daß der «Erikerl» (Kammersänger Erik Schmedes) gestern gedraht und eine große Eifersuchtsszene mit seiner Gnädigen, dem Fräulein Putzi, gehabt hat.

Sie wäre aber auch eine Bisgurn, eine Megäre und ließe dem armen Eriker keinen lichten Moment.

Er machte bei den Kameraden von Fall zu Fall kleinere Arbeiten, die infolge seines Redestromes immer sehr lange dauerten.

Wenn man wissen wollte, was in Wien vorgeht, ließ man sich Freudenberger kommen, zog ihm die Würmer aus der Nase, fratschelte ihn aus, erforschte ihn, ließ ihn feststellen.

Es genügte zu sagen: «Lieber Meister, Sie wissen doch alles, was ist daran wahr — ich habe gehört, daß — —.»

Schon war man eines dreiviertelstündigen Redekataraktes sicher, dem nur Einhalt geboten werden konnte, wenn man aus dem Zimmer ging.

Ein köstliches Original, harmlos, gut, treu und ohne Pause begeistert.

Wenn ich den so auf die Leinwand brächte, wie er ist, würde man mir vorwerfen, ich übertreibe, und das künstlerische Maßhalten sei mir fremd.

Dieser besagte Freudenberger hatte einen Kreis junger Leute um sich, die er mit den von den Kollegen gespendeten Stehplätzen beteilte, und von seinem Hauptquartier aus dirigierte er den Beifall.

Er wußte genau, wo er mit dem Applaus einzusetzen hatte, wo nach einer gelungenen Arie ein aus dem Innern kommendes Bravo und darauf das Händeklatschen am Platze war, in welches die acht Freikartenschärler einstimmten, bis das ganze Haus mitapplaudierte.

In diesen Beifallsorkan wurde noch ein unartikuliertes Grölen eingeschaltet, man schrie die Namen der Künstler, und besonders nach den Aktschlüssen machte man sehr in Frenetik.

Während des Krieges, besonders aber in der Nachkriegszeit, hat sich dieser, ehemals nur der Kunstbegeisterung entsprungene Brauch, wesentlich geändert.

Es kamen Herren zu den Kollegen, die sie auf die Wichtigkeit des künstlichen Beifalls aufmerksam machten und einflochten, daß, falls der Obolus, der verlangt wurde, verweigert werden sollte, sich leicht Mißfallensäußerungen ergeben und dem Sänger schaden könnten. —

Auch zu mir kamen sie, ich habe sie hinausgeschmissen.

Aber dieser Unfug dauerte gottlob nicht allzulange.

Als das Ärgernis seinen Höhepunkt erreichte, wurde es abgeschafft.

Es war eine recht widerwärtige Zeit, und ich freue mich, ihr Ende noch erlebt zu haben.

Anders ist es draußen, in der internationalen Karriere.

Da war es einfach unmöglich, die Claque zu umgehen.

Besonders wenn man italienische Rollen sang, mußte man sich fügen.

In New York, an der Metropolitanoper, mußte ich für jeden Abend, an dem ich sang, dem Chef der Claque zwanzig Dollar bezahlen.

Nicht des zu erwartenden Beifalls wegen, sondern um keine Opposition zu haben.

Auch die kleinsten Kameraden, die nur Ansagerollen darzustellen hatten, blieben von diesem Tribut nicht verschont.

Ich sang eines Abends in New York den Troubadour. Es tritt der Bote auf, bringt einen Brief und hat nur zu singen: «Auf dieses Schreiben gib Antwort mir.»

Da schrillt ein gellendes Pfeifen durch den Raum.

Rufe, wie: — basta — via cane — und Gelächter sind zu hören.

Verstört zieht sich der arme Kerl in die Kulisse zurück.

Als ich dann fragte, was denn das zu bedeuten habe, gab man mir zur Antwort: «Er hat nicht bezahlt.»

Vor vielen Jahren, lange vor dem Weltkrieg, sang ich an einem großen Opernhaus in Italien.

Es wurde mir ein Mann gemeldet, auf dessen Visitenkarte zu lesen stand: Hannibalo Krepezzoni, Chef de Claque.

Ich ließ ihn eintreten, er schilderte mir die Annehmlichkeiten der Claque in glühendsten Farben.

Meine Kollegen hatten mir den Besuch dieses Herrn schon angekündigt und meinten, daß es geraten sei, ihm recht freundlich entgegenzukommen, weil er «pericoloso», das heißt gefährlich wäre.

Man solle ihm das Maul stopfen.

Also berappte ich.

200 Lire für den ersten und je 100 Lire für jeden weiteren Abend war die Taxe.

Eine Stunde später brachte das Mädchen wieder eine Visitenkarte: Cavaliere Oreste Krachelotti, Chef de Claque.

Ich sagte ihm, daß schon Signor Krepezzoni, der Claquechef, da war, dem ich bereits 200 Lire bezahlte.

Da klopfte mir der Cavaliere mitleidig auf die Schulter: «Povero Commendatore, da sind Sie einem Verbrecher zum Opfer gefallen!

Ich bin der richtige Claquechef, mir müssen Sie bezahlen! 200 Lire ist auch nicht der Preis, sondern 350 Lire.»

Er rechnete mir vor, was ein Billett mit Ingresso kostet, wieviel Mann er einstellen muß, was er für Spesen hat und wie er bei diesem Geschäft draufzahlt.

Ich ließ mich aber nicht ins Bockshorn jagen, vertröstete ihn auf später, da ich mich erst bei der Impresa informieren wolle.

Ich habe ihn nie wieder gesehen.

Das ist wohl jetzt auch anders geworden, wie sich ja in Italien alles zum besten gewendet hat.

Für einen deutschen Sänger ist es sehr schwer, sich in diese Erpressereien hineinzufinden — aber was soll man tun?

Man muß mit den Wölfen heulen, sonst wird man von ihnen gefressen.

Aber in Wien darf das nicht sein, da paßt es nicht hin, auch in Deutschland kennt man diese unerfreuliche Institution gar nicht.

Ich finde, daß man sich angesichts des erkauften Enthusiasmus eines ungewöhnlich dreckigen Gefühls nicht erwehren kann und ehrlichen, wirklichen Beifall unwillkürlich den bezahlten Händen zuzuschieben geneigt ist.

Darum fort mit der Claque bei uns, sie ist unser unwürdig!

Wenn die Claqueure nicht da sind, so wird bestimmt das Publikum Beifall spenden, und das ist dann viel erfreulicher.

# ABERGLAUBEN

Alle Menschen, die in ihrem Leben von irgendeinem Zufall abhängig sind und denen dieser Zufall einen Streich spielen könnte, sind abergläubisch.

Der Seemann hängt von Wind und Wetter ab, der Flugzeugführer vom Aussetzen seines Motors, der Fischer von den Heringen, die er fangen will.

Am intensivsten aber hängt der singende oder darstellende Künstler vom Zufall ab, weil tausenderlei Tücken ihm Schaden zufügen können.

Mein lieber Leser!

Hast du je im Leben gesungen?

Ich meine, öffentlich, gegen Entgelt gesungen?

Bist du je in die Lage gekommen, in einem Riesentheater vor Tausenden von Menschen zu stehen und in Tönen zu ihnen zu sprechen?

Wo du nie weißt, wird es gelingen, wird es nicht gelingen?

Frösche, die man sonst nie empfindet, an deren Existenz man normal nicht einmal denkt, geben sich gerade vor Beginn einer Arie in deinem Halse Rendezvous, und du fürchtest jeden Augenblick, jetzt wird dieser oder jener Ton als eine mit Spucke durchsetzte Trillerkette deinem begnadeten Kehlkopf entströmen.

Es gibt in unserem Berufe Arien, bei denen man sich in fünf Minuten auf zehn Jahre hinaus blamieren kann.

Da wird man eben abergläubisch.

Da nistet sich der Aberglaube bei den meisten ein und ist nicht loszuwerden.

Man klopft an Holz, flüstert sich gegenseitig ein toi, toi, toi zu, bittet die Kollegen, einen vor dem Auftreten anzuspucken, weil das Glück bringen soll, und hält sich gegenseitig die Daumen, trotzdem man weiß, daß dies alles für die Katz ist.

Ein besonders abergläubischer Kamerad bat uns, ihm bei seiner Arie die Daumen zu halten.

Wir standen in der ersten Kulisse, hielten ihm beide Hände mit den zusammengedrückten Daumen hin.

Als sein hoher Ton kam, gaben wir die Daumen frei.

Er sah dies, da ist ihm der hohe Ton abgerissen.

Manchmal treibt der Aberglaube derartige Blüten, daß man an

338

der Zurechnungsfähigkeit mancher Kollegen zweifeln möchte. Ich allerdings bin vollständig frei von jedem Aberglauben und weise jeden diesbezüglichen Verdacht ernst und würdevoll zurück.

Daß ich am 13. nichts unternehme, nie in einem Schlafwagenbett Nr. 13 reisen würde, mich nie in ein Taxi setze, in dessen Nummer eine 13 vorkommt oder bei dem die Gesamtsumme der Taxinummer 13 ergibt oder diese gar durch 13 teilbar ist, ist selbstverständlich.

Auch würde ich nie und nimmer mit dem linken Fuß aufstehen.

Sollte dies einmal der Fall sein, dann steige ich wieder ins Bett zurück und stelle das Lever richtig.

Wenn ich mich in meiner Garderobe schminke und es pfeift jemand auf dem Korridor, erschrecke ich zu Tode und schmeiße dem Pfeifer einen Stiefel nach.

Denn wenn jemand im Theater pfeift, so ist es sicher, daß das Publikum es auch tut, wenn ich eine Arie schmettere.

Auch der Freitag ist ein Tag, der mich irritiert.

Sollte er aber auch noch mit dem 13. des Monats zusammenfallen, bleibe ich im Bett und lese meine «Sämtlichen Werke».

Es gibt noch eine Reihe solcher Hemmungen, aber die verrate ich nicht, weil man mich am Ende doch für abergläubisch halten könnte.

# GRAMMOPHON

Bevor die Schallplatte war, war die Wachswalze.

Diese hieß volltönend: Phonograph.

Man wurde zum Besingen von Wachswalzen eingeladen, dafür bekam man als Honorar einen Phonographenapparat, der ein krächzendes Geräusch von sich gab, über welches man sich außerordentlich freute.

Dann kam die Schallplatte.

Da wurde man auch vorerst für einen Apparat samt Riesentrichter engagiert und mußte für diesen Hekatomben von Piecen singen.

Quasi nach Gewicht.

Ich war einer der allerersten, eine Art Pionier, und weil sich meine Stimme gut eignete und weniger kreischte als die der andern, war ich geradezu gesucht.

Das weitere Honorar betrug fünfzig Gulden für die Aufnahme (es gab damals nur einseitige Platten), wobei man immer bemogelt wurde.

Die betreffenden Unternehmer, die damals wie die Pilze aus der Erde schossen, erklärten stets, die Aufnahme sei mißlungen, was mit einer Lupe aus den Rillen herausgefunden wurde.

Oft sang man sich einen Leistenbruch, bis man zu seinen fünfzig Gulden kam.

Immer wieder mußte man die Arie wiederholen.

Als ich eines Tages in Erfahrung brachte, daß diese Wiederholungen deshalb gemacht wurden, weil man von einer Wachsaufnahme nur eine beschränkte Anzahl von Platten pressen konnte, setzte ich mich zur Wehr, indem ich ihnen etwas pfiff.

Aus all diesen vielen Schallplattenunternehmungen kristallisierten sich dann die großen Gesellschaften: Grammophon, Odeon und andere heraus, bei denen man gegen ein vernünftiges Entgelt und später auch auf prozentuale Beteiligung Verträge bekam.

Zuerst sang man in einen kleinen Blechtrichter.

Das Orchester saß, in die Höhe geschichtet, enge um einen herum.

In einem kleinen Raum war man so zusammengepfercht, daß man sich kaum rühren konnte.

Selbstverständlich war es kein Wunder, wenn man nach einigen

*Gott, war ich damals gut bei Stimme!*

Stunden Arbeit total fertig, mit heraushängender Zunge und welken Gliedern, den Tatort verließ.

Erst seit einigen Jahren sind die wunderbaren, sogenannten elektrischen Aufnahmen möglich, bei denen man, wie auf dem Theater, in einem großen Raum, meist einem Konzertsaal, vor dem Mikrophon steht und so singt, als ob man vor dem Publikum sänge.

Dieses Publikum wird durch Teppiche, die über die Logenbrüstungen und Parkettstühle gelegt werden, ersetzt, um die Akustik richtig herauszubekommen.

Das Orchester ist in angemessenem Abstand um den Sänger gruppiert, und man fühlt sich außergewöhnlich wohl.

Anstrengend und aufreibend bleibt es natürlich immer.

Wenn eine Bombenarie schon fast fertiggesungen war und einem die Eingeweide zwischen den Lippen hervorquollen, mußte aus irgendeinem Grunde das Ganze noch einmal gemacht werden, eventuell auch zwei- oder dreimal.

Ach und es gibt so viele Gründe!

Jemand niest oder hustet — einem Musiker fällt das Flügelhorn aus der Hand — oder ein Sessel quietscht mit befremdendem Geräusch.

Tücke des Objekts.

Da heißt es: noch einmal, bitte.

Man explodiert und wiederholt, denn es muß ja sein, schon im eigenen Interesse darf man etwas Unvollkommenes nicht passieren lassen, weil sonst die Platten niemand kauft.

Das wäre bei prozentualer Beteiligung ungünstig.

Aber wenn alles schön gelungen ist und man sich seine Arien und Lieder vorspielt, freut man sich und wartet auf die Abrechnung.

Vor dem Kriege waren die Abrechnungen erquickend, aber jetzt sind sie niederschmetternd.

Kein Mensch kauft Lieder von Schubert, Schumann, Brahms oder Opernarien.

Nur Schlagerlieder und Jazz.

Aber das macht nichts, die Platten sind eine herrliche Erinnerung an einst, eine wunderbare Stimmkonserve, und wenn ich einmal in Walhall als Unsterblicher unter den Unsterblichen sitzen werde und kein Mensch mehr wissen wird, daß ich je da war, wird man in meiner nachkommenden Familie den Urahn spielen lassen.

Ich werde von oben befriedigt zuhören und sagen: «Gott, war ich damals gut bei Stimme!»

# RADIO

Auch als Radiosänger und Dichter am Vorlesetisch war ich Pionier.

Ich war einer der ersten, die in Wien zum Singen eingeladen wurden.

Das Radiostudio bestand damals nur aus zwei Zimmerchen im neuen Kriegsministerium, im vierten Stock, ohne Fahrstuhl.

Wenn man oben ankam, hing einem die Zunge zum Hals heraus und man brauchte eine halbe Stunde, bis man reden oder gar singen konnte.

Das Studio war ganz mit Stoffen behängt, in der Mitte stand das Mikrophon, und da lernte ich zum ersten Male außer dem Lampenfieber auch das Mikrophonfieber kennen, das mit dem ersteren identisch ist, sich aber in noch intensiverer Form auswirkt, weil man sich da nicht nur vor den anwesenden Zuhörern, sondern vor der ganzen Welt blamieren kann.

Damals gab es die Detektoren.

Kleine viereckige Kästchen, wo der Ton durch zwei sich berührende Edelsteine hervorgerufen wurde.

Das heißt, Edelsteine ist übertrieben, es waren zwei Glimmerschiefer, sogenannte Mistaliten.

Mistaliten kommt von Mist — recte Dreck.

Dieser Detektor wurde mit einem langen Draht an die Wasserleitung oder einen Gaskandelaber angeschlossen.

Über den Draht stürzte man teils, teils fiel man oder blieb zumindest an diesem hängen.

In das Kästchen wurden die Kopfhörer hineingesteckt, die für Leute, die abstehende Ohren hatten, günstig waren, weil sie die Ohren mit Energie an die Kopfhaut preßten.

Die Programme waren nicht allzu reichhaltig und beschränkten sich nur auf wenige Stunden im Tag.

Nach jeder Piece, jedem Vortrag wurde angesagt: Fünf Minuten Pause.

Diese fünf Minuten benutzte man, den Kopfhörer wegzulegen, weil er drückte.

Oft kam es vor, daß man diese fünf Minuten übersah und die nächste Sendung versäumte, was man als ärgerlich empfand.

Dann kamen die Lautsprecher.

Ungetüme von großen Dimensionen, die jeden Raum verunstalteten und oft umfielen.

Fielen sie zur Erde, waren sie hin.

Eine Annehmlichkeit der Radioapparate war es auch, daß sie in vierzehn Tagen unmodern waren und durch Neuerungen und Verbesserungen ersetzt wurden.

Dann hatte man an seinem augenblicklichen Gerät keine Freude mehr und kaufte sich ein neues, das in weiteren vierzehn Tagen wieder reif zum Wegwerfen war.

So wurde das Radio schon damals ein Born von Verdruß und Ärger.

Erst als Apparate mit eingebautem Lautsprecher in den Handel kamen, wurde es besser.

Aber auch hier wechselte der Wert schnell, weil sich immer Leute fanden, die neue Erfindungen machten, und man wieder diese neuen Geräte haben wollte.

So ging es fort, und mein Gedächtnis reicht nicht aus, alle die Radiogeräte zusammenzuzählen, die ich im Laufe der Jahre besessen habe.

Das Ohr wurde immer empfindlicher, man wurde immer anspruchsvoller und damit unzufriedener.

Vorerst hörte man nur den Sender seiner Stadt.

Dann kam man auf die Idee, auch andere Städte zu hören, was meistens sehr problematisch war.

Mein Freund Otto rief mich an und sagte: «Du, Leo, ich habe jetzt einen phantastischen Apparat — ich höre London!»

Ich stürzte zu ihm, er führte mir London vor.

Ein Krachen, Knallen, Kreischen und Pfeifen scholl mir entgegen.

Stolz zeigte er auf seinen Apparat: «Das ist London.»

Ein Optimist.

So wurde immer verbessert, bis es so weit kam, daß man, wie heute, alles klar und deutlich hören konnte.

Allerdings, wenn ein Gewitter in Spanien war, störte es den Wiener Sender und man ächzte unter den unwahrscheinlichsten Geräuschen.

Das ist übrigens auch heute noch der Fall.

Wenn bei uns am Tegernsee der Metzger die Wurstmaschine in Betrieb setzt, so drängt sich diese so vor, daß sie jede Sendung erschlägt.

Man hat zwar die Entstörungsvorschriften, laut welchen jedermann verpflichtet ist, seine elektrischen Maschinen zu entstören.

Das geschieht aber nie, und wenn man darauf bestünde, würde man sich Feinde schaffen.

Also läßt man den Metzger stören und wartet, bis er nicht mehr wurstet.

Dem Radio verdanke ich auch ein angenehmes Erlebnis.

Eines Abends gingen wir mit Freunden ins Kabarett.

Der Conférencier, ein guter Bekannter vor mir, hatte auf der Bühne ein Mikrophon vor sich stehen, in das er eine Ansprache an die lieben Hörer hielt.

Er sagte: «Es ist so gemütlich hier, wir haben bedeutende, liebe Gäste unter uns, da sitzt zum Beispiel unser lieber Kammersänger Slezak mit seiner Familie und unterhält sich großartig.

Ich begrüße unseren Leo auf das herzlichste.

Liebe Hörer, eine vertrauliche Mitteilung: Er hat eine Telephonnummer, die niemand kennt.

Eine Geheimnummer.

Ich kenne sie, weil ich sein Vertrauen besitze.

Sie lautet: R 287 56. (Meine richtige Nummer.)

Vergessen Sie nicht, ihn anzurufen, er hat es so gerne, wenn man ihn morgens um sechs oder sieben fragt, wie er geschlafen hat.

Also ich wiederhole, notieren Sie: R 287 56.

Vergessen Sie nicht, ihn anzurufen, machen Sie ihm diese kleine Freude.»

Alles lachte schallend, ich lachte mit, weil ich keine Ahnung hatte, daß diese Vorstellung wirklich am Radio übertragen wurde.

Am nächsten Morgen, als ich in mein Zimmer trat, kam mir unsere Rosa vollständig verstört, mit aus den Höhlen tretenden Augen entgegen:

«Herr Kammersänger, seit halb sieben geht ununterbrochen das Telephon, ohne Pause, so daß ich gar nicht zu meiner Arbeit komme!

Die blödesten Sachen werden gefragt, wie Sie geschlafen haben, was Sie machen, was Sie zum Frühstück essen und so weiter.

Ich weiß mir keinen Rat!»

Da fiel mir die Ansprache des Conférenciers von gestern ein, ich lachte und setzte mich zum Frühstück.

Bald lachte ich aber nicht mehr.

Das Telephon läutete:

«Guten Morgen, Herr Kammersänger, bitte singen Sie mir etwas vor.»

Der Nächste: «Sie alter Trottel, wie haben Sie geschlafen?»

So ging das weiter, nette Scherze wechselten mit weniger netten, das Telephon blieb nicht einen Augenblick still.

Um zehn Uhr war ich derart schachmatt, daß ich die Telephondirektion anrief, dieser meine Leiden in farbigen Worten schilderte und bat, mir sofort eine andere Anschlußnummer zu geben.

«Ja, Herr Kammersänger, das ist nicht so einfach, da müssen Sie ein schriftliches Gesuch um Abänderung Ihrer Rufnummer machen, in ungefähr acht bis zehn Tagen bekommen Sie dann eine neue Nummer.»

«Liebes Fräulein, in acht bis zehn Tagen bin ich im Irrenhaus, da brauche ich sie nicht mehr. Gleich, sofort muß ich die neue Nummer haben!»

«Ohne schriftliches Gesuch ist das ausgeschlossen, vielleicht können Sie dieses mit einem Boten hierher senden, ich will sehen, was sich machen läßt», kicherte das Fräulein sichtlich erheitert ins Telephon.

Ich schrieb sofort ein Gesuch, in dem ich die Abänderung meiner Nummer auf das lebhafteste begründete, und sandte es mit meinem Chauffeur an die Direktion.

Um ein Uhr mittags hatte ich eine neue Nummer, mein Gesuch hatte scheinbar die Telephongewaltigen doch gerührt.

Ich war selig und hoffte, jetzt meine Ruhe zu haben.

Da läutete es wieder.

Aha, denke ich, das ist das Amt. — Aber nein.

«Bitte, ist dort das Dorotheum?»

«Nein», knallte ich zurück, «falsch verbunden!»

Als ich nun sechzehnmal hintereinander als Dorotheum — das ist das Wiener Versatzamt — angeklingelt wurde, bat ich von neuem um eine andere Nummer.

Ich hatte U 326 45 und das Dorotheum U 326 46. Schrecklich!

Am nächsten Tag bekam ich eine neue Nummer, die mir endlich die ersehnte Ruhe brachte.

Als ich meinem Radioconférencier begegnete und er mich — so eine Frechheit! — um meine neue Nummer bat, mußte ich an mich halten, um ihn nicht zu verstümmeln.

Wenn ich jetzt ins Kabarett gehe, frage ich zuerst an, ob eine Radioübertragung ist.

Ist dies der Fall, dann bleibe ich zu Hause.

Als unverbesserlicher Schwarzseher und Miesmacher habe ich erst die Leiden geschildert, die so ein Radio schafft, und nun will ich mich auch der Freuden erinnern, die es bringt.

Erstens einmal verdient man Geld, wenn man am Radio singt, bekommt Mammon und Zaster, und in zweiter Linie weiß man, was in der Welt vorgeht.

Heute kann man sich ein Leben ohne Radio gar nicht vorstellen.

Ich schleppe mein Reiseradio überall mit mir herum, da ich doch noch immer aus einem Hotel in das andere wandle, und habe in meinem Auto eines eingebaut.

*In meiner Wut rief ich die Ravag an*

Man hört oft gar nicht hin, aber spielen muß es.

Alle Märsche sämtlicher deutscher Regimenter kenne ich längst in- und auswendig, vom Prinzen Eugen, dem edlen Ritter, über Friedrich den Großen, bis zum Erika-Lied und dem nicht zu erschütternden Seemann.

Alle Walzer der Erde sind mir in Fleisch und Blut übergegangen, und ich koche, wenn ich sie höre.

Vom Glühwürmchen Altmeister Linkes kenne ich jeden Takt und wäre imstande, es ohne Probe auswendig zu dirigieren.

Dann kommen wieder erhebende Sachen, wie Symphonien, Kammermusik, die ich so liebe, und Opernübertragungen.

Allerdings auch, besonders damals vor vielen Jahren in Wien, singende Protektionskinder, die den lieben Hörer in dreißig Minuten für eine Woche zum Rasen brachten. Da ist mir eine kleine Begebenheit erinnerlich.

In Wien jaulte so eine Jungfrau eine halbe Stunde Hugo Wolf und Franz Schubert, daß sich diese beiden toten Meister wie Ventilatoren in ihren Gräbern herumdrehten.

Das liebe Mädchen sang falsch, atmete in die Worte hinein, kurz, quälte den lieben Radiohörer und wurde vom Korrepetitor der Oper, Professor Meller, auf dem Klavier begleitet.

In meiner Wut rief ich die Ravag an und bat Professor Meller zum Telephon.

«Hallo, hier Meller.» — «Hier Slezak.»

«Lieber Freund, ich habe die Sendung jetzt gehört und frage Sie, ob Sie nicht irgendein Hackel zur Hand haben, um diese wunderbare Sängerin zu erschlagen.»

«Wie bitte?»

«Ein Hackel, ein Beil.»

«Ich verstehe nicht!»

«Ein Fleischhauerbeil zum Erschlagen der Sopranistin.»

«Ach, Herr Kammersänger, da wird sich aber die Dame freuen, daß Sie so zufrieden waren, sie steht neben mir, sagen Sie es ihr doch selbst.»

Da flötet es ins Telephon: «Herr Kammersänger, Herr Professor Meller sagt mir soeben, daß Sie so zufrieden waren und mich so glänzend gefunden haben, ich danke Ihnen, Sie glauben nicht, was mir Ihr lieber Anruf für eine Freude macht.

Ich bin glücklich, daß ich so gut bei Stimme war.

Ich danke Ihnen herzlich!»

Ich saß da vor meinem Telephon wie ein begossener Pudel, und es blieb mir nichts anderes übrig, als dem Mädchen ein paar freundliche Worte zu sagen.

Als ich Meller in der Oper traf und er mir grinsend entgegenkam, trat ich ihm auf den rechten Fuß, daß er wochenlang nur mit dem linken das Pedal beim Klavier bedienen konnte.

Sehr nett waren die verschiedenen Rundfunksendungen in aller Welt.

In Wien untermalte ich meine Liederabende derart mit Humor, daß man sich nur an die Scherze hielt, meiner Singerei gar nicht zuhörte und diese als unwillkommenes Beiwerk empfand.

Am liebsten war ich der Dichter am Vorlesetisch.

Da konnte ich mich in Vorreden und Ansprachen so recht ausleben und das Ärgernis der ganzen Welt auf mich laden.

Zu Beginn der Radioepoche gab es Rückkoppler, die die Sendungen empfindlich störten, und dann die so mit Recht perhorreszierten Schwarzhörer.

Schwarzhörer gibt es leider auch noch heute, das sind die, die den monatlichen Obolus dem lieben guten Rundfunk nicht bezahlen wollen, diesen um den Macherlohn betakeln.

Am Schlusse jeder Sendung, abends um zehn Uhr, sagte der Ansager: «Nun, meine lieben Radiofreunde, beschließen wir unser Programm — vergessen Sie nicht, Ihre Freiantenne zu erden und die Gashähne in Ihrer Wohnung zu schließen.

Schlafen Sie wohl, meine lieben Hörer und Hörerinnen — gute Nacht — gute Nacht!»

Eines Abends vernahm man nach diesem Satz noch einen Nachsatz: «So, ihr Idioten, jetzt ist Schluß mit diesem faulen Zauber, rutscht mir den Buckel 'runter, ihr Rasselbande!»

Der Arme dachte, es wäre schon abgeschaltet, und so kam die wahre Gesinnung seinen lieben Hörern gegenüber zum Durchbruch.

Das hatte zur Folge, daß man ihn am nächsten Tage durch einen anderen Ansager ersetzt fand.

Bei Übertragungen in der Oper benutzten wir nach den Aktschlüssen das Radio, um unseren Bekannten urwüchsige Grüße zu sagen und noch allerlei Unfug zu treiben.

Es war in Wien die Gepflogenheit des Galeriepublikums, während die Künstler sich vor dem Vorhang bedankten, die Namen ihrer Lieblinge zu brüllen.

Wenn wir nun an die Rampe gingen, um uns zu verbeugen, rief ich immer: «Hoch Slezak» in das zu beiden Seiten des Proszeniums angebrachte Mikrophon.

Das machte Schule, und nach dem Tannhäuser rief auch der Wolfram seinen Namen: «Hoch Jerger!»

Ich rief dazu: «Nicht Jerger, nur Slezak allein — hoch!»

Das nahm derartige Dimensionen an, daß die Ravag in Zukunft sofort nach dem letzten Akkord der Oper die Verbindung abschaltete.

Aus war's mit den selbstgebrachten Ovationen.

Wenn man im Studio sang, irritierte es den Künstler anfangs, daß nach Beendigung einer Arie oder eines Liedes weder Bei- noch Mißfallensäußerungen stattfanden.

Da half ich mir, indem ich selbst applaudierte und den Hörern sagte: «Diesen frenetischen Applaus habe ich mir selber gespendet.

Ich ersuche die lieben Hörer, daheim an ihren Apparaten mitzuklatschen.»

So leistete man sich allerlei Humoriaden.

Ein herrliches Wort, Humoriaden.

Das werde ich jetzt öfters anwenden.

Ich kann mit Befriedigung feststellen, daß ich zur Bereicherung des deutschen Wortschatzes Erhebliches beigetragen habe.

Radiosingen ist eine aufregende Angelegenheit.

Obwohl ich kein Neuling mehr bin, erfaßt mich immer wieder eine gewisse Unruhe und Angst, denn das Mikrophon ist, wie ich in dem Kapitel Film noch ausführen werde, erbarmungslos und gibt alles quasi als Rohdruck wieder.

Man hängt von vielerlei Zufälligkeiten, auch technischer Natur, ab, die sich oft unangenehm auswirken.

Ist zum Beispiel ein Radiohörer ein krasser Unwissender in der Behandlung seines Apparates, stellt diesen schlecht ein und ich knarre wie eine uneingeschmierte Haustüre, erzählt er in seinem Bekanntenkreise, dieser Slezak war zum Kotzen.

Nach so einem Liederabend im Studio kam mir meine Frau meist mit einem überlangen Gesicht entgegen, in dem sich hoffnungslose Verzweiflung malte, und meinte, diese oder jene Stelle habe bedenklich gewackelt und die Stimme habe belegt geklungen. Freunde, die auch zuhörten, sagten wieder, das sei ausgeschlossen, denn gerade diese Stelle sei sehr schön gewesen.

Allerdings hätte ich bei einer anderen Stelle gescheppert.

Man sieht im Geiste alle Gesangslehrer und Stimmkollegen der Erde bei ihren Lautsprechern sitzen und Analysen meiner Gesangskunst vornehmen.

Briefe flattern ins Haus mit Ratschlägen, Lob und vernichtender Kritik.

Man möge doch nicht den Ton so greulich an die Wirbelsäule pressen und in der Produktion des Tonkataraktes nicht so an das Gaumensegel anschlagen und auf die Luftzuführung, mittels breitgetretenem Zwerchfell, achten.

Außerdem sei der Ton nicht genügend vorne, und man habe kein Wort verstanden.

Man geht dann wochenlang in Zweifeln herum und weiß nicht,

soll man stolz sein auf sich oder mittels Aufhängen am nächsten Kleiderhaken aus diesem Leben scheiden.

Sollte ich bei einem der kommenden Liederabende am Radio zum Abschießen reif sein, bitte ich, es auf die mangelhafte Wiedergabe Ihres Apparates zu schieben und mich gut zu finden.

Ich will nun eine kleine Probe so einer Sendung geben, damit der liebe Leser belehrt wird, wie das vor sich geht.

Nachdem die Empfangspräliminarien beendet sind, ich leutselig um mich herum gegrüßt und jedem einzelnen einen womöglich nicht beleidigenden Scherz zugeworfen habe, werde ich in das für vorlesende Dichter bestimmte Sendekabinett geführt, zu einem Tisch geleitet, auf dem sich eine grünbeschirmte Kipplampe befindet, die ihre Lichtstrahlen auf das aus der Tasche gezogene Manuskript wirft.

In der Mitte des Tisches steht das mit Recht so berüchtigte Mikrophon.

Man gibt mir einen Stuhl, auf den ich mich setze.

Dann nehme ich meine Brille aus der Tasche, reinige sie von allem Unrat, damit mir die Schmutzflankerln nicht die Sicht nehmen, und setze sie auf.

Die Brille soll nicht etwa besagen, daß ich schlechte Augen habe, beileibe nicht, das hat nichts mit den Augen zu tun, nur meine Arme sind ein wenig zu kurz.

Daß man sich vorher, ehe man den Senderaum betritt, den Winterrock auszieht und diesen dorthin hängt, wo er nicht gestohlen werden kann, halte ich für überflüssig zu erwähnen, weil das ja selbstverständlich ist.

Ich hasse umständliche Milieuschilderungen.

Der Ansager beugt sich zum Mikrophon und sagt schlicht:

«Meine verehrten Hörer, Herr Kammersänger Slezak, Ihnen sicher von seinem Wirken an unserer Staatsoper bekannt, wird aus seinen Schriften vorlesen.

Bitte, Herr Kammersänger.»

Meine lieben Zuhörer, Schwarzhörer, würdige Greise und kleine Kinder!

Sie haben keine Ahnung, wie aufgeregt ich bin.

Ich habe 39,6 Mikrophonfieber.

Stellen Sie sich vor, es ist das erstemal, daß ich als Dichter vor dem Wiener Mikrophon sitze und Ihnen aus meinen Dichtungen vorlesen darf.

Ohne jede Musikbegleitung soll ich zu Ihnen sprechen, kein Klavier, kein Orchester ist da, auf das ich mich ausreden kann, wenn es schiefgehen sollte.

Man wollte erst, ich sollte etwas singen, aber das lehnte ich ab, das kann jeder.

Jeder Tenorist kann singen.

Und was meinen Sie, meine verehrten Zuhörer, wie viele da herumlaufen, es ist schrecklich, überall klafft einem die Konkurrenz entgegen.

Wohin das Auge blickt, nichts als Tenoristen.

Alle werden sie jetzt bei ihrem Ätherkasten sitzen und darauf warten, daß ich steckenbleibe.

Und das ist meine Angst.

Sie, meine geliebten Radiohörer, die Sie nicht Tenor singen, Sie sind gütig, Sie sind nachsichtig, aber Stimmkollegen sind es nicht.

Die gehen herum und raunen, haben Sie dem Slezak seinen Quatsch gehört? So etwas Blödes. Der hat ja schon Artillerieverkalkung im Gehirn.

Aber fort mit diesen Hemmungen — sie sollen zerspringen — nicht Sie, meine Hörer, nein, die Übelwollenden, die mir meine radiotischen Talente neiden.

Meine lieben Hörer, Sie sehen einen verletzten Dichter vor sich, das heißt, Sie hören ihn nur.

Aus dem Vibrato in der Stimme können Sie den Grad des Sichzurückgesetztfühlens, des Unterdrücktwerdens ermessen.

Bei jedem Dichter, der aus seinen Schriften liest, ist es immer Gepflogenheit, daß vorher ein gelehrter Dozent, ein Doktor der Grübelkunde, der Philosophie, diesen eine halbe Stunde lang ob seiner Verdienste um die Literatur würdigt, ganze Kübel Lob auf sein lorbeerumkränztes Haupt ausschüttet und jede seiner Lebensphasen den Zuhörern unter die Nase reibt.

Mit einem Wort, es wird so schön von ihm gesprochen, daß wir andern Dichter uns ärgern.

Bei mir fällt alles weg.

Hinsetzen und reden.

Ohne jede Betonung meiner Vorzüge.

Sie ahnen nicht, wie mich das wurmt.

Ich habe selbstverständlich kein Wort über den mir vorenthaltenen Weihrauch gesagt, eher würde ich mir die Zunge abbeißen, man hielte mich vielleicht gar für eitel.

Da man also bei mir von allen Ehrungen Abstand nimmt, bin ich gezwungen, mich selber zu loben, und will Ihnen mein dichterisches Schaffen und die seelischen Erregungen schildern, denen ich bei der Arbeit ausgesetzt war und was mich alles bei dieser durchloderte.

Es soll ein Eigenlob werden, daß man alle Fenster öffnen muß.

Aber nein, das will ich auch nicht, will nur bescheiden sagen, daß ich zwei Bücher geschrieben habe, von denen ich Prozente bekomme.

Nachdem ich aus meinen wundervollen Büchern gelesen hatte, kam noch der Schlußsatz:

Meine Zuhörer, ich bin jetzt fertig und gehe nach Hause, aber nicht ohne mir vorher den Macherlohn für diesen köstlichen Vortrag geholt zu haben.

Ich bitte nur, falls mich einer meiner Zuhörer auf der Straße erkennen sollte, mir nicht in Erinnerung an dieses Erlebnis etwas Hartes ins Gesicht zu werfen.

Vergessen Sie nicht, Ihre Freihähne zu schließen und die Gasantenne zu erden.

Gute Nacht! —

Der herrlichste Vorzug des Radios ist: Man kann es abstellen.

# RUNDFRAGEN

Seinerzeit war es epidemisch, Rundfragen an bekannte Künstler zu richten, die diese beantworten mußten.

Die Themata zu diesen Rundfragen wurden von dem jeweiligen Redakteur gestellt und waren oft von derart schillernder Mannigfaltigkeit, daß man sich wunderte, wie so etwas den Leser interessieren konnte.

Um alles wurde man befragt.

Was man von den Wiener Hausmeistern hält, und wie man sich dazu stellt, ob es wirklich berechtigt ist, daß jeder Hausbewohner seinen eigenen Haustorschlüssel bekommt oder ob man dafür ist, den alten, hergebrachten Brauch beizubehalten, im Winter eine halbe Stunde vor dem Haustor zu frieren, bis besagter Hausmeister öffnet.

Welchen Eindruck das Erklingen der Osterglocken auf die psychologische Verbindungslinie des Zentralnervensystems und deren Gehirnzellen auf den feinnervigen Künstler macht.

Auch Intimes wurde gefragt, minder Feinfühliges — wie man sich seinen Nekrolog oder gar sein Begräbnis vorstellt.

Man war oft ratlos, was man sagen sollte.

Ein Ablehnen gab es nicht, so half man sich eben, so gut man konnte.

Für viele Kollegen war es ein Fressen, ein Anlaß, des langen und breiten ganz ernsthaft in geistvollen Redewendungen zu plätschern und in gewundenen Satzkonstruktionen zu baden.

Da wurden nie gekannte Autoren aus dem fünfzehnten Jahrhundert zitiert, was die damals zu diesem Thema sagten.

Aber ich will nur von mir reden, wie ich mich aus der Affäre zog.

Ich habe einige solcher Rundfragen gesammelt, die ich nun folgen lasse.

### *Wohin gehen Sie im Sommer?*

Geehrter Herr Redakteur!

Ihr Wissensdurst ehrt mich.

Ich teile Ihnen mit, daß ich noch bis zum 17. Juli singen muß.

Nicht aus übertriebenem Tatendrang, sondern des ach so schnöden Mammons wegen.

Am 18. Juli entkleide ich mich allen Theaterprunkes und Flitterwerks, kampfere den Rhadames ein, gebe in den Tannhäuser und Othello einige Kilo Globol, fülle die Ärmel meines Fracks mit Mottenpulver und eile an die Gestade meines geliebten Tegernsees, auf meine Liegenschaften, Latifundien und Domänen.

Mein Domänendirektor, der gleichzeitig mein Hausmeister ist, wird mich mit dem Schubkarren an der Bahn erwarten und im Namen meiner vierzehn Hühner begrüßen, deren Front ich abschreite.

Alle meine Hunde werden an mir emporspringen und meine Kleider derart schmutzig machen, daß sie in die chemische Putzerei gegeben werden müssen.

Der Jubel in meiner Brust wird sich in einer Weise Bahn brechen, daß es einer großen Intimität mit dem Schutzmann unseres Dorfes bedarf, um nicht wegen offensichtlicher Unzurechnungsfähigkeit in die Tegernseer Ortsgummizelle abgeführt zu werden.

Die Pferde meines Wagens, der mich auf mein Rittergut bringt, werden silberhell aufwiehern und die Eingeborenen werden sagen: «Der Stimmritzenprotzenbauer ist da, die Saison kann beginnen.»

Wenn jeder meiner Kameraden Ihre Rundfrage so ausführlich beantwortet, werden Sie wegen allzugroßen Papierverbrauches im nächsten Jahre an Ihre Aktionäre keine Dividenden ausschütten.

Ergebenst Ihr S.

## Welche Empfindungen hatten Sie bei Ihrer ersten Liebe?

Lieber Herr Schriftleiter!

Wie stellen Sie sich das vor?

Seit dreißig Jahren bin ich eine glückliche Ehe.

Meine Frau blickt zu mir empor, wie zu einem Heiligen.

Ich habe ihr erzählt, daß ich niemals vorher ein Mitglied des weiblichen Geschlechtes angesehen habe, sie die ersteste und die heilige Genoveva ein Lebemann gegen mich war, und nun soll ich wegen Ihrer Rundfrage dieses ganze Lügengewebe zerstören und meine hehre Position als unantastbares Familienoberhaupt ohne jegliches Vorleben gefährden?

Niemals! —

Und fragen Sie mich nicht solche Sachen.

Ihr ergebener S.

## Was halten Sie vom Sport?

Lieber Herr Rundfrager!

Über Sport als Gesundheitsfaktor zu sprechen, darf ich mir nicht anmaßen, weil ich nur Briefmarken sammle und hier die hygienischen Vorzüge nicht so kraß in Erscheinung treten.

Daß uns Theaterleuten der Sport, wie er jetzt getätigt wird, nicht sehr sympathisch ist, kommt daher, weil durch diesen das Interesse und die Begeisterung der Jugend für das Theater und die Kunst in stetem Abnehmen begriffen sind.

Fußball, Ringen, Boxen, Laufen und Schwimmen ist ja sehr schön; das sollen sie am Tage machen, aber am Abend ins Theater gehen, sonst halte ich nicht viel vom Sport.

Bitte drucken Sie das aber nur recht klein, sonst kommt so ein Sportsmann und verbiegt mir mit seiner durchtrainierten Faust das Antlitz.

Besten Gruß, Ihr S.

## Wie begründen Sie das Geheimnis künstlerischer Wirkung?

Lieber Herr Redakteur!

Das ist eine Frage, die sehr schwer zu beantworten ist.

Wir selbst, die wir auf dem Theater stehen und uns einen Erfolg ersingen wollen, wissen nicht woran es liegt, daß wir nach einer Szene, ja oft nach einer Phrase, spontanen, mit Jubel umrahmten Beifall haben und ein andermal, trotzdem wir der Meinung sind, diese Arie genau so gesungen zu haben, betrübt wegschleichen müssen, ohne daß sich eine Hand rührt. Es gibt Abende, an denen man sich zerspragln kann und die Leute sitzen da mit Gesichtern, aus denen ohne jede Beschönigung zu lesen ist, daß wir sie langweilen.

Das überträgt sich auf uns und schafft eine lederne Stimmung, die lähmend wirkt.

Oft wieder ist die Atmosphäre mit Elektrizität geladen.

Gefährlich, aber schön.

Das fühlt man in allen Gliedern, jeder Nerv ist angespannt.

An solchen Abenden gibt jeder sein Bestes und findet schnell den Kontakt mit seinem Publikum.

Das Geheimnis der künstlerischen Wirkung liegt also im Kontakt mit dem Publikum.

Diesen Kontakt herzustellen, bedeutet abermals ein Geheimnis. Somit ist unser Beruf aus lauter Geheimnissen zusammengesetzt, an deren Ergründung oft ein ganzes Menschendasein zerschellt.

Ein herrlicher Satz.

Da ich das Gefühl habe, mich mit diesen philosophischen Ergüssen lächerlich zu machen, ziehe ich mich geheimnisvoll zurück und überlasse die Enthüllung des Geheimnisses meinen Kameraden.

Ihr geheimnisvoll ergebener S.

## Was sind Ihre Gedanken beim Fischen?

Fragender Zeitungsmann!

Ich fische gerne, oft und erfolglos.

Trotzdem ich weiß, daß ich für jeden Beobachter eine Quelle schallender Heiterkeit bin – fische ich.

Was ich mir beim Fischen denke?

Wenn einer beißt, denke ich: Fein, jetzt hat einer gebissen.

Sitzt man stundenlang da und stiert auf sein bewegungsloses Schwimmerl, denkt man sich: Diese Ludern beißen nicht.

Indem ich hoffe, Ihre geschätzte Rundfrage erschöpfend und für Ihre Leser wertvoll beantwortet zu haben, bin ich mit einem begeisterten Petri Heil, Ihr S.

## Was halten Sie vom Tanzen?

Herr Chefredakteur!

Vor vielen Jahren versuchte ich zu tanzen, obwohl mir jede Eignung zum Parterreakrobaten fehlt.

Mit den Kniescheiben verwundete ich meine Dame, trat ihr die Daumen an den Füßen ab, schwitzte und wurde schwindlig.

Tanzen ist eine erschwerende Abart von Zähneplombierenlassen.

In Liebe Ihr S.

## Wie gestaltete sich Ihr erstes Rendezvous?

Lieber Grenzbote!

Mein erstes Rendezvous ist schon so lange her, daß mir heute leider jedes Verständnis für Rendezvous abhanden gekommen ist.

Ich weiß auch nicht mehr, wie das erste war, will es auch nicht wissen.

Das ist eine Rundfrage, für deren Beantwortung ich leider nicht mehr zuständig bin.

Hervorragende Ostergrüße, Ihr S.

## Was fühlten Sie bei Ihrem ersten Kuß?

Liebes Tagblatt!

Antwortlich Ihrer geschätzten Rundfrage, was ich bei meinem ersten Kuß fühlte, teile ich ergebenst mit, daß ich mich in Anbetracht des Umstandes, daß dieser erste Kuß zu keiner ehelichen Verbindung führte, also vor meiner Verheiratung stattfand, nicht äußern möchte, um eheliche Dialoge zu vermeiden.

Außerdem ist das schon so lange her, daß die Erinnerung an dieses Vorkommen ungewöhnlich verblaßt ist und eine leichtfertige Schilderung nur eine Irreführung Ihres geschätzten Leserkreises herbeiführen könnte.

Mit dem Ausdruck hochachtungsvollster Wertschätzung, zeichne ich ergebenst, Ihr S.

*Was können Sie über Ihre erste Herzensneigung sagen?*

Wenn möglich ausführlich berichten, weil dies auf das besondere Interesse unserer Leserinnen stößt.

Verehrter Herr Schriftleiter!

Meine erste Liebe hatte ich im Kindergarten.

Sie war ein blondes Mäderl von fünf, ich war vier Jahre alt.

Sie brachte täglich einen Apfel mit, den sie mit mir teilte.

Schon damals ging bei mir die Liebe durch den Magen.

Eines Tages wurde sie, wie immer, von ihrem Fräulein abgeholt.

Ich wollte sie als ihr Ritter begleiten, weil wir denselben Weg hatten.

Da sagte das Fräulein: «Komm, Klärchen, der garstige Bube soll nicht mitgehen, Mama will es nicht.»

Ich schlich mich beschämt davon und weinte bitterlich.

Am nächsten Morgen bot sie mir wieder ihren Apfel an, mit einem Blick, der sagte: mach dir nichts draus, ich hab dich ja doch lieb. —

Nach vielen Jahren kam ich nach Brünn, als illustrer Gast des Stadttheaters.

In einer Gesellschaft traf ich eine wunderschöne Frau.

Mein Kindergartenklärchen.

Glücklich verheiratet, Mutter zweier entzückender Kinder.

Wir erinnerten uns beide unserer Liebe im Kindergarten und waren froh, daß wir uns damals nicht gekriegt haben, denn sonst hätte sie nicht ihren Paul und ich nicht meine Liesi bekommen.

Und was tut Gott, die ganze Sache ist nicht wahr, ist schamlos erfunden.

Das kommt davon, weil ich unbedingt Rundfragen beantworten muß, die, der Wahrheit gemäß beantwortet, ungeahnte Konflikte auslösen würden.

Auf diese Weise wird ein ehrlich veranlagter Mensch zum Roman-schriftsteller.

Ihr bisher unbescholtener S.


### Wir bitten um ein Abenteuer mit Blumen

Mein lieber «Mein Film»!

Ein Abenteuer mit Blumen.

Eine Rundfrage.

Wenn es sein muß, hören Sie:

In der Schule ist ein Schüler sehr unrein, ungewaschen und pickt vor Schmutz.

Der Lehrer sagt strenge: «Heinrich, du gehst sofort nach Hause und wäschst dich — du stinkst.»

Der Vater bringt den Jungen wieder in die Schule und sagt em-pört dem Lehrer: «Herr Lehrer! — Sie haben meinen Sohn zu unter-richten, aber nicht an ihm zu riechen, denn er ist kein Veilchen.»

Veilchen. — Eine Blume. — Ein Abenteuer mit Blumen.

Ich leugne nicht, daß dies ein alter Scherz ist, der schon bei der Hochzeit von Kana, seines langen Bartes wegen abgelehnt wurde, Anstoß erregte.

Ihr S.


### Welche ist Ihre Lieblingsspeise?

Geehrter Herr Redakteur — neugieriger Gurnemanz!

Da ich meine Lieblingsspeise wegen Umfangerweiterung sowie-so nicht essen darf, nenne ich sie erst gar nicht.

Wozu sich Wunden schaffen?

Indem ich Sie zu den Sorgen, die Sie haben, beglückwünsche, zeichne ich ergebenst, als Ihr asketischer S.


### Was für ein Schüler waren Sie in der Schule?

Liebe Morgenzeitung!

Ihre Rundfrage, was ich für ein Schüler in der Schule war, treibt mir die Röte der Verlegenheit auf die Wangen.

Man soll nicht in dunklen Punkten der Vergangenheit herum-stochern.

Was soll ich jetzt sagen?

Soll ich mich als Musterschüler hinstellen?

Als den Besten — den Ersten in der Klasse?

Das glaubte mir ja kein Mensch, weil zu viele wissen, daß es nicht wahr ist.

Um nicht näher auf die fürchterlichen Einzelheiten meiner Schulzeit eingehen zu müssen, verweigere ich die Aussage. Schon um meiner Autorität willen, die in meiner Familie, deren Oberhaupt ich bin, ohnehin ein kümmerliches Dasein fristet.

Stellen Sie nie wieder solche Fragen an mich, um das bittet Sie Ihr ganz ergebener S.

*Wie stellen Sie sich Ihren Nekrolog vor?*

Herr Schriftleiter!

Meinen Nekrolog stelle ich mir überhaupt nicht vor.

Das ist eine Angelegenheit meiner Hinterbliebenen.

Vorläufig bin ich noch springlebendig und von einer derartig lächerlichen Rüstigkeit, daß ich diese Frage als reichlich verfrüht ansehe.

Von Ihrem Feingefühl überrascht, bin ich Ihr S.

*Soll man Kinder strafen oder nicht?*

Geehrte Abendpost!

Da mir im Familien- sowohl als auch im Freundeskreise jedes Mindestmaß von pädagogischer Begabung abgesprochen wird und man mich als Erzieher nicht nur nicht anerkennt, sondern sogar bei jeder Gelegenheit demütigt, so ist meine Ansicht, ob man Kinder strafen soll oder nicht, auf keinen Fall maßgebend.

Jedenfalls steht meine väterliche Autorität als solche bei meinen Kindern auf niedrigster Stufe, was hauptsächlich daher kommt, weil ich in der Familie unterdrückt werde und eigentlich meine Kinder an mir herumerziehen.

Sogar mein Enkelchen Helga nörgelt auch schon an mir herum und findet ihren Opa fehlerhaft.

Also diese Frage ist bei mir fehl am Ort.

Ihr in den Staub getretener, aber sich dabei sehr wohl befindender ergebener S.

*Lieber Kollege, was halten Sie von den Proben?*

Liebe Kameraden und -dinnen!

Fort mit den Proben!

Dies, meine lieben Kolleginnen und Kollegen, sei Euer Leitstern. Die Proben sind ein Krebsschaden in unserm hehren Beruf.

Erstens zerstören sie die künstlerische Individualität, sie binden uns sklavisch an etwas Vorgeschriebenes und ertöten den Schöpfertrieb in uns.

Wir werden zum Nachschaffen gezwungen.

Zweitens — und das ist das Wichtigste: auf den Proben merken wir, daß wir unsere Rollen nicht können.

Der Kapellmeister meckert — korrigiert — nörgelt.

Dieses Nörgeln wird meist mit höhnischen Bemerkungen garniert, die uns den Mut zum Weiterleben rauben.

Wozu das?

Wenn wir nicht probieren und es am Abend ein Chaos gibt, soll sich der Kapellmeister mit seinem Orchester zersprageln.

Wenn es einfach nicht mehr weitergeht, so sehen wir den Guten entrüstet an und schütteln mißbilligend den Kopf.

Die Leute werden sagen: «Was sich dieser Kapellmeister wieder geleistet hat, sogar den Slezak hat er herausgebracht.»

Wie charaktervoll!

Darum, Kameraden, schreibt auf Euer Banner: Fort mit den Proben! —

Euer charaktervoller Kollege S.

P.S.

Da ich sicher annehme, daß Gewissenhafte meine Ansicht über die Proben als unrichtig und namentlich den Rat, den Kapellmeister dem Schimpf der Menge preiszugeben, empörend finden, möchte ich zur Aufklärung sagen, daß diese Zeilen für eine Faschingsnummer des Bühnenballes geschrieben wurden, nicht meine wirkliche Ansicht sind, sondern ein Scherz.

Mit dem Gefühl, rein und weiß wie ein Täubchen dazustehen, beschließe ich meine Rundfragenfolge.

# ÄGYPTEN

Mein Lebenstraum, Ägypten und den Orient zu sehen, ist Wirklichkeit geworden.

Lange, lange mußte ich darauf warten.

Der Beruf und vor allem die Inflation haben verhindert, das Wunderbare schon früher kennenzulernen.

Aber das Schöne kommt nie zu spät.

Die Vorbereitungen zu dieser Reise begannen ein halbes Jahr vorher, gleich als der Plan gefaßt werden konnte, sie zu machen.

Von diesem Augenblick an beunruhigte ich alle Reisebüros und hatte in Bälde ein gerüttelt Maß von Prospekten in allen Sprachen beisammen.

Die Reisebüroinhaber begannen mich allmählich, meiner intensiven und langen Besuche wegen, zu fliehen und ich bemerkte, daß sich auch die Beamten mit der Zeit aus dem Staube machten, wenn ich kam — so daß ich mich die letzten Tage nur noch mit dem Hausdiener und der Reinigungsfrau über meine Reise unterhalten konnte.

Sie sprachen sich mit mir über Ägypten aus und waren der Meinung, daß es dort haaß ist und lauter Singhalesen umeinanderrennen.

Angesichts dieser unbefriedigenden Dialoge verließ ich das Lokal.

Einmal vergaß ich meinen Stock, und als ich zurückkehrte, fand ich alle Beamten an ihrem Platze, die, als sie mich sahen, sich wieder verkrümeln wollten.

Da wurde es mir zur Gewißheit, daß ich ihnen auf die Nerven fiel. Aber das genierte mich nicht weiter.

Wenn man eine Reise nach Ägypten macht und wissensdurstig ist, verliert man jedes Feingefühl und wird zum Egozentriker.

Meine über alle Begriffe vollkommene Gattin lernte inzwischen den Baedeker auswendig, sprach nur von Dynastien, nur von der Zeit dreitausend vor Christi, warf mit Jahreszahlen herum, daß ich ganz schwindlig wurde.

Sie konnte alle Ramsesse und Amenophisse auseinanderhalten.

Ich hatte eine Ägyptologin zur Frau, die auch mich mit ihrer milden, bohrenden Art zum Ägyptologen machte.

363

Unser lieber Hausarzt tat indessen das Seine, uns auf die Gefahren so einer Reise vorzubereiten.

Wir fuhren mit einem Koffer voll Medizinen ab, deren jede einzelne dazu bestimmt war, den letalen Ausgang des Bisses eines Skorpionderls oder Schlangerls, wie er es nannte, zu verhindern.

Jeder Wiener gebraucht bei besonders grauslichen Sachen ein Diminutiv.

In diesem Falle: «Skorpionderl», «Schlangerl», um dem Bösen mit ein wenig wienerischer Gemütlichkeit das allzu Krasse zu nehmen.

Je näher die Abreise kam, desto schöner fanden wir es daheim und dachten, wozu haben wir das auf unsere alten Tage nötig, uns von Skorpionderln und Uräusschlangen beißen zu lassen. Aber die Reise war schon bezahlt, es gab kein Zurück, und so kam gottlob der Tag der Abreise. Hochklopfenden Herzens nahmen wir von der Familie und den vielen Viechern Abschied.

Unter anderem auch von Putzi, dem Kiniglhasen, respektive Kaninchen, der in der Küche lebt, aber in den Salon äußerln und die Teppiche zerbeißen kommt.

Abends saßen wir im Schlafwagen Wien—Rom—Neapel, wo wir unser Schiff bestiegen, das uns nach Alexandrien brachte.

Die Seereise war, wie sie alle in unserem Leben waren — wacklig und unerfreulich.

Bei unserer seefesten Veranlagung wird uns beiden schon im Kino beim Anblick eines Kahnes schlecht.

Man kann sich das Vergnügen ausmalen, welches uns so eine Seereise bereitet.

Aber alles geht vorüber, nach drei Tagen legten wir in Alexandrien an und sahen zum ersten Male das Leben und Treiben des Orients.

Ein Geschrei, ein stimmbandlähmendes Rufen und Gestikulieren hinüber und herüber zwischen den Hafenarbeitern, Trägern und Aufsichtsorganen, alle beturbant — Menschen in allen Farben und Rassen.

Eigenartige Trachten, humoristische Hosen, die nicht im Schritt wie bei uns, sondern in der Kniegegend geteilt waren und uns zum Lachen reizten.

Wir wurden von einem Beamten des Egypt & Palestine Lloyd erwartet, der den Strom der Träger auf ein erträgliches Minimum brachte, was er mit vielen gekreischten, arabischen Wortwasserfällen erreichte.

Aus dem gefährlich aussehenden Mienenspiel und dem wilden Herumgefuchtel hofften wir Nichtorientalen, daß sich ein anheimelndes Ohrfeigenmatch herauskristallisieren würde, aber die Leidenschaften ebbten ab, die Erkorenen brachten unser Gepäck vom Schiff, und nach einer sehr milden Zolluntersuchung waren wir Ägypter.

Ich war kaum in Alexandrien angekommen, als sich einige junge Araber, mit Papier und Bleistift bewaffnet, auf mich stürzten und mich um Autogramme baten.

Ich war entzückt über die Popularität, deren ich mich sogar in Afrika erfreuen durfte, schrieb unter großer Assistenz von Araberkindern meine Autogramme, und nachdem sie mich angebettelt hatten, zogen sie unter Gelächter ab.

In Kairo wiederholte sich dasselbe vor dem Hotel Shepheards.

Wieder eine Menge junger Leute, die mich in gebrochenem Französisch um Autogramme baten.

Ich war, trotz einer gewissen Befriedigung, irgendwie irritiert.

Als ich im Büro des Palestine Lloyd diese Sache erstaunt erzählte, sagte der Direktor ganz stolz, das sei eine kleine Aufmerksamkeit von ihm, er habe überall Leute engagiert, die mich um Autogramme zu ersuchen haben, und ihnen mit vieler Mühe: «Un autographe s'il vous plaît» eingelernt, sie aber strengstens ermahnt, mich bei dieser Gelegenheit nicht anzuschnorren.

In Assyut, Luxor und Assuan, ja sogar im Sudan sei diese Ovation für mich vorbereitet.

Selbstverständlich bat ich von weiteren Ehrungen dieser Art abzusehen, und als in Luxor wieder ein paar «Begeisterte» auf mich zukamen und mir Papier und Bleistift entgegenstreckten, rief ich ihnen ein energisches «Yalla» zu.

Das heißt zu deutsch: Mach, daß du weiterkommst oder, wie wir Wiener sagen: Fahr ab. —

Eine Autofahrt von drei Stunden ließ uns Alexandrien in großen Umrissen kennenlernen.

Wir fuhren durch die Araberviertel, wo die Ärmsten der Armen in aus alten Konservenbüchsen zusammengeflickten Hütten wohnen, mit Tieren gemeinsam, gleich Tieren, ohne den geringsten Anspruch auf einen Unterschied.

Befreit atmeten wir auf, als wir in unserem Speisewagen saßen, der uns in drei Stunden nach Kairo brachte.

Endlich sahen wir in der Ferne die Pyramiden, und nach kurzer Zeit fuhren wir in den Bahnhof von Kairo ein, der einen ganz großartigen, internationalen Eindruck macht.

Wir wurden wieder von einem Funktionär des Palestine Lloyd erwartet und ins Hotel Shepheards gebracht.

Ein Riesenhotel, ganz in arabisch-ägyptischem Stil, ein prunkvoller Bau mitten in der Stadt.

Wir waren glücklich, nach tagelangem Provisorium wieder einmal in einem Bett zu schlafen, das nicht wackelt, ein Bad zu haben, aus dem das Wasser nicht aus seinem Behälter schlenkert.

Riesenhallen, endlose Korridore, in denen nubische Bediente mit weißen Kutten, roten Schärpen und den Fez auf dem Kopfe gravitätisch herumstolzierten und die Gäste ruhig dreißigmal läuten ließen, bis sie kamen.

Wenn sie da waren, sagten sie auf alles: «Yes» und gingen ohne jedes Ergebnis für uns wieder weg.

Wenn man die Chambermaid verlangte, mit der man sich verständigen konnte, war diese immer beim Dinner.

Erst wenn man in irgendeiner Sprache Lärm schlug, kam sie und fragte nach unserem Begehr.

In punkto Bedienung waren wir auf das schäbigste Minimum gesetzt.

Das Allererste, das der Fremde sehen will, sind die Pyramiden und die Sphinx.

Wir fuhren über den Nil nach Gizeh bis zum Wüstenhotel Menahouse, wo uns Kamele, Esel und Sandkarren, mit einem Pferde bespannt, erwarteten.

Die Räder dieser Sandkarren haben sehr breite Blechreifen, die nicht so in den weichen Wüstensand eindringen und ein sicheres Fahren, ohne Steckenbleiben ermöglichen.

Von den Pyramiden ist man zuerst ein wenig enttäuscht.

Man hat so viel Unerhörtes darüber gelesen, daß man sich im ersten Augenblick sagt: «Sehr schön, aber so grandios ist die Sache doch nicht.»

Erst wenn man näher kommt und sich in dieses Wunder vertieft, sich vorstellt, wie das nur menschenmöglich war, Steinquadern, von denen jeder mehrere Tonnen wiegt, herzutransportieren und dann in diese schwindelhafte Höhe zu bringen, ist man sprachlos.

Und dies geschah vor sechstausend Jahren.

Dank der interessanten Schilderungen des Dragomans, der sich von den üblichen Fremdenführern mit ihrem auswendig gelernten Herunterleiern der Sehenswürdigkeiten wohltuend unterschied, sah man das Gigantische mit anderen Augen und nahm einen überwältigenden Eindruck mit.

Diese Fremdenführer sind ein Kapitel für sich.

Sie müssen so eine Führung auswendig lernen, sagen sie, und das mit Recht, in zermürbend leidenschaftslosem, gelangweiltem Tone auf und sind erschossen, wenn man sie unterbricht. Es muß ja zum Auswachsen sein, jahraus, jahrein, unzählige Male im Tage dasselbe herunterzuquatschen. —

Wir waren in Weimar und besuchten das Schillerhaus.

Eine ältere Frau führte uns fröstelnd durch die kalten Räume.

Wir waren die einzigen Klienten und kamen zum Schlafzimmer Schillers.

Da lautete die Führung wortwörtlich in sächsischstem Sächsisch: «Schiller war keen scheener Mann — Schiller hatte rode Haare — Goede war ein scheener Mann — bitte die Bettlade nicht anzugreifen.» —

Kein Mensch stand in der Nähe der Bettlade — aber dies mußte kommen, sonst hätte die Ciceronin nicht weitergewußt.

Ich machte es mir zur rügenswerten Aufgabe, diese lieben Erklärer durch sonnigen Humor aus dem Konzept zu bringen.

Vor vielen Jahren besuchte ich einmal den fünfeckigen Turm in Nürnberg.

Mit verdrossener Miene sagte ein Mädchen ihren Spruch auf.

Als sie mitten im Erklären war und Namen von Rittern und Jahreszahlen nannte, warf ich ein: «Das glaube ich nicht, Fräulein, ich habe das Gefühl, Sie irren.»

Aus war's. Die Arme verlor den Faden und mußte ihre Epistel von vorne beginnen.

Es waren ungefähr dreißig Personen da, die mußten sich, dank meiner humorvollen Unterbrechungen, die Folterwerkzeuge viermal explizieren lassen.

Als ich dann zum fünften Male fragte: «Woher wissen Sie das, liebes Fräulein?» — begannen die Leute zu murren, man ließe sich nicht veräppeln, und auf einmal war ich draußen.

Ich habe den fünfeckigen Turm unfreiwillig verlassen.

Doch ich schweife ab.

Zurück zu den Pyramiden, zurück zur Sphinx.

Diese präsentiert sich im ersten Moment auch nicht so überwältigend, wie man es in der Phantasie, nach Beschreibungen und Bildern erwartet.

Sie war noch vor wenigen Jahren bis zur Hälfte verschüttet, ist aber jetzt ganz bloßgelegt, so daß man die Tatzen sehen kann.

Wenn man längere Zeit dieses leider devastierte Gesicht beobachtet, kann man sich eines unheimlichen Gefühls nicht erwehren.

Trotz der zerschlagenen Nase und der zertrümmerten Gesichtsteile wird es bei längerem Draufschauen zu einem Ganzen und man merkt das Fehlende gar nicht mehr.

Man sagt nicht umsonst: Geheimnisvoll wie eine Sphinx.

Es ist etwas in dem Gesicht, das einen unruhig macht, besonders in dieser Umgebung, dieser lautlosen Stille mit den drei Pyramiden und der endlosen Wüste als Hintergrund. Im übrigen hat die Sphinx eine frappante Ähnlichkeit mit Tante Karla aus Proßnitz.

Die hatte auch so eine zertepschte Nase.

In der Familie zirkuliert das Gerücht, daß sie einmal den Onkel Wladimir so reizte, daß ihr dieser eine leere Spiritusflasche nachschmiß und so vorteilhaft traf, daß sie ihr mitten auf die Nase fiel und diese in ihren jetzigen Zustand versetzte.

Sie soll daraufhin ohnmächtig geworden sein, aber erst, nachdem sie Onkel Wladi eine echte Biedermeiersuppenterrine nachgeworfen hatte, die dem lieben Onkel die Gehirnhaut ablöste.

Wenn die Suppenterrine heil geblieben wäre, so hieß es in der Familie, hätte das dem teuren Onkel Wladi nichts ausgemacht, denn er hatte von Haus aus eine ziemlich zuverlässige Schädelbildung.

Aber dadurch, daß die Terrine in Scherben ging und diese einer gewissen Schärfe nicht entbehrten, kam es, daß dem lieben Onkel der Skalp verschandelt wurde.

Natürlich ist das Familienüberlieferung und ich kann keine Garantie für die Wahrheit übernehmen.

Ich war nur froh, daß mir die Tante Karla erst beim Abschied von der Sphinx einfiel, denn sonst wäre mir die ganze Stimmung zerstört worden.

Ganz abgesehen von Tante Karla, genügt schon der Name Proßnitz allein, um den Genuß der Sphinx in Frage zu stellen.

Die Stunden verflogen im Nu, und ganz benommen von dem Erschauten fuhren wir heim in unser Hotel zum Dinner, wo sich die Kellner wie Großfürsten zur russischen Kaiserzeit gebärdeten und mich leutselig von oben herab behandelten.

Erst als ich den Direktor kommen ließ und diesen um andere Kellner ersuchte, haben sie ihr Benehmen schnell geändert.

Ich habe überhaupt eine Abneigung gegen diese ganz vornehmen, internationalen Restaurants, wo man nicht ohne Assistenz von fünf Kellnern, die um einen herumstehen, essen kann, die auf Riesenschüsseln Liliputportionen hereinbringen, diese auf Spiritusflammen stellen, einen warten lassen, bis man schwarz wird, dann die Hälfte von der Winzigkeit vorlegen und den Rest großzügig wieder hinaustragen.

Allerdings werde ich da immer originell und sage in liebenswürdig gereiztem Ton: «Bitte das hinzustellen, wir bedienen uns selbst, auch möchte ich gerne allein sein und mich ohne fünfköpfige Kontrolle unterhalten.»

Das erregt in so einem Ritz-, Majestic- oder Ixypsilonhotel arges Befremden, und die Ganymede ziehen sich mit einem Blick zurück, der einen zum Plebejer stempelt.

Ach, jetzt bin ich schon wieder abgeschwiffen, unverbesserlich bin ich in dieser Hinsicht.

Eine Fahrt durch die Basare im Araberviertel ist das Interessanteste, das man sich vorstellen kann, namentlich wenn man zum ersten Male im Orient ist.

Man kann nicht genug schauen, um die sich überstürzenden Eindrücke in sich aufzunehmen, die dieses fremdartige Leben und Treiben jeden Augenblick bietet.

Gablonz spielt in diesen Basaren eine große Rolle.

Alle Bernsteinketten, Korallen und besonders Skarabäen, die einem als wertvolle Ausgrabungen aufgeschwatzt werden, sind aus Gablonz.

Das Einkaufen ist eine kühne Angelegenheit.

Wenn etwas ein Pfund kosten soll, sei man mutig und biete zehn Piaster.

Ein großes Wehgeschrei erfüllt die Luft, aus den Mandelaugen werden schmachtende Blicke gesandt, die Verzweiflung atmen.

Der Geschäftsinhaber lädt zum Sitzen ein, läßt Kaffee kommen und erklärt, wie herrlich, wie einmalig dieses oder jenes Stück sei, und nur weil wir aus Wien sind, was er schon weiß, will er es für fünfzig Piaster lassen.

Daraufhin erhebt man sich, um fortzugehen.

Das läßt er aber nicht zu, beschwört uns, unser Interesse zu wahren, denn diese Gelegenheit käme nie wieder, und geht auf dreißig Piaster herunter.

Zum Schluß bekommt man den Ramsch um fünfzehn Piaster.

Wenn man diesen vorteilhaften Kauf abgeschlossen hat, ärgert man sich windschief, daß man nicht noch weniger geboten hat.

In Mataria sahen wir die alte Sykomore, unter der, wie die Legende sagt, die heilige Maria mit Josef und dem Jesuskinde Schutz gefunden haben soll.

Ein Riesenbaum von ungeheurem Umfang, verwittert und sehr malerisch in seinem Aussehen.

Auch eine Kirche ist in Mataria.

Sie steht in einem Vorpark mit sogenannten Salamibäumen.

Die Bäume heißen wirklich Salamibäume, und die herabhängenden Früchte gleichen, besorgniserregend, einer ungarischen Salami, die dem echten Wiener das Leben verschönt.

Ich fragte den Dragoman, ob man wohl schon zu Pharaos Zeiten die ungarische Salami gekannt hat.

Er meinte, darüber könne er keinen Aufschluß geben, er sei aus Jerusalem, und dort speziell ist die ungarische Salami unbekannt.

Dann besuchten wir die Totenstadt, die die Mameluckengräber birgt.

Vor den Toren Kairos ist eine ganze Stadt mit schönen Häusern und tempelartigen Villen den Toten geweiht.

Das Fest des Ramadan ist die Fastenzeit der Mohammedaner.

Von vier Uhr früh bis zum Sonnenuntergang, der der Stadt mit einem Kanonenschuß verkündet wird, dürfen sie nichts essen, nicht rauchen, und nicht einmal einen Tropfen Wasser zu sich nehmen.

Sowie aber der Kanonenschuß ertönt, auf den sie schon bei ihren gefüllten Töpfen warten, stürzt sich alles mit Gier auf das Essen und schlingt.

Der Mantsch, den sie in ihrem Schüsselchen haben, ist auch für das Auge höchst uneinladend.

Man erzählte uns, daß die Leute, die nach so langem Fasten abends so viel auf einmal in sich hineinschlingen, oft sehr krank werden, und es in der Zeit des Ramadan ziemlich viele Todesfälle gibt, die durch Überfressen getätigt werden.

Für einen Fresser ein herrlicher Tod.

Wir hatten auch Gelegenheit, ein mohammedanisches Begräbnis zu sehen.

Hinter dem Sarg, einer einfachen, ungehobelten Kiste, gehen zuerst zehn bis fünfzehn Weiber, die ein gräßliches Geschrei machen.

Das sind die Klageweiber, deren Anzahl und auch die Stärke des Geschreis ganz von der finanziellen Verfassung des Verstorbenen reguliert wird.

Die werden gemietet, müssen kreischen und wehklagen, was sie mit durch Mark und Bein gehenden, gellenden Trillern absolvieren

Eigens hierzu bestellte Organe kontrollieren, ob sie nicht erlahmen oder gar schlampert wehklagen.

Nun kam der Tag der Nilreise.

Das Schiff fährt nur bei Tag und geht vor Sonnenuntergang vor Anker.

So hat man die Möglichkeit, alles sehen zu können, was der Strom an Herrlichkeiten bietet.

An den Ufern die Fellachenfrauen, die Wasser schöpfen kommen mit Tonkrügen, wie sie schon vor dreitausend Jahren dieselben waren.

Dort halten sie ihr Tratscherl ab, streiten manchmal auch, daß die Fetzen fliegen, genau wie bei uns.

Dann heben sie die schwere Last auf den Kopf und schreiten majestätisch von dannen.

Pierre Loti sagt, daß die Fellachenfrauen durch dieses Alles-auf-dem-Kopf-Tragen eine Haltung bekommen, die sie zu Königinnen macht.

Ich will ihn aber lieber nicht zitieren, sonst heißt es womöglich, ich habe ihn abgeschrieben.

In Kairo besuchten wir ein Derwischkloster, das in den Felsen des Moccatangebirges eingebaut ist.

Der Vorsteher des Klosters ist eine Art Wundermann, der von

den Fellachen besonders verehrt wird und den sie in allen Lebensfragen um Rat und Beistand bitten.

Dort begegneten wir zwei wunderschönen Fellachenfrauen in ihren langen, schwarzen Gewändern.

Die Frau darf im Orient nur schwarzgekleidet gehen, zum sichtbaren Zeichen, daß sie dem Manne, der immer bunt und hell angezogen ist, nicht ebenbürtig sei.

Der Dragoman fragte sie auf arabisch: «Du warst wohl beim Derwisch, weil du kein Kind bekommst?»

Mit Inbrunst und Angst in den Zügen antwortete sie: «Allah wird es geben — Allah wird es geben.»

Das war solch ein Schrei aus dem Innersten, daß wir beide, ohne ein Wort zu verstehen, die Tränen in die Augen bekamen.

Die andere sagte ganz stolz: «Ich war ihn bitten, daß Allah mir meine beiden Kinder gesund erhält.»

Es war ein tiefbewegender Eindruck.

Dieses Kloster ist weit in den Felsen des Mocatan hineingehauen und angefüllt mit Gräbern besonders verdienter Klosterbrüder.

Am Eingang der Felsenhöhle saß ein uralter, lieber Derwisch, der mich freundlich anlächelte und mir in gebrochenem Englisch sagte: «Wenig essen — alt werden — viel essen — bald sterben.»

Der scheint gemerkt zu haben, daß ich viel esse und ein Embonpoint habe.

Das war Wasser auf die Mühle meiner Frau, sie flüsterte gleich: «Siehst du, Leo, er sah gleich, daß du ein Fresser bist.»

Jetzt höre ich bei jeder Gelegenheit, wenn mir das Essen schmeckt: «Leo, denk an den Derwisch.»

Das habe ich notwendig gehabt.

Es interessierte mich, zu erfahren, wie das eigentlich mit der wunderbaren Vielweiberei ist.

Mein Reisemarschall in Assuan, ein hochgebildeter Araber, meinte, es käme höchst selten vor, daß ein Mann mehrere Frauen hat.

In der Regel ist der Bedarf schon mit einer bis zum Rande gedeckt, und dann kostet jede weitere Frau sehr viel Geld.

Auf meine Frage, wie sich denn die jungen Leute kennenlernten, da doch die Frau, wenn sie ins mannbare Alter kommt, ein dichtes, undurchdringliches Rouleau vor das Gesicht bekommt, meinte er: «Ja, das ist eine kitzlige Frage.»

In den unteren Ständen einigen sich die gegenseitigen Väter und dekretieren, der Sohn des einen hat die Tochter des anderen zu heiraten.

Der Preis wird ausgeknobelt, wird in bar ausgezahlt, und die Angelegenheit ist ritterlich ausgetragen.

Der Mann riskiert nicht viel bei so einem «Katze-im-Sack-Kauf».

Ist sie ihm zu mies und der Kaufpreis nicht allzu hoch, kann er sie am nächsten Morgen ihren Eltern zurückschicken und sagen: «Suleima, mir graut vor dir – Yalla!»

Der Sohnesvater gibt der Gegenpartei seine paar Netschen zurück und der Handel beginnt von neuem.

Ist der Jüngling ein Aviatiker, der auf die Frauen fliegt, kann er diesen Scherz ins Uferlose fortsetzen, bis sich eines Tages die zahlreichen Töchterväter zusammentun und ihn derart verdreschen, daß er nicht mehr die Spannkraft für weitere kurzfristige Heiraten aufbringt.

Bei den höheren Ständen ist das viel einfacher.

Erstens einmal ist die Emanzipation schon weit vorgeschritten, und die heutigen jungen Mädchen verschleiern sich fast gar nicht mehr, und wenn sie es tun, dann so durchsichtig, daß der Schleier alles Wissenswerte erschöpfend ahnen läßt und nur das Kokettieren fördert.

Sollte so ein wohlhabendes Mädchen dicht verschleiert sein, ist Vorsicht am Platze, denn dann ist sie mies und wird auf obigem Wege an den Mann gebracht.

Aber wie gesagt, die reichen Mädchen spielen Tennis, haben die kostbarsten Toiletten, die ihre körperlichen Reize unterstützen, und es vollzieht sich alles wie bei uns.

Wenn sie dann verheiratet sind, werden sie genau so rechtlos, wie die ärmste Moslimfrau aus den ganz niederen Schichten.

Doch nun zurück zur Nilfahrt.

Vom Schiff aus wurden Ausflüge zu den jeweiligen Tempeln gemacht.

Einen trüben Eindruck machte Memphis auf mich.

Von der Pracht dieser berühmten Stadt, in die ich so oft als der siegende Triumphator und Feldherr Rhadames in «Aida» einzog, sind nur zwei riesige, zerschlagene Ramseskolosse übriggeblieben.

Ein Palmenwald mit einigen armseligen Araberhütten, sonst nichts.

Memphis und Theben, diese Metropolen altägyptischen Glanzes, wo sind sie hin?

Nur in einigen Tempeln und Gräbern dokumentiert sich das ehemals so Prunkvolle – Erhabene.

Sand – Sand über allem, aus dem noch weitere Reste herausgebuddelt werden.

Unser Dragoman aus Kairo fehlte uns sehr.

Was hätte der uns zu sagen gehabt! –

Jahrtausende öffnen ihre Pforten, und alles stimmt einen sehr traurig, weil es die Vergänglichkeit alles Irdischen so furchtbar kraß vor Augen führt.

In Assyut, einer ziemlich großen Provinzstadt, mußten wir das Schiff wechseln, weil am Staudamm Reparaturen vorgenommen wurden, die das Schleusen der Schiffe nicht gestatteten.

Es ist eine besondere Eigentümlichkeit dieser Nildampfer, daß sie nur von Beduinen navigiert werden können.

Man hat des öfteren Versuche gemacht, englische Seeoffiziere einzusetzen, die aber ausnahmslos scheiterten.

Der Nil verändert seine Bodenstruktur oft über Nacht, und es muß stets die Fahrrinne gewechselt werden.

Die Beduinen haben in der Bestimmung dieser Fahrrinne einen sechsten Sinn – erkennen instinktiv aus der Färbung des Wassers, wo sie fahren müssen.

In Luxor hielt das Schiff zwei Tage, um alle hier aufgestapelten Herrlichkeiten, die großen Tempel von Karnak, Luxor und das Tal der Könige kennenzulernen.

Ein ungeheures Erlebnis war Karnak.

Eine riesige Tempelstadt, die Säulen in Dimensionen, die man sich nicht vorstellen kann, und wieder, wie bei den Pyramiden, das Erstaunen, daß es möglich war, diese ungeheuren Steinmassen an Ort und Stelle zu bringen.

Ein Rätsel! –

Stundenlang sind wir in den Tempeln herumgewandert.

Von Luxor weiter nach Assuan, wo die Grenze Nubiens beginnt.

Das Katarakthotel, ein Märchenbau mitten in der Wüste.

Von meinem Balkon aus sah ich den Fluß, der hier als Katarakt mit tiefschwarzen Basaltfelsen bedeckt ist, die aus dem Wasser ragen.

Drüben die Wüste Sahara in ihrer zermürbenden Unendlichkeit und hinter dem Hotel die arabische Wüste, genau so trostlos und furchterregend.

Die Neugierde trieb uns, mit dem Auto einige Kilometer in die Wüste hineinzufahren.

Kaum waren wir ein Viertelstündchen unterwegs, meinte der Reise-Ibrahim, er glaube, es wäre gut, umzukehren, es käme ein Sturm.

Selbstverständlich war ich einverstanden, denn bei Stürmen bin ich nicht vergnügungssüchtig, und in den nächsten paar Minuten war die Hölle los.

Eine undurchdringliche Wolke von Sand wälzte sich entgegen, und als sie uns erreichte, waren wir nicht imstande, die Augen zu öffnen.

Der Chauffeur gab Gas und raste heim, wo wir über und über und durch und durch mit echtem arabischem Wüstensand durchsetzt ankamen, der aus den Kleidern vier Tage nicht herausging.

373

Es war ein Samum, das ist derselbe Wind, in dem ich als Assad in der Oper: «Königin von Saba» umgekommen bin.

Nur war es auf dem Theater angenehmer, da hat ein Mann die Windmaschine gedreht, ein anderer mit einer Palme gewackelt, und ich konnte behaglich sterben.

Aus allen diesen meinen Schilderungen kann man entnehmen, daß ich kein Wüstenfanatiker bin, weil die Wüste sehr unangenehme Sachen an sich hat, die ich mißbillige.

Wir fuhren mit dem Auto nach Shellal an den Staudamm von Assuan, den zweitgrößten der Welt mit seinen hundertachtzig Toren, durch die man das Wasser so regulieren kann, daß es wie ein Niagarafall herausbraust oder sachte herausrieselt.

Mit dem Dampfer «Thebes» fuhren wir von Shellal nach dem Sudan.

Eine traurige Fahrt.

Rechts und links nichts als die Wüste und etappenweise die kläglichen Nubierdörfer.

Ein würdiges Volk, diese Nubier.

Wenn wir an den Ortschaften anlegten, um Tempel anzusehen, standen sie alle mit unsagbar traurigen Blicken da, ohne zu betteln.

Wohltuend empfanden wir, daß dieses widerwärtige, in die Ohren gellende «Bakschisch» und diese, wie die Kletten zudringlichen Händler fehlten, mit ihrem Bockmist, den sie beharrlich, trotz fünfzigmaliger Ablehnung immer wieder anboten.

Das ununterbrochene Angebetteltwerden, das lästige, nervenzerstörende Sich-an-die-Fersen-der-Reisenden-Heften, macht einen rasend und vergällt jeden Genuß.

Ich habe ein Mittel gebraucht, um sie wenigstens ein bissel im Zaume zu halten.

Ich schnitt ihnen Gesichter, bellte wie ein Hund, miaute und bettelte sie auch an.

Sie lachten aus vollem Halse.

Allerdings war das nur eine Stimulanz für wenige Minuten, denn sowie sie sich an das Gesichterschneiden, Bellen und Miauen gewöhnt hatten, begann das Geschrei von neuem und alles «Yalla» erwies sich als unwirksam.

In Nubien war dieser Unfug wie abgeschnitten.

Wir fuhren zwischen Felsen und Schroffen, rechts und links die Wüste, die den ganzen Weg an den Nil herankommt und nicht einen Zoll breit fruchtbar ist.

Der nächste Halteplatz war der Tempel Abu Simbel.

Das war der Höhepunkt alles dessen, was wir bisher zu sehen bekamen.

374

Eine Stunde vor Ankunft des Schiffes erlebten wir ein Naturereignis von großer Seltenheit – eine totale Mondfinsternis.

Zuerst schob sich eine schwarze Scheibe vor den Mond, die diesen allmählich ganz bedeckte, so daß zum Schluß nur am Rande ein dünner Lichtkreis zu sehen war.

Ein unwahrscheinlich leuchtender Sternenhimmel wölbte sich über uns.

Da sahen wir zum ersten Male das Kreuz des Südens.

Nach einigen Minuten schob sich die schwarze Scheibe langsam zur Seite und gab ein Stückchen des Mondes um das andere frei, bis sein Licht wieder voll und glänzend alles bestrahlte.

Eine ganze Stunde dauerte dieses herrliche Schauspiel.

Vor uns wuchtete ein Riesentempel mit vier ungeheuren Ramseskolossen, aus dem Felsen herausgehauen, aus einem Stück, ohne jede bauliche Zutat.

Überwältigt standen wir vor diesem Wunder bei vollem Mondschein, der das Ganze gespenstisch beleuchtete.

Vom Schiff aus konnte man die ungeheuren Dimensionen dieses größten aller Tempel, den sich Ramses II. bauen ließ, gar nicht ahnen.

Pharao Ramses muß ein sehr eitler Herr gewesen sein.

Über die Hälfte aller Tempel, Statuen und Kolosse Ägyptens hat er errichten und sich in diesen verherrlichen lassen.

Einige hundert Meter entfernt befindet sich ein kleiner Tempel mit gleichfalls aus dem Felsen gehauenen Figuren, den er seiner schönen Gattin Nefretere weihte. –

Um halb sechs morgens waren wir schon auf, um den Sonnenaufgang zu sehen.

Der große Ramsestempel hat eine so merkwürdige Lage, daß Ende Februar die Strahlen der aufgehenden Sonne bis ganz nach rückwärts ins Allerheiligste scheinen und dort die seitlichen Statuen in magisches, rötliches Licht tauchen.

Vor diesen Steinmassen, die trotz ihrer Riesenhaftigkeit proportioniert und herrlich schön wirken, kommt man sich jammervoll und winzig vor.

Was müssen das für Bildhauer, für Baumeister gewesen sein, die das geschaffen haben! –

Lange saßen wir da, allein, ohne das Gequassel des Führers, und konnten uns von diesem Zauber nicht trennen.

So muß der Tempel ausgesehen haben, in den Amneris im dritten Akt Aida vor ihrer Hochzeit mit dem Oberpriester opfern ging.

Die wunderbare Vollmondnacht, die fahlen Farben, die Schlagschatten auf den unheimlichen Gesichtern der vier Kolosse. Da sieht man erst, wie Verdi mit den zarten Pizzicati der Geigen das Kolorit getroffen hat.

Noch nie in meinem Leben war ich von etwas so beeindruckt wie von diesem, alles in den Schatten stellenden Bilde.

Mein Gott, wie schön ist doch die Welt, wie kurz ist das Leben, wie wenig kann man es genießen und wieviel haben wir versäumt!

In aller Herren Länder bin ich gewesen, mein ganzes Leben lang bin ich gereist und nichts habe ich gesehen als Eisenbahn, Hotel, Theater, Konzertsaal, Hotel und wieder Eisenbahn.

Auf alles habe ich verzichten müssen.

Aber ich will nicht undankbar sein, mich freuen, daß ich noch in aufnahmsfähiger Frische und warmem Interesse für alles das Herrliche mit meiner Frau erleben durfte.

Gegen elf Uhr mittags ging es weiter nach Wadi Halfa, dem ersten großen und wichtigen Ort im Sudan, dem Endziel unserer Reise.

Wadi Halfa ist eine von den Engländern angelegte, moderne Stadt, in lauter regelmäßige Rechtecke geteilt, mit ziemlich breiten Straßen, die es nicht gestatten, das echte, orientalische Leben in den Basaren zu entfalten.

In einer halben Stunde ist man ein geübter Wadihalfianer, und diese halbe Stunde genügt vollkommen, den Bedarf an Wadi Halfa auf Jahrzehnte hinaus zu decken.

Wir mußten zwei Tage dableiben.

Warum, war keinem von uns erfindlich.

Es gibt da ein herrliches, von der Sudan-Railway geführtes Hotel, welches in einem Wald von vier Palmen steht, die dem Hotel die Aussicht auf den Nil nehmen.

Sonst liegt es in der knalligen, alles röstenden Sonne und ist immer leer.

Als wir da waren, sollen die zwei Gäste, die das Hotel belebten, sich alleine gefürchtet haben und sind mit uns wieder weggefahren.

Der Direktor, ein Deutscher, hatte so viel Zeit, daß er diese zum Fliegenfangen benutzte und es in dieser Kunst zu solcher Höhe brachte, daß man sogar in der Wüste davon sprach. —

Am nächsten Vormittag wurde eine Motorschiffahrt zu dem zweiten Katarakt angetreten.

Der Eigenartigkeit der ganzen Landschaft wegen, der vielen schwarzen Granitfelsen, zwischen denen das Wasser herumgurgelt, und hauptsächlich der vielen Krokodile halber, die auf den Felsen schlafend liegen und erst, wenn man näher kommt und Krach macht, ins Wasser stürzen — war diese Fahrt äußerst interessant.

Fast auf jedem Felsen saß so ein scheußliches, unsympathisches Tier, von uns mit großer Neugierde photographiert und bestaunt.

Die Krokodile dürfen nicht geschossen werden, so heißt es, weil sonst die Reisenden gar nichts zu sehen bekämen.

Böswillige sagen, sie sollen von Thomas Cook & Son dahingelegt worden und ausgestopft sein.

Das ist aber eine Lüge, sie waren alle lebendig, denn ein totes Krokodil, ein ausgestopftes kann keinen Rachen aufreißen und ins Wasser rodeln, wenn es erschreckt wird.

Was man auf so einer Reise alles aufgetischt bekommt, geht auf keine Kuhhaut.

Durch alle diese Felsen fuhren wir im Zickzack zum Berge Abu Sir, einem Hügel, der eine weite, herrliche Aussicht über das ganze Kataraktgebiet gewährt.

Um auf den Berg hinaufzukommen, stehen Kamele und Esel herrlich gezäumt und farbenprächtig geschmückt da, um ihre Last hinaufzutragen.

Bei dieser Gelegenheit habe ich das erste- und bestimmt auch das letztemal ein Kamel bestiegen.

Das war so grauenhaft, daß ich es nie vergessen werde.

Schon als mich das Kamel von weitem kommen sah und ungefähr mein Gewicht abschätzte, fing es jämmerlich zu jaulen an, riß weit das Maul auf, zeigte ein paar häßliche, gelbe, vorstehende und ungepflegte Zähne, die von keinem Zahnarzt regulierbar sind.

Sechs Personen hoben mich auf das liegende Kamel in eine Mulde, die von vier Holzpflöcken umrahmt war.

Als ich endlich saß, bekam das Kamel den Befehl, sich zu erheben.

Ein markerschütternder Plärrer erfüllte die Luft, und plötzlich erhielt ich einen Stoß ins Kreuz, daß ich meinte, meine letzte Stunde habe geschlagen.

Ich fiel mit meinem ganzen Körper nach vorne und sollte über dem Halse des Tieres wieder herunterfallen, was aber die klugen sechs Sudanesen erfolgreich verhinderten.

Bei dieser Gelegenheit bohrten sich die zwei vorderen Sattelknöpfe in meinen Leib und veranlaßten mich, einen unartikulierten Schrei auszustoßen.

Die Eingeborenen schrien mit, aber vor Vergnügen, auch unsere Mitreisenden wußten sich vor Heiterkeit nicht zu fassen.

Ich wurde in Stellungen photographiert, deren Möglichkeit ich nicht für möglich hielt, und kaum hatte ich meine Besinnung erlangt, hob das Schiff der Wüste seine Vorderpratzen und derselbe Stoß wiederholte sich in umgekehrter Richtung.

Da bekam ich die beiden Sattelknöpfe wieder ins Kreuz gebohrt und hing entsetzlich hoch oben.

Man glaubt nicht, was so ein Kamel für hohe Beine hat.

Nun begann unter allgemeinem, herrlichem, aus dem Innern kommendem Gelächter der Ein- und Ausgeborenen der Ritt.

Jeder Schritt, den diese gelbe Bestie machte, war eine Qual.

Fünf bis sechs Minuten dauerte dieses böse Theater.

Ich weiß nur, daß ich es als endlos empfand.

Nun ich oben war, ließ ich mich erst in wirkungsvoller Positur photographieren, machte ein Gesicht, als ob ich auf diesem Rabenvieh mühelos die Wüste Sahara, in der sich diese Szene abspielte, durchquert hätte.

Nun kam der Abstieg.

Den zu schildern erspare ich mir, weil mir schlecht wird, wenn ich mich nur daran erinnere.

Endlich war ich unten.

Alles umringte mich und alle waren sehr vergnügt.

Daß die andern es waren – schön. –

Das sind fremde Menschen, die sich auf meine Kosten amüsierten.

Aber daß Elisabeth, mein Weggenoß, mein angetrautes Weib sich schief lachte, empfinde ich als Roheit, die ich der sonst so Guten, so Milden, so Mitleidsvollen nie vergessen werde.

Erst als ich ihr ein leises, aber um so strengeres: «Ich glaube, du hättest nun genug gelacht!!!» entgegenzischte, besann sie sich und fragte heuchlerisch, ob ich mir weh getan habe.

«Gewiß habe ich das», fauchte ich zurück.

Der Sattel ist, abgesehen von den sich in den Leib bohrenden Holzknöpfen, auch noch so breit, daß ich mir meine ganze Figur auseinandergrätschte und längere Zeit brauchte, die Beine zusammenzukriegen.

Mein Schwur hallte in die Lüfte, die Katarakte trugen ihn weiter in den Nil, der fließt ins Meer, in die Ewigkeit: «Nie wieder auf ein Kamel!»

Auf dem Abu Sir angelangt, hatten wir eine fabelhafte Aussicht, die alle kameliale Unbill vergessen ließ.

Unten in den Strudeln des Kataraktes schwammen Sudanesenjünglinge, mit aufgeblasenen Ziegenfellen umgürtet, die Strömung hinunter, inmitten der vielen Krokodile, was uns sehr aufregte.

Man informierte uns aber, daß das Krokodil im Wasser keine Kraft habe und daher vollkommen ungefährlich sei.

Also, ich nahm das zur Kenntnis, möchte aber doch nicht die Probe aufs Exempel machen wollen.

Daß das Krokodil im Wasser ungefährlich ist, weiß der Eingeborene, der Sudanese, man weiß aber nicht, ob das das Krokodil weiß.

Als wir wieder im Motorboot saßen, lachten mich alle an.

Mein Kamelritt hat mir die Herzen der Mitreisenden gewonnen, plötzlich war ich beliebt.

Einmal noch in meinem Leben möchte ich solches Gelächtertrommelfeuer erleben, wie bei diesem meinem ersten und letzten Kamelritt.

Am Abend war eine sogenannte Desert-Party, ein Wüstenausflug auf dem Programm.

Man ritt um fünf Uhr nachmittags, als die Sonne nicht mehr alles gar röstete, auf Kamelen — welch schauerlicher Gedanke — sechs Meilen, ungefähr zwölf Kilometer, in die Wüste, wo ein angeblicher Scheich die Gäste empfing, sie in sein Kamp einlud und ihnen ein Dinner servieren ließ.

Während des Essens wurden von Sudanesinnen heimatliche Tänze aufgeführt, und nachts ritt man bei Mondschein und Schakalengeheul als Geräuschkulisse wieder zu seinem Schiff zurück.

Ich habe sofort abgelehnt und in meinem vor Intelligenz strotzenden Gedankengang vorausgesehen, daß dieser Wüstenritt eine Pleite werden würde.

Man hat es mir am nächsten Morgen, verstimmt, müde und zerbrochen, bestätigt.

Dieser Scheich ist ein von Cook & Son gemieteter Heiliger, das Kamp eine von Cook & Son gestellte Angelegenheit, das Dinner hat Cook & Son vom Schiff hinbringen lassen und es wurde auf demselben Geschirr serviert, das wir auf dem Schiff hatten, nur mit dem Unterschied, daß es dort, inklusive Kamel, hundertfünfundzwanzig Piaster extra kostete.

Die heimatlichen Tänze bestanden in einem eintönigen, zum Gähnen reizenden Wiegen und Wippen des Oberkörpers, nach den Püffen, die ein männlicher Sudanese einer mit Ziegenhaut überzogenen Trommel entlockte.

Die Sudanesinnen waren schieche Trampeln, und es war saufad.

Dieses war der Bericht eines Schweizer Mitreisenden.

Der Endeffekt war: allen tat alles weh, alle hatten beim Sitzen im Kamp Angst vor Schlangen und Skorpionen, über die Thomas Cook & Sohn keine Macht hat und die einen beißen können, trotzdem es verboten ist.

Wir saßen auf Deck, sahen die Sonne untergehen und freuten uns, daß wir dieses Mal über die andern lachen konnten.

Am nächsten Morgen lichteten wir die Anker, das heißt, banden die «Thebes» vom Ufer los und fuhren nach Assuan zurück in unser herrliches Katarakthotel.

Assuan ist die größte Stadt in Oberägypten und durch einen Staudamm von Nubien getrennt.

Bei der Ankunft nahmen wir einen Einspänner, ließen uns in die Stadt fahren, in die Basare und auf den interessanten Markt.

Wir wurden allgemein bestaunt und, wie mir schien, auch belacht.

Am nächsten Morgen bat ich unsern Reisefritzen Ibrahim, wieder so einen Pferdewagen zu mieten und mit diesem das Lager der Bischarin zu besichtigen.

«Mr. Slezak, wir haben nur einen Pferdewagen in Assuan und mit dem können Sie nicht fahren», war seine Antwort.

«Warum nicht?»

Er zögerte mit der Antwort, dann sagte er verlegen: «Wenn ich vier Kilometer Weg vor mir habe und der Wagen steht da, so gehe ich zu Fuß, denn mit diesem Wagen kann man nicht fahren.»

Als ich in ihn drang, sagte er endlich: «Dieser Wagen ist nur dazu da, die Dirnen aus dem Freudenviertel Reklame zu fahren, und kann von keinem anständigen Menschen benutzt werden.»

Ich erzählte ihm, daß ich drei Stunden mit diesem Gefährt die Stadt besehen habe und meine arme Frau alleine drinnen sitzen ließ, während ich photographierte.

Er war entsetzt.

Nun erklärten wir uns auch die große Heiterkeit und das sichtliche Interesse, das wir in diesem geächteten Vehikel beim Volk von Assuan auslösten.

Meine Liesi errötete tief und lispelte sanft und vorwurfsvoll: «Was du für Sachen machst — Leo! —»

Ein berühmter Ausflug ist der Besuch bei den Bischarin.

Das sind Beduinen, die in der Wüste leben, ihr Lager in der Totenstadt von Assuan aufgeschlagen haben und die Besucher schwer zum besten halten.

Wenn die Fremden nur in die Nähe kommen, stürzen sie aus ihren Verliesen heraus und schreien vorerst einmal und für alle Fälle: «Bakschisch.»

Dann kommt der Häuptling und begrüßt uns auf Wüstenart, indem er die Hand hinhält, in die man einige Kupfermünzen hineinlegt.

Damit ist die Verbindung hergestellt und er jagt vor allem die vielen Kinder weg, indem er mit einem langen, hierzu prädestinierten Stock in diese hineindrischt.

Nun kommen die originellen Typen aus ihren Höhlen heraus.

Sie werden photographiert.

Für jedesmal knipsen hat man seinen Obulus zu entrichten.

Sie sind alle zum Photographieren hergerichtet, haben lange Haare, die in hundert kleinen Zöpfchen geflochten sind und wie Spagatschnüre herunterhängen.

In diesen stecken Pfeile und Kämme, und jeder hat seinen zoologischen Garten darin. —

Der eine trägt ein langes Schwert, der andere Pfeil und Bogen, sie gebärden sich sehr wild und machen stark auf gefährlich.

Nun wollten sie uns den wilden Kriegertanz der Bischarin vorführen, was ich aber auf das strikteste ablehnte, weil diese Kriegertänze ein eingelerntes Theater, ein ödes Herumgehopse, mit vielem Zwischengrölen untermalt und nur für besonders harmlose Besucher bestimmt sind.

Regiegemäß kam dann der Oberbischarin zum Wagen, der uns wieder auf die bereits erwähnte Wüstenart begrüßte.

Man sah noch sehr viel Schmutz und Unrat, dachte darüber nach, was wohl in diesen langen Haaren für ein Leben herrschen müsse. —

Nach kurzer Zeit fuhr man wieder weg, begleitet von dem Bakschischgeschrei der Kinder, die einen verfolgten.

Die Hauptsache ist, man kann sagen, man war bei den Bischarin in der Wüste.

Die Tage in Assuan schlichen langsam dahin, nur am Vormittag war es auf dem Balkon des Hotels, der bis zum Mittag im Schatten lag, erträglich.

Wenn die Sonne kam, wußte man nichts mit sich anzufangen.

In der Hotelhalle unter den fremden, aufgeputzten Menschen zu sitzen, war mir unangenehm, in die Stadt zu gehen und sich in ein Café zu setzen, ist unmöglich, weil es für einen Europäer so etwas nicht gibt, also blieb nichts anderes übrig, als in seinem verfinsterten Zimmer zu bleiben, sich bar jeder Hülle auf den Steinfußboden zu legen und den Abend abzuwarten.

Unser Kellner war ein Deutscher, ein Schwäble.

Er war aus Stuagat, wo das Kunschtgebeide ischt, und informierte uns beim Essen über alles Assuanische.

Er servierte uns Kopfsalat, da sagte meine Frau, den müsse er gleich wieder mitnehmen, weil man am Nil nichts essen soll, was eventuell mit ungekochtem Wasser zubereitet sein könnte, wegen der Typhusgefahr.

Da meinte er treuherzig: «Ach dös ischt net so schlimm, im Vorjahr sind fünf Gäste an Typhus erkrankt, drei sind geschtorwe, aber zwei sind wieder ganz gsund worde.»

Dann brachte er uns beim Mittagessen ein Marmeladenglas, in dem in Spiritus drei scheußliche Skorpione eingeweckt waren, die er soeben im Garten gefangen hatte.

Uns wurde schlecht, und wir hörten auf zu essen. —

Die Rückreise auf dem Nildampfer war wieder sehr abwechslungsreich, nur ein wenig zu lange.

So kamen wir langsam, aber sicher nach Kairo, wo wir noch sechs Tage blieben und alles besuchten, was wir am Hinweg noch nicht gesehen hatten.

381

Vor allem die El-Asra-Moschee, die Universität der Mohammedaner.

Ein ehrwürdiger, tausend Jahre alter Bau, nicht so gigantisch und prunkvoll wie viele andere Moscheen, aber seines Zweckes wegen hochinteressant.

Zum Abschluß waren wir noch in der El-Riffai-Moschee, die die Gräber der königlichen Familie birgt und einen Prunk und Glanz aufweist, dem man ganz benommen gegenübersteht.

In ihren Dimensionen phantastisch und, namentlich im Kuppelbau, einzig dastehend.

Ganz rückwärts, hinter Holzgittern, ist der Platz für die Frauen, die dem Gottesdienst beiwohnen, so abseits gelegen, daß sie weder die Kibba, die heilige Nische, noch die Mimbar, die Kanzel, sehen können.

Sogar die Königin und die königlichen Prinzessinnen müssen mit diesem so wenig bevorzugten Platz vorlieb nehmen.

In allem und jedem sieht man: die Frau ist nichts, alles ist der Mann.

Er ist der Herr. —

Wir hatten auch Gelegenheit, eine arabische Hochzeit kennenzulernen.

Das Haus des Bräutigams war mit Glaskugeln und Papierrosen geschmückt, und quer über die Straße war eine Pforte aus grünem Laub aufgerichtet, um die Braut zu empfangen.

Der Hochzeitszug kündigte sich mit viel Lärm und Geschrei an, das sich mit den Klängen eines Orchesters mischte.

Dieses bestand aus drei Mann, einem Trompeter, einer großen Trommel und einem Jüngling, der planlos zwei Tschinellen aufeinanderschlug, ohne alle Gewissensbisse oder Rücksichtnahme auf die musikalische Phrase.

Die Melodie bestand aus vier bis fünf sich immer wiederholenden Takten, die uns in ihrer Eintönigkeit zum Rasen brachten.

An der Spitze des Zuges gingen, rechts und links, einige Freunde des Bräutigams, dann folgte das sogenannte Orchester, anschließend eine Schar von Kindern, die Papierblumen trugen, kreischten und quietschten, und zwei Mädchen mit Kerzen, die mit Orangenblüten umwunden waren.

Alle waren sie schmierig, ungekämmt, mit zerzausten Haaren und verwahrlost.

Nun kamen einige alte Weiber mit Körben voll Obst und Gemüse auf den Köpfen, alle tief verschleiert.

Zum Schlusse fuhr ein furchtbar devastiertes Taxi, in dem die Braut vollständig eingemummt saß.

Als ich Anstalten traf, den Zug zu photographieren, hörte der

Flügelhornist zu blasen auf, stürzte auf mich zu und schrie das unvermeidliche «Bakschisch».

Seine Kollegen, die Trommeln und Tschinellen, bestritten nun allein, ohne Melodie, die musikalische Angelegenheit.

Aber nicht lange, denn wie sie sahen, daß ich dem Hornisten einen Piaster gab, hörten sie auf zu musizieren, umringten mich und schnorrten auch.

So löste sich der ganze Brautzug auf und schrie das nervenzerreißende Bakschisch. Ich wartete nur noch darauf, daß auch die Braut ihrem zerbrochenen Taxi entsteigen und sich an dieser Bettelei beteiligen werde.

Rasch hüpfte ich in meinen Wagen und fuhr unter dem Gejohle der Menge davon.

Das Heiraten geschieht bei den Arabern ohne jene Trauungszeremonie, die Braut wird einfach aus ihrem Elternhaus geholt, und in dem Moment, wo sie das Haus des Bräutigams betritt, ist sie seine Frau — seine Sklavin. —

Sehr interessant sind die Schlangenbeschwörer und Schlangensucher.

In Luxor ist ein sehr berühmter Mann auf dem Gebiete des Schlangensuchens.

Er geht zum Beispiel mit einer Gesellschaft ins Tempelgelände von Luxor oder Karnak, greift unter eine Steinplatte und zieht eine Kobra heraus.

Ebenso zieht er mit nackten Händen aus allen Ritzen Skorpione hervor, ohne daß er von diesen schrecklichen Viechern gebissen wird.

Er sagte, er dürfe nie eine Schlange oder einen Skorpion töten, weil er sonst die Macht über die Tiere verlieren würde.

Das besorgt sein Bruder.

Jedenfalls bin ich dem Mann um seinen Beruf nicht neidisch und freue mich, daß ich mir mein Brot auf weniger gefährliche Weise verdienen kann. —

Nun war die Zeit um, das Märchen aus «Tausendundeiner Nacht», der schöne Traum zu Ende geträumt, es kam die Abreise.

Die «Esperia» harrte unser im Hafen von Alexandrien, lichtete die Anker, die Einsteigebrücke wurde weggenommen, drei Sirenenstöße, das Schiff löste sich vom Ufer, die Musik spielte die «Giovinezza».

Wir kamen in Fahrt, immer kleiner wurde alles, und bald war nichts mehr da als Himmel und Meer.

Wir lagen auf unseren Liegestühlen und konnten es nicht fassen, daß wir das alles erlebt haben, was hinter uns lag.

Nach drei Tagen kam Syrakus, dann Neapel und Rom.

In Bologna schon lag hoher Schnee, es war eisig kalt, tiefer Winter.

Daheim in Wien angekommen, wollte ich all die Medizinen, die wir mitgenommen hatten, dem Apotheker zurückgeben, weil es zu Hause weder Skorpione noch giftige Kobraschlangen gibt, aber er lehnte es ab mit der Begründung, daß verkaufte Medizinen nicht mehr zurückgenommen werden.

Das hat mich geärgert.

# NOTRUF

Am 17. August 1937 wurde ich in Egern von der Wiener Kriminalpolizei angerufen, die mir mitteilte, daß man bei mir in der Wohnung eingebrochen habe.

Ich solle so schnell wie möglich nach Wien kommen und dort zu Protokoll geben, was mir alles gestohlen wurde.

In einer Stunde saß ich mit meiner Frau im Auto und war am Abend in Wien.

Wir fanden die Wohnungstüre erbrochen und im Herrenzimmer ein Bild der Verwüstung.

Die eiserne Kasse war aufgeschweißt, die Eingeweide des Panzers lagen bloß, ein unbeschreibliches Durcheinander, alle Papiere und Dokumente auf dem Fußboden und die Schmucketuis leer.

Nichts haben sie mir gelassen, alles, war nur ein wenig glänzte, war weg.

Die lieben Andenken, die man sich im Laufe der Zeit bei verschiedenen Anlässen schenkte, die Kleinigkeiten der Kinder, Tauftaler, Kettchen und Amulette, lauter an sich wertlose Sachen, alles war fort.

Sogar meine Orden haben sie sich genommen.

Da sich Einbrecher keine Komturkreuze umhängen können und diese nur aus Messing und etwas Email waren, ist mir dies unverständlich.

Zuerst waren wir sehr traurig, aber schließlich trösteten wir uns mit dem Gedanken, daß dieser Verlust vielleicht ein Ring des Polykrates ist, der anderes, schwereres Unheil von uns abwendet.

Im Schlafzimmer waren die Wäschekasten erbrochen, alle Wäsche lag verstreut auf der Erde, aber da fehlte nichts, sie hatten die Wäsche nur benützt, um sich die Hände einzubinden, damit ihre Fingerabdrücke nicht zum Verräter wurden.

Die Polizei war stundenlang da, untersuchte jedes Stück auf die erwähnten Fingerabdrücke, nahm Protokolle auf, und erst als alles schriftlich festgelegt war, durfte man mit dem Ordnungmachen beginnen, das Chaos lösen.

Am Morgen des Einbruchs wurde ein Mann festgestellt, der verdächtig war und durch den dann eine ganze Kette von weiteren Verhaftungen bewirkt wurde.

Wir trösteten uns schnell, und nachdem wir noch die Versicherungsgesellschaft, Zeitungsinterviewer und weitere Besuche der Polizei hinter uns hatten, setzten wir uns fröhlich in den Wagen und fuhren in unsere Berge, wo es keine Sünde gibt – nach Egern.

Bei meiner Rückkehr im Herbst gab es wieder Einvernehmungen bei dem Untersuchungsrichter, der mir den Rat gab, zu den Verhafteten ins Gefängnis zu gehen und ihnen ins Gewissen zu reden, weil sie den Abräumungsbesuch bei mir hartnäckig leugneten.

Ich wurde im Gefängnis in ein kahles Sprechzimmer geführt, und bald kam eine ganze Reihe von Herren aufmarschiert, die mich herzlich in ihren Räumen willkommen hießen.

Ich hielt eine leutselige Ansprache an sie: «Meine Herren, die wertvollen Sachen sollen Sie behalten, ich kann es verstehen, daß man so etwas nicht gerne wieder hergibt, aber die Andenken, die für keinen Menschen einen Wert haben, geben Sie mir doch wieder.

Sie würden mir damit eine große Freude machen.»

Da legten sie alle die Hand aufs Herz und versicherten mit treuherzigem Augenaufschlag: «Aber Herr Kammersänger, wir werden doch nicht zu Ihnen gehen und Ihnen etwas wegnehmen, wo wir Ihnen doch so verehren.

Wir haben uns im Kino über Sie schiefgelacht, dann haben wir auch Grammophonplatten von Ihnen, die wir immer spielen lassen, da werden wir dieses doch nicht machen, da gehen wir ja lieber zu wem andern.»

Mein Hineinreden in diese Gaunergesellschaft war ganz ohne jeden Erfolg, ich mußte mich endgültig damit abfinden.

Dann gab es noch endlose Gerichtsverhandlungen, bei denen mir ein ganzes Arsenal gestohlener Sachen vorgeführt wurde.

Es war nichts dabei, was mir gehörte.

Ich war froh, als alles zu Ende war und ich wieder meine Ruhe hatte.

Gleich nach dem Einbruch kam der Direktor der Notrufgesellschaft zu mir und schilderte mir in leuchtenden Farben, wie durch den Notruf alles gesichert sei, und empfahl mir, diesen einbauen zu lassen.

Trotzdem ich schon ratzekahl ausgeraubt war und nichts mehr Raubenswertes besaß, ließ ich mich überreden.

Tagelang wurde gearbeitet, Drähte wurden gelegt, Mauern aufgestemmt, alle Möbel weggerückt, elektrisch angeschlossen und eine große Schweinerei getätigt.

In einem kleinen Raum baute man einen Stahlkasten ein, der die ganze Maschinerie enthielt.

Beim Einschalten des Notrufes mußten alle Türen gut geschlossen sein, weil dieser sonst nicht funktionierte.

Vieles war zu beobachten.

Warnungen über Warnungen wurden erteilt, um Katastrophen zu vermeiden, daß einem ganz elend wurde.

Ja keine Türe öffnen, wenn der Notruf schon eingeschaltet ist, weil sonst die außerhalb der Wohnung angebrachte Sirene zu heulen beginnt, die so laut ist, daß man annimmt, ein großer Ozeandampfer fährt in den Hafen von Hamburg ein und gibt Signal.

Wenn man das Geringste übersieht, kann es einem passieren, daß auf der Ringstraße die Sirene losheult, das Überfallkommando angerast kommt und mich in meiner eigenen Wohnung als Einbrecher verhaftet.

Da nur ich diesen Mechanismus bedienen konnte, weil ich in der ganzen Familie der am üppigsten mit Intelligenz Begnadete bin, fiel mir bei einer Abreise immer die ganze Verantwortung, der konzentrierte Ärger zu, und jedes Wegfahren gestaltete sich zu einer hochdramatischen Szene.

In dem kleinen Raum, in dem der ganze Zauber eingebaut ist, mußte ein weißes Blättchen aufscheinen, wenn ein Gewicht aufgelegt wurde.

Ein Zeichen, daß der Notruf in Tätigkeit war.

Das Gewicht wurde aufgelegt, aber es kam kein weißes Blättchen. Also irgendwo ein Fehler.

Man ging in die Wohnung zurück, untersuchte alle Türen, sperrte wieder ab, versuchte dieses und jenes, kehrte zu dem kleinen Raum zurück, kochend vor Wut und Nervosität, legte das Gewicht abermals auf — kein weißes Blättchen.

Man schnellte zum Telephon, rief höchst erregt die Notrufgesellschaft an, es solle sofort jemand kommen und nachsehen, was da los ist. «Es ist kein Monteur da, vielleicht kommt einer gegen Mittag», beruhigte das Notruffräulein. Also die Reise verschieben.

Man fluchte das Blaue vom Himmel herunter, aber man konnte doch nicht die Wohnung ungesichert lassen, wozu hatte man denn den teuren Notruf.

Endlich um zwei Uhr kam der Monteur und stellte einen Kontaktfehler fest, nachdem er eine Stunde gesucht hatte.

Dieses Theater wiederholte sich bei jeder Reise, bis ich mich entschloß, ohne Notruf wegzufahren. Der Effekt war derselbe.

Bei mir hat niemand mehr eingebrochen.

Es scheint sich unter den Herren Räubern doch herumgesprochen zu haben, daß bei mir nichts mehr zu holen ist.

Als ich im Mai 1938 nach Berlin übersiedelte, ließ ich ruhig den Notruf in der Wohnung zurück, in der Hoffnung, der tadelnswerten Hoffnung, daß mein Wohnungsnachfolger denselben Ärger haben wird, der mir beschieden war.

Nie wieder Notruf — lieber Einbruch.

# VATERSORGEN

Das ist das rechte Thema für einen Vater, der so gar nicht mitkann, der zusehen muß, wie die Kinder alles ganz anders machen, als man es selber getan hat oder wie man es sich in seinen zurückgebliebenen Ansichten vorstellt.

Einer Henne ist man zu vergleichen, die Enten ausgebrütet hat und ihr diese beim ersten Ausflug in den Teich wegschwimmen, während die Alte verzweifelt und voller Angst am Ufer hin und her rennt.

Freilich, über die Freuden und Vergnügungen der heutigen Jugend kann ich nicht mitreden, weil mir der Vergleich von damals fehlt.

Aus dem trübseligsten Grau in Grau kam ich zum Theater und wurde plötzlich in ein Meer von Arbeit, allerdings herrlicher Arbeit, gestellt, so daß die Vergnügungen in meinem Leben wenig Platz fanden.

Eine Reise, die ich mir zusammensparte und in primitivster, ganz notdürftiger, aber darum nicht weniger beglückender Form machen konnte, war der Höhepunkt der Lebensfreude.

Getanzt habe ich nie, versuchte ich es, ging dies immer Hand in Hand mit Körperverletzungen, die ich meinen Tänzerinnen zufügte, weil es mir an der nötigen Zartheit und chevaleresken Grazie gebrach.

Mein Sohn hatte so ganz andere, für meinen Geschmack kraß unrichtige Anschauungen über das Leben und die Einstellung zu diesem.

Auf irgendwelche Einwendungen streichelte er mir mitleidig das Haupt, fand mich total veraltet und nicht mit der Zeit mitgehend.

Schwer, sehr schwer war der ewige Kampf in der Schule.

Der trauliche Knabe hatte meine Abneigung gegen diese geerbt.

Wenn ich ihn ins Gebet nahm, ihm in den glühendsten Farben die Annehmlichkeiten eines wunderbaren Schülers, im Gegensatz zu dem Betrüblichen eines schlechten Lerners veranschaulichte, meinte er, das könne nicht mein Ernst sein, denn er habe in meinem Buche gelesen, daß ich elf Jahre in die erste Klasse gegangen bin und mit Glanz aus der Realschule hinausgeschmissen wurde.

Er habe auch alle meine wilden Sachen in der Schule ausprobiert

*Einer Henne ist man zu vergleichen, die Enten ausgebrütet hat*

und sich damit die rückhaltlose Anerkennung seiner Mitschüler erworben.

Hauptsächlich, weil er alles ohne Quellenangabe durchführte.

Ich zersprang täglich und brodelte vor Wut.

Wenn ich an den Verkehr mit meinem seligen Vater denke und mir den Effekt ausmale, den so eine Ansprache ausgelöst hätte, so fürchte ich, daß mein Antlitz die vielen Watschen nicht zu fassen imstande gewesen wäre, die ich von dem Guten erhalten hätte.

In der Autorität zu meinen Kindern kann ich mich ruhig einen modernen Vater nennen, weil ich gar keine habe.

Ich habe kein Talent zum Wauwau und brauche infolge meiner Unvollkommenheit selber einen, allerdings innig geliebten Wauwau, der mich ununterbrochen, wenn auch erfolglos, erzieht.

Die verwirrenden Pfade zu beschreiben, die ich als Vater zu wandeln hatte, bin ich außerstande, weil mich sonst von neuem die Galle frißt.

Der Knabe bekam, als er wohlbestallter Lehrling in einer kleinen Bank war, um dort die Grundlagen zum Bemogeln seiner Mitmenschen kennenzulernen und allmählich zum Finanzgenie emporzureifen, von mir jede Woche zehntausend Kronen Taschengeld.

In der Bank bekam er nichts bezahlt, da mußte ich froh sein, daß man ihn umsonst behielt.

Er wirke, wie mir sein Chef mit der Miene eines Gefolterten zustöhnte, zersetzend auf sein Personal, verwechselte Soll und Haben in den Büchern und verwirrte die weiblichen Beamten durch unzüchtige Anträge.

Also, er bekam zehntausend Kronen Taschengeld.

Von einer Gastspielreise heimgekehrt, erwartete er mich an der Bahn, küßte mich strahlend und raunte mir beseligt ins Ohr:

«Geliebter Papa, ich pfeife dir auf deine zehntausend Kronen, ich habe gestern zwanzig Millionen an der Börse verdient. Soll ich dir etwas vorstrecken? —»

Das war die Zeit nach dem Weltkriege, die unsere Kinder erzog, und wir Alten mußten machtlos zusehen.

Seine Tätigkeit in der Bank war auch sehr besorgniserregend.

Eines Tages rief ihn sein Chef zu sich und sagte leutselig:

«Hier, lieber Slezak, haben Sie einen falschen Hundertdollarschein, Sie haben ‹savoir vivre›, schaun Sie, daß Sie ihn mit anregendem Geplauder anbringen.

Sie kriegen zehn Prozent Provision.»

In zehn Minuten hatte er den Hunderter an den Mann gebracht.

Das war damals die Grundlage, die Basis seiner kaufmännischen Ausbildung.

Als ich ihm darob Vorhaltungen machte und meinte, daß dies ja eine Gemeinheit sei, lächelte er nachsichtig:

«Lieber Papa, mit solchen veralteten Anschauungen wirst du nie auf ein grünes Resultat kommen.»

Zum Glück hat diese Ausbildung zum Finanzier nicht lange gedauert.

Eines Tages macht er mir die Eröffnung, er gehe zum Film, man habe ihn für eine Hauptrolle in dem Film: «Sodom und Gomorrha» engagiert.

Ein neuer Kummer für mich.

Ich wehrte mich vergeblich, setzte es aber doch durch, daß er nach Beendigung des Filmes von meinem Freunde, dem Intendanten von Chemnitz, als Schauspieler engagiert wurde.

Auch ohne Gage, aber mit dem Versprechen, daß er ihn tüchtig herannehmen und wie seinen eigenen Sohn im Auge behalten werde.

Er bekam verschiedene kleine Rollen.

Einmal hatte er in einem todernsten Stück einen Kriminalkommissar zu spielen.

Vor dem Auftreten versteckte er sich und trat erst im letzten Moment auf die Szene, in einer Maske, daß die Leute vor Lachen aufschrien.

Er hatte sich eine unmögliche Nase geklebt, einen langen Vollbart an einem Gummiband umgehängt und diesen Bart beim Reden immer hinuntergezogen.

Er schmiß das ganze Stück.

Einige Tage später bekam ich ein Telegramm:

Walter gottlob durchgebrannt — stop — unbekannt wohin — stop — alle Erziehungsversuche gescheitert — stop — Erlösung für mein Institut — stop — herzlichst Intendant.

Von Berlin bekam ich dann einen Brief, in dem mir mein Herr Sohn mitteilte, er sei Filmstar bei der Ufa, und ich solle mir keine Sorgen machen.

Er mache es schon richtig.

Damals war er siebzehn Jahre alt und hat sich von diesem Zeitpunkt an selbst erhalten.

Er bekam gute Gagen und war immer ohne Geld.

Als ich einmal einen Pumpbrief bekam, in dem er, trotz seiner ziemlich hohen Einnahmen, um 600 Mark bat, schrieb ich ihm zurück, daß er wohl 600 Ohrfeigen, aber nicht eine Mark bekommen könne.

Acht Tage war er beleidigt, dann schrieb er mir, daß er mir verzeiht.

Einige Wochen später traf ich zu einem Gastspiel in Berlin ein.

Er erwartete mich an der Bahn, nahm mich um den Hals und war selig.

Ich fragte ihn besorgt: «Walter, wie stehst du finanziell?»

«Großartig, Papa, ich kann dir einen Scheck auf jeden Betrag herausschreiben, selbstverständlich ist der Scheck nicht gedeckt.»

Aber gottlob, es ist alles richtig und er ein tüchtiger braver Junge geworden, bekam einen Vertrag nach Amerika und ist jetzt wohlbestallter Broadwaystar in Neuyork.

So hat die Jugend doch recht behalten.

# BRIEFWECHSEL MIT MEINEM SOHN

Der Briefwechsel zwischen mir und meinen Kindern ist auf herzlicher Respektlosigkeit aufgebaut und wirkt auf Außenstehende befremdend.

Er enträt jedes Mindestmaßes von Ehrfurcht, ist aber, trotz seiner Eigenart, von einer Innigkeit getragen, daß ich ihn nicht anders haben möchte.

Ich habe immer Wert darauf gelegt, meinen Kindern mehr ein Freund, denn ein strenger Vater zu sein, und das findet seinen Niederschlag darin, daß sie mich liebhaben.

An ihrer Mutter, dem Inhalt unseres Lebens, hängen sie in abgöttischer Liebe.

Wie eine Heilige waltete sie ihres Amtes als Mami, und hat sich auch als Großmutti das volle Vertrauen unseres Enkelkindes erworben.

Na, und von mir will ich gar nicht reden, mir wurde sie in den vierzig Jahren, die wir vereint sind, direkt sympathisch.

Sie ist das Inkarnat der Vollkommenheit.

Wir — die andern, weisen alle krasse Fehler auf, und das wissend, sind wir auch ununterbrochen fröhlich zerknirscht.

Sie ist unser Schutzengel, die gütige Mahnerin, und belehrt uns, was man alles nicht machen darf.

In meinem Opernberuf war sie das gute Gewissen, duldete keine Bummelei, kein Erlahmen in der täglichen Arbeit, und beobachtete jeden Atemzug.

Punkt neun Uhr morgens kam der Kapellmeister zum Studium, jeden Tag, ausnahmslos.

Diese Stunde war heilig, kein Ereignis in der Hauswirtschaft war so wichtig, daß es in der Arbeitsstunde ins Musikzimmer hätte dringen dürfen.

Jede Phrase, jedes Wort in meinem herrlichen Beruf haben wir zusammen beraten, und alles, was ich in meinem Leben erreicht habe, ist zum überwiegenden Teile ihr Verdienst.

Dankbar stelle ich das hier fest, damit es auch die andern wissen.

Sie wird es erst lesen, wenn das Buch erschienen ist, und schwer beleidigt sein, nicht nur, weil ich sie, wie sie sagen wird, über Gebühr lobe, sondern weil ich Heimlichkeiten vor ihr habe und etwas schreibe, das nicht durch ihre Zensur gegangen ist.

Aber sie wird mir verzeihen, und ich habe mir meine Dankbarkeit von der Seele geschrieben.

Nun zu dem Briefwechsel, der ein ziemlich reger ist, namentlich von meiner Seite.

Ich schreibe fast täglich an eines meiner Kinder, aber auf fünf bis sechs Vaterbriefe kommt immer nur ein Kinderbrief.

Manchmal mußte ich, wenn die Nachrichten gar zu spärlich flossen, zu Brachialmitteln, wie völliges Verstoßen, greifen, um besonders von ihm Post zu bekommen.

Greterl ist brav und schreibt fleißig.

Auch mit Enterben und aufs Pflichtteil setzen habe ich gedroht, was aber scheinbar nie ernst genommen wurde, wie ungefähr der erste Brief illustriert.


Geliebter, impulsiver Vater — würdiger Greis!

Warum gibst Du mir auf meine drei, auf der Post verlorengegangenen Briefe keine Antwort?

Warum vernachlässigst Du Dein armes Kind in der Ferne?

Es geht mir wunderbar, ich arbeite fleißig, unsere Show soll schon am 16. starten, und zwar in Boston.

Dort wird das Stück ausprobiert, bevor wir auf den Broadway gehen.

Es ist jetzt eine große Schinderei, aber wenn die Angelegenheit einmal läuft und, so Gott will, einschlägt, habe ich ein Jahr meine Ruhe.

Dann schreibe ich zweimal täglich.

Deine herzlose Drohung, mich zu verstoßen, hat Mami sicher nicht gelesen, denn sonst hätte sie Dir nie erlaubt, diesen Brief an Deinen lieben Walter abzusenden.

Vater! —

Du bist so kriegerisch, so kampfesfroh! —

Da ich, wie auch Du, unvollkommen bin, will ich über diese väterliche Entgleisung hinwegblicken und dich weiter liebhaben, allerdings unter der Voraussetzung, daß mir das nicht wieder vorkommt.

Unserer Wundermami tausend Bussi, habe fürchterliche Sehnsucht.

In inniger Liebe, Dein Dir verzeihender Steckling

Walter.

P. S. Wie ist die Kur in Gräfenberg?

Wenn die Show heraußen ist, werde ich wieder fleißig malen.

*Der Umstand, daß ich vollschlank bin, schafft Leiden, von denen du Frechling keine Ahnung hast*

Mein geliebter, aber unverschämter Sohn!

Du frägst mich, mein Kind, warum ich Dir auf Deine drei, auf der Post verlorengegangenen Briefe nicht geantwortet habe, und nennst mich bei dieser Gelegenheit einen würdigen Greis.

Du weißt, Du Lausbube, daß dieser Spaß mit den auf der Post verlorengegangenen Briefen bereits unzählige Male von mir gemacht wurde und kein Aas mehr darüber lacht.

Für alle Fälle ersuche ich Dich, in Zukunft bei solchen alten Scherzen wenigstens um Quellenangabe.

Du Plagiator.

Indem ich Dein Gesicht mit Ohrfeigen bedecke, schreibe ich Dir dennoch, um Dir zu schildern, wie Dein bejahrter Vater leidet, und welch trauriges Leben er führt.

Also wir sind im Prießnitzsanatorium in Gräfenberg.

Ich habe das Sanatorium humorvoll und treffend Frißnixsanatorium genannt.

Ich will Dir gestehen, daß ich mich da mit fremden Federn schmücke, der Name «Frißnix» ist schon jahrzehntelange Überlieferung, und nicht von mir.

Der Umstand, daß ich vollschlank bin, schafft Leiden, von denen Du Frechling keine Ahnung hast.

Ich hungere.

Hungere wirklich, und jede Regung, zum Greißler zu gehen und diesen Zustand zu mildern, wird von Deiner Mutter im Keime erstickt, denn sie geht mir nicht von der Falte.

Doch vorerst will ich Dir alles Milieuartige schildern, um dann auf die Kur, und damit auf den Kern meiner Qualen überzugehen.

Es ist sehr schön hier, wir haben ein angenehmes Zimmer mit einem Riesenbalkon, alles ist gut und freundlich zu mir, aber es wird gebaut.

Nicht im landläufigen Sinne, sondern es wird auf Fels gebaut.

Jeden Augenblick wird gesprengt, mit Dynamit und Ekrasit.

Da kracht und knallt es, wie im Krieg.

Man erschrickt immer so schön und sieht interessiert nach, wer gewonnen hat.

Wir erschrecken auch, wenn nicht geschossen wird, und fahren ohne Grund zusammen.

Man hält uns für Soloveitstänzer.

Ferner gibt es Schotterverkleinerungsmaschinen, die kreischen und heulen, daß man aus Nervosität die Mauern emporklimmen und zum Fassadenkletterer werden möchte.

Alles das ist aber nichts im Vergleich zu den zahllosen Schubkarren, die derart pfeifen und stöhnen, daß man sich am liebsten in sein Schwert stürzen möchte.

Aus diesem Grunde wirst Du in dem ganzen Sanatorium nicht ein einziges Schwert finden.

Ich ging hinunter und bat alle zweiundvierzig Schubkarrenlenker inständigst, sie mögen doch die Räder mit Öl einschmieren, und bestach sie mit Geld.

Umsonst. Sie pfeifen weiter, und all der Mammon, den ich investierte, war verloren.

Aber im nächsten Jahre, wenn der Bau prächtig, wie Walhall, dasteht, wird es herrlich.

Ich komme nie wieder.

Erst hat man mich vor einen Schirm gestellt und durchleuchtet.

Aus der Röntgenaufnahme entnahm man, daß ich zu dick bin und abnehmen muß.

Das hat man vorher noch nicht gewußt.

Hernach hat man mir einen Gummipatzen in den Mund gesteckt, vor dem mir ungewöhnlich grauste.

Die Versicherung des Arztes, daß er ausgekocht sei, hat an diesem scheußlichen Gefühl nichts geändert.

An oben erwähnten Gummipatzen wurde ein Schlauch gesteckt und ich mußte Sauerstoff einatmen.

Das nennt man, wissenschaftlich: Bestimmung des Grundumsatzes.

Dieser Grundumsatz bestimmte, daß ich nichts zu essen kriege.

Meine Tageseinteilung ist sehr interessant und aufreibend.

Um fünf Uhr morgens werde ich von einem unfreundlichen Manne in ein nasses Leintuch gewickelt und noch in drei Filzdecken gerollt, wie ein Apfelstrudel.

Wenn sich eine Fliege auf mein Gesicht setzte, mußte ich um Hilfe rufen.

Ein Wassermann kam, sie wegzujagen.

Du ahnst nicht, mein Kind, wie klug so eine Fliege sein kann. Wenn der Wasserspezialist kommt, fliegt sie weg, geht er fort, kommt sie wieder, setzt sich auf die Nase und kitzelt.

Zum Verrücktwerden.

So muß ich eine Stunde liegen, und man rät mir, zu schlummern.

Wenn ich nicht schlummere, ist es dasselbe.

Dann wird man ins Halbbad geführt, in eine Wanne gesetzt und von dem oben erwähnten Hydrauliker mit einer Bürste frottiert.

Zum Schluß geht man auf die Waage und hat ein halbes Kilo zugenommen.

Nach dieser beglückenden Feststellung gehe ich in meine Kemenate, ziehe mich so wunderschön an, daß die Leute bei meinem Anblick, wie der Chor im Lohengrin, voll Bewunderung ausrufen: Seht, wie schön er ist.

Nach dem Frühstück wird Tennis gespielt.

Beim Tennisspiel gibt es immer viele Zuschauer, die sich Äste lachen.

Ich werde viel photographiert, was sehr unerfreulich ist, weil man mit Erstaunen feststellen kann, wie entsetzlich man in verschiedenen Augenblicken auszusehen vermag.

Diese Bilder werden im Ort beim Friseur verkauft und mir zur Unterschrift vorgelegt.

Sie rauben Deinem Vater als Tragöden jeden Nimbus.

Geliebter Sohn, dann muß ich rennen.

Von einer Quelle zur andern, die alle im weiten, dunklen Walde verstreut liegen und die man nur durch hochtouristische Leistungen erreichen kann.

Man nennt das: Spazierengehen.

Wenn man bei so einer Quelle angelangt ist, muß man diesen Eselsweg wieder zurückschlurfen.

Mir hängen sämtliche Quellen zum Halse heraus.

Ferner, o Knabe, ist eine Bergkoppe da, um die muß ich auch herumrasen.

Kaum sitze ich einen Augenblick und will beschaulich sein, ruft ein Brünner Freund: «Leo, um die Koppe.»

Deine liebe Mutter flötet: «Leo, um die Koppe.»

Die anderen Gäste, die sich alle als meine Erzieher fühlen, rufen im Chor: «Herr Kammersänger, um die Koppe.»

Das Wort Koppe löste bei mir ein Meer von Galle aus.

Wenn es schüttet, daß man von Rechts wegen nur in der Badehose herumrennen sollte, muß ich um die Koppe.

Dann kommt das Mittagessen.

Neben, vor und hinter mir, essen sie die besten Sachen, und ich habe einen Rahmen auf dem Tisch, mit drei grünen Streifen.

Das bedeutet — strenge Diät.

In homöopathischen Quantitäten bekomme ich Sachen vor mich hingestellt, die ich normal mit Entrüstung zurückweisen würde.

Alles fettlos, mit Sacharin gekocht, und lauter Salat.

Salat in Hekatomben — ich dürfte ein Ziegenbock sein.

Dann muß man sitzenbleiben, bis alle fertiggegessen haben und einer der Herrn Ärzte «Mahlzeit» ruft.

So vergeht der Tag mit nassem Leintuch, Quelle, Koppe, Salat und Hungern.

Endlich war sie da, die Abschiedsstunde.

Nach diesen drei Wochen als Wunderfakir hatte ich die Nase voll und wir fuhren im offenen Wagen, unter Akklamation der

Ärzte, des ganzen Personals, der Schwestern, Badediener und aller Mitpatienten, aus dem Hofe heraus.

Unserem Chauffeur Josef rief man noch nach, er solle auf mich aufpassen und strenge sein mit mir.

Alles winkte und alles rief im Chor: «Leo, um die Koppe — Leo, weiterhungern.»

Zum Abschied gab es uns zu Ehren noch einen besonders gelungenen Knall — wir erschraken noch einmal intensiv, und dahin ging es ins Leben, in die Freiheit.

Wir kamen bis Görlitz, wo ich, trotz Mamis verschleiertem Madonnenblick und ihrem milden Flüstern: «Leo, dein Bauch», mich ordentlich sattaß und drei Krügel Bier auf das Sanatorium leerte.

Nun sind wir wieder drei Tage daheim, ich habe mich gewogen und besitze zweieinhalb Kilo mehr, als vor der Hungerkur.

Mami wiegt das Essen, in die Küche darf ich nicht.

Heute ging ich ohne jede böse Absicht durch diese, da sagte unsere Köchin: «Ich bitt schön, Herr Kammersänger, die gnä Frau hat angschafft, ich darf den Herrn Kammersänger nicht in der Kuchel lassen, weil der Herr Kammersänger immer aus die Heferln herauskletzelt, und das ist schlecht für den Herrn Kammersänger.»

Alles bevormundet mich, jeder ist streng mit mir.

Das ist keine Stellung mehr, das ist schon eine Position.

Komme nach Hause, mein kindlicher Menschendarsteller, damit ich in dem Wirrsal von Weibern wenigstens einen Mann habe, der zu mir hält.

Da gehen wir heimlich zur Rosel Grieblinger, die hat einen Leberkäs, der ist ein Märchen aus Tausendundeiner Nacht.

Nun viele Bussi, mein geliebtes Kind, und gewöhne Dir ab, mich immer einen würdigen Greis zu nennen, denn ich bin weder würdig noch ein Greis, sondern Dein geradezu aufreizend rüstiger

Vater.

P. S. Mami sendet Dir auch viele Bussi, ebenso die O, Helgalein, der Paperl, Schnauzi und die beiden Katzen.

Susi hat sich mit dem Köter von Focke vergessen und hat drei scheußliche Junge zur Welt gebracht.

Ich beabsichtige, Focke auf Alimente zu klagen.


Geliebte Eltern!

Unsere Show ist heraus.

Es war ein großer Erfolg, ich mußte mein Lied viermal vortragen.

Dir gegenüber wage ich das Wort «singen» nicht zu gebrauchen.

Habe es englisch, deutsch, italienisch und noch einmal englisch singen müssen.

Es war tulli.

Bei meinem Singen sagten alle einstimmig: «Quite his Father!» Ich wehrte mich dagegen, in Deinem Interesse.

Daß man Dich in Gräfenberg so drangsalierte, schmerzt mich, aber es war zu Deinem Guten, und es ist für mich nicht gleichgültig, ob ich einen dicken oder schlanken Vater habe.

Wir spielten hier in Baltimore, im Lyric, wo Du den Othello gesungen hast.

Der Theaterportier läßt Dich grüßen, er sagte, Du wärest ein «funny man» und hättest immer Deinen «Joke» mit ihm gemacht.

Er erinnerte sich, daß er damals weiße Gamaschen getragen hat, und Du ihn jedesmal aufmerksam gemacht hättest, daß er seine Unterhose verliert, trotzdem er Dir dreißigmal versicherte, daß es die Gamaschen wären.

Ein heißer Kasten ist dieses Lyric, ich freue mich schon auf unser eisgekühltes Theater am Broadway, wo einem nicht die Schminke vom Gesicht auf die Kleider fließt.

Gestern haben wir gebummelt, waren in einem Speakeasy, einem Flüsterrestaurant, und bekamen Whisky mit Soda in Kaffeetassen, soviel wir wollten.

Meinen schwarzen Diener habe ich Dir zu Ehren Othello genannt, er ist ein braver Kerl, ein guter Fahrer — ob er stiehlt, weiß ich noch nicht, bei mir dauert es leider immer sehr lange, bis ich es merke.

Lieber Papa, sei brav, folge unserer Mami, sei nicht renitent und mache Deinen Kindern Freude.

Meine Partnerin ist sehr fesch, ich habe ihr viel von Dir erzählt, sie liebt Dich schon.

Mich auch.

Sie lernt Deutsch mit mir — ohne Grammatik.

Fluchen kann sie schon, ebenso diverse salonunfähige Sachen.

Sie ist zum Fressen.

Gretel schrieb mir, sie singt die Martha in Tiefland, sie freut sich schon so darauf.

Ach warum kann ich nicht singen, ich möchte es so gerne.

Deine Frage, warum ich nicht eine steinreiche Amerikanerin heirate, ist verfrüht.

Vorerst mag ich nicht Menü essen, sondern nur à la Carte.

Außerdem weiß ich nicht, ob ich für die Ehe passe, denn der Gedanke, daß mich daheim immer dieselbe Frau erwartet, beunruhigt mich.

Ich warte lieber noch.

Mit dem Reichheiraten ist das auch so eine Sache.

Man kriegt dann womöglich täglich aufs Brot geschmiert, was

die Gemahlin für Geld in die Ehe brachte, und darf den Mund nicht aufmachen.

In der Ehe muß ich der Herr sein — so wie Du, lieber Papa.

Ich verdiene mehr als ich brauche, und wenn ich heirate, will ich nur eine Frau, die wie unsere Mami ist.

So eine finde ich nicht, also bleibe ich lieber ledig.

Wie sehne ich mich nach meinem lieben Egern.

Mit Gottes Hilfe komme ich nächsten Sommer heim, das wird fein, da wollen wir Männer festzusammenhalten und ungewöhnlich schlimm sein.

Tausend innige Bussi unserer Mami, O, Gretel, Helgalein, dem ganzen Viecherwerk und Dir, liebster Papa, von Deinem Baltimorestar                                                             Wälduli.

Auf See.

Innig geliebte Eltern!
Also das ist eine Fahrerei.

Elf Tage nach Neuyork.

Zum Auswachsen ist das, danebenher rennen könnte man.

Die See ist ziemlich ruhig, nur zu ruhig, ich habe es gerne, wenn sich etwas rührt.

Vorgestern war es allerdings ein bisserl arg, das Wasser spülte über das Schiff, alles flog hin und her, die Flaschen waren auf den Tischen festgemacht, und der Speisesaal leer.

Gestern, beim Lunch, als ich mir noch einen halben Hummer auf den Teller legte, rief mir der Kapitän lachend zu: «Herr Slezak, nicht so viel essen, die Großmama hat es verboten.»

Ich lachte und aß weiter.

Als ich mir vom Braten noch einmal geben ließ, rief er wieder herüber: «Herr Slezak, nicht so viel essen, die Großmama hat es verboten.»

Nach Tisch ging ich auf Deck, rauchte meine Zigarre, beugte mich über die Reling und ließ mir den Wind um die Ohren blasen.

Da klopfte mir der Kapitän auf die Schulter und sagte: «Herr Slezak, nicht über die Reling beugen, die Großmama hat es verboten.»

Jetzt riß mir die Geduld und ich fragte, was denn das mit der Großmama zu bedeuten habe.

Er reichte mir einen Brief folgenden Inhalts:

*Sehr geehrter Herr Kapitän!*
*Mein Enkel Walter Slezak fährt mit Ihnen nach Amerika.*
*Fahren Sie vorsichtig.*
*Bitt Sie, geben Sie obacht, daß er nicht ins Wasser fällt, und lassen*

*Sie ihn nicht zuviel essen, das hat er von seinem Vater.*
*Schauen Sie halt ein bissel auf den Buben.*
*Es grüßt Sie herzlich, die Großmutter von Walter Slezak.*

Diesen Brief habe ich, lieber Papa, Deinem sonnigen Humor zu danken.

Es hat sich wie ein Lauffeuer auf dem Schiff herumgesprochen, und jetzt wird jeder Bissen, den ich in den Mund stecke, von den Passagieren beobachtet und mit scherzhaft sein sollenden Drohungen quittiert. Wann wirst Du, lieber Papa, endlich einmal ernster werden?

An dem stürmischen Tage machte ich auf Deck meine Promenade, da rief mich ein älterer Herr an, der halbtot auf seinem Liegestuhl lag: «Hallo, Mister Slezak, ich bitte Sie, ist das, was man dort sieht, schon Land?»

«Nein», sage ich, «das ist der Horizont.»

«Besser als gar nichts», war seine Antwort.

Du wirst sagen, daß Du das bereits vor vielen Jahren einmal selber erzähltest und damals schon Unannehmlichkeiten hattest.

Diesen Joke macht der alte Herr auch schon seit vierzig Jahren, er findet ihn so gut.

Gestern abend, beim Kapitänsdinner, war ich als «Prominenter» auch der Ehre teilhaftig, am Kapitänstisch eingeladen zu sein.

Es wurden Reden gehalten, der Kapitän gelobt, anerkennend wurde festgestellt, wie sicher und mannhaft er mit seinem Schiff Furchen in den Ozean schneidet.

Da stand auch ich auf und sagte: «Herr Kapitän, gestatten Sie mir, Ihnen das Blaue Band für die langsamste Überquerung des Ozeans zu überreichen.»

Zuerst lachte alles auf, aber als man bemerkte, daß der Kapitän eisig blickte und, verlegen hüstelnd, unvermittelt ein anderes Thema anschlug, sah mich alles scheel an und man schnitt mich.

Ich habe mich dann beim Kapitän entschuldigt, es ist alles wieder in Butter.

Die Musik ist nicht sehr schön, aber man darf den Musikern nichts tun.

Ich habe den Steward gefragt.

Noch ein Tag und dann ist diese sture Reise zu Ende.

Schön war es zu Hause und ich danke Euch, daß Ihr mich so verwöhnt habt.

Um Eure Ägyptenreise beneide ich Euch, die wird herrlich.

Jetzt freue ich mich auf mein Heim und meinen lieben Hund, der wird es treiben, wenn ich komme, Othello bringt ihn an den Pier mit.

Montag beginnen die Proben, hoffentlich geht die Show recht lange.

Meine geliebten Urheber, ich nehme Euch um den Hals und gebe Euch eine gewisse Anzahl von Bussi in inniger Liebe und bin Euer Seefahrer und Knabe Walter.

Geliebter Vater!

Du hast mir geschrieben, Du wirst schreiben, und hast nicht geschrieben.

Wenn man schreibt, man schreibt, dann schreibt man.

Du hast aber nicht geschrieben, obwohl Du geschrieben hast, Du wirst schreiben.

Solltest Du auf dieses Schreiben nicht schreiben, so schreibe wenigstens, warum Du nicht schreibst.

Dein lieber Sohn Walter.

P.S. Verzeihe, daß ich mit Bleistift schreibe.

Mein lieber Sohn!

Du hast schon wieder vierzehn Tage nicht geschrieben.

Ich rufe Dich zur Ordnung.

Diesen idiotenhaften Scherz mit schreiben und nicht geschrieben rechne ich nicht als Brief, weil ich daraus nicht entnehmen kann, wie es Dir geht, sondern nur, daß Du ein Trottel bist.

Auch hast Du, trotz meiner väterlichen Ermahnungen, niemals ein Datum angegeben.

Wenn der Poststempel verwischt ist, hat man keine Ahnung, wann der Brief aufgegeben wurde.

Das ist eine Schlamperei, der Du, mein Kind, für die Zukunft entsagen mußt.

Du sollst, wie ich, auf dem Pfade der Vollendung rüstig vorwärtsschreiten, um auf dieser Basis unsere gegenseitigen Beziehungen zu vertiefen.

Vorerst bist du noch mein Sohn, nach dem ich Sehnsucht habe und der mir gehört.

Also, Walter, denke daran: öfter schreiben, Datum angeben und etwas ehrfurchtsvoller.

Die beiden Onkel, Rudolf und Bohumil, hatten wieder einmal einen schweren Krach, bei dem einer dem andern verbat, zu seinem Leichenbegängnis zu gehen.

Die Gründe, um derentwillen sie streiten, nehmen geradezu Irrenhäuslerformen an.

Onkel Rudolf behauptete, das Wort «sophistisch» käme von Sofa.

Bohumil erklärte das als glatten Blödsinn und sagte, es käme von Sophie.

Da gingen beide hoch, und es war jeden Augenblick ein Schlaganfall zu erwarten.

Je mehr ich darüber nachdenke und die Mitglieder unserer Familie an meinem geistigen Auge vorüberziehen lasse, desto mehr faßt die Überzeugung in mir Wurzel, daß wir alle, auch Du, mein Kind, sonderbar sind.

Daheim geht alles seinen Gang.

Helga hat die Schule geschwänzt.

Sie ließ sich von Minnerl, ihrer Erzieherin, in die Schule führen, versteckte sich auf der Stiege, und als Minnerl weg war, ist sie abgefahren.

Sie ging ins Non-stop-Kino.

Ich habe sie mir vorgenommen, da meinte sie zu ihrer Entschuldigung, sie hätte Mathematikschularbeit haben sollen, und auf diese war sie nicht neugierig.

Von wem hat das das kluge Kind?

Deine Mami ist sehr lieb, sie wiegt mir fleißig das Essen aufs Gramm.

Ist ein Gramm zuviel, nimmt sie zehn Gramm weg, um dann wieder zwanzig hinzuzufügen.

Das Essen wird kalt und ungenießbar.

Helgalein lacht sich über ihre Großeltern den Buckel voll.

Nun schließe ich, mein Kind, und erwarte einen ausführlichen Brief, ohne sonnigen Humor, wie den letzten.

Gib nicht zuviel Geld aus, sei kein Flottwell, wenn Du Geschenke machst, dann sinnige.

Die sind billiger und beinhalten mehr.

Spare und schreibe Deinen                                                      Eltern.


P. S. Es ist mir zu Ohren gekommen, daß Du bei deinem letzten Besuch, als Du gefragt wurdest, was Du für Pläne hast, geantwortet haben sollst: Jetzt lasse ich den Alten noch zwei Jahre singen und dann ziehe ich mich ins Privatleben zurück.

Walter!

Das ist unschön und wird in der Familie lieblos kommentiert.

Wenn Du wenigstens gesagt hättest, den «lieben» Alten.

Walter, gehe in Dich.

# BRÜNN

Ich bin ein echter Wiener.

Alle echten Wiener sind aus Brünn.

Jeder, der etwas auf sich hält, etwas bedeuten will, ist aus Brünn. Ist dies einmal nicht der Fall, so bildet das eine Ausnahme.

Trotz der vielen, vielen Jahre, die ins Land gegangen sind, seit ich von Brünn fort bin, habe ich immer ein warmes Heimatsgefühl.

Wenn ich die spitzen Türme des Domes oder die Silhouette des Spielberges am Horizont auftauchen sehe, wird mir wohl ums Herz.

Alles hat sich für mich in Brünn vorbereitet, die Sturm- und Drangperiode in meinem Berufe, der Aufstieg aus dem trübsten Trüben zu ungeahnten, lichten Höhen.

Ein Gastspiel in Brünn war mir immer eine Herzensangelegenheit.

Da plätscherte ich so recht in dem richtigen Wasser, aus dem ich gestiegen bin.

Ungezählte Erinnerungen knüpfen sich an diese Stadt.

Viele Jahre kam ich als Gast an das liebe Stadttheater, das die Wiege meines Berufes ist, bis in die letzten Tage vor meinem Eintritt in den Ruhestand.

Bei jedem Brünner Besuch erlebte ich Abwechslungsreiches.

Durch den Umstand, daß ich in Brünn meine Jugendzeit, vom zarten Schulknaben bis zum reifen Jüngling, verlebte, bildete sich ein sehr verbreiteter Bekanntenkreis aus allen Schichten der Bevölkerung heraus, und man gab der Freude des Wiedersehens in verschiedener Form Ausdruck.

Schon bei der Ankunft mit der Bahn riefen mir alle Träger und Bahnbediensteten ein schallendes «Servus Leo» zu, duzten mich, und sind alle, ob sie nun zwanzig Jahre jünger oder fünfundzwanzig Jahre älter waren als ich, ausnahmslos mit mir in die Schule gegangen.

In der Schnelligkeit der Ankunft erinnerten sie mich an Episoden, die nie stattgefunden haben, und jeder einzelne hat mich zum Theater gebracht.

«Erinnerst dich, wie heute weiß ich es noch, wie ich dir gesagt hab, du sollst zum Theater gehn, weil du immer so einen Schaschek gemacht hast und so ein Grasel warst?»

405

Schaschek heißt ins Deutsche übersetzt Bajazzo und Grasel ist ein Strolch.

Beides ein triftiger Grund, um zum Theater zu gehen.

«Ich bin schuld, daß du jetzt so eine Kanone bist. Dafür könntest du mir etwas schenken.»

Ich tat es und die Sache war ritterlich ausgetragen.

Dies alles in dem eigenartigen Brünner Dialekt, der nicht sehr schön ist, aber in der Verklärung der Erinnerung an die Jugendzeit mir nicht so unerfreulich klingt, als er wohl fremden Ohren klingen mag.

Bei solch einem Besuch in der Heimat war es üblich, mit den Honoratioren auf der Linie A—B, dem Brünner Korso, sich zu zeigen, zu lustwandeln, wo sich alles traf, sich alles kannte und sich bei jedesmaligem Begegnen respektvoll grüßte.

Ganz Brünn war versammelt.

Die Jugend flirtete und kokettierte, die Damen führten ihre neuen Modelle aus Wien spazieren und freuten sich, wenn sie Furore machten und Neid erregten.

Auf Schritt und Tritt sah man bekannte Gesichter, mußte jeden Augenblick stehenbleiben, Rede und Antwort stehen, und war so manchen unerfreulichen Ansprachen ausgesetzt, die wenig Feingefühl verrieten.

Es gibt Menschen, die ein besonderes Talent haben, unter der Maske der Objektivität und Aufrichtigkeit, die das sicherste Zeichen wahrer Freundschaft sind, die größten Unannehmlichkeiten zu sagen, so daß man nach solch einer Begegnung in sein kläglichstes Nichts zusammenschrumpft und am Leben verzagt.

«Servus Leo, also jünger bist du auch nicht geworden.

Die Krampeln unter den Augen, die Haare werden auch schon dünner — bei dieser Gelegenheit wird mir trotz Abwehr der Hut vom Kopfe genommen —, aber du bist noch blond —, du farbelst dich, was?

Bist auch schon ein alter Kracher — pfeifst auch schon aus dem letzten Loch.

Gestern hab ich dich in Schutz nehmen müssen.

Da sagt so ein Lepon im Kaffeehaus, der Slezak muß schon in die siebzig sein.

Da sagte ich diesem Trottel, also das ist übertrieben, es ist ja wahr, er ist in den letzten Jahren rapid alt geworden, aber von siebzig kann keine Rede sein, der ist jünger.»

Trotz aller Versuche loszukommen, werde ich festgehalten.

«Blöd sind dir die Leute, da hat so ein Niemand gesagt, du hast ihm als Othello nicht gefallen, es ist ihm ein Brechen angegangen und du kannst den Vergleich mit dem Jannings nicht aushalten.

No, ich hab ihn reden lassen.

Im Tagesboten habe ich gelesen, daß du den Brünnern aus deinem Witzbüchel vorlesen wirst.»

Ich verwahrte mich energisch gegen das Witzbüchel und erörterte ihm, daß meine Bücher literarische Köstlichkeiten, stilistische Offenbarungen und er ein Kaffer ist.

Er blieb aber dabei: «Ein Büchel, das zum Lachen ist, ist meiner Auffassung nach ein Witzbüchel.»

Auch schreckte es den Aufrichtigen nicht ab, mir noch zu versetzen, daß ich bei meinem Gastspiel vor achtzehn Jahren miserabel bei Stimme war, er sich damals um das viele Geld, das sein Platz gekostet hat, ärgerte und seitdem nicht mehr zu meinen Vorstellungen gegangen ist.

Ich kochte, ließ ihn stehen und ging.

Jetzt geht er in Brünn herum und sagt jedem, der Slezak ist ein arroganter Kerl.

Auf der Linie A—B ist ein Fiakerstandplatz.

In die gepflegte Unterhaltung mit meinen Freunden platzt ein Aufschrei des Wasserers, des Wagenwaschers, hinein, der barfuß und mit bis zu den Knien heraufgekrempelten Hosen ein Paar in jeder Beziehung beanstandenswerte Waden dem Beschauer erbarmungslos preisgibt.

«Sakra Slezak, du bist ausgfressen, schenk mir a Krone.»

Ich gehe zu dem Manne hin, schenke ihm einige Kronen und ersuche ihn, es nicht so laut in die Welt hinauszuschreien, daß ich ausgefressen bin, weil mir das in meinem Berufe als liebender Held schadet.

Er gelobte es.

Da fällt mir eine Episode aus meiner Militärzeit ein.

Ich war ein strammer Unteroffizier bei den Siebzehner Jägern in der Kaserne am Dominikanerplatz.

Zu dieser Zeit bekamen wir Krieger kein Nachtmahl.

Frühstück und Mittagessen, sonst nichts.

Zum Abendessen kaufte man sich in einer Auskocherei um drei Kreuzer eine Menageschale voll Saures.

Saures ist ein Beuschel.

Lungenhaschee nennt es der Preuße — Lüngerl der Bayer — Beuschel der Österreicher.

Also das Saure war nicht gut.

Es kamen in diesem Beuschel oft Sachen vor, die man perhorreszierte, vor denen einem grauste, und die bestimmt nicht hineingehörten.

Aber man war jung, hatte Hunger, übersah diese peinlichen Zugaben, schloß die Augen und aß.

Zur Abwechslung ging man in einen Selcherladen und kaufte sich um drei Kreuzer Abschnitzeln.

Einen höheren Betrag erlaubte das Budget nicht.

Abschnitzel sind Wurstenden mit viel Haut und Spagat.

Spagat wird auch hochtrabend — Bindfaden genannt.

Von den Wissenschaftlern ist zwar inzwischen erforscht worden, daß in der Haut und dem Spagat die meisten Vitamine enthalten sind, und es Vitaminfanatiker gibt, die aus diesem Grunde nur die Haut und den Spagat essen.

Zu meiner Kriegerzeit war das aber noch nicht bekannt, deshalb empfand man die Haut und den Spagat als belastend und ärgerte sich.

Dann gab es Schinkenfett und Speckhäute, von denen man sich den noch spärlich anhaftenden Speck abkratzte und aufs Brot schmierte.

In besagtem Selchergeschäft war eine außergewöhnlich unschöne Verkäuferin.

Sie war lang und hager, sehr überwuzelt, und hatte viele Wimmerln im Gesicht, die besonders störten.

Aus verdammenswertem Egoismus, nur damit die Abschnitzel besser und reichlicher ausfielen, benahm ich mich nicht gentleman-like.

Ich trieb ein schnödes Spiel mit der Bewimmerlten.

Ich kam, wenn sie alleine war, blickte ihr tief in die Augen, verlangte um drei Kreuzer Abschnitzel, indem ich ihr vorher diese drei Kreuzer zärtlich in die Hand drückte, und ihre Hand, als Steigerung, einen Augenblick festhielt.

Sie hauchte zart: «O Herr Unterjäger, Sie sind aber einer!»

Der Effekt blieb nicht aus.

Ich bekam Abschnitzel, die schon keine Abschnitzel mehr waren, sondern halbe Preßwürste, Schinkenfett mit erheblich viel Schinken dran und weder Haut noch Spagat. — Es war berauschend.

Nachdem sich dieser Vorgang des öfteren wiederholte, wurde die Selchermaid immer liebenswürdiger und zutraulicher.

Eines Tages äußerte sie den Wunsch, mit mir, wie sie es nannte, auf den Ausgang zu gehen.

Ich sollte aber ja nicht glauben, daß mich das etwas kostet, nein, beileibe nicht, sie bezahle alles.

Das war ein schwerer Schlag für mich, denn der Gedanke, mit dieser stangenartigen Jungfrau mich öffentlich zu zeigen, erschien mir untragbar.

Ich gebar die unwahrscheinlichsten Ausreden, immer hatte ich Dienst, und immer wieder fand ich einen Grund, mich diesem, immer stürmischer geforderten Ausgang zu entziehen.

408

An einem Freitag stellte sie wieder die Frage, ob wir denn nicht am Sonntag endlich auf den Ausgang gehen könnten, sie wisse ein sehr feines Tanzlokal.

Ich bedauerte unendlich, gerade diesen Sonntag sei es unmöglich, denn ich habe Heu- und Strohdepotwache.

Der Sonntag kam.

Nach der Befehlsausgabe, um zwei Uhr nachmittags, stehe ich in meiner Ausgangsuniform vor der Kaserne, das blankgeputzte Koppel um den damals gertenschlanken Leib, das vorschriftswidrige Kapperl schief auf dem linken Ohr, die Virginia im Munde und knöpfte mir meine blütenweißen Handschuhe zu.

Jeder Zoll ein Feschak.

Da zischte es plötzlich hinter mir:

«Ah, so haben Sie Dienst?

Das ist Heu- und Strohdepot?

Das ist Wache?

Ah, da schau her – Abschnitzel fressen, ja – auf den Ausgang, nein?

Das ist a Charakter! – Pfui Teiwl! – Pfui Teiwl!» Und weg war sie.

Der Abschnitzelflirt war zu Ende – ich mußte wieder Saures essen.

Aber einesteils war ich doch von dieser erdbebenartigen Lösung

befriedigt, denn ich hatte schon damals, als hungriger Soldat, schamhafte Hemmungen.

In Zukunft wich ich der Selcherei aus, und mußte ich einmal vor-
beigehen, schlug ich die Augen nieder.

Ich schämte mich.

Doch zurück zur Linie A—B.

Es kam mir ein würdiger Herr mit einem unwahrscheinlich langen, schneeweißen Vollbart entgegen, der ihm bis zu den Hüften
reichte, wie ihn nur der Nicolo, der heilige Nikolaus, zu tragen
pflegt.

Er breitet die Arme aus und jubelt:

«Leoschku, servus Leo, laß dich umarmen, mein Gott, wo sind
diese Zeiten?»

Ehrfurchtsvoll sage ich dem anscheinend Hundertjährigen, daß
ich nicht das Vergnügen habe, ihn zu kennen.

«Jesusmarja, Leo, du kennst mich nicht?

Ich bin doch der Konvalinka!»

«Inwieso Konvalinka?» frage ich.

«Leoschku, wir sind doch zusammen in die Volksschule gegangen, in die Minoritengassen.» —

«Das ist ausgeschlossen.»

«Warum ausgeschlossen?»

«Weil wir damals in der ganzen Volksschule nicht einen Schüler
hatten, der so einen langen, weißen Vollbart gehabt hat.»

Er war beleidigt.

Eine typisch brünnerische Gepflogenheit ist es, angehalten und
gefragt zu werden: Wer bin ich? — Raten Sie, wer bin ich?

Bei meiner Abreise stellt sich mir im Korridor des Hotels ein
Herr entgegen, faßt mich am Knopf meines Überziehers und fragt
mich strahlend: «Herr Slezak — wer bin ich?»

Ich sage, ich weiß es nicht, ich habe Eile, mein Zug geht in zehn
Minuten.

«No, nein, Spaß apart, wer bin ich wirklich?»

«Herr, geben Sie mir keine Rebusse auf, sage ich zornig, ich weiß
nicht, wer Sie sind, will es auch nicht wissen, ich versäume meinen
Zug.»

Ich reiße mich los, er behält meinen Überzieherknopf in der Hand
und ruft mir nach:

«Ich bin der Sohn vom Baumeister Zoufal, mich kennen Sie nicht,
aber meinen Vater haben Sie gut gekannt.»

Unerfreulich in der Heimat sind die Verwandten.

Wird so ein Onkel gefragt, wie gefällt Ihnen der Leo?

Mit verächtlich herabgezogenen Mundwinkeln raunt dieser jedem x-beliebigen ins Ohr:

«Was kann der schon können, das ist doch mein Neffe.»

Lang, lang ist's her, die Zahl der alten Freunde ist immer kleiner geworden, alles um mich her ist gestorben.

Nur die Gräber meiner geliebten Eltern habe ich noch in Brünn, die ich zweimal im Jahre besuche, aber gleich wieder wegfahre, um das Herzweh abzukürzen.

## UNSERE GROSSMAMA

Sie heißt Antonie, wird aber respektlos und schlicht Tonerl genannt.

Die Kinder heißen sie: «O».

Abgeleitet von «Oma».

Seit vielen Jahren lebt sie in meinem Hause und ist achtundachtzig Jahre alt.

Ein geliebter Hausgenoß.

Wir können uns das liebe, gute Gesicht von unserem Tische gar nicht wegdenken.

Unsere O ist ein Original, von einer Urwüchsigkeit, die es heute nicht mehr gibt, einem gottbegnadeten Humor, und jetzt noch, in diesem hohen Alter, von geradezu verblüffender Schlagfertigkeit.

Sie ist meine Schwiegermutter, aber keine von denen, die in Couplets und Witzblättern gebrandmarkt werden, sondern eine gute, vernünftige.

Allerdings sind diese guten Eigenschaften, dank meines geradezu genialen Talentes, Schwiegermütter zu formen, zum größten Teile anerzogen.

Am frühen Morgen, wir waren ganz jung verheiratet, war sie schon da, um nach dem Rechten zu sehen und mit dem Personal Stunk zu machen.

Sie stierlte in allen Kasteln und Winkeln herum, fand immer etwas Beanstandenswertes, zog da und dort einige zur Seite gebrachte Eier, Butter, Kaffee oder Zucker heraus, kam selig entrüstet zu unseren Betten und teilte uns aufgeregt die Ergebnisse ihrer Forschungsarbeit mit.

Wenn ich nicht sofort energisch abgewinkt hätte, wären wir in der angenehmen Lage gewesen, dreimal täglich das Personal wechseln zu müssen.

Nun setzte meine Erziehung ein.

Mitten in den Frührapport mit seinen Anklagen und beigebrachten corpora delicti sagte ich sanft: «Liebe Mutter, das interessiert uns nicht, Schluß!»

Die ersten Male war sie beleidigt und meinte, es wäre ja nicht ihr Geld, es sei ihr Wurscht, und rauschte von hinnen. Als dann jeder weitere Vorstoß in gleicher, männlich fester Weise abgewiesen wurde, sie die Zwecklosigkeit ihrer Spähunternehmungen einsah

— einsah, daß uns der Verlust einiger Eier oder sonstiger Fressalien lieber war, als der des häuslichen Friedens, gab sie es auf.

Das heißt, sie stierlte weiter, teilte aber das Resultat nicht mehr uns, sondern den Verwandten mit, um sich Erleichterung zu verschaffen.

Als ich um Liesi freite, wußte ich, dank Tonerls Sprunghaftigkeit, niemals, ob ich noch verlobt bin oder nicht.

Man nennt die Brautzeit die schönste Zeit im Leben eines Sterblichen.

Das ist ein holdes Märchen.

Die meine war es nicht.

Mein Brautstand war ein Martyrium.

Märtyrer, wie etwa der heilige Sebastian — das ist der mit den vielen Pfeilen überall, waren Lebemänner gegen mich.

In diesen sechs Wochen, von der offiziellen Verlobung bis zur Hochzeit, bekam ich mindestens zehn Absagebriefe.

Zum Glück traf es sich immer so, daß, wenn meine Braut abschrieb — Mama dagegen war und ihrer Tochter sagte: «So etwas macht man nicht, wenn man sich mit jemandem verlobt, dann nimmt man ihn auch.»

Ihre Einwendungen, ich sei zu wenig ernst und sie könne sich nicht entschließen, zerstreute sie mit dem Trost, daß ich mit jedem Tag älter werde und ernster.

War dieses Unheil abgewendet, bekam ich von Mama einen Brief, in dem sie schrieb, sie habe in der Elektrischen gehört, daß ich ein Hallodri bin, gegen den Casanova als ein Trappistenmönch anzusprechen ist, und die Verlobung sei gelöst.

Ich stürzte zu meiner Braut, wusch mich rein und gelobte, daß ich, bevor ich sie kennenlernte, überhaupt nicht gewußt habe, daß es zweierlei Geschlechter gibt.

Davon überzeugt, sagte sie ihrer Mutter, daß sie mich doch nimmt, denn ich sei unschuldig und das Opfer eines Tratsches in der Elektrischen.

So ging das fort.

Auch die Besuche als Bräutigam waren nicht sehr erbaulich.

Nie ließ man uns allein, immer saß Mama dabei, und war sie einmal nicht da, mußte ihre Schwester den Elefanten machen, um das Dekorum zu wahren.

Abends um dreiviertel zehn wurde mir mein Hut aufgestülpt und ich an die Luft gesetzt.

Daß immer etwas gegen mich vorlag, dafür sorgten schon die guten Nachbarn, Kollegen und Bekannten.

Wenn diese leckere Brautzeit noch länger gedauert hätte, wäre ich grinsendem Irrsinn verfallen.

Aber nichts dauert ewig, endlich war der Tag da, an dem ich meine Liesi endgültig bekam, nicht mehr weggeschickt werden konnte und diese wunderbare Brautzeit ein Ende hatte.

In Bälde hatte ich mich mit Mama so angefreundet, daß sie sogar bei Streitigkeiten, die besonders in der ersten Zeit der Ehe wegen der nichtigsten Sachen an der Tagesordnung sind, immer meine Partei nahm.

Sie hat eingesehen, daß sie mit mir als Schwiegersohn einen Haupttreffer gemacht, das heißt, ich habe es ihr so lange suggeriert, bis sie es glaubte.

Während unserer vielen Gastspielreisen in Europa führte uns Mama das Hauswesen, betreute die Kinder, die wir unter ihrer Obhut wohl geborgen wußten.

Tonerl war in ihrer Jugend eine große Schönheit, und erzählte gerne davon.

Besonders schilderte sie in den lebendigsten Farben, was sie für schöne Kleider hatte, beschrieb diese bis in die kleinsten Details, zählte alle Rüscherln und Ajourbesätze auf, und freudig bewegt hob sie hervor, wie sich die Weiber gegiftet haben, wenn die schöne Toni in ihrem Phaethon saß und diesen mit fester Hand lenkte.

Hinten saß ein Groom, ein in eine knallige Livree gesteckter Bauernjunge, der mußte die Hände übereinandergeschlagen haben und durfte nichts reden, damit man nicht gleich den Dorftrottel in ihm entdeckte.

Sie hatte die dünnste Wespentaille von ganz Wien, erzählte sie stolz.

«Ich hab mich aber auch zusammengeschnürt, daß ich oft ohnmächtig geworden bin», unterstrich sie als besonderes Verdienst.

Ein Besuch der Oper oder des Burgtheaters hatte immer sehr bald ein Ende gefunden, weil sie so zusammengeradelt war, daß ihr schon während des ersten Aktes schlecht wurde.

Außerdem hatte sie viel kleinere Schuhe, als ihre, wie sie sagte, berühmt kleinen Füße waren.

Sie zog sie aus, wenn der Akt begann, und fand sie nicht, wenn es im Theater wieder licht wurde.

Da mußte der liebe, gute Papa im Frack am Fußboden herumkriechen und Tonerls Schucherln suchen.

Nach ihren Erzählungen hatte ihr verstorbener Gatte nichts zu lachen.

Es war ein unsagbar gütiger, hochgebildeter Mann, der sechs Sprachen sprach und infolge seines Wissens als Konversationslexikon benutzt werden konnte.

Aber alle Bemühungen, seiner Toni etwas von seinen Kenntnissen abzugeben, scheiterten an ihrer hemmungslosen Unbelehrbarkeit.

Sie nannte ihren Gatten Huber.

Das kam so: Die Verwandten in Paris schrieben ihm immer: cher Guillaume.

Aus Guillaume machte sie erst Giderl.

Dann nannte sie ihn — Gidlhuber.

Endlich ließ sie das Gidl weg und er wurde Huber.

Sie führte ein strenges Regiment und war infolge ihres hochentwickelten Mangels an pädagogischer Begabung mit den Buben immer auf Kriegsfuß.

Vier Kinder hatte sie, zwei Knaben und zwei Mädchen.

Die Mädchen waren ihre Lieblinge, sie wurden verhätschelt, wie die Affen mit Bändern und Schleifen aufgeputzt, litten unter ununterbrochenem Gekämmtwerden und Aufpassen, mußten immer stillsitzen, um ja nichts von diesem Glanz zu zerdrücken. Sie wurden bei jeder Gelegenheit den Buben vorgezogen, was deren Neid erregte.

Kinderschlachten waren an der Tagesordnung, dazwischen stand der gute Hubersmann, wie er von den Kindern genannt wurde, und sollte auf Tonerls Befehl Ordnung schaffen.

Trotz der Häufigkeit der Kämpfe konnte sich dieser vornehme Mann an die Krachs am laufenden Band nicht gewöhnen und litt Qualen.

Als ihre zweite Tochter auch wegheiratete, kam sie zu mir in mein Haus und ist für uns alle eine Quelle von Frohsinn und Heiterkeit.

Sie ist die Zielscheibe aller Scherze, besonders die der Kinder, und auch für mich.

Ich habe sie durch Liebe und richtige Behandlung gezähmt.

Hie und da hatte sie, vor vielen Jahren allerdings, noch urwüchsige Anfälle, die aber immer seltener wurden, und auf einmal war sie die gute, liebe und brave O.

Mein Verdienst.

Ihre ungeschminkte Art, sich zu geben, ihre urwienerische Ausdrucksweise waren köstlich, und ich will einige kleine Proben folgen lassen.

Mein Greterl war zwölf Jahre alt und angefüllt mit fanatischer Liebe zur Musik, in der sie im Elternhaus aufgewachsen ist. Jede Opernvorstellung, in die sie gehen durfte, war ein Erlebnis.

Als wir wieder einmal auf Reisen waren, ging sie mit ihrer O in Tristan.

Die arme, alte Dame saß verständnislos da und langweilte sich zum Auswachsen.

Als im zweiten Akt das herrliche Duett: «Sink hernieder, Nacht der Liebe» erklang und mit gehauchtem Pianissimo gesungen wurde, sagte sie ganz laut: «Gredl, morgen nimm ich a Bad!»

Weinend erzählte das Kind uns dann, wie sie sich genierte, die Leute um sie herum haben Pst! gerufen, sie sei aus allen Himmeln gerissen worden — ach und es war so schön!

Als Backfisch war sie eines Abends in Gesellschaft und kam um zehn Uhr heim.

Auf ihrem Nachtkästchen fand sie einen Zettel: Es ist jetzt zwei Uhr nachts — Gretti. — Ich war da. — Du noch nicht! — O.

Es war der 18. August — mein Geburtstag.

Große Gratulationscour.

Die Kinder, festlich geschmückt — sie die Haare mit Zuckerwasser eingedreht, in weißem Kleidchen, er im blütenweißen Matrosenanzug —, kamen mit Blumen und einem geschriebenen Wunsch herein und sagten die von meiner Frau einstudierten Verse unter Tränen auf, weil sie meist steckenblieben und in ihrer Not zum Heulen Zuflucht nahmen.

Diese Geburts- und Namenstage vorzubereiten, war nicht so einfach.

Erstens mußte gedichtet werden.

Viermal im Jahr ein Gedicht — und man wollte doch immer etwas Neues sagen.

Als die Kinder noch ganz klein waren, war es nicht so kompliziert:

Ich bin klein, mein Herz ist rein, und ich gehöre meiner Mami ganz allein.

Aber später, als man an ihre geistigen Fähigkeiten höhere Anforderungen stellte, wurden die Gedichte länger, um endlich in ganze Eposse auszuarten.

Liesi machte es sich leicht, indem sie aus einem Wunschbuch die auf das Fest passenden Reime abänderte. Ich aber mußte ganze Arbeit leisten und Geistesblitze in die Wünsche weben.

Wochen vorher saß ich schon da und dichtete.

Das mußten dann die Kinder lernen, und waren diesem Lernen abhold.

Das Kinderfräulein stürzte herein und beschwerte sich, daß Walter seinen Wunsch für die Mami nicht lernen wolle.

Ein strenges Gericht setzte ein, man appellierte an seine Kindesliebe und machte alle möglichen Versprechungen, was er kriegen werde, wenn er gut gelernt hat.

Das geschah natürlich alles geheim.

Mit vielem Feingefühl mußte man die Krachs im Kinderzimmer überhören und durfte nicht fragen.

Wenn dann der Tag da war, die Lieben stotternd vor uns standen und man ihnen den ganzen Wunsch soufflieren mußte, nahm man sich immer vor, den Kindern diese Qual zu ersparen.

Aber wenn so ein Fest wieder in die Nähe kam, begann das Dichten und der Jammer von neuem.

Eines Tages streikten unsere Sprößlinge und erklärten, jetzt seien sie schon erwachsen und wollten sich auf einen selbstgewählten Dialog mit einem Bussi und Überreichung der Blumenspende beschränken.

Auch das Schreiben des Wunsches auf dem mit Blumen geschmückten Wunschpapier war eine aufreibende Sache.

Viele dieser Wunschpapiere wurden wegen schlechter Schrift und Tintenklecksen weggeworfen, bis endlich eines halbwegs würdig ausfiel.

Dann kam meist Greterl als Sprecherin, die fügsamer und fleißiger war als er, sagte die längsten Gedichte auf; Walter stand immer nur dabei und schloß sich seiner geehrten Vorrednerin an.

Entzückend war diese Zeit, die uns mit Helgalein, unserem Enkelkind, noch einmal geschenkt wurde.

Aber ich schwelge in Kindererinnerungen und will doch von unserer Großmama sprechen.

Nachdem die Wunschfolter absolviert war, gratulierte die O und überreicht mir eine dicke, silberne Bauernuhrkette als Geburtstagsgeschenk.

Ich dankte und sagte vorwurfsvoll: «Aber Mutterl, da hast du wieder viel Geld für mich ausgegeben, was hat denn die Kette gekostet?»

«Das sage ich dir nicht, denn wenn man etwas schenkt, sagt man nicht den Preis von dem Geschenk. Merk dir das!»

«Na Mutterl — dafür hast du wenigstens zwei Mark ausgegeben.»

«Ja freilich, dir gebens die Silberketten um zwei Mark.

Zwölf Mark fuffzig habe ich gezahlt!»

Mit meinem Buben gab es immer Turniere zu jeder Tageszeit.

Er war sechzehn Jahre alt und benutzte die Abwesenheit seiner Eltern zum Ausfliegen.

Aber die O war immer hinterher und bei Walter, dem Roué, nicht beliebt.

Stets hatte er vielerlei Einfälle zur Hand, um sie zu täuschen und abzufahren.

Er versteckte seinen Smoking und alles, was dazugehört, in einem Paket unter dem Billard, legte sich ins Bett, machte auf sittsames Enkelkind und sagte der lieben O zärtlich gute Nacht.

Die liebe, gute O, die überall einen Braten roch, ließ ihr Forschertrieb nicht schlafen, sie erhob sich still von ihrem Pfühl, ging fahnden und entdeckte den Abendanzug.

Walters Enttäuschung war groß, als er diesen nicht fand. Er knirschte mit den Zähnen, war wütend, aber es nützte nichts, er mußte daheimbleiben und seine Abenteuer liquidieren.

Walter kam zum Film.

Es war Inflation, und ein englisches Pfund oder ein Dollar bedeutete ein Vermögen.

Da brachte er einmal aus dem Atelier Theatergeld nach Hause mit, auf dem zehn Pfund, fünf Pfund und ebenso Dollars aufgedruckt war.

Davon hatte er ein ganzes Paket und zeigte es stolz seiner Großmutter.

«Da schau her, O, was ich habe – ich bin ein reicher Mann.

Aber ich beschwöre dich, sage kein Wort davon dem Papa, denn er nimmt es mir weg und legt es auf die Sparkasse.»

«Was fällt dir ein, kein Wort kommt über meine Lippen», versicherte sie mit treuherzigem Augenaufschlag.

Sie besah sich die Scheine, zählte sie ungefähr zusammen und stürzte schnurstraks zu mir ins Herrenzimmer: «Du Leo, der Bua hat a Massa Geld, lauter Pfund und Dollar, nimm ihm's weg, sonst verputzt er's mit die Weiber.»

«Aber Mutterl», beruhigte ich sie, «das ist ja wieder so ein Gspaß von dem Buben, das ist ja Theatergeld, wertloses Papier.»

«So ein Lausbub, ein miserabliger, der kriegt jetzt ein paar Trachteln!»

Unsere O war neugierig, sehr neugierig, und das in einem Ausmaße, daß es schon pathologisch wirkte.

Auf diese Neugierde waren alle Verhohnepipelungen aufgebaut.

Greterl sagte ihr zum Beispiel: «O, ich möchte dir gerne etwas anvertrauen, aber du erzählst ja alles den Eltern, ich traue mich nicht.»

Da bettelte und bat die Mutter: «Geh, sag mir's, ich sag nichts, ich schwör dir's, wie das Grab werde ich schweigen.

Du kennst mich doch!»

Greterl ließ sie lange zappeln und sagte ihr dann irgend etwas ganz Belangloses oder erzählte ihr irgendeinen haarsträubenden Roman, bis sie merken mußte, daß sie zum besten gehalten wurde.

Walter wurde Filmstar in Berlin und benutzte jede freie Zeit, um uns in Wien zu besuchen.

Bei seiner Abreise gab er O eine fest zugeknotete Schachtel mit der Bitte, ihm diese aufzubewahren, aber nichts den Eltern zu sagen, denn sie beinhalte ein Geheimnis.

«Aber bitte, liebe O — nicht aufmachen», sagte er dringend.

«Walter, wo denkst du hin — kennst du mich von dieser Seiten?»

«Hauptsächlich Papa darf von der Existenz dieser Schachtel nichts ahnen — versprich es mir!»

«Nein, nein, du kannst dich auf mich verlassen, so wie ich's krieg, so hebe ich dir's auf.»

Beim Abschied flüsterte er mir ins Ohr: «Papa, ich werde noch nicht unten beim Wagen sein, wird die O schon hüpfen.»

Richtig, wir stehen beim Fenster, um ihm zuzuwinken, er steigt in sein Auto — auf Monatsraten, die er nie einhielt — da kommt schon die O fauchend herein und gellt: «So ein Lausbub, gibt mir eine Schachtel zum Aufbewahren, schnürt sie zusammen, daß man die Knöpf nicht aufkriegt, drinnen sind wieder drei Schachteln, alle fest zugebunden, und in der letzten liegt ein Zettel — da schau her:

Wer ist neugierig?

Unsere O!

Wer verklatscht den lieben Walter? —

Unsere O!

Pfui, O!

Sie war kaum zu beruhigen, ich mußte ihr versprechen, daß ich dem Knaben bei seinem nächsten Besuche ein paar Ohrfeigen gebe.

Eine Mahlzeit an unserem Tisch war ein Theater für sich, wenn die Kinder zu Hause waren.

Die arme O wurde besonders von Walter aufs Korn genommen, so daß ich oft meine kümmerliche Autorität ins Treffen führen mußte, um ihn zu zügeln.

Älter geworden, wurde sie schwerhörig.

Das heißt, verlassen konnte man sich nicht darauf, denn wenn sie etwas nicht hören sollte, hörte sie gut, auch wenn wir noch so leise sprachen.

Weil sie von dem Buben immer gefrozzelt wurde, war sie gegen ihn ablehnend und mißtrauisch.

Da sagte ihr Walter: «Großmama, sei nicht unwirsch — sei wirsch, du schaust drein, wie der grimme Hagen.»

Wütend stand sie auf und kam Klage führen.

«Leo, der Bua hat grüner Hagen zu mir gesagt, du mußt ihm das verbieten, das ist sicher wieder eine Beleidigung!»

Ein andermal flüsterte er ihr ins Ohr: «O, der Papa läßt dir sagen: Honny soit, qui mal y pense.»

«Er mi a!» war ihre Antwort.

Jedes Jahr im Mai machte sie ihre einzige Reise.

Mit dem Schlafwagen nach München und dann mit dem Auto nach Egern.

Wochen vorher war sie schon aufgeregt und mußte beruhigt werden.

Walter sagte bei Tisch: «Der Fahrplan ist geändert, der Zug geht nur bis San Franzisko.»

Entsetzt rief sie aus: «Jessas, da muß ich ja umsteigen!»

Walter war daheim, sein Urlaub war zu Ende.

Sie fragte: «Wo fahrst denn hin?»

«Nach Amerika, Großmutterl.»

«Aber gelt, zum Nachtmahl bist wieder da?» —

Wenn es manchmal zu dick kam, fragte sie meine Frau: «Is wahr, Liesi?»

«Ja, Mutterl.»

Ihre Liesi war für sie die höchste Instanz, die einzige, die sie immer bei all den Uzereien in Schutz nahm und unseren Humor etwas eindämmte.

Sie weiß nicht, wie alt sie ist.

Mit ihren achtundachtzig Jahren seufzte sie, daß sie schon alt sei und es bald dahin gehe.

Da wende ich immer ein: «Aber Mutterl, du bist ja noch jung, du bist ja erst siebzig, das ist doch gar kein Alter.»

«Wieso bin ich siebzig?»

«Also paß auf: Du bist im zweiundfünfziger Jahr geboren, dividiert durch neun bleibt fünfunddreißig, mal zwei ist siebzig.»

«Is wahr, Liesi?»

«Ja, Mutterl.»

«Jessas, siebzig Jahr bin ich schon? Schrecklich!»

Wenn man älter wird, stellen sich allerlei Beschwerden ein, die stören.

Man wird zum Hypochonder.

Wahllos schluckt man alle Medizinen, die man von Bekannten und Verwandten empfohlen bekommt.

So auch unsere O.

Gottlob ist sie kerngesund, jammert aber unentwegt, daß es ihr überall weh tut.

Unser Hausarzt, der sie kennt, geht auf alles ein, hört aufmerksam ihre Klagen an, verschreibt ihr recht lange Rezepte, harmlos und nichtssagend, und versichert, daß es darauf bestimmt besser werden wird.

Dann ist sie zufrieden.

Einmal klagte sie wieder über irgendein eingebildetes Leiden, und der Doktor wurde gerufen.

Er war verreist, es kam sein Vertreter.

Wütend kam sie zu Tisch und berichtete: «Einen neuen Doktor

haben sie mir geschickt — der Trottel darf mir nicht mehr herein!»

«Warum denn, Mutterl?»

«Er hat gesagt, es fehlt mir nix!»

Möge es die Vorsehung fügen, daß der Doktor noch lange sagen kann, es fehle ihr nichts, und daß uns unsere geliebte O noch viele Jahre gesund erhalten bleibt.

# FILM

Als ich in Berlin den Bürgermeister Nasoni in Gasparone spielte, erschien eines Abends in meiner Garderobe ein Filmproduzent und fragt mich, ob ich nicht Lust hätte, eine schöne, humoristische Rolle in einem Film zu spielen.

Ich sagte freudig zu, und in einigen Tagen stand ich zum ersten Male im Filmatelier, in einer für mich ganz neuen und interessanten Welt.

Meine erste Rolle war ein eifersüchtiger Diplomat, dem seine reizende junge Frau ganze Geweihsammlungen aufs Haupt setzte.

Der Film hieß: Der Frauendiplomat.

Dieser erste Versuch gelang, und nun stehe ich auf einsamer Höhe im Darstellen von alten Trotteln, ängstlichen Pantoffelhelden und Bramarbaseuren.

Bin eine singuläre Erscheinung auf dem Gebiete galliger Kracher, Einspänner und Fiakerkutscher.

Ich fühle mich in dieser Betätigung unsagbar wohl.

Meine lieblosen Kameraden sagen, wenn ich einen Fürsten spiele, bin ich auch ein Kutscher.

Der Neid.

Nur meine liebe Frau war mit dieser Lösung so gar nicht einverstanden.

Sie litt, wenn die Leute über mich lachten, was ja nicht wundernehmen kann, war sie doch durch Jahrzehnte immer gewöhnt, mich als hehren, schimmernden Helden zu sehen, der mit Musikbegleitung Schlachten gewann und dreimal die Woche Helden- und Liebestode starb.

Alle die Herrlichkeiten ernster und tiefer Musik hat sie in unmittelbarer Mitarbeit ein Menschenalter hindurch mit mir geteilt und empfand diese Umstellung als Abstieg.

Zum Glück war ich anderer Ansicht.

Ich sah den Wunschtraum meiner zartesten Jugend, Komiker zu werden, als — sagen wir, älterer Herr in so befriedigender Weise erfüllt.

Der Film hat für mich, dem es vierzig Jahre hindurch Lebenszweck war zu arbeiten, nicht nur den Wert des Geldverdienens, sondern wirkt sich hauptsächlich auf mein seelisches Wohlbefinden aus.

422

Die Arbeit erhält mich jung und läßt den Gedanken, daß ich laut Fahrplan eigentlich schon in die Würste gehören sollte, nicht aufkommen.

Wenn ich auch nicht mehr viel zu sagen habe, so ist es ja doch besser, als wenn ich als alter, verbitterter Pensionist in irgendeinem Stadtpark die Goldfische füttern und mich über meine tenorsingenden Nachfolger ärgern würde.

Als ich am 1. September 1934 von meiner geliebten Wiener Oper Abschied nahm und in Pension ging, fühlte auch meine Frau den Segen, der mir aus dieser Umstellung erwuchs, und freut sich heute mit mir, wenn etwas gut gelingt und ich im Film Erfolge habe.

Nun löste ein Film den andern ab, ich bekam Gelegenheit, in diese Sphäre Einblick zu tun, und darf mir jetzt erlauben, etwas darüber zu sagen.

Ich habe mich ganz eingelebt und kann mir gar nicht vorstellen, daß ich jemals etwas anderes gemacht haben könnte, als auf der Leinwand zu flimmern.

Ich nehme mir vor, einhundertviereinhalb Jahre alt zu werden und im Atelier zu sterben.

Aus Pflichtgefühl allerdings erst, nachdem ich die letzte Szene fertiggedreht habe, damit der Film erscheinen kann.

Nur bei der Premiere kann ich mich nicht mehr verbeugen, weil ich da schon tot sein werde.

Die Welt ist schnellebig, und unsereiner ist bald vergessen.

Wenn man nicht mehr auf der Bühne steht und sich dem Publikum nicht immer wieder in Erinnerung bringt, weiß bald niemand mehr, daß man überhaupt jemals existierte.

Ein kleines Beispiel erlebte ich in Binz auf Rügen, wo ich einige Erholungstage verbrachte.

Ich saß mit meiner Frau auf einer Bank am Meer, da kam ein Ehepaar vorbei.

Die Frau stieß ihren Gatten in die Seite und sagte in besonders gelungenem Sächsisch: «Guck emol — eener vom Kientopp.» —

Die Meine war empört.

Sie wollte hören: «Guck emol — der Othello, der Lohengrin, der Tannhäuser.»

Auch in Berlin geschah es nach einem Film, in dem ich den letzten Fiaker spielte, daß am Kurfürstendamm eine Dame, auf mich mit dem Finger zeigend, laut aufschrie: «Der Kutscher.»

Nach der Premiere dieses Fiakerfilms in Berlin hörte ich auf der Treppe einen Begeisterten hinter mir sagen:

«Mensch, haste Worte? Den Mann haben diese Idioten vierzig Jahre lang Oper singen lassen.»

Man sieht, es ist von meiner Sängerlaufbahn, die gewiß eine sehr schöne war, nicht viel übriggeblieben, und nur eine immer kleiner werdende Anzahl von Musikliebhabern erinnert sich meiner Opernabende und Konzerte.

Die Menschen halten sich an das, was ist, und nicht an das, was war.

Damit habe ich mich schnell abgefunden, und ich kann mit Freuden konstatieren, daß ich mich selten im Leben so glücklich und zufrieden fühlte wie jetzt.

Alle die großen Aufregungen des Sängerberufes fallen fort.

Das quälende Angstgefühl, ob man auch gut bei Stimme sein, ob auch das, was man in der Studierstube in redlicher Arbeit und rastlosem Schaffen erworben hat, im Ernstfalle, vor dem Publikum, restlos da sein wird.

Restlos war es nie da.

Die Aufregung verschlang immer einen großen Prozentsatz.

Die ewige Sorge vor Erkältung, der geringsten Zugluft, vor Menschen, die eventuell einen Schnupfen haben könnten.

Immer das Verteidigen seiner Stellung, um auf der Höhe zu bleiben, denn es ist leichter, eine gewisse Höhe zu erreichen, aber viel schwerer, sich auf dieser Höhe zu erhalten.

Der hirnzerfressende Ehrgeiz ließ einen nicht ruhen, man mußte sich alles versagen, was das Leben angenehm macht.

Das liegt nun hinter mir, ich lebe zum erstenmal ein Leben, das mich freut, rauche den ganzen Tag, esse was mir schmeckt und sitze in Zugluft, ohne sie zu bemerken.

Wenn ich einmal heiser bin, eine Erkältung habe, freue ich mich wie ein Schneekönig, daß mir diese Heiserkeit den Buckel runterrutschen kann.

Das Filmen ist nicht immer eitel Wonne und Seligkeit, auch dieser Weg will erkämpft sein, fordert viel Energie, und die Strapazen, die zu überwinden sind, sind keine kleinen.

Aber man ist noch jung, lächerlich rüstig und weiß, daß man noch nicht zum alten Eisen gehört.

Doch ich schweife allzusehr vom beabsichtigten Thema ab und gehe in medias res.

Medias res hat schon oft zu bedauerlichen Mißverständnissen geführt und wird von Unkundigen für ein Abführmittel gehalten.

Das ist falsch.

Es ist lateinisch, und wenn man es häufig gebraucht, kommt man in den Geruch eines akademisch Gebildeten.

Den Film und alles, was um diesen herum geschieht zu schildern, ist eine schwierige Aufgabe, ich weiß es.

Aber ich habe den Mut, sie zu meistern.

Ich fange beim Produzenten an.

Die Produzenten sind diejenigen, die den Film machen.

Das kann erst geschehen, wenn sie den Geldgeber gefunden haben, der den ganzen Kitt bezahlt.

Vor der Regelung der Filmproduktion schossen in Wien und Prag Filmgesellschaften wie die Pilze aus dem Boden.

Wenn zum Beispiel so ein Unternehmungsfroher zweihundert Schillinge besaß, gründete er im Kaffeehaus eine Filmgesellschaft.

Ein abendfüllender Film kostete damals ungefähr hunderttausend Schillinge.

Die auf seine zweihundert Schillinge fehlenden neunundneunzigtausendachthundert lieh er sich aus.

Bekam er weniger, machte er dennoch den Film und blieb eben den Schauspielern und allen andern in diesem Beschäftigten das Geld schuldig.

Da war es wichtig, auf seiner Hut zu sein und die Verträge so zu machen, daß man seinen Macherlohn rechtzeitig bekam, wenn der Produzent noch ein Interesse an der Mitwirkung des Darstellers hatte.

Diese Erfahrung sammelte man leider erst, wenn man mehrere Male zum Opfer geworden war.

Das hat sich seither gottlob geändert.

Niemand darf heute einen Film beginnen, bevor er den Betrag, den dieser kostet, auf der Bank erlegt hat.

Der Produzent gehört zu den geplagtesten und am wenigsten beneidenswerten Berufen.

Am besten wird dies durch eine kleine Anekdote illustriert.

Unser Herr Jesus Christus kommt mit dem Erzengel Gabriel auf die Erde, um sich da unerkannt umzusehen.

Da sieht er drei Männer beisammenstehen, die bitterlich weinen.

Er frägt den ersten: «Warum weinest du?»

«Mir hat eine Überschwemmung mein Hab und Gut dem Erdboden gleichgemacht, meine Herden und Felder sind verwüstet, ich bin ein Bettler.»

Der Herr legte ihm die Hand aufs Haupt und sprach:

«Gehe nach Hause, du wirst alles so vorfinden, wie es war.»

Zum Zweiten: «Warum weinest du?»

«Eine Feuersbrunst hat mein Haus zerstört, hat mich zum armen Manne gemacht, ich weiß nicht, wohin ich mein müdes Haupt legen soll.»

Der Heiland berührt ihn mit der Hand und spricht:

«Gehe ruhig heim, du wirst alles vorfinden, wie es war.»

Dann fragte er den Dritten, der besonders stark weinte:

«Warum weinest du?»

«Ich bin Filmproduzent.»

Da setzte sich der Herr zu ihm und hat mit ihm mitgeweint.

Der Produzent ist umgeben von einem Stab Schaffender, die seine Mitarbeiter sind.

Da ist vor allem der Autor des Buches.

Dieser sendet zuerst ein Exposé ein, das die Handlung in solch kurzen Umrissen angibt, daß man keine Ahnung hat, worum es sich handelt.

Dann liefert er — in vielen Fällen auch nicht — das Drehbuch.

Ich habe ungefähr fünf Filme gemacht, wo dieses Drehbuch erst nach Fertigstellung des Filmes und in drei Fällen gar nicht erschien.

Das Drehbuch ist, wenn man es verlangt, um Einblick in seine Rolle zu bekommen, immer in Arbeit oder es wird geändert oder man bekommt es morgen, weil es beim Vervielfältigen ist.

Dieses Morgen dauert Wochen und ist nie zu erleben.

Manchmal war ich schon drei bis vier Tage im Atelier und habe mit dem Regisseur die nächstfolgende Szene geschrieben und den Dialog ausgeknobelt.

Nur der Regisseur wußte was geschieht, für uns Schauspieler war es ein düsteres Geheimnis.

Die wichtigste Person, die Seele des ganzen Filmes, ist der Regisseur.

Auf dessen Schultern ruht alles.

Er ist für alles verantwortlich, besonders für den Erfolg des Filmes.

Er ist der erste und geht als letzter weg.

Den ganzen Tag, ohne Pause, außer der Mittagspause, muß er unermüdlich seine Anordnungen geben, sich um das Licht, die vorteilhaftesten Bildeinstellungen kümmern, die Schauspieler führen, den Dialog überwachen und darauf achten, daß die Extemporierblüten nicht allzu hoch in die Stengel schießen und kein Klamauk das Niveau herabdrückt.

Man behauptet, daß besonders ich in diesem Punkte scharf im Auge behalten werden muß, weil ich angeblich die Neigung habe, dem Affen Zucker zu geben.

In die profane Sprache übersetzt, ist es die Beschuldigung, daß mir das künstlerische Maßhalten fremd sei — ich übertreibe.

Selbst meine Gattin neigt zu dieser Ansicht, was mich schmerzt.

Wenn dem auch so wäre, was aber nicht der Fall ist, so müßte sie, als die mit mir eng Verbundene, wenn auch nicht meine Partei ergreifen, so doch sich jeder Zustimmung enthalten.

Sehr traurig!

Es gibt, je nach Temperament, verschieden geartete Regisseure.

Sie sind ausnahmslos gute Kameraden der Künstler, haben für jeden Scherz Verständnis, und bei der Arbeit entwickelt sich fast immer ein herzliches Einvernehmen, das diese Arbeit zur Freude macht.

Man ist traurig, wenn der Film zu Ende ist und man auseinandergeht.

Regisseure, die ihre Autorität durch zielbewußte Ruhe betonen und sich zur Arbeit Zeit lassen.

Dann gibt es solche, die sich ein Riesenprogramm, ein Mammutpensum für den Tag vornehmen und auch ausführen.

Diese Bedauernswerten gönnen sich kaum eine Atempause, um ein Wurstbrot zu essen, lassen sich dieses von ihrem Regieassistenten in den Mund stecken und empfinden es als harten Schlag, daß sie selber kauen müssen.

Eine Einstellung löst die andere ab, kaum ist eine Szene zu Ende gedreht, steht schon die nächste bereit, und nach einer kurzen Wiederholung des Dialoges geht es weiter.

Da ist so ein Riesenfilm, der normalerweise drei bis vier Wochen zu seiner Fertigstellung braucht, in zehn bis zwölf Tagen abgedreht.

Diese Regisseure sind die Lieblinge der Produzenten, weil sie viel Geld sparen helfen.

Dann gab es vor mehreren Jahren auch Regisseure, die unsicher waren, herumtasteten und sich von jedermann dreinreden ließen.

Mit vielem Herumstreiten und dem Verteidigen der jeweiligen

Meinung wurde viel Zeit vergeudet, bis endlich die Toilettenfrau entschied, wo die Kamera zu stehen hat.

Die Schauspieler litten unter dieser Führung, wurden fahrig, unruhig und verloren die Lust zum Darstellen.

Der Vizekönig des Films ist der Kameramann.

Er hat in photographischer Hinsicht alle Verantwortung, muß ein großer Könner sein, Geschmack und Begabung für bildhafte Schönheit und Poesie haben.

Er wird von zwei Kameraassistenten und einem Oberbeleuchter unterstützt.

Der Oberbeleuchter befehligt seine Scheinwerferarmada nach den Weisungen des Kameramannes.

Die Bauten, die im Atelier aufgeführt werden, sind bewunderswert. Bis ins kleinste Detail wird alles naturecht nachgebildet, ganze Straßen werden aufgebaut, daß man sich nach Alt-Wien, Italien oder in den Orient versetzt glaubt.

Jedes abgeschlagene Eck an einem Hause, jedes Fenster, alles von einer Echtheit und Naturtreue, daß man sprachlos ist, was alles bedacht und in Erwägung gezogen wurde.

Die wertvollsten Einrichtungen in den Wohnungen, Porzellan, Bronzen und Bilder sind da, alles an seinem Platz.

Der Beleuchter hat nun die Aufgabe, diese Bauten auszuleuchten, das heißt sie photographierbar zu machen.

Rund um den Raum, in Deckenhöhe, sind Gerüste gebaut, auf denen die Scheinwerfer nebeneinanderstehen, die von einigen Männern bedient werden.

Diese Scheinwerfer haben eine ungeheure Leuchtkraft und werden an die Stelle lanciert, wohin der Lichtstrahl zu fallen hat.

Tausenderlei ist zu beobachten.

Manchmal sind drei- bis vierhundert Komparsen im Saal, die alle ihr Licht haben müssen, um effektvoll photographiert werden zu können.

Kein Reflex, der von irgendeinem glänzenden Gegenstand erzeugt wird, darf übersehen werden.

Solche Reflexe müssen erst matt gemacht werden, Flecken, die das Bild beeinträchtigen, müssen verschwinden und so vieles mehr.

Man kann sich also ungefähr von der Summe der Arbeit und erforderlichen Mühe eine Vorstellung machen.

Trotz gewissenhaftester Aufmerksamkeit schafft die Tücke des Objekts ganz unwahrscheinliche Fehler, welche die an jedem Abend stattfindende Vorführung der tags zuvor gemachten Szenen grausam enthüllt.

Ein kleines Beispiel dafür, was einem der renommiertesten Kameramänner passieren konnte.

Wir hatten einen Riesensaal mit großer Komparserie gedreht, fast dreihundert Personen waren in der Dekoration, in allergrößter Aufmachung, Rokokokostümen, weißen Perücken und Staatskleidern.

Es wurden Totalaufnahmen mit Balletteinlagen gemacht.

Was das bedeutet, welche Mühe es macht, bis alles stimmt und klappt, kann nur der beurteilen, der einmal einen Einblick in diese verwirrende Angelegenheit bekommen hat.

Am nächsten Abend, in der Vorführung war alles prächtig gelungen, nur eine Kleinigkeit störte: es baumelten acht, mit Leinenhosen und Filzpotschen bekleidete, kräftige Männerbeine vom Plafond hinunter.

Die Arbeiter, die die oberen Scheinwerfer bedienten, setzten sich geruhsam neben ihren Lampen nieder und ließen ihre wenig salonfähigen Beine frisch und fröhlich hinunterflattern, in der Meinung, daß ja so hoch oben doch nicht photographiert würde.

Durch einen unseligen Zufall hat der Kameramann dieses Unheil nicht bemerkt oder die Arbeiter haben ihre Beine erst nach dem Einleuchten hinuntergehängt.

Die ganze mühselige und vor allem viele Tausende verschlingende Arbeit war umsonst und mußte noch einmal gemacht werden.

So gibt es unzählige Gefahren, denen zu begegnen ist.

Spiegel schafften oft große Verlegenheit, wenn plötzlich in diesen nicht zum Film gehörende Funktionäre, wie Garderobiers, Maskenbildner, Feuerwehrmänner und so weiter, aufscheinen.

Überall die Augen haben, alles überdenken, alles sehen, aufpassen, wie ein Schießhund — eine zermürbende Arbeit.

Daher gibt es Kameramänner, die so gewissenhaft sind, daß sie jede kleine Szene so lange einleuchten, bis man irrsinnig wird und besagtem Kameramann am liebsten eine Injektion mit Glasscherben gäbe.

Angesichts dieser Gewissenhaften kann sich jeder Unternehmer, ohne zu zögern, mit einem zehnmillimetrigen ungebrauchten Gasschlauch das Leben nehmen.

Nun der Tonmeister.

Dieser ist für den Ton verantwortlich, sitzt in seiner hermetisch abgeschlossenen Tonkammer und meckert.

Er steuert den Ton.

Klingt es zu leise, dreht er auf, ist der Schauspieler zu laut, dreht er zurück.

Das Mikrophon ist wohl das Niederträchtigste, was es gibt.

Empfindliche Tonmeister — und alle sind sie empfindlich, sind besonders bei Gesangsaufnahmen sehr schwierig und können uns Sänger an den Rand der Nervenheilanstalt bringen.

Die Aufnahme eines kleinen Liedes war immer eine langwierige Angelegenheit, bis all die Ausgleiche gefunden wurden, die eine tadellose Wiedergabe verbürgten.

Das Mikrophon ist, wie ich schon oben sagte, grausam.

Jeder Hauch, das leiseste Rascheln, wird ins Überdimensionale gesteigert, jeder Atemzug des Sängers kommt dem Schnauben eines arabischen Vollbluthengstes gleich und man erscheint leicht im kompromittierenden Lichte eines Asthmatikers.

Wie schwierig das war, geht daraus hervor, daß man an einem Liedchen mehrere Stunden arbeitete.

Alle möglichen Faktoren stellen sich ein, diese Arbeit noch zu verschärfen.

Vor allem einmal ist es das Mikrophonfieber des singenden Darstellers, der die große Empfindlichkeit dieses Instrumentes kennt und weiß, was ihm bevorsteht.

Kaum hat man begonnen, wird man schon vom Tonmeister mit einem durch Mark und Bein gehenden Tuten unterbrochen, das, je öfter es in Aktion tritt, desto zermürbender und nervenzerstörender wirkt.

Dann sammeln sich beim Singen ganze Schleimgebirge im Halse an, die nach Losräuspern lechzen.

Räuspern darf man nicht. — Grauenvoll. —

Auch das Orchester befällt hier und da eine gewisse Nervosität.

Es schleichen sich falsche Noten, Kikser und andere Erscheinungen von Unsicherheit ein, die immer wieder eine Wiederholung nötig machen.

Diese verlangt auch der dirigierende Kapellmeister, ebenso der Tonmeister, der sehr musikalisch und feinhörig sein muß.

Es gibt Stimmen, die sich besonders für das Mikrophon eignen, die im Saal oder auf der Bühne ganz mittelmäßig, oft sogar heiser klingen und durch das Mikrophon und auf Schallplatten faszinierend wirken.

Umgekehrt kommen edle, pastose Stimmen ziemlich belämmert zur Wiedergabe.

Es gehört eine große Übung dazu, die Wiederhaarigkeiten des Mikrophons zu meistern.

Durch weites Zurücktreten, Näherkommen, zur Seite und bei besonders knalligen Stellen auch nach rückwärts singen, muß man suchen, den Ausgleich zu finden.

Das ist alles sehr schön, das geht im Radiostudio oder beim Besingen von Schallplatten, aber im Film wird man dabei photographiert.

Da muß man all dieser Hilfsmittel entraten und kann nur durch die Dynamik der Tongebung diese Felsenriffe umschiffen.

Man muß dabei spielen und ein Gesicht im Geiste der Rolle machen.

Um diesen mühsamen Aufnahmen mit dem direkten Ton aus dem Wege zu gehen, hat man eine sehr bequeme Methode erfunden.

Das Playback.

Im Synchronisierungsraum sitzt man vor dem Mikrophon, singt sein Lied, nur als Ton aufgenommen, solange und so oft, bis es voll und ganz gelungen ist und die Zufriedenheit des Tonmeisters gefunden hat.

Wenn die Gesangsszene im Atelier an die Reihe kommt, wird einem das Lied vorgespielt und man braucht nur die Mundbewegungen so zu machen, daß das Gesungene synchron wiedergegeben wird.

Nur um sein Spiel hat man sich zu kümmern und ist von der Singerei ganz unabhängig.

Wie günstig.

Beim Playback kann auch wunderbar gemogelt werden.

Wenn ein Schauspieler keine Stimme hat, so singt für ihn ein guter Sänger sein Lied im Tonraum und er macht im Bilde nur seine Mundbewegungen.

Da ist es des öfteren vorgekommen, daß ein vollständig stimmloser Star als wunderbarer Sänger in der Kritik gefeiert wurde.

Wie ungünstig.

Durch das Playback hat das Singen im Film seine Schrecken verloren, es wird viel Zeit, Geld und Nervenkraft gespart.

Der Aufnahmeleiter.

Dieser hat die Aufgabe, dafür zu sorgen, daß die Arbeit vorwärtsgeht und jeder an seinem Platz seine Pflicht tut.

Es schleichen sich bei der Arbeit oft Beratungspausen ein, die ins Uferlose gehen würden, wenn nicht der Aufnahmeleiter, die unterstützende, sagen wir die exekutive Hilfskraft des Produzenten, da wäre.

Er ist der Lautsprecher der Arbeitsgemeinschaft.

Er hat zu brüllen.

Er brüllt.

Brüllt unvermittelt.

In eine eingetretene Stille, in der die Kameraden in Gruppen beisammenstehen, knallt plötzlich seine rauhe Stimme:

«Warum drehen wir nicht? — Woran liegt es?» —

Manchmal schreit er auch ganz ohne jede Ursache, nur um zu demonstrieren, daß er da ist: «Ruhe! — So kann man nicht arbeiten.»

Es wird ein Opfer gefunden, dieses angekreischt und dann wird weitergedreht.

Wenn man zur Aufnahme einer Szene schreitet, scheinen vor den Ateliertüren rote Lampen auf, die jedem den Eintritt verwehren.

Vom Tonmeister wird ein unangenehmes, sirenenartiges Rufzeichen gegeben.

Falls es nach diesem Zeichen noch jemand wagen sollte, etwas lauter zu atmen, zu hämmern — im Atelier wird immer gehämmert — oder sonst ein Geräusch zu machen, ergießt sich über den Unseligen ein Schwall gebrüllter Ermahnungen des Aufnahmeleiters.

Der Aufnahmeleiter ist der am wenigsten Zartfühlende.

Er hat mit Brachialgewalt Ordnung und Disziplin in eventuell eintretende Chaosse zu bringen, namentlich wenn große Massen an Komparsen, Musikern und Arbeitern aufzubieten sind.

Es obliegt ihm auch, die nötigen Typen zu engagieren, wodurch er zu einem großen Machtfaktor für die kleinen Mitarbeiter wird.

Es gibt eigene Filmbörsen, meist in einem Kaffeehaus, wo alle Arbeitsuchenden versammelt sind und der Aufnahmeleiter seine Wahl treffen kann.

Dann umgibt den Regisseur noch ein Stab von Hilfskräften.

Der Regieassistent, die Kamerahelfer und Mikrophonbeamten, die mit dem Mikrophon in allen möglichen, meist unmöglichen Stellungen, in Ecken zusammengekauert, auf dem Bauche rutschend oder in schwindelnden Höhen der Rede des Schauspielers folgen müssen, um den Ton einzufangen.

Einer der Allerwichtigsten beim Film und für uns Schauspieler der Schicksalsschwerste, ist der Cutter.

Zu deutsch der Schneider des Films.

Er schneidet den Film und klebt die Szenen aneinander, gibt diesem die endgültige Fassung, wie ihn das Publikum im Kino zu sehen bekommt.

Es ist ein sehr schwieriges und verantwortungsvolles Amt, denn der Erfolg unserer Arbeit hängt viel vom guten effektvollen Schnitt ab.

Wenn ein Film noch so gut gearbeitet ist, kann er leicht derart verschnitten werden, daß die Wirkung ausbleibt.

Für uns Schauspieler ist der Cutter, wie ich schon oben sagte, manchmal recht betrüblich.

Jeder Film muß nach Vorschrift eine gewisse Länge haben, die nicht wesentlich überschritten werden darf.

Nun kommt es vor, daß ideenreiche Regisseure immer wieder neue Szenen hinzukomponieren.

Da ist der Film auf einmal so lang, daß alles, was nicht direkt zur Handlung gehört, der Schere zum Opfer fallen muß.

Mir ist es leider schon einige Male geschehen, daß ich eine ziemlich große, schöne Rolle spielte und mich bei der Premiere als Edelkomparsen auf der Leinwand sah.

Beschämt hielt ich mir das Taschentuch vors Gesicht, damit mich die Leute nicht erkennen und sagen: Aha, da sitzt einer von den Statisten.

Der Zuschauer im Kino hat keine Ahnung, welch eine betäubende Summe von Arbeit, Erfindungsgabe, Geduld und rastlosem Fleiß erforderlich ist, um eine Szene, die im Bruchteil einer Minute abrollt, fertigzustellen.

Bühnenarbeiter schwirren umher, die alle Handgriffe vor, während und nach der Aufnahme zu leisten haben.

Ferner sind da: Garderobiers und Garderobieren, Friseure und Friseusen, die für die Adjustierung der Herren und die Schönheit der Damen zu sorgen haben.

Der Friseur, jetzt heißt er Maskenbildner, Gesichtsgärtner, in besonders berücksichtigungswerten Fällen auch Verschönerungsarchitekt, schminkt den Schauspieler und macht ihm die für seine Darstellung erforderliche Maske.

Es sind meist Künstler in ihrem Fach, die die genauen Töne der Farben wissen müssen, die sie dem begnadeten Seelenmaler ins Gesicht schmieren, damit sie mit dem Licht vor der Kamera harmonieren.

Da gibt es Matadore, die einem das Gesicht so verändern, daß man im Spiegel einem völlig fremden Herrn gegenübersteht, dem man sich vorstellen möchte.

Vor jeder Einstellung hat er genau zu prüfen, ob die Augen in Ordnung sind, die Nase nicht glänzt, eine Schweißperle auf der Stirn glitzert, und mit dem Rotstift immer wieder schwellende Lippen auf den Mund zu zaubern.

Man muß in immer neu erblühter Schönheit vor der Kamera stehen und Adonisallüren zur Schau tragen.

Ein schweres Amt.

Die Kamera ist, wie das Mikrophon, unerbittlich und namentlich bei Großaufnahmen erbarmungslos.

Jede Falte, jedes Kramperl und Runzelchen gibt sie preis.

Besonders bei Liebhabern und schönen Frauen ist es nicht so leicht, alles Störende, das im Leben oft reizvoll ist, aber auf dem Bilde nicht gut wirkt, auszuschalten oder wenigstens auf ein Minimum zu reduzieren.

Nun zu den Schauspielerinnen und Schauspielern.

Vor allem die Primadonna.

Die ist je nach ihrer Popularität mächtiger oder weniger mächtig.

Die große Mehrzahl ist zum Fressen lieb und namentlich, wenn sie große Künstlerinnen sind, bescheiden, pflichtbewußt und rührend willig bei der Arbeit.

Kommt hier und da so ein kleiner Machtfimmel vor, ist ein energischer Regisseur oder besser ein rauher Aufnahmeleiter da, um alle Kinkerlitzchen auf ein erträgliches Maß herabzuschrauben.

Auch unter den Männern gab es in früherer Zeit Primadonnen, die sich großer Neigung beim Publikum erfreuten, hauptsächlich waren es die sogenannten schönen Liebhaber, denen man gerne und oft mit einem Fleischhauerbeil den Scheitel ziehen wollte.

Aber, wie gesagt, das kommt heute nicht mehr vor und gehört der Vergangenheit an.

In den letzten Jahren habe ich immer nur prachtvolle Kolleginnen und Kollegen zu meinen Partnern gehabt. Alle, ohne Ausnahme, erweisen sich als williges Werkzeug des Regisseurs und sind auf das innigste mit dem Erfolge unserer Arbeit verbunden.

Die Filmarbeit ist manchmal recht schwer und anstrengend.

Wenn es heißt: Um neun Uhr drehfertig — so bedeutet das, um sechs Uhr morgens aufstehen.

Die Ateliers liegen gewöhnlich weit draußen, außerhalb der Stadt.

Um sieben Uhr wird man mit dem Produktionsauto abgeholt und steht um neun kriegsbemalt und arbeitsbereit zur Verfügung.

Da kommt der Aufnahmeleiter in die Garderobe und teilt mit, man habe noch ein Weilchen Zeit.

So ein Weilchen dauert beim Film oft viele Stunden.

Man wartet, wartet, wagt nicht, es sich bequem zu machen, weil man jeden Augenblick gerufen werden kann, sitzt herum, getraut sich nicht zu schneuzen, damit man sich nicht die Farbe von der Nase schmiert, wird müde und verdrossen.

Es kam vor, daß ich um neun Uhr morgens fix und fertig war und man mir am Abend um sieben sagte: «Sie kommen nicht mehr dran.»

Wenn man in der Dekoration arbeitet, verfliegt die Zeit im Nu, nur das Warten ist zum Auswachsen.

Am unangenehmsten ist es, wenn man den ganzen Tag in seiner Garderobe herumsitzt, erst am Abend um sechs drankommt, müde und abgespannt eine heikle Szene zu spielen hat, die Frische und Konzentration verlangt.

Nachtarbeit ist auch eine Schattenseite unseres Berufes.

Des öfteren bin ich um vier Uhr morgens zerschlagen und wie im Traum aus dem Atelier gegangen und wußte nicht, wie ich in mein Bett kam.

Um neun Uhr hieß es wieder auf dem Posten sein.

In Wien kam einmal um zwei Uhr nachts, nachdem ich schon seit neun Uhr morgens gearbeitet hatte und in den Einstellpausen stehend einschlief, der Produzent zu mir und meinte in herzlich jovialem Ton: «So, Kammersängerl, jetzt machen wir noch das Liederl.»

Das lehnte ich aber ab mit der Begründung, ich sei keine Lerche.

Ging heim in mein Kinderzimmer, legte mich in mein Gitterbettchen und schlief wie ein Murmeltier.

Dann haben wir wieder freie Tage, wenn andere Baukomplexe an der Reihe sind, in denen man nicht beschäftigt ist.

Diese freien Tage sind unwahrscheinlich schön und machen alle Strapazen bald vergessen.

Ein Kapitel für sich sind die Außenaufnahmen.

Die sind von der Produktion am meisten gefürchtet, weil man von der lieben Sonne abhängig ist, die oft Manderln macht, sich hinter den Wolken versteckt, dann wieder strahlend hervorkichert, um im geeigneten Moment, wenn alles zur Aufnahme bereit ist, zu verschwinden, als ob sie uns frozzeln wollte.

Gewöhnlich wird auch so lange herumgeknobelt und arrangiert, bis sich die Sonne ärgert und justament ihr Antlitz verhüllt.

Als ich den Falstaff spielte, sind wir tagelang auf einem Feld gestanden, es war im Oktober, kalt und unbehaglich, bevor wir die wenigen Szenen, die normal in wenigen Stunden leicht hätten abgedreht werden können, tätigen konnten.

Allerdings für Kollegen, die mit Tagesgage engagiert sind, sind die Außenaufnahmen bei unsicherem Wetter günstig.

Ihre Gesichter strahlen, wenn sich so eine Wolke vor die Sonne schiebt und keine Anstalten macht, wegzugehen.

Allgemeine Enttäuschung gibt sich kund, wenn sie wieder da ist, und so mancher fleht um eine Honorarwolke, die ihm am nächsten Tag wieder Arbeit gibt.

Aus diesem Grunde werden die Außenaufnahmen, wenn diese in einem Film etwas reichhaltig sind, sehr oft im Süden gemacht.

Dort, so nimmt man an, soll die Sonne immer scheinen.

Viele Male hat man sich aber geirrt und ist nach Wochen verzweifelt aus dem sonnigen Süden heimgekehrt, weil es die ganze Zeit wie aus Schaffeln gegossen hat.

Einige haben von dem vielen Regen Schwimmhäute zwischen den Zehen mit heimgebracht.

Nach diesen Schilderungen kann man sich leicht ein Bild machen, was so ein Großfilm kostet, wenn man bedenkt, daß ein Tag im Atelier mit Tonapparatur, Licht und Belegschaft ungefähr zehntausend Mark verschlingt.

Dazu kommen noch die enormen Nebenspesen, wie Bauten, Bedienungspersonal, Schauspieler, Komparsen, Requisiten und vielerlei mehr.

Die Möbel, Antiquitäten, Nippes, Porzellan und so weiter werden von Unternehmungen, die sich nur mit dem Verleihen befassen, ausgeliehen.

Man ist beim Film mit den geliehenen Sachen nicht sehr rücksichtsvoll.

Was da ruiniert und oft unnötig zerstört wird, geht auf keine Kuhhaut.

Das Geld spielt keine Rolle, so heißt es, und ich machte oft Beobachtungen, die mich mit Herzweh erfüllten.

Aus einem Museum waren Zinnkrüge ausgeliehen, die für einen Kenner ausgesprochene Unika bedeuteten.

Altehrwürdige Krüge, in all den schönen, der damaligen Zeit ihr Gepräge gebenden Formen.

Die Komparsen, die an einem Wirtshaustische saßen, hatten mit den Krügen den Wirt herbeizuklopfen.

Nach der Aufnahme waren alle diese wunderbaren Exemplare ganz zerbeult und unförmlich geworden.

Ein ethischer Schaden, nicht wieder gutzumachen.

Ein andermal war ein liebliches Biedermeierzimmer mit den originellsten Möbelchen angefüllt.

Ein köstlicher Anblick.

Unter anderem stand auch eine kleine Kommode da, von reizender Form, mit Lädchen und Geheimfächern.

Bei der Einstellung nahm das Kästchen die Sicht auf den Schauspieler — es war etwas zu hoch.

Kurzerhand wurden der Kommode alle vier Füße um zehn Zentimeter einfach abgeschnitten.

Ich fragte, warum denn dieser Vandalismus?

«Spielt keine Rolle — wird bezahlt.»

Daß der Humor und die sogenannte Viecherei bei der Arbeit nicht zu kurz kommen und diese würzen, ist selbstverständlich.

Nur wenn die Fröhlichkeit allzu üppige Blüten treibt und ins Chaotisch-Idiotische ausartet, wird man vom Regisseur sanft, aber energisch darauf hingewiesen, daß Kino gemacht wird und man von diesem Klamauk absehen möchte.

Besonders ich habe schon wieder, wie in der Schule damals, selbstverständlich unverschuldet, das Renommee eines Ruhestörers.

Immer wieder dieser Titel. Es ist zum Verzweifeln.

In der Langeweile des Wartens und im Übermut der Jugend werden mit Assistenz von lebensfrohen Regisseuren alle möglichen Scherze ersonnen, wie man einem Kameraden einen Schabernack antun und etwas Frohsinn ins Atelier tragen könnte.

Sehr beliebt ist es, den Liebhaber neben seine Partnerin zu stellen und längere Zeit da stehen zu lassen.

Der Regisseur läßt ihn seinen Satz reden, Empfindungen und Gefühle über sein Antlitz huschen, ihn in Stimmung versetzen, und er wird gar nicht photographiert, sondern nur seine Partnerin.

Dies geschieht aber nur Anfängern, die noch nicht das richtige Augenmaß dafür haben, ob sie von der Kamera erfaßt sind oder nicht.

Mir geschah dies nur einmal, weil ich ein heller Kopf bin und solche Sachen selber mache.

Ein lieber, prominenter Kollege war auch einmal das Opfer eines solchen Scherzes.

Er spielte einen Clown, sein Gesicht war schneeweiß angemalt.

In einer Szene hat er mir unter Tränen zu erzählen, daß er eine Tochter besitzt, die in einem vornehmen Pensionat untergebracht ist und nie erfahren darf, daß ihr Vater Zirkusclown ist.

Der Regisseur sagte: «Lieber Hans, da mußt du Tränen in den Augen haben, du mußt weinen.»

«Ich kann aber nicht auf Kommando wana.»

«Hans, aber du mußt weinen, die Tränen müssen dir nur so über die Wangen kollern.»

«Ich kann aber net wana, bei mir kollert nix.»

«Hans, es muß kollern, da muß eben Zwiebel her.»

Er ließ einen Teller mit Zwiebeln kommen, die wurden in feine Scheiben geschnitten und verbreiteten einen beizenden Geruch auf fünf Meter im Umkreise.

«Da mußt du fest riechen, Hans.»

Pflichtschuldigst atmete er den Zwiebelduft ein und in Bälde rannen ihm die Tränen in Strömen über die Backen, hinein in den Zwiebelteller.

Dann begann die Szene zwischen uns, und nach der Aufnahme, als die Farbe schon ganz von seinem Gesicht weggewaschen war, erfuhr er, daß nur ich photographiert wurde, er umsonst geweint hat, und daß es ein Gspaß war.

Wir lachten uns einen Ast, weil wir eingeweiht waren, er lachte mit, weil ihm nichts anderes übrigblieb und er kein Spaßverderber ist.

Ich hatte auch die Freude, mit der großen Künstlerin Adele Sandrock zusammenzuarbeiten.

Sie spielte meist kommandierende Tanten und Großmütter, und mich ließ man die aufgeregten Onkel und herrschsüchtigen Ekel spielen.

Wegen der Gleichheit unserer Rollen nannte man mich in Kameradenkreisen «Adelerich».

Beim Film ist es immer so, daß man in eine Kategorie, zum Beispiel als polternder Onkel, eingereiht wird.

Dann spielt man diese polternden Onkels bis zur Erschlaffung in jedem Film der nächsten Jahrzehnte.

Man hat durch den Raum zu wuchten und gutmütig zu poltern.

Wenn man sich aber genügend ausgepoltert hat, hängt einem das Wuchten derart zum Halse heraus, daß man selig ist, wenn man einmal sanft sein darf.

Eine Zeitlang war ich auf Wiener Fiaker festgelegt, die immer wieder, und schon zum Erbrechen, Grinzing und seinen Wein zu besingen hatten.

Da ich kein Weintrinker bin und für die Grinzinger Poesie ungewöhnlich wenig Verständnis aufbringen konnte, bekam ich vom bloßen Singen der Weinlieder — Sodbrennen.

Wenn ich mit Adele zusammen spielte, gab es immer viel Unterhaltung.

Sie war stets pathetisch, begönnerte alle und schloß jede Ansprache mit einer Belehrung oder einem kategorischen Ratschlag.

Ich hatte sie gut studiert und darum liebgewonnen.

Besonders als sie mich des öftern «junger Mann» titulierte.

Wenn auch immer zurechtweisend, aber doch — junger Mann.

Sie war das Gewissenhafteste in ihrer Arbeit, das man sich vorstellen kann.

Auf die Sekunde war sie zur Stelle und kam überwältigend vorbereitet in die Dekoration.

Da fehlte nicht ein Komma, alles saß und war prachtvoll zurechtgelegt.

Wenn sie, was leider zu selten der Fall war, poetisch oder gemütvoll sein durfte, verbreitete sie eine Atmosphäre hoher, künstlerischer Sendung um sich, von der wir alle ergriffen waren.

Allerdings dauerte es nicht lange, so erfolgte gleich wieder an irgend jemand eine Ermahnung, was er nicht tun solle und was sie an ihm grauenvoll finde.

Auf mich den strengen Blick gerichtet, beanstandete sie: «Wie kann man nur so dick sein, Sie fressen wohl den ganzen Tag — was?»

Da hieß es, mit Humor alle diese Attacken parieren und sie womöglich verblüffen.

Es war gerade Umbau, wir saßen beisammen auf einem Sofa, und ich rauchte, wie immer, meine Zigarre.

Auf einmal fing sie künstlich zu husten an: «Ach wie scheußlich. Müssen Sie diesen stinkigen Zummel immer im Munde haben? Gräßlich ist das.»

Da hielt ich ihr die Zigarre unter die Nase und sagte:

«Gnädige Frau, Sie sagen stinkiger Zummel?

Das ist ja eine herrliche Zigarre, kostet dreißig Pfennige. Das Stück — nicht die ganze Schachtel.

Von Boenike — Floros del Zores — heißt sie — wundervoll.»

Fassungslos über meine lange, freche Rede zischt sie:

«Na, Slezak, ich müßte Ihre Frau sein, da würden Sie etwas erleben.»

Ganz verbindlich antwortete ich: «Verehrte gnädige Frau, wenn Sie meine Frau wären, hätte ich Sie schon lange erschlagen.»

Sie fuhr zurück und deklamierte:

«Nein Slezak, das hätten Sie nie getan, dazu sind Sie ein zu guter Mensch.»

Eines Tages wurde ein Dialog geändert.

Der Regisseur brachte es Adele schonend bei.

Da brauste sie auf: «Geändert? — Wieso geändert?

Mit welchem Recht geändert?

Ich komme vorbereitet ins Atelier, und Sie ändern? Ha!

Den Film hat Beelzebub in seinem Zorn erschaffen.»

Da meinte ich: «Liebe gnädige Frau, schimpfen Sie nicht über den Film, denn wenn wir den nicht hätten, könnten wir beide im Tiergarten die Rotkehlchen füttern oder die Haare von den Stachelbeeren rasieren.»

Sie sah mich entgeistert an und flüsterte friedlich: «Sie haben recht, Slezak.»

Rauschte aus dem Atelier mit dem geänderten Dialog, um ihn zu lernen.

Wir hatten eine Szene, die in ihrer Wohnung spielte.

Ich kam herein und hatte zu sagen: «Ach, gnädigste Frau, verehrte Freundin, ich ging eben vorbei und dachte mir, du gehst jetzt herauf zu deiner lieben Freundin, die du schon dreißig Jahre nicht mehr gesehen hast.»

«Vierzig», knallt sie dazwischen.

Ich machte in meiner Rolle ein betretenes Gesicht.

Da unterbrach sie die Probe und fragte:

«Sagen Sie, Slezak, machen Sie diese Kokolores auch in der Aufnahme oder nur jetzt bei der Probe, zur Erheiterung der Belegschaft?»

«Nein», antwortete ich, «das mache ich auch, verehrte gnädige Frau, in der Aufnahme, denn diese Kokolores haben mich so wahnsinnig berühmt gemacht.»

Sie straffte sich zu ihrer ganzen Höhe, rollte die Augen und dröhnte mit vollem Organ: «Das wollte ich nur wissen.»

Die Arbeit ging dann in herrlicher Stimmung weiter.

Sie nahm nichts übel, war nur immer erstaunt, wenn man ihr die richtigen Antworten gab, weil es niemand wagte, ihr zu widersprechen.

Ihr Heimgang hat mir sehr weh getan.

Ungezählte köstliche Stunden hat sie uns geschenkt, und mit ihr ist eine von den ganz Begnadeten von uns gegangen.

Ein schwerer Verlust für den Film.


Aufnahmen, bei denen gegessen wird, sind Lichtblicke.

Auf dem Tische stehen wundervolle Gerichte aus einem allerersten Restaurant.

Man sieht das und wird, ob man will oder nicht — zum Gurnemanz.

Die Anlässe sind mannigfaltig.

Hochzeitsmähler sind nicht so interessant, weil man da nie zum Essen kommt und das Mahl meist in besorgniserregend vorgeschrittenem Zustand gezeigt wird.

Nichts ist mehr da, als Reste vom Dessert, nur zum Wegräumen zu gebrauchen.

Aber es gibt — unberufen — auch Szenen, wo ganze Platten wohlgefüllt auf den Tisch kommen.

Als ich einige Male diese Platten vor der Aufnahme durch Herauskletzeln von besonders leckeren Bissen um ihre Schönheit brachte, ehe sie photographiert waren, hat man sie mir erst im allerletzten Moment hingestellt.

Bei den Proben mußte ich mit Pappendeckelersatz das Essen markieren.

Ein verstimmendes Mißtrauensvotum.

In einem Film gab es Nürnberger Bratwurstglöcklewürstel, die ich besonders adoriere.

Vor dem Beginn der Szene habe ich so viele gegessen, daß zur Aufnahme keine mehr da waren.

Ich wurde von der Produktion als Fresser gebrandmarkt und vor der ganzen Arbeitsgemeinschaft zur Ordnung gerufen.

In einem anderen Film mußte ich Lambethwalk tanzen.

Meine Einwendung, daß ich das nicht kann, wurde verworfen.

Man sandte mir einen Balletmeister und die dazugehörige Tanzpartnerin.

Mit vieler Mühe und einem Mindestmaß an Grazie erlernte ich den Tanz.

Bei der Aufnahme scheine ich derart gut abgeschnitten zu haben, daß mir meine Kameraden eine Urkunde überreichen, in der ich das Prädikat: «Choreographisch wertvoll» erhielt.

Also auch auf diesem Gebiet stellte ich meinen Mann.

Allerdings meine Frau hoffte inbrünstig, daß dieser Tanz vom Cutter herausgeschnitten wird.

Sie war entsetzt.

Eine erschwerende, verwirrende und aus diesem Grunde kostspielige Angelegenheit ist angesagter, hoher Besuch.

Eines Tages hieß es: um elf Uhr vormittags kommt die Regierung mit dem Präsidenten an der Spitze, um uns Künstler, wie es hieß, bei der Arbeit zu belauschen.

Der Produzent sprach: «Du, lieber Leo, als Nestor» — ein sehr angenehmer Titel — Nestore sind immer alte Kracher und Mummelgreise —, «also du als Nestor sollst im Namen deiner Kollegen an den Präsidenten eine Begrüßungsrede halten.»

Nun ist das Reden, besonders das freie Reden, eine Sache, zu der mir die geringste Begabung fehlt.

Sie wurde nie gepflegt, ja sogar von meinen Freunden systematisch unterdrückt.

Wenn ich daheim Gäste hatte, ans Glas klopfte und diese begrüßen wollte, riefen alle wie aus einem Munde:

«Kusch! Keine Störung beim Essen.»

Tief erschrocken setzte ich mich wieder und kam so nie dazu, eine Rede zu halten, mich im Reden zu üben.

Kein Wunder, daß ich sehr aufgeregt und vor dieser Rede zur Arbeit unbrauchbar war.

Auch für alle andern war der Vormittag verloren.

Die Herren kamen in großer Zahl, das Orchester spielte die Hymne, die Produktion begrüßte in wohlgesetzten Worten den Präsidenten, dieser dankte, dann kam ich mit meinem Begrüßungsgestammel, der Präsident dankte, brachte für den Film Hoffnungen zum Ausdruck, dann wurden die Herren so günstig placiert, daß wir uns nicht rühren konnten, und das Belauschen unserer Arbeit begann.

Alles wurde so gemacht, wie wir es immer machen.

Kommandorufe des Oberbeleuchters an seine Scheinwerferbemannung ertönten: «Schmeiß den Zwarafuchsga auf die linken Seiten — noch a bissel, guat is, weicher machen, net so viel, halt, jetzt hast es.»

Der Aufnahmeleiter brüllt genau so sein — Ruhe — und wenn er ein Byzantiner ist — *bitte* Ruhe.

Der Regisseur probt mit uns, bessert aus, wiederholt, und dann heißt es: «Aufnahme.»

Etwas, was wir schon gestern gedreht hatten.

Der Regisseur gebietet: «Die dritte Einstellung wird kopiert.»

Als ich erstaunt fragte, warum denn das Gestrige noch einmal gemacht werde, meinte er: «Weil wir kein Material in der Kamera haben, man bei hohem Besuch immer zerstreut ist und die Arbeit nichts wird.»

Die Regierung wurde zu einem Imbiß geführt.

Ich durfte nicht mitimbissen, sondern mußte weiterarbeiten, mit Material in der Kamera.

Liesi, mein Gemahl, sitzt immer irgendwo in einem Winkel, wo sie niemanden stört, und wird, wenn ich es, wie man ungerechtfertigterweise sagt, zu toll treibe, gerufen, um mich durch ihre Autorität in angeblich normale Bahnen zu lenken.

Alle Strapazen teilt sie mit mir, ist immer um mich mit dem Drehbuch, mir meine Rolle vorsagend, und wenn ich einmal das rede, was im Drehbuch steht, bekommt sie vom Regisseur Blumen und wird beglückwünscht.

Liesi ist ein schwerer Beruf, aber sie meistert ihn durch ihre unwahrscheinliche Güte und Liebe.

Allmählich wird so ein Film fertig, man sagt sich adieu und freut sich auf den nächsten.

Mehrere Monate später, nachdem man den Film schon lange vergessen und drei weitere hinter sich hat, kommt von der Produktion eine Einladung ins Haus geflattert, zur Premiere.

Mein Gott, was hat dieses Wörtchen Premiere in meiner Sängerlaufbahn für Schrecken in sich geborgen.

Wie ruhig und kalten Blutes geht man zu so einer Filmpremiere. Alles ist schon fertig, nichts kann mehr schiefgehen, leider kann man aber auch nichts mehr ändern.

Nur der Regisseur und der Produzent sitzen in Todesangst da, ob der Film einschlägt und ein Geschäft wird.

Uns Künstlern kann in mammonialer Beziehung nichts mehr geschehen, denn unsern Macherlohn haben wir bereits ausgegeben.

Der Zweck der Einladung zur Premiere ist, sich dem Publikum zu zeigen, Stimmung zu machen und die Leute, falls sie — — durch unsern Charme abzulenken.

Man hat sich auf der Bühne, sooft es verlangt wird, zu verbeugen.

Ich versuche es immer, mich von dem Verbeugen zu drücken, denn in Zivil haben nur ein Feschak, das heißt ein Adonis, oder schöne, junge Kolleginnen, die Idole sind, eine Berechtigung.

Da strömen die jungen Mädchen in alle drei Vorstellungen, um «Ihn» oder «Sie» zu sehen. Den Willi Fritsch, Hans Söhnker, die Leander, Marika Rökk, die Tschechowa und wie die Idole alle heißen.

Man kommt sich als reiferer Herr ein wenig als bestellt und nicht abgeholt vor und hat das feste Gefühl, daß die Leute sagen:

«Ach, was will denn dieser Nichtmehrganzjunge?»

Nein, da verkrümel ich mich immer, wenn es nur halbwegs geht.

Aber wenn ich mich bedanken muß, da verbeuge ich alle meine Kameraden in Grund und Boden, setze mein strahlendstes Gesicht auf, ziehe das Embonpoint ein, fahre mir durch die Haare, um ihnen etwas Geniales zu entreißen, und wenn nicht zufällig einer der Liebesgirrer, der Sirupjünglinge neben mir steht, mache ich noch immer einen, wenn auch nicht überwältigenden, so doch Eindruck.

Das muß man dreimal machen, bei drei Vorstellungen, und bei der dritten so tun, als ob man soeben erst gekommen wäre.

Während der Vorstellung sitzt man gewöhnlich in einer Loge auf dem Nobelbalkon des Kinos.

Ich werde das Kino von nun ab lieber Lichtspielhaus nennen. Kino erinnert so an Kintopp und Kintopp klingt so unehrerbietig.

Also man sitzt am Nobelbalkon des Lichtspielhauses mit seiner Familie, neben und um einen die Arbeitskameraden mit sämtlichen Anverwandten, und läßt den Film abrollen. Teils freut man sich, teils zerspringt man und atmet auf, wenn einem der Cutter wenigstens ein bissel was gelassen hat.

Zehn Minuten vor Schluß kommt einer der Herren Direktoren und bittet die Künstler auf die Bühne.

Das ist der Grund, warum ich noch nie einen meiner Filme zu Ende sah.

Man wird durch ein Künstlerzimmer geführt, wo Sandwiches und Cocktails angerichtet sind.

An denen muß man als Platoniker vorübergehen.

Dann steigt man auf einer Drehkrankheit erzeugenden Wendeltreppe immer im Kreise hinunter und kommt ganz schwindlig auf der Bühne an.

Wenn nach Schluß des Films der Applaus ertönt, wird man auf der Bühne scheinbar zwanglos gruppiert.

Der Vorhang geht hoch.

Die Damen bekommen Blumen, die für alle drei Vorstellungen frischgehalten werden müssen, die Herren bekommen nichts.

In Wien bekommen die Herren jedesmal einen Lorbeerkranz aus Blech, wunderbar nachgemacht, mit einer Schleife.

Der Kranz bleibt für weitere ungezählte Premieren im Theater zurück, die Schleife mit der Widmung an den Künstler darf man sich mitnehmen.

In Berlin gibt es meist ein kleines Büfett, aber keinen Kranz.

In Wien gibt es einen Kranz, aber kein Büfett.

Ich überlasse es meinen lieben Lesern, zu raten, was mir lieber ist.

## SCHMERZLICHES ERLEBNIS

Es war in Paris.

Vor Jahren schon.

Ich gastierte an der großen Oper und war schon damals, wie auch leider heute noch, für lukullische Genüsse nicht unempfänglich.

Auf dem Boulevard des Italiens hat Appenrodt, ein Deutscher,

ein wunderbares Delikatessengeschäft, zu dem ich täglich pilgerte, um mich an den in der Auslage ausgebreiteten und besonders appetitlichen Würsten, Pasteten und anderen Delikatessen, meist heimatlichen Ursprungs, zu erbauen.

Vertieft in die Vorstellung, wie herrlich dieses oder jenes wohl schmecken möge, und dem Vorsatz, im nächsten unbewachten Augenblick mir diese oder jene Wurst zu leisten — stand ich da.

Ich betone unbewacht, denn seit ich erwachsen bin, muß ich mich kasteien, werde kontrolliert, damit ich nichts esse, was dick macht. Leider machen die besten und reizvollsten Sachen dick.

Immer ist Liesi, mein Gemahl, an meiner Flanke, und wenn ein Wurstladen auftaucht, zieht sie mich liebevoll zur Seite und flüstert mir besorgt ins Ohr: «Leo, denke an deine Figur, an deine Heldengestalten.»

Bin ich aber einmal unbewacht, dann stehe ich lange vor so einem Fressaliengeschäft, starre hinein und denke, wie ungerecht es ist, daß der, der das Essen erfunden hat, noch kein Monument besitzt.

So auch dieses Mal bei Appenrodt.

Als ich längere Zeit dagestanden hatte, sehe ich in der Auslage als Spiegelbild eine ziemlich große Menschenmenge, die herzlich lacht und sich offensichtlich großartig amüsiert.

Gleichzeitig fühle ich an den Waden eine eigenartige Wärme.

Ich wende mich um und sehe, wie gerade ein Riesenhund das Haxel hebt und meine Beine als Eckstein benützt.

Gleichzeitig erschallt ein Gebrüll der stets anwachsenden Menge, und ein besonders Beherzter ruft mir, auf den Hund zeigend, zu «C'est déjà le sixième!»

Zu deutsch: «Das ist schon der sechste!»

# KLEINES ABENTEUER

> Komm den Frauen zart entgegen,
> Du gewinnst sie auf mein Wort;
> Doch wer keck ist und verwegen,
> Kommt vielleicht noch besser fort.
> Goethe.

Ich machte Kur in Karlsbad.

Jeden Morgen holte mich mein Freund Maxi zum Brunnen ab, um auf der alten Wiese zu schlendern und von Bekannten die uninteressantesten Sachen zu erfahren, wie ihm oder ihr die Kur bekam, wie die Nacht schlecht oder gut gewesen sei und so weiter.

Vor dem großen Wäschegeschäft Braun, im Hotel Pupp, wo ich wohnte, sahen wir zwei reizende Mädchen stehen, die in die Herrlichkeiten der Auslage vertieft waren.

Da wir beide damals, besonders ich, nicht aus Holz waren, pürschten wir uns an die Mädchen heran und belauschten folgendes Gespräch im schönsten Prager Deutsch, mit einem reizenden slawischen Anklang:

«Schau, Mali — der Busenhalter — sechsundfünfzig Kronen.»

«No, weißt du, so was. — In Prag bekomme ich ihn bei der Anka am Wenzelplatz um zweiunddreißig.»

«Wie absonderlich. — Karlsbad ist doch nicht weit von Prag. Wirklich absonderlich.»

Mich packt der Übermutsteufel, ich lüfte den Hut und flüstere mit meinem bezauberndsten Lächeln: «Liebes Fräulein, ich mache Ihnen einen Vorschlag, geben Sie mir zwei Kronen und ich halte Ihnen den Busen, so lange Sie wollen.»

Die beiden Damen drehten sich empört um und begannen sehr laut um Hilfe zu rufen.

«Eine Frechheit — man belästigt uns.»

Ich erschrak sichtlich, und um den Schaden gutzumachen, meinte ich: «Meine Damen, ich sehe, es ist Ihnen das auch noch zu teuer, ich mache es umsonst.»

Neuerliche Empörung, die sich zum Toben steigerte und in dem Rufe nach der Polizei gipfelte.

Mein Freund Maxi benahm sich nicht als Freund, er suchte schon bei dem ersten Entrüstungskatarakt das Weite und ließ mich allein.

Als ich sah, daß diese beiden, in ihrer Aufregung noch netter ge-

*Ich lüfte meinen Hut und flüstere ...*

wordenen Mädchen einen richtigen Skandal zu machen drohten, blieb auch mir nichts andres übrig, als unrühmlich schnell hinwegzueilen und schleunigst im Hotel zu verschwinden.

Eine Stunde später traf ich Maxi auf der alten Wiese und sagte ihm Unfreundliches.

Ich zog seine Freundschaft in Zweifel, weil er mir nicht auf Gedeih und Verderb gegen diese entzückenden Megären zur Seite stand.

Er war beschämt und lustwandelte zerknirscht neben mir her.

Da kam uns eine größere Gesellschaft entgegen.

Ich hatte das kleine Abenteuer bereits vergessen, da gab es mir plötzlich einen Riß, ich glaubte, das Blut gefriere mir in den Adern; wen sehe ich vor mir — die beiden Busenhalterdamen.

Ich wollte schnell zum Bäcker Uhl, mir eine Oblate kaufen, aber zu spät.

Man hatte uns schon begrüßt, und meine Angst, daß ich meines, sehe es ein, nicht üblichen Benehmens wegen zur Verantwortung gezogen werde, war grundlos.

Die beiden lachten mich jetzt freundlich an, sie scheinen erfahren zu haben, wer und wie harmlos ich bin, kein Wüst-, sondern nur ein Frechling.

Die Mädchen waren sehr nett zu mir und erbaten sich eine Postkarte mit Unterschrift.

Selbstverständlich erhielten sie diese mit der Widmung, daß ich ihnen die Ablehnung meines Vorschlages verzeihe.

Ich ertappte mich, daß in mir von neuem der Wunsch — aber nein, das schickt sich nicht. —

Leo benimm dich!

Damit war das kleine Abenteuer zu Ende.

Vor dem Hotel Pupp steht ein Goethedenkmal.

Vor diesem standen zwei Amerikanerinnen, nicht so hübsch wie die von vorhin, im Gegenteil — und ich hörte, wie die eine Miss zur andern sagte: «Oh — he has a very interesting face, this Mister Pupp.»

## ABSCHIED VOM THEATER

Nichts dauert ewig, alles geht einmal zu Ende.

Nach meinem sechzigsten Geburtstag habe ich um meine Pensionierung gebeten, um am 1. September 1934 aus der Wiener Oper, der ich vierunddreißig Jahre angehörte, auszuscheiden.

Es war im April 1934, ich hatte noch zehn Vorstellungen bis zu Erfüllung meines Vertrages zu singen.

Ich sang den Othello.

War in bester Stimmung, das Publikum außergewöhnlich warm, die Zwischenakte wurden durchapplaudiert und nach dem Schwur im zweiten Akt schoß es mir durch den Kopf, daß dieser Abend ein herrlicher Schlußakkord wäre.

Nach der Oper heimgekommen, eröffnete ich meiner Frau:

«Liesi, heute habe ich zum letzten Male gesungen.

Die letzten zehn Vorstellungen schenken wir uns, denn so einen schönen Abend werde ich in dieser Abschiedsstimmung wohl kaum mehr haben.»

Sie verstand und stimmte mir bei.

Es war ein schwerer Entschluß, denn es ist keine Kleinigkeit, den Schlußpunkt hinter ein so reiches Künstlerleben zu setzen.

Aber ich war entschlossen und teilte am nächsten Morgen meinem Direktor diesen meinen Entschluß mit.

Ich bat ihn, mich nicht mehr anzusetzen und damit zu rechnen, daß ich nicht mehr auftrete.

Er war etwas bestürzt und meinte:

«Aber Slezak, Sie können doch nicht nach vierunddreißig Jahren so ohne weiteres verschwinden, ohne sich von Ihren Wienern zu verabschieden.»

Ich erwiderte: «Sehen Sie, lieber Herr Direktor, ich gehe nie zu fremden Begräbnissen, weil es mich zu traurig macht, warum soll ich zu meinem eigenen Leichenbegängnis gehen?

Jeden Abend, an dem ich in meine Garderobe zum Singen käme, würde ich zählen: jetzt sind es noch acht, noch sieben, sechs Abende.

Das regt mich unsagbar auf, darunter würden auch meine Leistungen naturgemäß leiden, und dann gar der Abschied — ich glaube, ich brächte keinen Ton heraus.

Ich habe Abschiedsabende von Kameraden erlebt und mir zugeschworen, mir dieses Herzweh zu ersparen.

Gestern habe ich einen besonders guten Abend gehabt und mit diesem will ich Schluß machen.»

Ich bat auch noch, der Presse nichts mitzuteilen, daß ich abgehe, denn dann kämen die Nekrologe.

Aus Erfahrung weiß ich, daß aus diesen Nekrologen die Hinterbliebenen, in diesem Falle noch ich selber, immer erfahren, was der tote Künstler alles nicht gekonnt hatte und wo er versagte.

«Lassen Sie mich ruhig weggehen, ich verzichte gerne auf die Zusicherung, daß ich in den Annalen des Opernhauses weiterleben und mein Name in goldenen Lettern in das Buch der Staatstheater eingetragen werde.

Ich weiß, daß, wenn sich die Türe hinter mir schließt, von einem Weiterleben gar keine Rede mehr sein kann.

Man ist einfach nicht mehr da – und Schluß.»

Er gab mir schließlich recht und half mir in liebenswürdigster Weise meinen Wunsch erfüllen, wofür ich ihm sehr dankbar bin.

In der Vollkraft meines Schaffens bin ich abgegangen.

Mein sehnlichstes Gebet, nicht als alternder Sänger noch singen zu müssen und bemitleidet zu werden, wurde mir erfüllt.

Auch hat mir den Abschied von meinem herrlichen Beruf und meiner über alles geliebten Oper die Filmarbeit erleichtert.

Dafür danke ich meinem Herrgott aus ganzem Herzen.

# MEIN STECKBRIEF

Steckbrief ist ein ominöses Wort und entbehrt nicht eines beunruhigenden Beigeschmacks.

Als ob ich etwas ausgefressen hätte.

Aber was tut man nicht alles, um eines originellen Titels willen.

Mein Name ist Leo – ich sage dies, weil es nämlich noch einen Slezak gibt – meinen Sohn Walter.

Ich bin einen Meter fünfundneunzig groß, imposant in der Erscheinung und, wie alle Bedeutenden, vollschlank.

Augenfarbe: tegernseeblau.

Haare: teutonenblond, bis auf die Schläfen, die schon etwas angegräuelt sind, aber hie und da noch lockig und so lang, daß sie schamhafte Blößen zuzudecken vermögen.

Schuhgröße: Als nach dem Friedensvertrag von Versailles alle Schlachtschiffe abgeliefert werden mußten, hat man mir meine Galoschen weggenommen, weil man sie für die kleinere Type eines unbemannten Unterseebootes hielt.

Ich bin geboren. Leider bin ich schon in dem Alter, wo man aus seinem Geburtsjahr kein Hehl zu machen und dieses nach vorne zu verlegen braucht.

Ich habe drei Jahre hindurch meinen sechzigsten Geburtstag gefeiert.

Öfters ist es nicht mehr gegangen.

Ich bin also über sechzig und in Mährisch-Schönberg im Sudetenland geboren.

Aufgewachsen bin ich in Brünn, wo alle echten Wiener herkommen. In Brünn hat sich alles für mein Leben vorbereitet.

Dort habe ich mit Riesenerfolg den Kindergarten absolviert, dann kam ich in die Volksschule, wo ich weniger reüssierte, um in der Mittelschule voll und ganz zu versagen.

Das alles ist zwar schon bis zur Erschlaffung bekannt, aber es gehört dazu, um ein erschöpfendes Bild zu schaffen.

Daß ich vor hundert Jahren beim Schmieden eines Schwertes sang und bei dieser Gelegenheit entdeckt wurde, kann ich nur als böswillige Erfindung anprangern und in das Land der Fabel verweisen.

Vor hundert Jahren war ich noch nicht auf der Welt.

Auch daß ich die Schlosserei erlernte, weiß man schon, und es ärgert sich jedermann, wenn er es immer wieder hört, und es entlockt keinem Menschen ein Erstaunen.

Dann wurde ich Sänger und sang vierzig Jahre hindurch.

Etwas reifer geworden, wurde ich es müde, als schimmernder Held einherzuschreiten, und ging in Pension.

Dann kam der Film und der in den Opern schlummernde Humor zum Durchbruch, ich wurde Chefkomiker.

Über mein Privatleben ist nicht viel zu sagen, wir sind eine sehr uninteressante Familie.

Wir sind uns untereinander sehr sympathisch und froh, wenn wir zusammensein können, was gerade jetzt der Fall ist, weil mein Junge zu Besuch im Elternhause weilt.

Er ist ein Elternhausweiler.

Besagter Sohn ist ein lieber Kerl und macht mir als Chefkomiker ernsteste Konkurrenz.

Ich sah ihn auf der Bühne, und wenn er nicht mein Sohn wäre, müßte ich neidisch sein auf ihn.

Meine Tochter Margarete, daheim Greterl genannt, tut dasselbe, was ich einst tat, sie singt.

Sie ist auch sehr lieb und macht ihrem Vater Freude.

Meine Enkelin Helga ist ein wackeres Mädchen und hat besonders bei Schul-Sammlungen bedeutende Erfolge.

Mit ihren Schulaufgaben weniger.

Aber sie ist zum Fressen und in der Familie wohlgelitten.

Ich habe meinen Wohnsitz von Wien nach Berlin verlegt, weil wir mit Kind und Kindeskind beisammen sein wollen und ich dabei an Fernsprechgebühren erspare, was die Übersiedlung gekostet hat.

Daß ich beabsichtige, einhundertviereinhalb Jahre alt zu werden und nicht eine Viertelstunde älter, habe ich bereits gesagt, halte es daher für überflüssig, dies noch einmal zu erwähnen.

Nun will ich aber diesen Steckbrief beschließen, sonst verscherze ich mir das Wohlwollen und die Sympathien meiner lieben Leser, deren ich so dringend bedarf.

# ERLÄUTERUNGEN

Da mir unendlich viel daran liegt, daß meine lieben Leser alles erfassen und verstehen können, besonders die Kreationen, die der deutsche Sprachschatz mir zu verdanken hat, will ich eine Erläuterung folgen lassen, aus der Sie die gewünschten Belehrungen schöpfen und sich für das Leben mitnehmen können.

Ich kann es ja verstehen, daß es nicht jedermann gegeben ist, meinem geistigen Adlerfluge zu folgen, und mancher, von der sichtbaren Schwere der Lektüre erdrückt, danach lechzt, zu wissen, worum es sich handelt.

Ich muß gestehen, daß selbst ich, der dieses Buch doch geschrieben hat, manchmal scharf nachdenken muß, was ich eigentlich sagen wollte.

Ich hätte ja ebensogut Fußnoten machen können.

Da ich mich aber selber immer ärgere, wenn ich im besten Lesen bin, von einem Stern oder einer Nummer gestört zu werden, hinunterrutschen zu müssen, um nachzulesen, was ich gelesen habe, sah ich von den ominösen Fußnoten ab.

Ich nahm mir oft vor, diese Kommentarzeichen zu übersehen und ruhig weiterzulesen.

Mein hochentwickelter Ordnungssinn, auch eine gewisse Neugierde, lassen das aber nicht zu und ich muß ausgleiten, um zu erfahren, was ich schon weiß.

Darum halte ich es für praktischer und angenehmer, wenn ich eine Erläuterungstafel anfüge.

Weiß der Leser, was er liest, braucht er nicht auszurutschen. Weiß er es nicht, hat er das beglückende Gefühl, daß es eine köstliche Tabelle gibt, die ihn aufklärt.

Er ist im Lesen meines bewundernswerten Buches nicht gehemmt, nichts trübt seinen Genuß — er ist restlos glücklich.

Ich will nun chronologisch, in alphabetischer Reihenfolge, alle Worte, die dem lieben Leser nicht ganz verständlich sein sollten, ihm in rigoroser Form mundgerecht machen.

Wenn ich über mich nachdenke, kommen mir die Tränen der Begeisterung über mich in die Augen und ich muß, ob ich nun will oder nicht, ein Hoch auf mich ausbringen, in das ich die freundlichen Leser einzustimmen bitte.

*Abmurksen*

Heißt in der Schriftsprache — umbringen.

Auch wird es vom Wiener mit — abkrageln — bezeichnet.

Wenn man auf jemand eine Wut hat, fühlt man das Bedürfnis, ihn abzumurksen.

Der Halbgebildete gebraucht — abkrageln.

Abmurksen ist umfassender, weil es mehrere Tode in sich schließt, während abkrageln sich nur auf Erdrosseln beschränkt.

Krageln kommt von Kragen, der ist am Hals — also daher erdrosseln.

Ich plädiere für abmurksen.


*Auf dem letzten Loch pfeifen*

In diesem Falle ist das letzte Loch kein Instrument, auf dem man als Virtuose Konzerte geben kann, sondern es bedeutet etwas Betrübliches.

Wenn jemand zum Beispiel den Tristan singt und ist im zweiten Akt derart fertig, daß er nicht mehr japsen kann, so nennt man das: «er pfeift auf dem letzten Loch.»

Es wäre interessant zu wissen, wie viele Löcher einem zum Pfeifen zur Verfügung stehen, um zu konstatieren, welches das letzte ist.

Es ist dies ungefähr dasselbe mit dem «von sich blasen». In Wien sagt man zu jemanden, der recht arrogant ist und wenig Leutseligkeit bekundet: «er bläst von sich.»

Vonsichbläser sind unbeliebt und gehören eigentlich gar nicht in diese Erläuterungen, weil ein Vonsichbläser in meinem Buche gar nicht vorkommt.

Schalten wir also den Vonsichbläser aus und bleiben wir bei dem Aufdemletztenlochpfeifer.

Der Vonsichbläser ist in diesen Erläuterungen überflüssig wie der Blinddarm.


*Anstrudeln*

Man kann es auch Weihrauchstreuen nennen.

Wenn man jemand etwas Angenehmes sagen und Verdienste feiern will, die der Betreffende gar nicht hat.

Angestrudelt werden Jubilare, Geburtstagskinder und Vorgesetzte.


*Ausfratscheln* — Er fratschelt ihn aus

Wenn man weiß, daß ein anderer etwas weiß, was man nicht weiß und man es gerne wissen möchte, dann gebraucht man alle mögliche List, um dem andern sein Wissen zu entreißen.

Man fratschelt ihn aus. —

Man zieht ihm die Würmer aus der Nase.

Selbstverständlich ist das Herausziehen der Würmer aus der Nase nicht wörtlich zu nehmen.

Denn erstens hat man ja nur in äußerst seltenen Fällen Würmer in der Nase, weil das ja unschön wäre, und dann — wo bliebe da die List, wenn man dem Partner in die Nase führe, da weiß er doch sofort, daß man ihm seine Würmer herausziehen will, und würde sich zur Wehr setzen.

Nein, das ist nur allegorisch gemeint und ist nichts anderes als — mein Gott, ich verwirre mich da in ein Dickicht, aus dem ich nicht mehr herausfinde.

Aber ich glaube, mein lieber Leser versteht mich.


*Drahn*

Wenn es heißt: wir gehn heute drahn, so bedeutet dies, daß man die Absicht hat, aus einem alkoholischen Lokal in das andere zu torkeln und erst am grauenden Morgen in diagonalem Zustand heimzukommen.

Es wird bei diesem Drahn eine ganz besonders üppige Fröhlichkeit vorgetäuscht, und einer macht dem andern vor, daß er sich großartig unterhält.

Hat der Wein dann seine Schuldigkeit getan und man ist stockbesoffen, ist man stolz und nennt sich einen alten Drahrer.

Es gibt eigens hierfür bestimmte Lieder, die diese alten Drahrer verherrlichen.

Sie werden auf der Pawlatschen gesungen und finden ungeteilte Bewunderung.

Pawlatschen — siehe bei «Pawlatschen».

Der Endeffekt bei Drahn ist ein ungeahnter Katzenjammer.


*Feschak*

Feschak ist gleichbedeutend mit Beau.

Das heißt zu deutsch schöner Mann.

Es soll angeblich aus dem Keltischen stammen, ist aber meines Erachtens mehr dem Brünnerischen entnommen.

Von Feschak ist das : fesch abgeleitet, das besonders in Wien ungewöhnliche Beachtung findet.

Dort ist alles fesch.

Auch Sachen, die nicht sehr erbaulich sind, werden als «fesch» bezeichnet.

Zum Beispiel: Wie war das Leichenbegräbnis des Powondra? Fesch — eine wirklich fesche Leich hat er gehabt. Das ist Feschak und fesch.

## Flunsch

Flunsch ist ungefähr dasselbe wie «Schnoferl», nur ist das Beleidigt-
sein tiefer ausgeprägt und wird nur in besonders berücksichtigungswerten Fällen angewandt.

## Frosch

In diesem Falle kein Quackfrosch aus dem Teich, sondern Frosch im
Halse — bei Arien.

Wenn man nicht zu singen hat, kommt der Frosch nicht in Frage,
man hat einen sauberen, leckeren Hals, und alles ist in Butter.

Sowie es aber zum Singen kommt, fühlt man plötzlich einen Kloß
im Halse, der Wiener sagt Knödel — der sich vor die Stimmbänder
schiebt und den man trachtet, wegzuräuspern.

Diesen Kloß, diesen Knödel, nennt man in unserer Sängersprache
— Frosch.

Plural: Frösche.

## Klamsch

Klamsch ist gleichbedeutend mit Vogel, Piepmatz oder geistig nicht
normal.

Wir Künstler haben fast alle einen Klamsch.

Hat zufällig ein Künstler keinen, dann ist er kein Künstler.

## Lampelschwaf

Das ist ein wienerisches, jeder Schriftsprache hohnsprechendes
Wort und wird besonders wenn etwas wackelt angewandt.

Auch beim Zittern kann es seine Verwendung finden.

Lampelschwaf heißt, ins Norddeutsche übersetzt: **Lämmerschwanz.**

Allerdings ist Lämmerschwanz nicht annähernd so wirkungsvoll.

Welch ein ethischer Unterschied, wenn man sagt: Er wackelt wie
ein Lampelschwaf, oder er wackelt wie ein Lämmerschwanz.

Lämmerschwanz klingt so sachlich, so nüchtern, gegen das ein-
schmeichelnde, biegsame Lampelschwaf.

Doch ich will mich nicht weiter in diese wichtige Streitfrage vertiefen, weil man mich sonst als Schwätzer brandmarken könnte und
ich um die Gunst meiner Leser zittern müßte wie ein Lampelschwaf.

## Mopsen

Mopsen ist identisch mit Langeweile, sich langweilen.

Die Gelegenheiten zum Mopsen sind zahllos.

Namentlich in Gesellschaft, wo es nichts oder nur spärlich zu
essen gibt, und man muß geistreiche Gespräche über ein Thema an-

hören, das einen gar nicht interessiert, mopst man sich unwahrscheinlich.

Auch in einem Römerdrama mopst man sich bestimmt, denn sowie ein Römer mit seinem Helm, Blechschurz und nackten Beinen erscheint, ist die Langeweile da.

Da orientiert man sich, wo der Ausgang ist, um sich einen günstigen Abgang zu schaffen.

In einem Vortrag über die gewinnbringende Verwertung der Molkereiprodukte oder über die Aufzucht von Kühen, die uns die köstliche Magermilch spenden, kann man vor Langeweile sterben.

Dieses Thema ließe sich noch, zu einem eigenen Buche vereint, abwandeln, aber davon will ich absehen, weil sich meine Leser sonst mopsen würden.

*Paperl*
nennt man in Wien einen Papagei.

Unser Papagei nennt sich selbst «Paperl», weil er ein Wiener ist.

Wäre er aus Berlin, nennte er sich Papagei.

Eine blödere Erklärung des Paperls ist mir nicht eingefallen, was ich zu entschuldigen bitte.

*Pappen*
Pappen ist gleich Goschen, beim Preußen gleich Schnauze.

Der echte Wiener gebraucht Pappen meist, wenn er seinem Partner das Reden verbieten will.

Er sagt ganz stimmungsvoll: «Halt die Pappen.»

Goschen ist ein vulgärer Ersatz für Pappen und wird nur in besonders schweren Fällen von Affekt gebraucht, und so ein «Halt die Goschen» ist verletzend.

Infolgedessen wäre im Sprachgebrauch «Halt die Pappen» vorzuziehen.

## Pawlatschen

Pawlatschen ist ein Podium, das in einem Wirtshause der Vorstadt aufgestellt ist.

Auf diesem befindet sich ein verstimmtes Pianino, das zur Begleitung der Duliähgesänge des jeweiligen Minnesängers bestimmt ist und klirrende Harfentöne von sich gibt.

Diese Pawlatschenbarden besingen meist den Stefansdom, den sie ihren alten Steffel nennen.

Auch der Wein und der aus diesem sich ergebende Rausch, den der Wiener einen Schwammer nennt, spielt in diesen Gesängen eine große Rolle.

Es wird die zweifelhafte Behauptung aufgestellt, daß es nichts Schöneres gibt, als «drahn» die ganze Nacht, bis einen die Sonne anlacht.

Drahn, bitte bei «Drahn» nachzulesen.

Auch daß das Muatterl a Weanerin war, daß es nur ein Wien gibt und der Weana nicht untergeht, wird bis zur Erschlaffung festgestellt.

Daher der Name — Pawlatschen.

## Plemplematiker

Plemplematiker kommt von Plemplem.

Man kann es fast mit der wertvollen Erklärung des «Klamsch» identifizieren.

Wenn jemand Neigung zum Irrsinn hat und sich diese in harmloser Form äußert, sagt man: er ist plemplem.

Wie man einen Professor der Mathematik — Mathematiker oder Historiker nennt, heißt der mit Plemplem begnadete — Plemplematiker.

## Pratzen

Wenn jemand so große Hände hat, daß es dem Handschuhmacher unmöglich ist, soviel Leder aufzutreiben, um diese zu bedecken, dann hat er Pratzen.

Wenn der Wiener lieblos wird, dann brauchen diese Voraussetzungen gar nicht zu stimmen, er sagt doch und trotzdem — Pratzen.

## Trampel

Trampel nennt man ein weibliches Wesen, das im Raume wuchtet, alles herunterschmeißt, zerstört und zerbricht.

Wir hatten einmal so eine Fee, die durch bloßes Draufschauen die dicksten Messingornamente des Hängelüsters im Salon verbog.

Morgens beim Einheizen fiel ihr alles mit Dröhnen aus der Hand, daß an ein Weiterschlafen nicht mehr zu denken war.

Schritt sie durch das Zimmer, klirrten die Fenster und die Möbel wankten wie bei einem Erdbeben.

Auch sang sie bei der Arbeit heimatliche Lieder mit einer so scharfen Stimme, daß man sich mit dieser hätte rasieren können.

Wir haben uns von ihr getrennt.

## Watschen

Watschen, Tachteln und Ohrfeigen ist dasselbe.

Eine Watschen entsteht, wenn man seinem lieben Nächsten mit der Hand so schnell und energisch ins Gesicht fährt, daß ein Knall und die mit diesem Hand in Hand gehende Gehirnerschütterung erzeugt wird.

Die Dynamik so eines Insgesichtfahrens kann bis zum Totschlag gesteigert werden.

Es gibt so gelungene Watschen, daß die nächste schon einer Leichenschändung gleichkommt.

In dieser Beziehung sei Mäßigung am Platze, weil das Töten eines Volksgenossen mit Unannehmlichkeiten verbunden ist.

Man verteile die Kraft so, daß nur eine Geschwulst die Backe ziert, die in vierzehn Tagen wieder abgeschwollen ist.

Auch trachte man es sich so einzuteilen, daß man nicht auf den Mund trifft, weil der liebenswürdige Partner sonst leicht seine Vorderzähne einbüßt, was mit Auslagen verbunden ist.

Eine Tachtel ist eine mildere Abart von der Watschen und mit dieser nicht zu vergleichen.

So eine Tachtel hinterläßt keinerlei körperlichen Defekt, ist also völlig uninteressant.

Die Ohrfeige ist etwas effektvoller als die Tachtel, aber sonst nicht weiter zum Nachdenken zwingend.

Mein hochentwickeltes Feingefühl sagt mir, daß es jetzt genug ist des grausamen Spiels.

Es gibt ja noch enorm viel zu erläutern, aber man darf an die Nervenstränge seiner geliebten Leser nicht überdimensionale Ansprüche stellen.

Es gibt Menschen, die eine harte Haut haben und absolut nicht empfinden, was sie ihren Mitmenschen zumuten dürfen.

Zu diesen will ich nicht gehören, darum schließe ich zu meinem Bedauern diese aufschlußreichen Erläuterungen und bringe mein Sichauslebenwollen als Pädagoge zum Schweigen.

Nun will ich nur noch der Hoffnung Ausdruck geben, daß der große Dienst, den ich meinen Lesern mit diesen Erklärungen leistete, auch anerkannt wird und allgemeines Wohlbefinden auslöst.

## SCHLUSSWORT

Mit schwerem Herzen schreibe ich diese letzten Zeilen, die das Buch beschließen sollen.

Vor Wehmut bleibt mir der Humor, mit dem ich sie umrahmen wollte, im Halse stecken.

Es ist ein Abschied von etwas Liebem, das man sich in diesen zwölf Jahren zusammengetragen hat und hoffen durfte, daß es wieder ein Buch wird, weil man es abwarten konnte.

Das ist nun vorbei.

Ich kann nicht mehr viel abwarten und auch mit dem Erleben von Neuem, das des Schilderns wert wäre, ist es so ziemlich aus — — —.

Aber ich will nicht sentimental werden, sonst bekommt der Leser am Ende das Gefühl, daß er eine Tragödie in meinem Buche gelesen habe, denn der letzte Eindruck ist immer der bleibende.

Nein, dankbar sein will ich dem Schicksal, daß es mir ein so reiches Leben an der Seite meiner geliebten Frau geschenkt hat, und das Altwerden will ich so lange als möglich hinausschieben.

Vorerst arbeite ich noch, bin im Film immer mit jungen, frohen Menschen beisammen, mit denen ich jung und froh bleibe, und wenn es sich um irgendeine Lausbüberei handelt, bin ich noch immer an führender Stelle und gebe dieses Schellenzepter noch lange nicht aus der Hand.

So lange meine Lieben gesund sind und ich mit ihnen vereint sein darf, bleibt das Leben schön, auch wenn es einmal nicht schön sein sollte.

Der liebe Herrgott hat mir vier Gnadengeschenke auf den Weg mitgegeben — meine Stimme — mein Weib — meine braven Kinder und den Humor, der mir über alle schweren Stunden des Lebens, die keinem Sterblichen erspart bleiben, hinweggeholfen hat.

Dafür will ich aus vollstem Herzen dankbar sein.

So nehme ich denn Abschied von Ihnen, meine lieben Leserinnen und Leser, und sollte das Buch nicht so lustig sein, wie Sie es vielleicht erwarteten, seien Sie mir nicht gram drum, machen Sie mir keinen Stunk mit Meckern und Empörtsein, ärgern Sie sich heimlich, damit es niemand merkt.

Im Gegenteil, loben Sie es laut und vernehmlich, sagen Sie, es sei wunderbar, damit beglücken Sie den herzlich ergebenen

*Egern am Tegernsee, 25. April 1940.*                              Verfasser

# tomate

Eine Auswahl

Elke Heidenreich
**Darf's ein bißchen mehr sein?**
Else Stratmann wiegt ab (5462)
**«Geschnitten oder am Stück?»**
Neues von Else Stratmann (5660)

Michael Klaus
**Unheimlich offen**
Geschichten vom neuen Lebensgefühl
(5511)

Wolfgang Körner
**Der einzig wahre Opernführer**
(5648)

A. Marquardt/H. Borlinghaus
**Der Frauenarzt von Bischofsbrück**
Roman
**Band 1** (5449) **Band 2** (5562)
**Band 3** (5619) **Band 4** (5672)

Wolfgang Neuss
**Tunix ist besser als arbeitslos**
Sprüche eines Überlebenden (5556)

Jo Pestum (Herausgeber)
**Kalle seine Beine**
Sport-Satiren (5465)

Peter Schmidt
**Einmal Sonne und zurück**
Reisesatiren (5563)

Karl-Heinz Söhler
**Wir sind doch ganz erträglich...**
Gereimte Alltagsweisheiten (5477)

Reiner Taudien
**Ich heirate meinen Verein** (5489)

C 2174/3a